Hubert Hackenberg · Walter Herrmann
Die Wiener Staatsoper im Exil 1945–1955

Ein Österreich-Thema aus dem Bundesverlag

Hubert Hackenberg · Walter Herrmann

Die Wiener Staatsoper im Exil 1945–1955

ÖBV

Österreichischer Bundesverlag

Diese Buchreihe ist Österreich gewidmet: Österreich mit seinen geistigen Kräften und Strömungen, Österreich mit seiner historischen und seiner kulturgeschichtlichen Bedeutung, Österreich mit seinen landschaftlichen Besonderheiten, seinen Persönlichkeiten und der so vielfältigen Wesensart seiner Bevölkerung. Vieles bietet sich an. Es soll nach und nach behandelt werden – anregend geschrieben und zugleich hohen Ansprüchen genügend.

Satz: Times 10/11 Punkt
Gedruckt auf Magno halbmatt, 135 g
Druck: Wiener Verlag, Himberg
ISBN 3-215-**05341**-1

Inhalt

Den Künstlern der Wiener Staatsoper gewidmet

Vorwort

Beethovens „Fidelio“ mag schon oft mißbraucht worden sein – nicht zuletzt von den Nationalsozialisten –, aber als die Eröffnung der wiederaufgebauten Wiener Staatsoper am 5. November 1955 mit „Fidelio“ gefeiert wurde, war das nicht nur musikalisch, sondern auch inhaltlich ein Bekenntnis: Die Menschlichkeit siegt über Terror und Mord, die Todesangst hat ein Ende, die Hoffnung auf Erlösung durch Liebe erfüllt sich im wunderbaren Finale. Und auf das großartigste erfahren wir die Kraft der Kunst.

Am 12. März 1945, kurz vor dem Ende des Krieges, war das Gebäude der Staatsoper von Bomben und Feuer vernichtet worden, für so manchen Österreicher ein persönlicher Schlag, als sei ihm seine Wohnung zerstört worden. Die Oper aber überlebte, zu stark ist sie im kulturellen Bewußtsein der Bevölkerung verankert. Kaum zwei Monate später wurde wieder gespielt. Zunächst war es die Volksoper, später das Theater an der Wien, auf deren Bühnen ungebrochen von Not und Hunger die herrlichsten Opern in Szene gesetzt wurden, ja wo sogar Operngeschichte gemacht wurde. Man denke nur an die legendären Mozartaufführungen, die allen Opernfreunden von damals noch im Ohr klingen dürften.

Die Liebe zur Oper muß es gewesen sein, die alle Schwierigkeiten überwinden ließ, vom fehlenden Baumaterial bis zur körperlichen Erschöpfung der Menschen. Die Sehnsucht zu spielen, zu singen und zu hören, war größer als die materiellen Nöte. Am 1. Mai 1945 erklang in der Volksoper „Figaros Hochzeit“, und für eine kurze Opernweile waren die Sorgen vergessen.

Oper hat in Österreich Tradition seit der Barockzeit, als 1618 zuerst in Salzburg und 30 Jahre später in Wien aus Italien kommend die Höfe die Oper entdeckten, zu ihrem Vergnügen Theater erbauten und bedeutende Komponisten in ihre Dienste nahmen. Und auch das hat in Österreich Tradition, daß sehr bald die Fürsten die Opern und Theater für das Volk öffneten und so den Grund legten für die Liebe der Österreicher zu den darstellenden Künsten. So war es für die Bevölkerung auch 1945 eine Selbstverständlichkeit, daß man sofort Möglichkeiten zum Spielen und Musizieren suchte und daß die dafür notwendigen materiellen Aufwendungen vom Volk verstanden und befürwortet wurden.

Das vorliegende Buch heißt „Die Wiener Staatsoper im Exil“, das ist aber rein räumlich zu verstehen: Man wich aus einem zerstörten Haus in ein unzerstörtes aus, um die Kontinuität zu wahren. So war es eigentlich ein höchst glorioses Exil, getragen vom kunstsinnigen Wollen des Publikums, und man zog schließlich in eines der schönsten Theater der Welt, das, genauso wie das Theater am Ring, eine lange musikalische Geschichte hat. Aber das Exil war auch eine Zäsur in der Operngeschichte der Wiener Staatsoper. Es war die letzte Zeit des Ensemblegedankens, der schon bald nach dem Umzug ins wiederaufgebaute Haus aufgegeben wurde und einer Epoche reiselustiger Stars Platz machte.

Vielleicht war das Exil der Wiener Staatsoper eine der kostbaren Erfahrungen in der Geschichte, man erfuhr auf vielfältige Weise, wie notwendig selbst – oder gerade? – in schlechten Zeiten die Kunst ist, daß Menschen eher zu hungern und zu frieren bereit sind, als auf Kunst und Kultur zu verzichten. Daß wir diese Erfahrung nicht vergessen, dafür sollten wir dem Buch sehr dankbar sein.

Dr. Herbert Moritz
Bundesminister für Unterricht, Kunst und Sport

Die Autoren danken sehr herzlich dem Leiter des künstlerischen Betriebsbüros der Wiener Staatsoper, Herrn Regierungsrat Hubert Deutsch, für die Möglichkeit der Einsichtnahme in die Besetzungsbogen der Wiener Staatsoper.

Herr Staatsbibliothekar Dr. Robert Kittler vom Bildarchiv der Österreichischen Nationalbibliothek bemühte sich in liebenswürdiger Weise um die Bereitstellung der Fotos. Wir danken ihm auch für das Kapitel XI des Buches.

Für die Übermittlung von Programmzetteln, Kritiken und Daten über die Tätigkeit der Sänger der Wiener Staatsoper im Ausland danken wir insbesondere Frau Odile de Lagarcie-Poccardi, Paris, Frau Hildgard Treptow, Berlin-Grunewald, und Herrn Einhard Luther, Sender Freies Berlin.

Herr Hochschulprofessor Hanns Zimmerl, Hochschule für Musik und darstellende Kunst, Wien, hat durch zahllose Gespräche und fachkundige Beratung entscheidenden Anteil an der Entstehung des Buches. Herrn Bibliothekar Clemens Höslinger sagen wir besonderen Dank für seine Unterstützung bei der Beschaffung von Literatur.

Wir danken ferner Herrn Architekt Norbert Linsmayer für verschiedene Anregungen, welche sich anläßlich der Vorbereitung der Ausstellungen „Die Staatsoper 10 Jahre im Theater an der Wien“, welche im Jahr 1981 im Theater an der Wien und im Bezirksmuseum Mariahilf zu sehen war, und „Die Wiener Staatsoper von 1936–1950“, eine Ausstellung des Bezirksmuseums Mariahilf im Schwind-Foyer der Staatsoper im Juni 1982, ergeben hatten.

Einleitung

„... einer Zeit der Wiener Oper, die für mich die allerschönste war, ich meine 1945 bis 1955", äußerte Kammersänger Eberhard Wächter in seiner Opernsendung des Österreichischen Fernsehens am 6. November 1983. Wer von den Augen- und Ohrenzeugen jener Zeit des Exils der Wiener Staatsoper könnte sich mit dieser Aussage Eberhard Wächters, der damals ein eifriger Stehplatzbesucher war, nicht voll identifizieren? Das fast unglaubliche Wunder ist, daß eine Zeit der Not in jeder Hinsicht, eine Zeit des Exils, als die Wiener Staatsoper in Schutt und Asche lag und ihr in alle Winde zerstreutes, doch rasch wieder zusammengefundenes Ensemble Zuflucht im Theater an der Wien und in der Volksoper suchen mußte, zu einer künstlerischen Glanzzeit dieses Instituts wurde. Die Geschichte der Wiener Staatsoper ist eine wechselvolle, Höhen und Tiefen reihen sich aneinander, vor allem aber gab es in relativ kurzen Abständen Krisen verschiedenster Art. Wie könnte das auch anders sein in jener Stadt, in der das Geschehen in und um die Oper unter allen Musikmetropolen der Welt unbestritten am tiefsten in das Bewußtsein breitester Bevölkerungskreise eindringt? Die zehn Jahre des Exils der Wiener Staatsoper von 1945 bis 1955 waren – und das kann nach einem Zeitabstand von 30 bzw. 40 Jahren schon mit großer Objektivität gesagt werden – ein Treffpunkt stärkster Sänger- und Dirigentenpersönlichkeiten. Das allcin würdc abcr noch keine sogenannte große Zeit der Oper ausmachen; wesentlich war, daß die hervorragendsten Künstler ein geradezu einmaliger Ensemblegeist verband. Dies betrifft jedoch keineswegs nur das legendär gewordene Mozart-Ensemble, ein in seiner Qualität völlig ebenbürtiges Wagner-Ensemble stand ebenso zur Verfügung wie eines für das italienische Fach.

Es mag paradox erscheinen, wenn sich ein Provisorium als besonderer Höhepunkt in der Geschichte eines Opernhauses darstellt, aber nicht nur – wenngleich sehr plastische – eigene Erinnerungen, sondern vielmehr genaue Überprüfungen aller offiziellen Aufzeichnungen von Kritiken und Schallplatten ergeben für die Zeit von 1945 bis 1955 das Bild einer außerordentlichen Ära der Wiener Staatsoper. Dabei hatte diese Ära keinen so spektakulären Namen wie etwa Gustav Mahler oder Richard Strauss als direktoriales Markenzeichen. Aber sie trug viele, sehr viele Künstlernamen, die als Team diese wahre Sternstunde der Geschichte der Operninterpretation prägten. Dieses Team von Sängern und Dirigenten wird uns als der eigentliche Star dieser Zeit durch das vorliegende Buch begleiten.

Unsere Untersuchungen haben eindeutig ergeben, daß die Exilzeit der Wiener Oper in starker Weise an die Tradition der letzten Jahre und Jahrzehnte im Haus am Ring anknüpft, aber eine künstlerische Verdichtung von seltener Intensität erfährt. Um dies deutlich zu machen, wird sowohl im Text wie auch im statistischen Teil dieses Buches jeweils auf die letzte Neuinszenierung des besprochenen Werkes im „alten Haus" Bezug genommen. Da solche Zusammenhänge nur selten auch zwischen der Zeit vor und der Zeit nach 1955 bestehen, finden sich in unserer Arbeit nur relativ wenige Hinweise auf Aufführungen in der wiedererbauten Staatsoper ab 1955.

Es war von Kritiken und Schallplatten, die überprüft wurden, die Rede; dazu einige Worte: Wenn wir das Jahrzehnt des „Exils" mit anderen großen Epochen der Wiener Staatsoper vergleichen, stützen wir uns ganz besonders auf die Kritiken Max Grafs, dessen in vielen Einzelheiten geäußerte Meinung über die Zeit von 1945 bis 1955 sich vollinhaltlich mit der Beurteilung durch die Unterzeichneten deckt und dessen Bewertung anderer Zeiten der Wiener Staatsoper mit ihren Dirigenten und Sängern für uns daher als weitgehend authentisch gelten mußte. Außerdem haben uns unter anderem auch die Kritiken von Heinrich Kralik über die verschiedenen Epochen der Wiener Staatsoper wertvolle Anhaltspunkte gebracht.

Auch beziehen wir uns auf Publikationen des ehemaligen Vorstandes der Wiener Philharmoniker, Prof. Otto Strasser, dessen Ausführungen über bedeutende Dirigentenpersönlichkeiten aus der Sicht des Orchestermusikers mit unseren Eindrücken weitgehend übereinstimmen.

Da man als kritischer Beurteiler immer wieder Zweifel hegen muß, ob die eigene Erinnerung an in der Jugend erlebte große Aufführungen nicht trügt, sind auch ständige Kontrollen und Vergleiche durch Schallplatte und Tonband angebracht. Diese Vergleiche werden einerseits erschwert durch die mangelhafte Tonqualität älterer Aufnahmen, andererseits sind diese älteren Aufnahmen für das geübte Ohr oft untrüglicher, weil keine Manipulationen üblich oder möglich waren.

Auch die Überprüfung dieser akustischen Hilfsmittel hat eindeutig ergeben, daß die Zeit von 1945 bis 1955, als die Wiener Staatsoper in den Notquartieren untergebracht war, eine der größten Zeiten dieses Instituts war, was die alte Weisheit zu bestätigen scheint, daß materielle Not der künstlerischen Leistung durchaus förderlich sein kann. Als ein besonderes Phänomen kann man die Tatsache werten, daß praktisch alle bedeutenden Werke des Musiktheaters in diesem einen Jahrzehnt – meist in vorbildlicher und mustergültiger Weise – geboten wurden, mit einer Ausnahme, die man unter den gegebenen günstigen künstlerischen Voraussetzungen ohne Übertreibung als die „Todsünde" dieser sonst so uneingeschränkt glanzvollen Epoche bezeichnen muß: Obwohl die Bayreuther „Ring"-Dirigenten Hans Knappertsbusch, Wilhelm Furtwängler, Karl Böhm, Clemens Krauss und außerdem der von Publikum und Sängern hochgeschätzte Rudolf Moralt, „Hochdramatische" wie Anny Konetzni, Helena Braun, Gertrude Grob-Prandl und Heldentenöre vom Format von Max Lorenz, Günther Treptow, Set Svanholm zur Verfügung gewesen wären, hat man von Wagners Tetralogie nur die „Walküre" gespielt. Die fadenscheinige Begründung, die Bühne des Theaters an der Wien wäre zu klein für die gewaltigen Werke gewesen, kann vor der Geschichte nicht bestehen. Wenn eine Bühne für „Walküre" ausreicht, dann muß sie auch für „Siegfried" genügen; wenn man große Chorwerke wie die „Meistersinger" oder auch „Boris Godunow" und „Aida" sowie Pfitzners „Palestrina" mit seinem großangelegten Konzilsakt spielen kann, dann ist auch genug Raum für „Götterdämmerung". Was versäumt wurde, zeigte die Mailänder Scala, die im April 1950 die erste geschlossene Aufführung der Tetralogie nach dem Krieg in Europa mit einem typischen Wiener Ensemble dieser Zeit (Furtwängler, Hilde Konetzni, Elisabeth Höngen, Max Lorenz, Set Svanholm, Günther Treptow, Ferdinand Frantz, Josef Herrmann, Ludwig Weber) in sensationeller Weise herausbrachte. Nur Kirsten Flagstad (Brünnhilde) gehörte nicht dem Wiener Ensemble an. Die Mailänder Aufführung ist zum Glück – auf Platten gepreßt – erhalten geblieben, und jeder Musikliebhaber kann anhand dieser Aufnahme vergleichend nachprüfen, daß in diesem Falle sicher nicht die Erinnerung verklärt und daß es sich bei Vorhandensein eines solchen Wagner-Ensembles um eine echte Wiener Unterlassungssünde handelt, im ganzen Jahrzehnt des Exils keinen „Ring" gespielt zu haben, zumal die einzelnen gegebenen „Walküre"-Aufführungen durchwegs Höchstniveau aufwiesen.

Selbstverständlich wäre auch die szenische Aufführung von Wagners „Parsifal" möglich und richtig gewesen. Das erwähnte Wagner-Ensemble hätte auch für dieses Werk faszinierende Wiedergaben erwarten lassen. Von diesen beiden – allerdings sehr betrüblichen – Ausnahmen abgesehen, war die Aufführungs- und Besetzungspolitik der Exilzeit eine hervorragende, weil nämlich jeweils jenes Werk neuinszeniert und später wiederholt wurde, für das gerade eine optimale Besetzung der Partien vorhanden war. Diese Strategie ist im Bereich des musikalischen Theaters keineswegs nur für Notzeiten die einzig wirklich zielführende. Das erweist sich immer wieder, wenn man die leider weitverbreitete umgekehrte Vorgangsweise beobachtet: wo ein ehrgeiziger Regisseur ein Werk ohne Rücksicht auf das Vorhandensein erstrangiger Besetzungen nach seiner Laune inszenieren möchte. Wer aber „Don Giovanni", „Othello", „Siegfried", „Tosca" – um nur einige markante Beispiele zu nennen – ohne überzeugende Verkörperung der Titelfigur zur Aufführung bringt, wird Schiffbruch erleiden, wären auch Regie und Bühnenbild noch so eindrucksvoll. Die Umkehrung macht hingegen keine allzugroßen Schwierigkeiten.

Wirklich große Sänger, die auch über hohe schauspielerische Fähigkeiten verfügen, haben selbst in unzulänglichem szenischem Rahmen (oder gar bei konzertanten Aufführungen) unvergeßliche Opernabende gestaltet. Diese Aussage sollte keineswegs als Bagatellisierung von Regie und Bühnenbild verstanden werden, ganz im Gegenteil – das Gesamtkunstwerk stellt auch an diese Bereiche höchste Anforderungen. Dennoch gibt es in der Oper Prioritäten: der Sänger – der Dirigent und das Orchester – schließlich die szenische Gestaltung. Dazu muß gesagt werden, daß das Wiener Publikum diese Reihenfolge ganz besonders unterstreicht, es geht wegen der Sänger in die Oper, und es wird böse, wenn ein beliebtes Werk nicht bestmöglich besetzt ist. Es ist ja auch eine legitime Forderung des Publikums an ein erstrangiges Opernhaus – und die Wiener Staatsoper hat von jeher ihren Rang zumindest unter den fünf besten Opernhäusern der Welt eingenommen –, höchste Qualität bei Sängern zu verlangen. Denn seit den dreißiger Jahren hatte sich allgemein der universelle Sängerdarsteller, der durch einwandfreie Gesangstechnik und intensive Rollengestaltung in gleicher Weise überzeugt, durchgesetzt und erfreut sich seither der uneingeschränkten Anerkennung des Publikums.

Viele Inszenierungen der Exilzeit von 1945 bis 1955 waren nicht spektakulär, aber fast alle waren sie aus dem Geist der Musik entwickelt. Es spielte z. B. keine Rolle, wenn der zweite und der dritte Akt von Verdis „Othello" im Theater an der Wien aus Ersparnisgründen in den gleichen Bühnenbildern gezeigt wurde, weil die Personenführung durch Oscar Fritz Schuh dem Gang der musikalischen Handlung entsprach.

Im Musiktheater kommt es nicht auf neuartige szenische Interpretationen an, sondern allein auf das, was Sänger, Dirigenten (ein gutes Orchester vorausgesetzt – aber darüber braucht man in Wien ja zum Glück kein Wort verlieren) und musikalische Spielleiter allabendlich auf und vor der Bühne zu leisten imstande sind.

In diesem Zusammenhang hat Staatsoperndirektor Dr. Egon Seefehlner im österreichischen Theatermagazin „Bühne" (Ausgabe Mai 1983) geäußert: „Meiner Erfahrung nach hat die Qualität einer Vorstellung nichts damit zu tun, ob sie im Rahmen einer Stagione oder im Repertoirebetrieb vor sich geht. Die Qualität hängt ausschließlich davon ab, ob die eingesetzten Künstler gut sind. Mittelmäßigen Kräften nützen auch viele Proben nichts." Damit ist auch deutlich gemacht, daß in der Welt der Oper kein System (ob Ensemble-, Stagione- oder Blocksystem) zählt, kein perfektionierter Probenbetrieb das Allheilmittel ist, sondern einzig und allein das Vorhandensein überzeugender Sänger und Dirigenten. Alles andere ist Nebensache. Hervorragende Sänger und Dirigenten können durch viele Proben ihre Leistungen gewiß steigern, aber kein schwacher Sänger oder Dirigent kann trotz reicher Probenarbeit fehlende Persönlichkeit wettmachen.

Besonders interessante Sänger und Dirigenten füllen auch heute allerorts die Operntheater und damit die Kassen. Zahlreiche Tondokumente von Sängern und Dirigenten, die in der Exilzeit der Wiener Staatsoper von 1945 bis 1955 eine führende Rolle gespielt haben, sind uns erhalten. Man sollte sie immer wieder hören und Vergleiche ziehen, denn das Jahrzehnt der Wiener Staatsoper im Exil braucht keine Vergleiche zu scheuen.

Hubert Hackenberg — Walter Herrmann

Kapitel I

Die Wiener Staatsoper im Jahre Null

Am 14. April 1945 waren die Kämpfe um die Stadt Wien zu Ende. In den Tagen darauf konstituierten sich die politischen Parteien (SPÖ, ÖVP und KPÖ) sowie der überparteiliche Gewerkschaftsbund (ÖGB), und General a. D. Theodor Körner (SPÖ) wurde von Generalleutnant Blagodatow, dem sowjetischen Stadtkommandanten von Wien, zum Bürgermeister bestellt.

Bereits am 24. April fanden Versammlungen von Künstlern und Sportlern zwecks Wiederaufnahme des kulturellen und des sportlichen Lebens statt. Die Vertreter aller drei vorgenannten politischen Parteien erließen am 27. April eine gemeinsame Unabhängigkeitserklärung, und am gleichen Tage wurde die Provisorische Staatsregierung, eine Konzentrationsregierung unter Staatskanzler Dr. Karl Renner, gebildet. Es erscheint uns heute als unvorstellbar, daß die Sowjets einen Nichtkommunisten mit der Regierungsbildung beauftragt hatten!

Drei Tage darauf, am 1. Mai — also noch vor Beendigung des Zweiten Weltkrieges —, wurde in Wien wieder Oper gespielt! Wenige Tage vorher war Kammersänger Alfred Jerger von den Sowjets zum Kommissarischen Leiter der Wiener Staatsoper eingesetzt worden und hatte sofort mit den personellen, technischen und künstlerischen Vorarbeiten begonnen. Er war damals in der Stunde Null zweifellos dafür der geeignetste Mann. Er war der Prototyp des Allroundkünstlers und hatte seine Laufbahn zunächst als Operettenkapellmeister begonnen. 1921 war er an die Wiener Staatsoper gekommen. Seither hat er an die 150 verschiedene Baß- und Baritonrollen gesungen. Er trat gelegentlich auch als Regisseur und Librettist in Erscheinung. Unmittelbar vor der Wiedereröffnung des Staatsopernbetriebes im Gebäude der Volksoper gab er u. a. folgende Erklärung ab: „Wir sind alle mit Hingabe am Werk, Wien seine Oper, wenn auch vorläufig in veränderter, vereinfachter Form, zurückzugeben. Man darf jedoch nicht vergessen, daß das Institut seinen materiellen Reichtum zur Gänze verloren hat. Verloren sind die Dekorationen, die Kostüme, die Perücken, die Schuhe, die Requisiten, kurz alles, was für äußerlich prunkvolle Aufführungen benötigt würde. Es heißt also, neue Dekorationen und neue Kostüme zu schaffen, aber dafür fehlt wieder Material, es fehlt an Stoffen, an Holz und vielem anderen. Wir müssen mit dem Bescheidensten auskommen. Das Publikum wird sich also, was das Optische auf der Bühne betrifft, manchmal mit bloßen Andeutungen begnügen müssen, vielleicht mit Improvisationen. Wenn wir auf diesem Gebiet auch zu gewissen Kompromissen gezwungen sind, *so wird es doch keinerlei Kompromisse geben, wenn es sich um die Qualität der Leistungen handelt.* Gerade in dieser Beziehung bin ich beruhigt, da wird es kein Abgleiten geben. Das hohe Niveau, erreicht durch eine künstlerische Tradition, bewahrt durch den Idealismus jedes einzelnen Mitwirkenden, wird auf jeden Fall erhalten bleiben!"

Alfred Jerger wußte, daß er sich auf sein Ensemble verlassen konnte. Ein nicht zu unterschätzender Umstand wirkte sich äußerst positiv auf den Beginn des Opernbetriebes aus. Es befanden sich unter den Solisten fast keine Sänger, die in politischer Hinsicht untragbar waren. Auch während der nationalsozialistischen Ära hatte die Wiener Staatsoper dank der vielen Bemühungen der Staatsoperndirektoren Dr. Erwin Kerber (1936—1939) und Hans Knappertsbusch (1939—1940) ihre österreichische Note zum Großteil beibehalten. Unter der Direktion von Karl Böhm (1943–1945) waren ebenfalls nur Künstler von unzweifelhaften charakterlichen Eigenschaften engagiert worden.

Wie durch ein Wunder war Wiens zweites Opernhaus, das Haus auf dem Währinger Gürtel, das ursprünglich als Kaiser-Jubiläums-Stadttheater, dann als Volksoper und während des Zweiten Weltkrieges zuletzt als Opernhaus der Stadt Wien eine zeitweise bedeutende Rolle im Musikleben Wiens gespielt hatte, von kriegsbedingten Beschädigungen verschont geblieben. Allerdings waren die in verschiedenen Stadtteilen gelegenen Dekorationsmagazine und Werkstätten durch Kampfhandlungen stark mitgenommen. Damit war auch der Fundus der meisten während des Krieges am Opernhaus der Stadt Wien gespielten Werke vernichtet.

Die letzte offizielle Vorstellung an der Wiener Staatsoper vor der Zerstörung des Hauses hatte am 30. Juni 1944 („Götterdämmerung“ unter Knappertsbusch) stattgefunden.

Nach Einstellung des Theaterbetriebes im Zuge des totalen Krieges (August 1944) war das Ensemble der beiden Wiener Opernhäuser in alle Himmelsrichtungen zerstreut. Trotzdem konnte die Wiener Staatsoper anläßlich ihrer Wiedereröffnung am 1. Mai 1945 in künstlerischer Hinsicht an die großen Leistungen vorangegangener Jahre anknüpfen.

Der Einsatz aller, die am Zustandekommen der ersten Opernaufführung beteiligt waren, muß um so höher eingeschätzt werden, wenn man bedenkt, daß die Vorstellung bereits um 15 Uhr beginnen mußte, da es damals weder Verkehrsmittel noch Straßenbeleuchtung gab.

Die Geburtsstunde der Zweiten Republik, die im Unterschied zur Ersten Republik von Anfang an von der überwiegenden Mehrheit der Bevölkerung begrüßt wurde, ist auch vom großartigen Start der Wiener Staatsoper in der Volksoper geprägt worden.

Die junge Zweite Republik gab mit der Aufführung von Mozarts „Die Hochzeit des Figaro“ ein kräftiges künstlerisches Lebenszeichen. Mit Hilde Konetzni als Gräfin, Alfred Poell als Graf Almaviva, Irmgard Seefried als

„Die Hochzeit des Figaro“, Alfred Poell als Graf Almaviva

Susanne und Adolf Vogel standen bewährte Kräfte auf der Bühne, die in ihren Partien bereits in denkwürdigen Mozart-Aufführungen unter Knappertsbusch, Moralt, Böhm und anderen Dirigenten gesungen hatten. Alois Pernerstorfer, der den Figaro sang, hatte in dieser Partie am gleichen Hause schon während der Kriegsjahre große Erfolge aufzuweisen gehabt. Elisabeth Höngen war 1943 auf Wunsch von Karl Böhm von Dresden nach Wien übersiedelt und blieb nach dem Krieg der Wiener Staatsoper

„Die Hochzeit des Figaro", Irmgard Seefried als Susanne und Sena Jurinac als Cherubin

„Die Hochzeit des Figaro", Hilde Konetzni als Gräfin

treu. Sie sang bei der Eröffnungspremiere die Partie der Marzelline. Ein Sensationsdebüt glückte Sena Jurinac als Cherubin. Die junge Sängerin war 1944 an die Wiener Staatsoper verpflichtet worden, kam aber wegen der allgemeinen Theatersperre nicht mehr zum Einsatz.

Der Bühnenbildner Robert Kautsky entwarf einen einfachen, stets wirksamen dekorativen Rahmen, in dem der Regisseur O. F. Schuh das köstliche Intrigenspiel mit viel Schwung zur Geltung brachte.

Vor der ersten Opernaufführung im wiedererstandenen Österreich konnten Besetzungsänderungen auf dem Programmzettel infolge technischer Schwierigkeiten nicht mehr berücksichtigt werden. So ist es auch zu erklären, daß in den meisten Publikationen, die darüber erschienen sind, die Namen des Dirigenten und des Sängers des Grafen Almaviva meist unrichtig angegeben wurden. Einer der zuverlässigsten Kronzeugen war der langjährige Vorstand der Wiener Philharmoniker, Prof. Otto Strasser. Er führt in seinem Buch „Und dafür wird man noch bezahlt" u. a. aus: „Wann Krips seine erste Vorstellung dirigierte, weiß ich nicht mehr genau. Die Eröffnungsvorstellung in der Volksoper mit Mozarts ‚Figaro' am 1. Mai 1945 stand unter der Leitung von Anton Paulik." Außerdem sang damals Alfred Poell den Grafen Almaviva. Paul Schöffler übernahm diese Rolle erst in einer der Reprisen.

Am 8. Mai ging der Zweite Weltkrieg in Europa zu Ende. Die Wochen unmittelbar nach der Einsetzung der Provisorischen Staatsregierung, deren Wirkungsbereich sich allerdings lediglich auf die Stadt Wien und Teile von Niederösterreich erstreckt hatte, waren nur durch übermenschliche Entbehrungen seitens der Bevölkerung zu überstehen. Dazu kam noch ein Mißtrauen gegen die neue

Besatzungsmacht, das wegen der Plünderungen und sonstigen Übergriffe, die das rauhe Kriegshandwerk mit sich brachte, noch vergrößert wurde.

Eine Woche nach Beendigung des Zweiten Weltkrieges, am 15. Mai, fand die zweite Staatsopernpremiere im Opernhaus der Stadt Wien (so hieß die Wiener Volksoper damals noch offiziell) statt. Unter der von Anton Paulik musikalisch umsichtig geleiteten Neuinszenierung der „Bohème" und unter der Regie von Alfred Jerger glänzte vor allem die Jugend unter den Sängern. Anton Dermota bewies, daß er nicht nur ein vorbildlicher Mozarttenor sein konnte. Mit zarter Poesie sang Sena Jurinac eine ergreifende Mimi. Irmgard Seefried erzielte großen Publikumserfolg mit ihrer bezaubernden Musette, und Alfred Poell verkörperte den Maler Marcel mit starkem Ausdruck. Die Bühnenbilder schuf Robert Kautsky.

Am 24. Mai erschien im „Neuen Österreich" eine sehr bedeutsame Erklärung des damaligen Staatssekretärs für öffentliche Bauten, Ing. Julius Raab:

„Die Oper wird wieder erstehen auf dem gleichen Platz, im alten Rahmen. An Stelle der Brandruine wird wieder der herrliche Prachtbau van der Nülls und Siccardsburgs zum Himmel ragen, wird seine markante Silhouette der in der ganzen Welt bekannten Opernkreuzung das eigenartige Gepräge geben, aus seinem Inneren werden wieder gottvolle Musik und bezaubernder Gesang ertönen. Die Wiederherstellung der Oper wird selbstverständlich große Summen Geldes kosten. Aber auch in dieser Beziehung bin ich Optimist. Ich bin überzeugt, daß der Staat nicht allein für diesen Bau wird aufkommen können, sondern daß die Österreicher und Kunstbegeisterten der ganzen Welt ihren Stolz darein setzen werden, dieses berühmte Kulturinstitut wieder erstehen zu lassen."

Obwohl die neue österreichische Regierung mit vielen unlösbar scheinenden Problemen beschäftigt war, gehörte der Beschluß zum Wiederaufbau der Wiener Staatsoper zu den ersten wesentlichen Entscheidungen des Ministerrates der Provisorischen Staatsregierung.

Im Mai fanden nur an jedem zweiten Tag Vorstellungen statt. Ab 1. Juni jedoch wurde an der Volksoper (die nun wieder ihren alten Namen erhielt) täglich gespielt.

Eine weitere Bereicherung des Spielplanes stellte am 2. Juni die Aufnahme von Lortzings „Waffenschmied" dar. Unter der musikalischen Leitung von Anton Paulik und unter der Regie von Willy Zilken waren Maria Schober als Marie, Dora With als Irmentraut, Herbert Alsen als Stadinger und Alfred Poell als Graf Liebenau zu hören.

Jene beliebte Spieloper mit den hübschen Bühnenbildern von Walter Hoesslin wurde in den kommenden Monaten mit einigen Umbesetzungen gegeben. Es sangen u. a. Emmy Loose, Henny Herze und Elisabeth Rutgers die Marie, Alois Pernerstorfer und Adolf Vogel den Stadinger und der vielversprechende lyrische Bariton Hans Braun den Grafen Liebenau.

Ab 5. Juni galt das Ausgehverbot ab 22 Uhr. Die Straßenbahn verkehrte bis 21.30 Uhr, ein beachtlicher Fortschritt!

Das musikalische Leben der Stadt bekam weitere Impulse durch die Eröffnung des Redoutensaales in der Hofburg am 5. Juni mit einer Aufführung von Johann Strauß' „Wiener Blut".

Unter der Doppeldirektion von Richard Strauss und Franz Schalk war es 1921 zur Eingliederung des stimmungsvollen Redoutensaales in den staatlichen Opernbetrieb gekommen. Schon Maria Theresia und Josef II. wollten in diesem fröhlichen, intim wirkenden Raum im Hofburgtrakt Opern aufführen lassen, aber erst in der Ersten Republik wurde dieser Kaisertraum Wirklichkeit. Während des Zweiten Weltkrieges fanden dort unvergeßliche Opernaufführungen statt, und auch „Wiener Blut" stand in den Jahren 1943 und 1944 auf dem Programm. An der Aufführung selbst hatte sich seither nur wenig verändert. Eine ausgezeichnete Leistung bot Sena Jurinac als Gräfin. In weiteren Rollen wußten Richard Sallaba, Alfred Jerger, Elisabeth Rutgers zu gefallen. Als Gäste wirkten Elfi König und Tony Niessner vom Raimundtheater und Ferdinand Maierhofer und Otto Storm vom Burgtheater mit. Oscar Fritz Schuhs vornehme Operettenregie, Erika Hankas Choreographie, Anton Pauliks Liebe für die Musik von Johann Strauß sorgten für eine mit viel Beifall aufgenommene Vorstellung.

Am 14. Juni wurde das begeisterte Wiener Opernpublikum mit der Neuinszenierung von Rossinis „Barbier von Sevilla“ unter Josef Krips belohnt.

Krips trat nach einer Unterbrechung von sieben Jahren wieder an das Dirigentenpult der Wiener Staatsoper. In den zwanziger Jahren war er als musikalischer Chef des Opernhauses in Karlsruhe einer der jüngsten Generalmusikdirektoren Deutschlands gewesen. 1933 wurde er von Clemens Krauss als Kapellmeister an die Wiener Staatsoper geholt. Als er während der nationalsozialistischen Ära seinen Beruf nicht ausüben durfte, war er bis zur Besetzung des Balkans durch die Achsenmächte als Kapellmeister am Opernhaus in Belgrad tätig. Danach korrepetierte er heimlich mit einigen prominenten Sängern der Staatsoper.

Josef Krips war die Seele der neuen Premiere in der Volksoper. Im einfachen und geschmackvollen Bühnenrahmen, den Robert Kautsky schuf – Regie: Erich Wymetal –, gab es bewundernswerte Einzelleistungen. Mit schönem Mezzo sang Elena Nikolaidi die Rosina. Man hatte auf die ursprüngliche italienische Fassung zurückgegriffen. Die Gesangseinlage im zweiten Akt, „La danza“, mußte Elena Nikolaidi sogar wiederholen. Die übrige Besetzung mit Anton Dermota (Graf Almaviva), Alfred Jerger (Bartolo), Marjan Rus (Basilio) und Alfred Poell (Figaro) erfüllte so wie in den letzten Jahren vor der Zerstörung der Staatsoper die verwöhntesten Ansprüche. Der stürmische Beifall am Schluß der Vorstellung rief die Hauptdarsteller und Prof. Josef Krips immer wieder vor den Vorhang.

Um Daniza Jlitsch, eine beliebte Sängerin, die 1939 vom Deutschen Opernhaus Berlin auf Betreiben von Hans Knappertsbusch an die Wiener Staatsoper engagiert worden war und die sich dann u. a. als Tosca, Butterfly und Aida die Gunst des Wiener Publikums erworben hatte und seither als *die* dramatische Sopranistin für das italienische Fach galt, mußte man in den letzten Kriegstagen bangen. Sie hatte sich vor dem Volksgericht zu verantworten, da sie einem Agenten des Secret Service Unterkunft gewährt hatte. Dank des raschen Vormarsches der Roten Armee auf Wien war es zu keiner Verhandlung mehr gekommen, aber die Künstlerin hatte dennoch wochenlange Gefängnishaft hinter sich.

Um so herzlicher wurde Daniza Jlitsch am 20. Juni bei der Premiere von Puccinis „Madame Butterfly“ vom Publikum begrüßt. Sieghaft überstrahlte ihr schöner Sopran das Orchester. Wenko Wenkoff sang in der Manier des italienischen Rampentenors den Linkerton. Paul Schöffler gab einen menschlich ergreifenden Konsul Sharpless. Rosette Andays vortreffliche Suzuki, Erich Majkut (Goro), Hans Braun (Yamadori) und Tomislav Neralic (Onkel Bonze) vervollständigten das Ensemble. Besonders gut arbeitete Josef Krips die orchestralen Schönheiten heraus. Erich Wymetal als Regisseur ließ die Personen natürlich agieren.

Am 15. Juni wurde Franz Salmhofer mit Wirkung vom 1. August 1945 zum Direktor der Wiener Staatsoper bestellt. Er war einst Sängerknabe gewesen und hatte in Wien u. a. bei Franz Schreker und Franz Schmidt studiert. Einige seiner Ballette und Opern waren bereits an der Wiener Staatsoper uraufgeführt worden: „Das lockende Phantom“ (1927), „Der Taugenichts von Wien“ (1930), „Das Weihnachtsmärchen“ (1931), „Österreichische Bauernhochzeit“ (1933), „Dame im Traum“ (1935) und „Iwan Tarassenko“ (1938).

Salmhofer war in seiner gemütlichen, unproblematischen Wiener Art, Hindernisse zu überwinden, der geeignetste Mann für den Posten des Staatsoperndirektors, und er machte sich mit einem ungeheuren Elan an die Überwindung nahezu unlösbarer Schwierigkeiten. Mit dem unerschrockenen Optimismus des österreichischen Menschen ging er daran, die Wiener Staatsoper aus dem Trümmerfeld des Krieges auszugraben und wieder aufzubauen!

Salmhofers Ziel war es, für die Staatsoper ein zentral gelegenes Ausweichquartier zu finden. Er hatte für diesen Zweck das Theater an der Wien ins Auge gefaßt.

Am 10. Juli hatte Smetanas „Die verkaufte Braut“ unter der musikalischen Leitung von Josef Krips – Regie: O. F. Schuh, Bühnenbilder: Robert Kautsky – Premiere. In den Hauptrollen gab es großartige Leistungen von Hilde Konetzni (Marie), Anton Dermota (Hans) und Fritz Krenn (Kezal).

Ausnahmsweise spielte die Staatsoper den ganzen Sommer hindurch. Nebenbei gab es außergewöhnliche Konzerte; Österreich fand wieder Anschluß an das internationale Musikleben!

Staatskanzler Dr. Karl Renner hatte einige große russische Künstler nach Wien eingeladen. Darunter befanden sich die berühmten Mitglieder des Bolschoi-Theaters in Moskau, die Sopranistin Natalia Spiller und der Bariton Alexej Iwanow sowie die weltberühmten Instrumentalisten David Oistrach, Leo Oborin und Swjatoslaw Knuschewitzky.

Natalia Spiller begeisterte in der Volksoper als Butterfly, und Alexej Iwanow sang am gleichen Haus den Scarpia.

Kurz zuvor, am 31. Juli, hatte nämlich Puccinis „Tosca" unter der musikalischen Leitung von Wilhelm Loibner mit Daniza Jlitsch (Tosca), Wenko Wenkoff (Cavaradossi) und Paul Schöffler (Scarpia) Premiere gehabt. Regie führte Alfred Jerger, die Bühnenbilder stammten von Robert Kautsky.

Das Auftreten der weltberühmten sowjetischen Künstler gestaltete sich nicht nur zu einem großen künstlerischen, sondern auch zu einem gesellschaftlichen Ereignis ersten Ranges. Staatskanzler Dr. Renner gab zu Ehren der Gäste einen Empfang in der Hofburg. Wenn auch nicht der Glanz von früher, sondern die bescheidenen Lichter des Österreichs vom Jahr 1945 die Räume erfüllten, so war es das Wienertum in unveränderter Liebenswürdigkeit und Herzlichkeit, das den sehr willkommenen Gästen entgegengebracht wurde. Von sowjetischer Seite waren die höchsten Militärs, von österreichischer Seite die Mitglieder der Provisorischen Regierung anwesend. Im Rahmen des Festabends gaben nicht nur die sowjetischen Künstler, sondern auch die Mitglieder der Wiener Staatsoper Rosette Anday, Hilde Konetzni und Irmgard Seefried, begleitet von Josef Krips, Kostproben ihres Könnens zum besten.

An diesem unvergeßlichen Abend in der Wiener Hofburg erreichten die mit frenetischem Beifall aufgenommenen Darbietungen der russischen und der österreichischen Künstler mehr als die anwesenden Politiker und Militärs. Über das Reich der Kunst wurde eine völkerverbindende Brücke zwischen der Sowjetunion und Österreich geschlagen. Das selbstbewußte Auftreten der Wiener Künstler war von einem festen Glauben an das wiedererstandene Österreich getragen!

Es war kein Zufall, daß Wien die erste Station der Europatournee der sowjetischen Künstler war, denn für sie war nach wie vor Wien das Mekka der Musik, und die Wiener Staatsoper galt für sie noch immer als das erste Operninstitut der Welt, auch wenn den ausländischen Künstlern das zerstörte Operngebäude an der Ringstraße einen erschütternden Anblick bot!

Auch die amerikanische Besatzungsmacht förderte in ihrem Wirkungsbereich die Wiederaufnahme des kulturellen Lebens. Die traditionellen Salzburger Festspiele wurden am 12. August 1945 durch den Oberkommandierenden der amerikanischen Streitkräfte in Österreich, General Mark Clark, eröffnet. Durch die Wirren unmittelbar nach Kriegsende bedingt, konnten die Wiener Philharmoniker und die Wiener Staatsoper ihre Aufgaben in der Salzachstadt nicht erfüllen. Auf Einladung der amerikanischen Besatzungsmacht traten vorläufig andere Künstler an ihre Stelle, so daß die weltberühmten Festspiele vom 12. August bis zum 1. September stattfinden konnten. Es fanden u. a. sechs Aufführungen von Mozarts „Die Entführung aus dem Serail" unter der musikalischen Leitung von Felix Prohaska unter Mitwirkung von Maria Cebotari, Rosl Schwaiger, Julius Patzak und Ludwig Weber statt.

Am 26. August erschien zum erstenmal die Tageszeitung der amerikanischen Besatzungsmacht „Wiener Kurier", und am 1. September übernahmen die drei westlichen Alliierten ihre Besatzungszonen in Wien.

Mitte September fand in der Wiener Volksoper die Premiere von Wilhelm Kienzls „Der Evangelimann" in der lebendigen, den volkstümlichen Charakter des Werkes betonenden Inszenierung von Viktor Pruscha unter der musikalischen Leitung von Wilhelm Loibner statt. Die beiden Singschauspieler Josef Witt (Matthias) und Alfred Jerger (Johannes) gaben der Aufführung Profil. Sena Jurinac hatte sich mit der Martha eine weitere Rolle erarbeitet. Den größten Applaus errang jedoch Rosette Anday als Magdalena. Sie trat nach siebenjähriger Unterbrechung wieder in einer Hauptrolle vor das Wiener Publikum.

Ende September leitete Anton Paulik Flotows „Martha" mit Emmy Loose, Elena Nikolaidi, Anton Dermota und Marjan Rus.

Zur gleichen Zeit wurde der Tageskaloriensatz für Nor-

„Fidelio", Finale des 2. Aktes mit Herbert Alsen, Willy Franter, Anny Konetzni und Fritz Krenn

malverbraucher von 800 auf 1500 Kalorien erhöht, und im niederösterreichischen Landhaus in Wien fand die erste österreichische Länderkonferenz statt. Es war dies der erste Kontakt der Politiker der westlichen Bundesländer mit der Provisorischen Regierung unter Dr. Karl Renner. Nach dieser bedeutsamen Konferenz wurden Vertreter der Länder in die Provisorische Regierung aufgenommen.

Am 6. Oktober wurde nach intensiven Vorarbeiten das Theater an der Wien als zweite Ausweichbühne für die zerstörte Staatsoper mit Beethovens „Fidelio" eröffnet. Zum erstenmal seit 150 Jahren bespielte die Wiener Staatsoper zwei Häuser! Auch damals war Europa durch furchtbare Kriege erschüttert worden, und die zu Ende gehende Welt absolutistischer Gewaltherrschaft hatte Ludwig van Beethoven zu jener menschlichen Freiheitsoper inspiriert, deren zeitlose hohe Ethik unmittelbar nach dem Zweiten Weltkrieg um so ergreifender wirkte.

Die festliche „Fidelio"-Eröffnungspremiere war ein großer Tag in der jungen Zweiten Republik. Die Anwesenheit von führenden Vertretern des Staates und der Stadt (Staatskanzler Dr. Renner und mehrere Regierungsmitglieder, Bürgermeister Körner mit mehreren Stadträten, die Spitzen der Besatzungsmächte und namhafte Vertreter von Kunst und Wissenschaft) gab dem künstlerischen Ereignis eine bedeutsame gesellschaftliche Prägung.

Durch das vorbildliche Zusammenwirken aller Kräfte – Oscar Fritz Schuh (Regie), Robert Kautsky (Bühnenbilder), Dr. Richard Roßmayer (Choreinstudierung), Josef Krips (musikalische Leitung) und den Solisten Anny Konetzni (Leonore), Irmgard Seefried (Marzelline), Willy

Franter (Florestan), Paul Schöffler (Pizarro), Herbert Alsen (Rocco), Fritz Krenn (Minister) und Anton Dermota (Jaquino) – kam es zu einer ergreifenden Festvorstellung. Der stürmische Beifall des ganzen Hauses erzwang viele Vorhänge und Sonderapplaus für das Orchester.

Die Besetzung der Rolle des Florestan stellte damals eine Verlegenheitslösung dar, da Max Lorenz, dem die Premiere zugedacht war, auf dem Weg von Salzburg nach Wien zu lange an der Demarkationslinie zwischen der amerikanischen und der sowjetischen Besatzungszone aufgehalten worden war. Er kam gerade noch zum zweiten Akt der Premiere zurecht und wurde beim Betreten des Zuschauerraums vom Publikum herzlich begrüßt, um so mehr als bekanntgeworden war, daß der weltberühmte Künstler in Zukunft seinen ständigen Wohnsitz in Wien aufschlagen werde.

Die zweite Reprise des „Fidelio" gewann durch die Mitwirkung von Max Lorenz als grandioser Florestan. Im ehrwürdigen Theater an der Wien, wo Beethovens „Fidelio" zum erstenmal erklungen war, lag in den folgenden zehn Jahren die musikalische Leitung dieser Oper in den Händen bedeutender Dirigenten, wie etwa Karl Böhm, Wilhelm Furtwängler, Hans Knappertsbusch, Rudolf Kempe, Erich Leinsdorf und Rudolf Moralt. Weder vorher noch nachher dürfte das Werk in so vielen interessanten Besetzungsvarianten dem Publikum dargeboten worden sein. Es sangen u. a. Helena Braun, Christl Goltz, Gertrude Grob-Prandl, Hilde Konetzni, Maria Reining, Martha Mödl und Leonie Rysanek die Leonore, Peter Anders, Josef Gostic, Hans Hopf, Julius Patzak, Julius Pölzer, Helge Rosvaenge, Ludwig Suthaus, Set Svanholm, Günther Treptow und Wolfgang Windgassen den Florestan sowie Otto Edelmann, Ferdinand Frantz, Georg Hann, Josef Herrmann, Ludwig Hofmann, Hans Hotter und Karl Kamann den Pizarro.

Die Appelle der Provisorischen Regierung um Spenden für den Wiederaufbau der Staatsoper fielen auf fruchtbaren Boden. Wenige Tage nach der „Fidelio"-Premiere übergab ein Vertreter des damaligen Oberkommandierenden der sowjetischen Besatzungstruppen in Österreich, Marschall Konjew, an Staatsoperndirektor Franz Salmhofer eine Spende von 2 Millionen Schilling für den Wiederaufbau der Wiener Staatsoper seitens der Sowjetregierung.

Am 20. Oktober wurde die provisorische österreichische Regierung von allen vier Besatzungsmächten anerkannt, was für die Weiterentwicklung des Landes von fundamentaler Bedeutung war!

Bis zum Jahresende 1945 richtete sich vor allem an der Volksoper die Wahl der Neuinszenierungen nach dem Vorhandensein von Dekorationen und Kostümen, die zum Großteil von Walter Hoesslin während des Krieges entworfen worden waren. Anfang November inszenierte Alfred Jerger eine spritzige „Fledermaus". Zu den bereits bekannten großartigen Leistungen von Josef Witt (Eisenstein), Anton Dermota (Alfred), Alfred Poell (Falke) und Alfred Jerger (Frosch) gesellten sich die charmante Rosalinde von Sena Jurinac und die reizende Adele von Wilma Lipp. Rosette Anday gab einen mondänen Prinzen Orlofsky. Die ersten zwei Vorstellungen wurden von Alois Melichar dirigiert, dann übernahm das Werk Kurt Tenner. Mit Beginn der Spielzeit 1946/47 wurde Anton Paulik der überragende musikalische Leiter der „Fledermaus".

Da es damals an Dirigenten mangelte, übernahm Kurt Tenner, der als Korrepetitor in der Volksoper tätig war, die Neueinstudierung von Engelbert Humperdincks Märchenoper „Hänsel und Gretel" mit Elena Nikolaidi (Hänsel), Emmy Funk (Gretel), Olga Levko-Antosch als Knusperhexe sowie Herma Schramm und Fritz Krenn als Elternpaar. Auch Anny Konetzni war in Ermangelung geeigneter Rollen in ihrem angestammten Fach als sehr spielfreudige Mutter Gertrud zu hören.

Wilhelm Loibner leitete die letzte Premiere des Jahres 1945 am Währinger Gürtel. Auf dem Programm standen die beiden Einakter „Cavalleria rusticana" von Pietro Mascagni und „Der Bajazzo" von Ruggiero Leoncavallo unter der Regie von Josef Witt. Anny Konetzni war eine stimmgewaltige Santuzza. Elisabeth Schwarzkopf trat zum erstenmal nach dem Krieg in der Wiener Staatsoper auf. Den größten Erfolg des Abends errang Georg Oeggl als Tonio. Im Februar 1944 hatte der beliebte Künstler gemeinsam mit Günther Treptow (Canio) auf der gleichen Bühne in einer Neuinszenierung des Werkes frenetische

Beifallskundgebungen geerntet. Oeggl, ein italienisch geschulter ausdrucksstarker lyrischer Bariton mit faszinierenden Spitzentönen, hatte schon während des Zweiten Weltkrieges wiederholt an der Wiener Staatsoper mit sensationellem Erfolg vor allem als Tonio und als Rigoletto gastiert und war im gesamten deutschen Sprachraum durch seine Rundfunk- und Schallplattenaufnahmen zu einem Qualitätsbegriff geworden. Der verläßliche Karl Friedrich (Turiddu), Fritz Krenn (Alfio), Peter Baxevanos (Canio) und Alfred Poell (Silvio) ergänzten das Ensemble.

Im Theater an der Wien wurden zunächst Produktionen, die bisher in der Volksoper oder im Redoutensaal gespielt wurden, in den Spielplan übernommen, wie etwa Mozarts „Die Hochzeit des Figaro“ und „Cosi fan tutte“.

Anton Paulik übernahm am 24. November die Neueinstudierung von Donizettis „Don Pasquale“. Das Werk hatte sich in der gleichen Besetzung mit Emmy Loose (Norina), Marjan Rus (Pasquale), Erich Kunz (Malatesta) und Wenko Wenkoff (Ernesto) bereits in den Jahren 1942 bis 1944 großer Beliebtheit in der Staatsoper erfreut.

Am 25. November fand die erste Nationalratswahl der Zweiten Republik statt (85 ÖVP, 76 SPÖ, 4 KPÖ). Nach dem Rücktritt der Provisorischen Staatsregierung wählte die Bundesversammlung am 20. Dezember Dr. Karl Renner einstimmig zum Bundespräsidenten. Am gleichen Tag ernannte Renner die Koalitionsregierung Figl—Schärf I. Somit war das Provisorium im politischen Leben Österreichs beendet.

Als Rudolf Moralt Anfang Dezember der Staatsoper wieder zur Verfügung stand, hatte die Wiener Oper in ihm und in Josef Krips zwei Chefdirigenten der Superlative, wie sie die Wiener Staatsoper seither nicht mehr besessen hat. Beide beherrschten ein Repertoire von mehr als 70 verschiedenen Werken. Hier ist auch die Wurzel für den beispiellosen Wiederaufstieg der Wiener Oper zu suchen. In Notzeiten sind Dirigenten vom Range eines Krips oder eines Moralt wichtiger als Stardirigenten, die den Opernbetrieb meist mit zahlreichen Proben blockieren. Zweifellos ist das hohe Format der beiden Dirigenten auch auf ihre Ausbildung zurückzuführen. Krips war u. a. Schüler von Felix Weingartner gewesen, Moralt war einerseits als

Die Chefdirigenten Josef Krips (oben) und Rudolf Moralt (unten)

Großneffe von Richard Strauss erblich belastet und hatte sich reiche Opernerfahrung als Korrepetitor unter Hans Knappertsbusch am Nationaltheater München geholt.

Mit der „Othello"-Premiere am 21. Dezember 1945 war auch für die Wiener Staatsoper der Zustand des Improvisierens zu Ende gegangen. Über die mit großem Interesse erwartete Premiere berichtete die von der britischen Besatzungsmacht herausgegebene Tageszeitung „Weltpresse":

„Diese Aufführung im Theater an der Wien darf als Markstein in der Geschichte der Oper im wiedererstandenen Österreich angesehen werden. Die Aufführung der Staatsoper war einfach großartig. Über allem steht Max Lorenz als Othello. Er spielte, sang und stellte die Rolle vollkommen dar. Keine leere Geste, kein Augenblick, der nicht aus innerer Notwendigkeit gestaltet und in eindrucksvoller Weise dargestellt worden wäre. Welche Fülle von Einzelzügen, die begeisterten und hinrissen. Eine vollkommene und bewundernswerte Meisterleistung.

Schauspielerisch ganz auf der Höhe, konzentriert, durchdacht und darüber hinaus, Anfang und Ende gleichsam, vom innersten Kern der Rolle erlebt. Kein Wort des Lobes ist zuviel. Wer wissen will, was man unter der meisterlichen Darstellung einer Opernpartie versteht, der sehe und höre sich einfach diesen Othello Max Lorenz' an. Mehr und Besseres ist darüber nicht zu sagen. In seiner Nähe steht Paul Schöffler als Jago. Auch er ist ein starker und großer Schauspieler, der eine Rolle, die er singt, auch wirklich darzustellen vermag. Hilde Konetzni bot darstellerisch und gesanglich eine eindrucksvolle und ausgezeichnete Leistung und war absolut eine würdige Partnerin von Max Lorenz. Elena Nikolaidi war als Emilia die Vierte im Bunde. Ihr stummes Spiel war im höchsten Grade bemerkenswert.

Dieses ausgezeichnete Quartett trug und stützte die Oper und riß das Publikum zu nicht enden wollenden Beifallsstürmen hin. Kommen noch zwei Leistungen, die den Erfolg des Abends mitbestimmten: die selten gute und vorzügliche Inszenierung Oscar Fritz Schuhs und die wunderbaren Bühnenbilder und Kostüme Robert Kautskys.

Wie bereits in ‚Cavalleria' und in ‚Bajazzo' andeutungsweise, so wurde der Chor diesmal richtig verwertet und

„Othello", Szene aus dem 2. Akt mit Paul Schöffler als Jago und Max Lorenz als Othello

schauspielerisch voll ausgenützt. Der Beginn des ersten Aktes war mustergültig und von stärkster Wirkung. Prof. Josef Krips war ein sicherer und temperamentvoller Dirigent. Von allen bisherigen Neuinszenierungen der Staatsoper ist ‚Othello' die geschlossenste und eindrucksvollste. Es ist eine Aufführung, die sich hören lassen und auf die die Staatsoper stolz sein kann. Das Publikum, das wirkliche Qualität sehr wohl zu würdigen weiß, quittierte diese Leistung mit stürmischem und demonstrativem Beifall. Es war der erste wirklich große und unbestrittene Erfolg der Staatsoper, zu dem wir allen Mitwirkenden herzlichst und begeistert gratulieren."

Die Wiener Staatsoper hatte seinem Publikum wohl das schönste Weihnachtsgeschenk bereitet.

Als Max Lorenz den großen Monolog des Othello im dritten Akt mit den Worten „Gott, warum hast du gehäuft dieses Elend" begonnen hatte, mögen diese Worte symptomatisch für die damalige Zeit gewesen sein. Über der glanzvollen Operpremiere lag jedoch ein Hoffnungsstrahl auf eine neue, schönere Welt: Der triumphale Erfolg der Wiener Staatsoper hatte auch wesentlich dazu beigetragen, das Vertrauen zum wiedererstandenen, von vier Mächten besetzten Österreich zu stärken!

Kapitel II

Symbol des inneren Widerstandes gegen ein verhaßtes Regime (Die Ära Knappertsbusch von 1936 bis 1944)

Das Geheimnis des bewundernswerten und künstlerisch überaus erfolgreichen Neubeginns der Wiener Staatsoper im Jahre 1945 lag zum Großteil in der Kontinuität des künstlerischen Personals seit der Mitte der dreißiger Jahre. Ende 1934 hatte Clemens Krauss, der in der Wiener Staatsoper den Begriff des Ensembletheaters in höchstem Maße realisiert hatte, die Direktion zurückgelegt. Mit ihm verließen einige Spitzensänger das Haus, um Engagements an der Berliner Staatsoper anzunehmen. Nach der Niederwerfung des Putsches der Nationalsozialisten im Juli 1934 verstärkte sich der Druck Hitler-Deutschlands auf Österreich immer mehr, so daß das Auftreten deutscher Sänger in Österreich sehr erschwert wurde. In dieser Situation gelang es Dr. Erwin Kerber, der ab 1935 als Verwaltungsdirektor und ab 1. September 1936 als Staatsoperndirektor für die Personalpolitik des Hauses an der Ringstraße die Verantwortung trug, junge, vielversprechende Sänger aus Österreich und aus den Nachfolgestaaten der ehemaligen Donaumonarchie sowie aus deren Anrainerstaaten zu entdecken, wie etwa Dora Komar, Hilde Konetzni, Elena Nikolaidi, Esther Réthy, Anton Dermota, Todor Mazaroff und Alexander Sved. Das Engagement von Anny Konetzni im Jahre 1934 hatte die Wiener Operndirektion von großen Schwierigkeiten in der Besetzung des hochdramatischen Faches befreit.

Nach dem Abschluß des Juli-Abkommens zwischen Österreich und dem Deutschen Reich im Jahr 1936 konnte die Wiener Staatsoper wieder Verträge mit deutschen Künstlern abschließen. So wurde Herbert Alsen als Nachfolger für den verstorbenen Richard Mayr als erster seriöser Baß verpflichtet, und auch mit den beiden Startenören der Berliner Staatsoper Max Lorenz und Helge Rosvaenge, die schon Anfang der dreißiger Jahre durch Gastverträge mit der Wiener Staatsoper verbunden waren, konnte ein Übereinkommen hinsichtlich eines künftigen Wirkens in Wien erzielt werden. Das Niveau der Aufführungen wurde aber vor allem durch das Engagement von Hans Knappertsbusch, der neben Bruno Walter der gefeiertste Dirigent in Wien wurde, erheblich verbessert. Knappertsbusch war als auf Lebenszeit ernannter Generalmusikdirektor der Münchner Staatsoper infolge unüberbrückbarer Differenzen mit den nationalsozialistischen Machthabern zu Beginn des Jahres 1936 „aus gesundheitlichen Gründen" in den dauernden Ruhestand versetzt worden. Seither war über ihn von Bayerns Gauleiter Adolf Wagner ein Dirigierverbot, das sich auf ganz Bayern erstreckte, verhängt worden. Der nachstehende Brief Dr. Kerbers an Hans Knappertsbusch vom 31. Juli 1936 bildete die Grundlage für die 20jährige enge Bindung des berühmten Dirigenten an die Wiener Staatsoper.

31. Juli 1936

Sehr verehrter lieber Herr Generalmusikdirektor

Sie ahnen gar nicht, mit welch innerem Jubel ich die Nachricht aufnahm, daß unsere Bemühungen nun doch endlich von vollem Erfolg gekrönt werden. Wenn Sie sich nur ein Viertel davon ebenso darüber freuen, ist alles „in Butter". Weil wir just von Lebensmitteln reden: Sie wissen, beim Essen kommt erst der Appetit. Und so frage ich mich schüchtern, aber im vollen Einvernehmen mit Minister Dr. Pernter an, ob Sie geneigt wären, die Zahl Ihrer Gastabende von 15 Stück auf deren 25 (zwanzigundfünf) zu erhöhen. Ich bin sicher, daß es ein Leichtes sein wird, auf diese Zahl zu kommen. Arbeit, die Sie interessiert, gibts in Hülle und Fülle. Nicht ganz klar bin ich mir allerdings im Augenblick über Ihre September-Abende. Sind Sie schon sehr bedrängt von Anboten? Oder können Sie mir noch eine Woche lang zuwarten?

In herzlichster Verehrung begrüßt Sie
Ihr ergebener
Dr. Erwin Kerber

Unmittelbar nach Beginn seiner Tätigkeit in Wien erwies sich Hans Knappertsbusch in allen Fragen, die die Führung der Wiener Staatsoper betrafen, neben Bruno Walter als wertvollster Ratgeber von Direktor Dr. Erwin Kerber.

1937 trat Maria Reining auf Wunsch von Hans Knappertsbusch, der die junge Sängerin schon während seiner Münchner Tätigkeit gefördert hatte, ihr Engagement an der Wiener Staatsoper an. Somit wies das jugendlich-dramatische Sopranfach für die kommenden zwei Jahrzehnte mit Maria Reining und mit Hilde Konetzni eine unvergleichliche Glanzbesetzung auf. Auch Paul Schöffler bekundete gegenüber Hans Knappertsbusch sein Interesse an einem Engagement. 1938 begann Paul Schöffler seine glänzende Karriere in Wien und wurde einer der größten Wiener Publikumslieblinge.

Nach der Besetzung Österreichs durch Hitler 1938 bemühten sich Dr. Kerber und sein künstlerischer Berater und Co-Direktor Hans Knappertsbusch, jenen Mitgliedern der Wiener Staatsoper, die überwiegend aus rassischen Gründen ihren Beruf nicht mehr ausüben durften, Engagements im Ausland zu verschaffen. Zufolge des entschiedenen Eintretens der beiden Hauptverantwortlichen der Wiener Staatsoper zugunsten jener Mitglieder des Hauses, die damals den geltenden Rassengesetzen aus diesem oder jenem Grund nicht voll entsprachen, durften über 30 Mitglieder des künstlerischen Personals ihren Beruf weiter ausüben.

In jener schweren Zeit half den beiden Direktoren ihr stets geistreicher Humor über die Last der mehr als schwierigen Direktionsgeschäfte hinweg, wie dies u. a. eine

Hans Knappertsbusch

handgeschriebene Karte von Hans Knappertsbusch an Dr. Erwin Kerber aus dem Jahr 1938 dokumentiert. Die Freude auf ein baldiges Wiedersehen brachte der große Dirigent durch die Notenschrift einer Stelle aus dem achten Auftritt des ersten Aktes von Mozarts „Zauberflöte" zum Ausdruck („Auf Wiedersehen!").

Auch nach dem Anschluß genoß die Wiener Staatsoper in erster Linie dank des hohen Ansehens von Hans Knappertsbusch und Dr. Erwin Kerber, der auch gleichzeitig Präsident der Salzburger Festspiele war, in der gesamten internationalen Opernwelt einen hervorragenden Ruf. Selbst Maria Jeritza hatte zu einer Zeit, als es Österreich offiziell nicht mehr gab, aus Liebe und Treue zur Wiener Staatsoper eine Einladung der Direktion zu einem Gastspiel, das für die Monate März und April 1939 anberaumt war, angenommen.

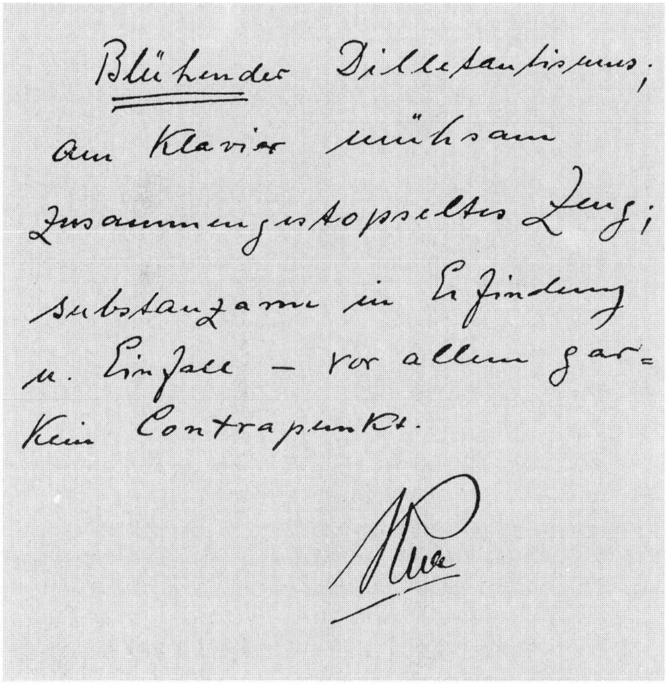

Blühender Dilletantismus; am Klavier mühsam zusammengestoppeltes Zeug; substanzarm in Erfindung u. Einfall – vor allem gar kein Contrapunkt.

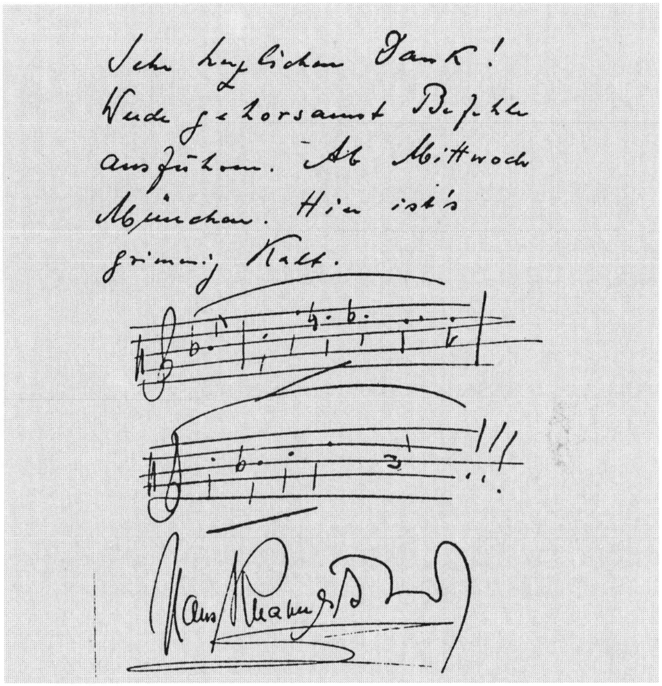

Sehr herzlichen Dank! Werde gehorsamst Befehle ausführen. Ab Mittwoch München. Hier ist's grimmig kalt.

Hans Knappertsbusch' Urteil über eine zur Uraufführung an der Wiener Staatsoper eingereichte Oper (1937)

Hans Knappertsbusch an Dr. Erwin Kerber, Basel, 21. Jänner 1938

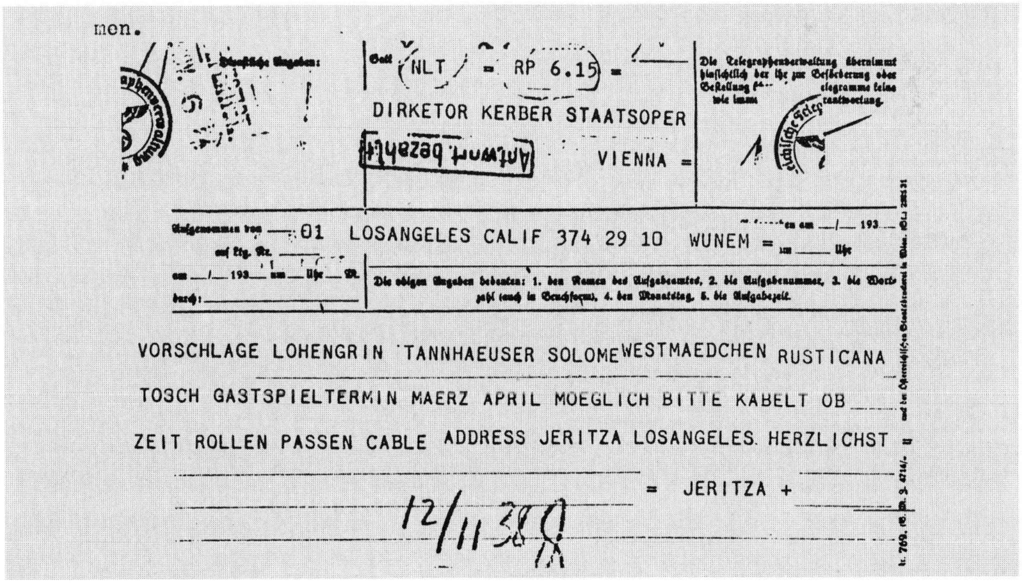

NLT = RP 6.15 =

DIRKETOR KERBER STAATSOPER

Antwort bezahlt

VIENNA =

01 LOSANGELES CALIF 374 29 10 WUNEM =

Die obigen Angaben bedeuten: 1. den Namen des Aufgabeamtes, 2. die Aufgabenummer, 3. die Wortzahl (auch in Bruchform), 4. den Monatstag, 5. die Aufgabezeit.

VORSCHLAGE LOHENGRIN TANNHAEUSER SOLOME WESTMAEDCHEN RUSTICANA TOSCH GASTSPIELTERMIN MAERZ APRIL MOEGLICH BITTE KABELT OB ZEIT ROLLEN PASSEN CABLE ADDRESS JERITZA LOSANGELES. HERZLICHST = JERITZA +

12/11 38

Maria Jeritza an Dr. Erwin Kerber, Los Angeles, 12. November 1938

Es kam allerdings nicht mehr zum Gastspiel von Maria Jeritza, da sich im März 1939 die Weltlage nach der Besetzung der Tschechoslowakei durch Hitler schlagartig verdüstert hatte.

Eine stattliche Zahl hervorragender Sänger, die zu den Stützen des Ensembles der Nachkriegsära zählten, wurde von der Direktion Kerber—Knappertsbusch verpflichtet, wie etwa Helena Braun, Daniza Jlitsch, Karl Friedrich, Karl

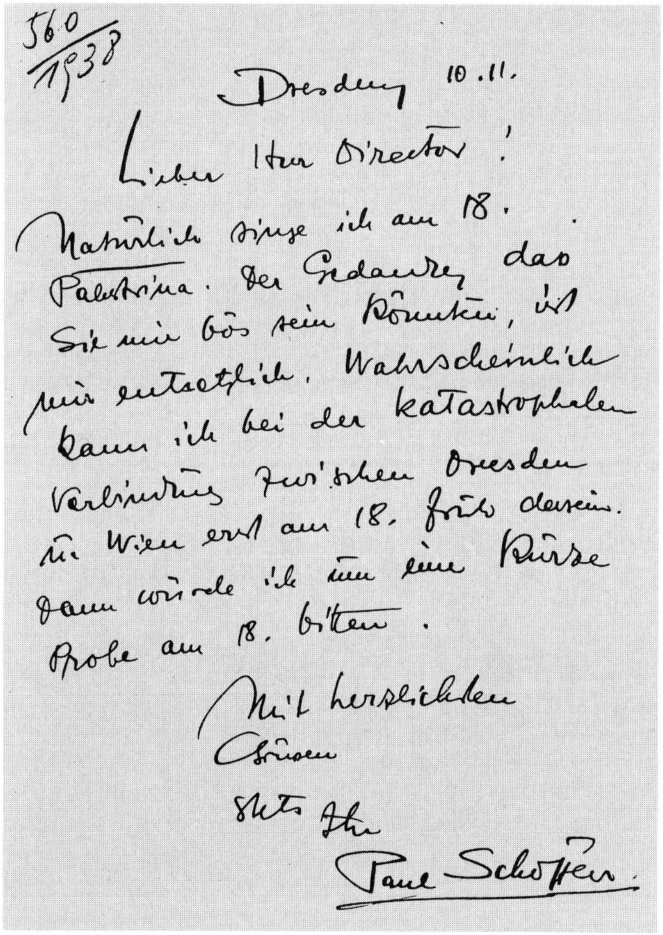

560/1938

Dresden 10.11.

Lieber Herr Director!

Natürlich singe ich am 18. Palestrina. Der Gedanke, das Sie mir bös sein könnten, ist mir entsetzlich. Wahrscheinlich kann ich bei der katastrophalen Verbindung zwischen Dresden u. Wien erst am 18. früh dasein. Dann würde ich um eine kurze Probe am 18. bitten.

Mit herzlichen Grüssen

stets Ihr

Paul Schöffler.

Paul Schöffler an Dr. Erwin Kerber, Dresden, 10. November 1938

Kamann, Marjan Rus, Paul Schöffler, Adolf Vogel und Josef Witt. Mit Maria Cebotari, Hans Hotter und Set Svanholm wurden langfristige Gastverträge abgeschlossen.

Der Hartnäckigkeit der beiden Direktoren gegenüber dem massiven Widerstand des Reichspropagandaministeriums war es zu danken, daß die Dirigentenfrage durch das Engagement von Rudolf Moralt optimal gelöst wurde. Die nachstehende Beurteilung des großartigen Dirigenten — der dann im Verlauf seiner 20jährigen Tätigkeit an der Wiener Staatsoper etwa 70 verschiedene Werke zur Aufführung brachte — durch die beiden Direktoren bedurfte keines weiteren Kommentars.

STTHVZ: 4330/ 20. 12. 1938.

Rudolf Moralt Kapellmeister; Abgabe eines Gutachtens an das Reichspropagandaministerium.

Herr Kapellmeister Rudolf Moralt hat bisher an der Staatsoper 14mal dirigiert. Der Eindruck war in allen Fällen der denkbar beste. Moralt ist ein Vollblut-Musiker, besitzt ein Repertoire von 90 Opern, beherrscht souverän das Orchester, hat die größte Autorität und ist ein ausgezeichneter und feinfühliger Führer der Solisten.

Über die moralischen Qualitäten Moralts kann die Direktion, soweit ihr bekannt, nur das Günstigste aussagen.

24. 12. 1938.

(Kerber) (Knappertsbusch)

Dr. Kerber und Knappertsbusch bewiesen auch ein hohes Maß an Zivilcourage, indem sie selbst Einladungen zu Empfängen in der Reichskanzlei ignorierten, wie etwa zum Abend anläßlich des ersten Jahrestages der „Heimkehr der Ostmark“ in das Deutsche Reich.

Wortlaut des Absagetelegramms:
Präsidialkanzlei des Führers Voss-Straße 4, Berlin W 8
Bedauerlicherweise beide Herren verhindert am Abend

des Führers teilzuhaben stop Knappertsbusch erheblich grippeerkrankt und dadurch Dr. Kerber durch unverlegbare Premierenproben unabkömmlich

3. 3. 1939 Staatsoper Wien

Trotz „erheblicher Grippeerkrankung" dirigierte Hans Knappertsbusch in der Zeit vom 1. März bis zum 12. März 1939 einen vollständigen „Ring" und zwei weitere Werke in der Wiener Staatsoper!

Für die Saison 1939/40 wurde Hans Knappertsbusch zum Staatsoperndirektor bestellt. Offiziell schien allerdings nie eine Bestellungsurkunde auf. Knappertsbusch übte in Wien seine Tätigkeit als „Gastdirigent" aus, da er auf seine wohlerworbenen Rechte als „Generalmusikdirektor der Bayerischen Staatsoper im Ruhestand" nicht verzichten wollte. Den wahren Sachverhalt über die Zusammensetzung der Wiener Staatsoperndirektion bringt ein Auszug aus dem nachstehenden Brief Dr. Kerbers an Heinz Tietjen, den Generalintendanten der Berliner Staatsoper, vom 18. September 1939 zum Ausdruck:

„. . . Wenn ich eine persönliche Bemerkung hinzufügen darf, möchte ich melden, daß für die Spielzeit 1939/40 Knappertsbusch Direktor ist und ich seinen Verwaltungsdirektor zu spielen habe. Ab September 1940 soll dann Strohm als Generalintendant den Laden hier übernehmen, womit meine Überflüssigkeit dann mit 100% erwiesen sein wird . . ."

Auch während der relativ kurzen Amtszeit von Heinrich K. Strohm, dem bisherigen Generalintendanten der Hamburger Staatsoper, als Leiter der Wiener Staatsoper (er hatte den Auftrag, die Wiener Staatsoper enger an Berlin zu binden, wurde jedoch nach viermonatiger Tätigkeit in eine Nervenheilanstalt eingeliefert), blieben die Mitglieder der Wiener Staatsoper in ihrem Inneren Österreicher. Man muß Strohm allerdings zugute halten, daß er sich aus Hamburg einen ganzen Stab hervorragender Mitarbeiter nach Wien mitgebracht hatte, die auch nach seinem Abgang für die Wiener Staatsoper von großer Bedeutung waren: Oscar Fritz Schuh, der hochbegabte, geistvolle Oberspielleiter, der in gleicher Funktion auch nach dem Krieg tätig war, Wilhelm Reinking als Chef des gesamten Ausstattungswesens und der Bühnenbildner Caspar Neher. Die ebenfalls aus Hamburg stammende Ballettmeisterin Helga Swedlund konnte in Wien nicht Fuß fassen und wurde Anfang 1942 anläßlich der Premiere von Werner Egks „Joan von Zarissa" durch Erika Hanka, deren Namen mit dem Wiederaufbau des Balletts nach dem Kriege untrennbar verbunden ist, ersetzt.

Im Juli 1940 wurde Baldur von Schirach zum Gauleiter und Reichsstatthalter von Wien ernannt. Er hatte sich zum Ziel gesetzt, Wien mit seinen Staatstheatern zum kulturellen Mittelpunkt des Reiches zu machen. In diesem Zusammenhang berief er den Chefdramaturgen des Stadttheaters in Bochum, Walter Thomas, der kein Exponent der Partei war, als seinen General-Kulturreferenten nach Wien. Nachdem Hans Knappertsbusch die Übernahme der kommissarischen Leitung der Wiener Staatsoper aus mehreren Gründen abgelehnt hatte, betraute der Reichsstatthalter Walter Thomas mit der vorübergehenden Leitung der Staatsoper. Thomas, ein sehr dynamischer junger Theaterfachmann (Jahrgang 1908), Urenkel der Gebrüder Grimm, versuchte vor allem die wienerische Note der Staatsoper zu erhalten. Die Planung der Festaufführungen anläßlich des 150. Todestages von Mozart, der „Woche zeitgenössischer Musik" und der Verdi-Festaufführungen gingen auf seine Initiative zurück. Die Abhaltung einer Gerhart-Hauptmann-Woche im Wiener Burgtheater Ende 1942 gegen den ausdrücklichen Willen des Reichspropagandaministeriums führte zu seinem Sturz (Gerhart Hauptmann hatte sich zu einem demokratischen Weltbürgertum bekannt), und nur durch die Einberufung zur Wehrmacht konnte er sich den Schergen der Gestapo entziehen. Unter seiner Leitung wurden u. a. Emmy Loose, Alda Noni, Peter Klein und Erich Kunz engagiert, und mit Mathieu Ahlersmeyer wurde eine Übereinkunft hinsichtlich seiner Tätigkeit in Wien erzielt. Seinen größten Erfolg auf dem Personalsektor errang Thomas zweifellos durch den Abschluß eines bedeutsamen Abkommens mit Heinz Tietjen, dem Generalintendanten der Berliner Staatsoper. Demzufolge erhielten u. a. Max Lorenz und Helge Rosvaenge Gemeinschaftsverträge mit den Staatsopern von

Berlin und Wien. Außerdem wurden Künstler vom Range einer Erna Berger, Margarete Klose und Maria Cebotari seitens der Berliner Staatsoper für Neuinszenierungen an der Wiener Oper freigegeben.

Am 1. September 1941 wurde der bisherige Burgtheaterdirektor Lothar Müthel zum Generalintendanten für alle Staatstheater bestellt. Er übernahm somit auch formell die Leitung der Wiener Staatsoper, blieb jedoch dem General-Kulturreferenten Walter Thomas unterstellt. Von schwerer Krankheit gezeichnet, schied Dr. Kerber 1942 aus dem Verband der Wiener Staatsoper aus. Seine Stelle nahm der von Walter Thomas engagierte ehemalige Chefdramaturg des Opernhauses in Köln, Ernst August Schneider, ein. Dieser treue, gewissenhafte Opernfachmann wurde dann mehrere Jahrzehnte lang als Leiter des künstlerischen Betriebsbüros der ruhende Pol im Getriebe der Wiener Staatsoper.

Walter Thomas, der nach dem Krieg als Theaterleiter und Schriftsteller in Westdeutschland tätig war und sich hoher Auszeichnungen erfreuen durfte (Ehrenmitglied der Grillparzer-Gesellschaft, Inhaber der Richard-Strauss- und der Franz-Lehár-Plakette), enthüllte in seinem 1947 erschienenen Buch „Bis der Vorhang fiel" alle Einzelheiten über das Nachfolgespiel um den Sessel des Wiener Staatsoperndirektors aus den Jahren 1941 und 1942:

„... Furtwänglers unermüdlicher Hinweis auf Böhm hatte schließlich zur Folge, daß sich Schirach in dieser Frage an Hitler wandte, weil die Wiener Oper wie die Berlins, Dresdens und Münchens unter ‚Führervorbehalt' stand. Ein scheußliches Wort, aus dem gleichen Ungeiste geboren wie so manches jener Tage, das besagte, alle wesentlichen Entscheidungen über diese Theater bedürften der Zustimmung Hitlers.

Schirach kehrte von seiner Unterredung zurück und – Hitler hatte abgelehnt. Böhm sei ein Mann zweiten Grades ... War auch offiziell durch Hitlers Entscheidungen die Entwicklung der Dinge ins Stocken geraten, so ging doch heimlich das große Tauziehen zwischen Krauss auf der einen, Böhm auf der anderen Seite weiter. (Fast genau zehn Jahre später bewarben sich beide Dirigenten erneut um den Posten des Direktors der Wiener Staatsoper.)

Jeder warb mit seinen Mitteln und Möglichkeiten um die Gunst des Hauses, des Orchesters, der Stadt, des Publikums. Ein wahrer Jahrmarkt der Eitelkeiten machte sich breit. Wenn ich es vordem noch nicht gewußt hätte, jetzt hätte ich es erfahren, was diese Diener der ‚holden Kunst', die doch den Menschen nach Schopenhauer am ehesten aus den Banden des Willens und der törichten Verkettung an das Zeitliche befreit – was diese Interpreten in Wirklichkeit darstellten: Cäsaren des Podiums, Primadonnen des Taktstockes, die einander scheel die Erfolge neideten.

Einer allerdings zog nicht an diesem Strick. Er hatte keine direktorialen Ambitionen. Er kam, dirigierte eine Woche hindurch Wagner, dazu meist ‚Elektra' oder ‚Rosenkavalier', um dann zu irgendeiner Auslandstournee für Wochen zu verschwinden. Die Wiener freuten sich immer wieder, ihn am Pult zu sehen, seine elegante Art des Dirigierens zu beobachten und seine Elastizität zu bewundern. Und neben Furtwängler gab es auch keinen, den sie in den ‚Philharmonischen' mit so aufrichtiger Spontanität begrüßten wie Hans Knappertsbusch. Dieser exzellente Musiker war weder Furtwänglerisch noch Kraussisch belastet. Ihn trieben keine Furien und Dämonen, noch trieb er musikalische Lukullerei. Gewiß, welcher Künstler ist ohne Eitelkeit? Aber wenn seine Hand sich erhob, mit dem leicht abstehenden kleinen Finger, um mit einer seiner männlich-eleganten Gesten den Streichern ihren Einsatz zu geben, dann atmete das so viel Liebenswertes und Chevalereskes, wie es der hochgewachsene, schlanke Mann mit der kleinen blonden, etwas koketten Haartolle überhaupt ausstrahlte."

Als im Jänner 1943 die militärische Katastrophe Hitler-Deutschlands in Stalingrad eine Wende im Krieg zugunsten der Alliierten herbeigeführt hatte, wurde Karl Böhm zum Direktor der Wiener Staatsoper bestellt. Er durfte sich glücklich preisen, ein wohlgeordnetes Haus mit einem erlesenen Ensemble und einem erstklassigen Orchester übernommen zu haben. Etwa ein Jahrzehnt zuvor hatte er bereits einmal ein erstklassig geführtes Opernhaus vorgefunden, als er als Nachfolger von Fritz Busch zum Generalmusikdirektor der Dresdner Staatsoper ernannt worden war. Trotz weiterer Mißerfolge der Achsenmächte funktionierte der Betrieb in der Wiener Staatsoper reibungslos.

Unter der Direktion Böhm wurden u. a. Elisabeth Höngen, Irmgard Seefried, Elisabeth Schwarzkopf, Wenko Wenkoff und Tomislav Neralic engagiert, und mit den Hauptstützen der Dresdner Staatsoper Kurt Böhme, Josef Herrmann und Torsten Ralf wurden Gastverträge abgeschlossen.

Für die Stammbesucher der Oper galt seit 1936 Hans Knappertsbusch als *die* Autorität in allen künstlerischen Angelegenheiten. Seine singuläre Bedeutung für die Geschichte der Wiener Staatsoper von 1936 bis 1955, welche die letzten Jahre der Zwischenkriegs-, die gesamte Kriegs- und die Nachkriegsära umfaßt, kommt u. a. zum Ausdruck, wenn man die Zahl der von ihm dirigierten Vorstellungen in der Staatsoper mit jenen der übrigen Spitzendirigenten – bezogen auf jenen Zeitraum von zwei Jahrzehnten – in Relation setzt. Demnach leiteten:

Karl Böhm*	etwa 330 Vorstellungen
Wilhelm Furtwängler	35 Vorstellungen
Hans Knappertsbusch	über 400 Vorstellungen
Clemens Krauss*	über 130 Vorstellungen

(*einschließlich der Vorstellungen im Rahmen von Gesamtgastspielen im Ausland)

Dieser Vergleich ist noch weit aufschlußreicher, wenn man hinzufügt, daß Herbert von Karajan zwischen 1957 und 1980 251mal am Pult der Staatsoper stand.

Bei sämtlichen Neuengagements von Sängern und Orchestermusikern in den Jahren 1938 bis 1941 entschied Hans Knappertsbusch. Es kamen damals mehr Neuengagements als in normalen Zeiten zustande, da eine beträchtliche Anzahl von Mitgliedern des Hauses zufolge der Nürnberger Rassengesetze ihren Beruf nicht mehr ausüben durfte. Orchestermusiker avancierten nur aufgrund der Zustimmung durch Knappertsbusch. Unter jenen befand sich auch das prominenteste Mitglied des Orchesters der Nachkriegszeit, der langjährige Konzertmeister Willi Boskovsky, der als Leiter der traditionellen Neujahrskonzerte der Wiener Philharmoniker von 1955 bis 1979 weltberühmt wurde.

Zahl: 1071/1938.

An die Staatstheaterverwaltung!

Die Direktion erlaubt sich den Antrag zu stellen, daß als Ersatz für den aus dem Verbande der Staatsoper ausscheidenden Konzertmeister Richard Odnoposoff der junge höchst qualifizierte und ganz ausgezeichnete Primgeiger und hervorragende Solist Willi Boskovsky unter den gleichen Bedingungen wie Konzertmeister Schneiderhan ab 1. Oktober d. J. zum Konzertmeister befördert und daß ferner dem gegenwärtig ältesten, seit dem Jahre 1902 engagierten Primgeiger Prof. Gustav Hawranek, der wiederholt im Bedarfsfalle als Konzertmeister zur größten Zufriedenheit tätig war, der Titel, bzw. die Funktionsbezeichnung „Konzertmeister" erwirkt werden möge.

Wien, am 27. September 1938.

Die Direktion der Staatsoper:

Unmittelbar nach den festlichen Aufführungen anläßlich des 80. Geburtstages von Richard Strauss und des 75. von Hans Pfitzner unter Karl Böhm und Rudolf Moralt endete die Saison 1943/44 mit der legendären „Götterdämmerung" unter Knappertsbusch, der letzten öffentlichen Vorstellung vor der Zerstörung des Hauses. Otto Strasser schrieb darüber u. a.: „Wir alle ahnten, daß Wagners ‚Götterdämmerung' symbolische Bedeutung zukam, daß sie das Ende eines Systems, eines Reiches und vielleicht einer ganzen Nation bedeutete. Knappertsbusch gestaltete den Schlußgesang Brünnhilds, den Untergang des Götterreiches zu einem erschütternden Abschied. Mit dem grandiosen Klang des Des-Dur-Schlußakkords schloß ein Kapitel in der Geschichte des Opernhauses und der Philharmoniker."

Die nächste offizielle Staatsopernvorstellung fand erst zehn Monate später im Notquartier am Währinger Gürtel statt. Es folgte ein sensationeller Neubeginn nach der Zerstörung des Gebäudes am Ring im Zuge des „totalen Krieges“. Die Führung der Staatsoper im Exil erfolgte damals, wie bereits angedeutet, als Ensembletheater, getragen von jenen Sängerpersönlichkeiten, die sich in den dreißiger und den vierziger Jahren zu einem hervorragenden Ensemble zusammengefunden hatten. Jener sehr bedeutsame Abschnitt in der Geschichte des Hauses von 1936 bis 1945 wurde zufolge des mehrfachen Direktionswechsels in einer außergewöhnlichen Zeit in sämtlichen bisher erschienenen Publikationen nicht ganz richtig dargestellt. Nach Durchsicht des gesamten Schriftverkehrs der Direktion der Staatsoper von 1935 bis 1943 im Haus-, Hof- und Staatsarchiv hatte die Wiener Staatsoper von 1936 bis 1945 nachstehende Direktoren:

Erwin Kerber (September 1936–August 1939)
Hans Knappertsbusch (September 1939–August 1940)
Heinrich K. Strohm (September 1940–Jänner 1941)
Walter Thomas (Februar 1941–August 1941)
Lothar Müthel (September 1941–Dezember 1942)
Karl Böhm (Jänner 1943–April 1945)

Das künstlerische Personal hatte sich auf den genialen Improvisationsstil von Hans Knappertsbusch eingestellt. So wurden bei Aufführungen desselben Werkes an verschiedenen Abenden immer neue Feinheiten herausgearbeitet. Diese Art des Musizierens wurde von Franz Salmhofer nach Kriegsende übernommen. Auch er erwies sich als Meister des Improvisierens und führte die Staatsoper in den Ersatzquartieren als Ensembletheater im Sinne von Clemens Krauss und von Hans Knappertsbusch. Es wäre daher sinnvoller und übersichtlicher, die Geschichte der Staatsoper von 1936 bis 1945 nicht nach ihren jeweiligen Direktoren, sondern nach jenem Mann zu bezeichnen, der dem Institut durch seine Art des Musizierens den unverkennbaren Stempel seiner Persönlichkeit aufgedrückt hatte – als die Ära Knappertsbusch!

Unter der Führung von Hans Knappertsbusch blieb die Staatsoper auch in düsteren Tagen ein Kulturinstitut österreichischer Prägung, obwohl es damals den Begriff „Österreich“ nicht gab. Die Wiener Staatsoper wurde zu einem Symbol des Widerstandes gegenüber einem unerwünschten politischen System. Franz Salmhofer fand in den hervorragenden Künstlern seines Ensembles ebenso großartige Menschen, die vom Glauben an das wiedererstandene Österreich erfüllt waren, und er konnte mit berechtigtem Optimismus an den Wiederaufbau der Staatsoper schreiten.

Kapitel III

„Über uns die Oper“

Die vom unbeirrbaren Glauben an die Wiener Staatsoper getragene Aufbauarbeit in den beiden Ersatzquartieren brachte das berühmte Institut nach siebenmonatiger Tätigkeit in den Mittelpunkt des Geschehens im wiedererstandenen Österreich.

Mit seinem bewundernswerten Optimismus, seiner Ruhe und Umsicht, selbst für anscheinend unlösbare Probleme eine Lösung zu finden, war Direktor Franz Salmhofer die Seele der Wiener Staatsoper. Eines der Hauptprobleme bildete die Energiefrage, die er auf diplomatische Weise lösen konnte. Mit Hilfe von Monteuren ließ er das Theater an der Wien an das Stromnetz eines russischen Lazaretts anschließen. Als Preis dafür mußte er für die nächsten Monate die Direktionssitze im Theater an der Wien an die „alliierten Stromlieferanten“ verpfänden!

Bis November 1945 stand der erfahrene Theaterfachmann Viktor Pruscha, der ein halbes Jahrhundert lang als Sänger, Regisseur und Opernintendant beim Theater verbracht hatte, als Spielleiter und Berater der Wiener Staatsoper im Volksoperngebäude zur Verfügung. Dann ging er als Intendant nach Linz und kehrte anschließend in gleicher Funktion an das Grazer Opernhaus zurück, wo er bereits vor 1938 tätig gewesen war und dort u. a. die Freilichtbühne auf dem Grazer Schloßberg ins Leben gerufen hatte. Er erklärte damals, daß der Spielplan eines Opernhauses primär nach den bedeutendsten Werken von Mozart, Richard Strauss, Verdi und Wagner ausgerichtet sein müsse. Alle übrigen Werke müßten sich um jene Opern gruppieren. War es Absicht oder war es Zufall? Die Wiener Staatsoper hielt sich in der ersten Hälfte des Jahres 1946 an diese Faustregel. Jedenfalls standen Verdis „Rigoletto“, Wagners „Tristan und Isolde“ und Richard Strauss’ „Salome“ im Frühjahr 1946 auf dem Programm des Theaters an der Wien. Mozarts „Cosi fan tutte“ und „Figaros Hochzeit“ waren von der Volksoper ins Theater an der Wien übersiedelt. Der Spielplan im Theater an der Wien wurde außerdem durch eine glänzende Neuinszenierung von Tschaikowskys „Pique Dame“ bereichert, während Bizets „Carmen“ und die Uraufführung der volkstümlichen Oper „Das Werbekleid“ von Franz Salmhofer zu den Novitäten am Währinger Gürtel zählten.

Einen weiteren Schritt zur Konsolidierung der Bundestheater bedeutete die Ernennung von Dr. Egon Hilbert zum Chef der Bundestheaterverwaltung. Hilbert, 1899 in Wien geboren, war nach Absolvierung des Jusstudiums zunächst als Polizeijurist tätig. Mitte der dreißiger Jahre kam er als Presseattaché nach Prag. Er fuhr damals zu den bedeutendsten Opernaufführungen stets nach Wien, und es entwickelte sich zwischen ihm und Staatsoperndirektor Dr. Kerber ein reger brieflicher Kontakt. Sollte Dr. Hilbert jemals ein Vorbild hinsichtlich der Führung eines Opernhauses vorgeschwebt sein, so dürfte dies ohne Zweifel Dr. Kerber gewesen sein, wie dies der nachstehende Brief von Dr. Hilbert vom 7. November 1936 an Dr. Kerber zeigt:

Österreichische Gesandschaft
Prag, am 7. November 1936
Sehr verehrter Herr Direktor!

Ich weile jetzt öfters in Wien, doch habe ich es absichtlich unterlassen, Sie, sehr verehrter Herr Direktor, aufzusuchen, weil ich Sie einfach nicht aufhalten möchte.

Nachdem ich weder die Absicht hege, als Heldentenor an der Wiener Staatsoper zu gastieren, noch eine Oper zu schreiben, so kann ich Ihnen, sehr verehrter Herr Direktor, ohne in einen falschen Verdacht zu kommen, ruhig folgendes sagen. Es ist buchstäblich ein anderer Geist in dem Hause am Opernring, eine Vorstellung schöner als die andere und, was das merkwürdigste für Wien ist, man anerkennt es in aller Orten, auch, wie ich feststellen konnte, in den maßgebenden Kreisen.

Nehmen Sie, sehr verehrter Herr Direktor, die Versicherung meiner aufrichtigen Verehrung und Wertschätzung von

Ihrem ergebenen
Dr. Hilbert

Wie so mancher österreichische Patriot verbrachte Dr. Hilbert die Zeit von 1938 bis 1945 im Konzentrationslager Dachau, wo er mit dem späteren Bundeskanzler Ing. Leopold Figl und dem späteren Unterrichtsminister der Zweiten Republik, Dr. Felix Hurdes, inhaftiert war. So ist es auch verständlich, daß Dr. Egon Hilbert bereits damals die Leitung der österreichischen Bundestheater zugesprochen worden war.

Ab 1. September 1946 wurden die Direktionen und das Personal der Staatsoper in den beiden Ersatzquartieren in
„Staatsoper im Theater an der Wien“ und
„Staatsoper in der Volksoper“
voneinander getrennt.

Es bestand allerdings eine Verpflichtung der Spitzensänger, an beiden Häusern aufzutreten. Auch gab es nur ein gemeinsames Ballett.

Dr. Hilbert entwickelte vom ersten Tag seiner Tätigkeit an eine bewundernswerte dynamische Arbeitsweise, und seinem beispiellosen Idealismus war es zuzuschreiben, daß die Bundestheaterverwaltung ein Jahr nach Kriegsende wieder auf vollen Touren lief. Obwohl Dr. Hilbert sämtlichen vier Bundestheatern (Staatsoper im Theater an der Wien, Staatsoper in der Volksoper, Burgtheater und Akademietheater) vorstand, galt seine besondere Liebe dem Theater an der Wien, wo er fast an allen Abenden anzutreffen war. Er betrachtete die Bundestheater als sein Privateigentum und übte de facto die Funktion eines „heimlichen“ Generalintendanten aus. Am treffendsten charakterisierte Kammersänger Anton Dermota in seinem Buch „Tausendundein Abend“ die Person des damaligen Chefs der Bundestheaterverwaltung:

Dr. Egon Hilbert mit Ludwig Weber als Knecht Ruprecht während einer Probe zu „Das Christelflein“

„Nun kam Hilbert aus Salzburg, wo er im Landestheater kurze Zeit tätig gewesen war, nach Wien und riß mit einem Arbeitseifer und einem Enthusiasmus, die an Besessenheit grenzten, alle Agenden an sich. Ich erinnere mich noch an eine temperamentvolle Äußerung Franz Salmhofers, der sich heftig gegen die Beschneidung seiner Machtbefugnisse zur Wehr setzte: ‚Das lasse ich mir nicht gefallen! Immer Hilbert und wieder Hilbert! Der Operndirektor bin ich!‘ Hilberts Verdienste um die Staatsoper in den Jahren des Wiederaufbaues, vor allem aber um die Wiedergewinnung ihrer Weltgeltung, sind unbestritten. Sein Leibspruch ‚Über uns die Oper!' war für ihn mehr als eine pathetische Phrase. Aber er machte es seiner Umgebung recht schwer, diese Verdienste anzuerkennen. Er war ein fanatischer Organisator und ein perfekter Propagandist, auch seiner selbst. Wenn ihm etwas wichtig war, dann gab es überhaupt nichts Wichtigeres in der Welt. Seine Rastlosigkeit verbreitete Hektik und Nervosität. Vor jeder Aufführung eilte er von Garderobe zu Garderobe, um sich persönlich davon zu überzeugen, daß alle Sänger rechtzeitig eingetroffen waren. Dabei begrüßte er jeden einzelnen, was an sich eine nette Geste war, aber oft genug die nötige Konzentration vor der Aufführung störte. Doch Hilbert ließ sich nicht beirren. Selbst als er schon vom Tod gezeichnet war, schleppte er sich noch zur Begrüßungstour ‚seiner' Künstler durch die Garderobeneingänge, ruhelos bis zuletzt."

In den ersten Jahren seiner Amtszeit hatte Dr. Hilbert viel Glück mit den Neuengagements. Mehrfach waren es allerdings die einzelnen Sänger selbst, die sich der Wiener Staatsoper angeboten hatten, vor allem jene gebürtigen Wiener Künstler, die bis Ende des Krieges in München engagiert gewesen waren. Unter ihnen befanden sich Hilde Güden, Georg Hann, Julius Patzak, Julius Pölzer und Ludwig Weber, die es nach Wien zog. Auch Ljuba Welitsch war bis 1946 an die Münchner Staatsoper vertraglich gebunden und wurde erst auf dem Verhandlungsweg für die Wiener Oper frei. Durch das Reengagement von Helena Braun und Hans Hotter und durch die Neuverpflichtungen von Ferdinand Frantz und Günther Treptow konnte sich Dr. Hilbert rühmen, zusammen mit den bereits international bekannten Spitzenkräften der Wiener Staatsoper Anny und Hilde Konetzni, Maria Reining, Elisabeth Höngen, Max Lorenz, Karl Kamann und Paul Schöffler eines der großartigsten, in seiner Art wohl homogensten Wagner-Ensembles aller Zeiten zusammengefügt zu haben. Auch die durch den Tonfilm noch berühmter gewordene Maria Cebotari übersiedelte für ständig nach Wien, und der komödiantische italienische Bariton Giuseppe Taddei, den der Krieg nach Österreich verschlagen hatte, blieb in den Jahren 1946 bis 1948 eine wertvolle Stütze für das italienische Opernrepertoire. Als Einspringerin für Ljuba Welitsch als Aida wurde Hilde Zadek als vielseitig verwendbare Sängerin 1947 entdeckt. Im Spätherbst des gleichen Jahres ließ der junge Bassist Otto Edelmann bei seinem Debut in der Volksoper aufhorchen.

Die ehemaligen musikalischen Leiter bzw. Operndirektoren der Wiener Staatsoper Hans Knappertsbusch, Clemens Krauss und Karl Böhm trugen als ständige Gastdirigenten in Wien wesentlich zum internationalen Ansehen der Wiener Oper bei. Im November 1946 gastierte die Pariser Oper mit „Pelléas und Melisande" unter Roger Désormière im Theater an der Wien. Der bedeutende Dirigent besuchte in Wien eine Mozartaufführung und war davon tief beeindruckt. Nach Paris zurückgekehrt, berichtete er in einer Kunstzeitschrift begeistert über den großartigen Ensemblegeist der Wiener Staatsoper trotz der katastrophalen wirtschaftlichen Situation. Dies führte zur Einladung der Wiener Staatsoper. Um einen sicheren Transfer der Bühnenbilder, der Kostüme und anderer Requisiten von Wien nach Paris, der durch mehrere Besatzungszonen führte, zu gewährleisten, forderte der Oberkommandierende der französischen Besatzungstruppen in Österreich, General Béthouard, für diesen Anlaß einen Militärtransport an!

In der ersten Märzhälfte des Jahres 1947 trat die Wiener Staatsoper im Rahmen eines Gesamtgastspiels in Nizza und in Paris auf. Die „New York Herald Tribune" meinte nach dem überwältigenden Erfolg in Paris: „Paris hat seit Jahren keine solche Aufführung erlebt und wird auch bis zum nächsten Gastspiel der Wiener Staatsoper keine solche erleben." Die Aufführungen „Cosi fan tutte" und „Don Giovanni" wurden so wie alle weiteren Vorstellungen im Ausland bis 1955 in deutscher Sprache gesungen. Es war dies die erste Vorstellung in deutscher Sprache nach Kriegsende in Paris!

Die Künstler der Wiener Staatsoper wurden überall freundlich aufgenommen. Seit Kriegsende waren nicht einmal zwei Jahre vergangen. Das Gastspiel der Wiener Staatsoper in Paris hatte wesentlich dazu beigetragen, daß unter die Vergangenheit ein Schlußstrich gezogen wurde und der Weg für eine dauernde Freundschaft zwischen

Frankreich und Österreich geebnet wurde. Eine Pariser Pressestimme traf in einem einzigen Satz den Nagel auf den Kopf: „Wie reich ist dieses arme Österreich!"

Im gleichen Jahr fand von 16. September bis 4. Oktober das wohl bedeutendste Gastspiel der Wiener Staatsoper nach dem Krieg statt. Aus diesem Anlaß schloß die Staatsoper ihre Pforten im Theater an der Wien. Die Aufführungen („Don Giovanni", „Figaros Hochzeit", „Cosi fan tutte", „Fidelio" und „Salome") standen unter der musikalischen Leitung von Josef Krips und von Clemens Krauss und fanden in der Covent Garden Opera statt. Zunächst mußten einige Schwierigkeiten überwunden werden. Hans Hotter, der Darsteller des Jochanaan, erkrankte. Für ihn übernahm Marko Rothmüller, der rechtzeitig eingeflogen werden konnte, die Partie. Vor einer weiteren „Salome"-Vorstellung erkrankte Elisabeth Höngen. Da es nicht möglich war, eine Sängerin für die Herodias zu finden, erklärte sich die Künstlerin bereit, ihren Part in eine Sprechrolle umzuwandeln. Vor Beginn der Gastspiele protestierten englische Musiker gegen die Tätigkeit der Wiener Philharmoniker beim Gastspiel. Die Presse nahm jedoch zugunsten des Wiener Opernorchesters Stellung, da die bodenständigen Musiker gar nicht in der Lage gewesen wären, die Aufführungen der Wiener Staatsoper zu begleiten. Die Demonstranten faßten die ganze Angelegenheit nicht so ernst auf und trafen sich mit unseren Philharmonikern zu einem gemütlichen Zusammensein am Biertisch.

Einen besonderen Akzent erhielt der Aufenthalt der Wiener Staatsoper in London durch das Erscheinen von Richard Strauss, der seine „Salome" hören wollte. Er hatte sich vor allem auf das Wiedersehen mit Ljuba Welitsch gefreut, die die Titelrolle zum erstenmal 1944 in Anwesenheit des Komponisten in der Wiener Volksoper gesungen hatte.

Das Gastspiel in London zeigte auch bedeutsame Auswirkungen auf politischem Gebiet. Am Tag, als die erste Vorstellung der Wiener Staatsoper stattfand, meldete die englische Zeitung „Times", daß am „gestrigen Tag der Kriegszustand mit Österreich aufgehoben wurde".

Über die Eröffnungsvorstellung berichtete die Nachrichtenagentur Reuter am 17. September 1947 aus London: „Das Wiener Staatsopernensemble und das Philharmonische Orchester errangen bei ihrem gestrigen Auftreten in der Londoner Covent Garden Opera ungewöhnliche Erfolge. Unter der Leitung von Josef Krips ging vor einem von der ersten bis zur letzten Minute begeisterten Publikum ‚Don Giovanni' in Szene. Es war ein Abend, wie ihn selbst die verwöhnte Londoner Gesellschaft schon seit Jahren nicht mehr erlebt hatte.

Ankunft nach dem Gastspiel in London (1947) am Wiener Westbahnhof: E. Kunz, E. Majkut, S. Jurinac, E. Schwarzkopf, Frau Salmhofer, Dir. Salmhofer, Dr. Kosak, E. Loose, Dr. Reif-Gintl, W. Wernigk

Der äußere Rahmen zeigte sich der künstlerischen Bedeutung dieser Festpremiere würdig. Der bekannte in Karminrot und Gold gehaltene Zuschauerraum des königlichen Opernhauses sah einen Aufwand an weiblichen Toiletten und männlicher Eleganz, den London seit Kriegsausbruch nicht mehr gekannt hatte. Man hatte die Oper eines Landes eingeladen, mit dem sich Großbritannien offiziell noch im Kriegszustand befand. Der österreichische Gesandte Dr. Schmidt konnte trotzdem Premierminister Attlee und Außenminister Bevin in seiner Loge begrüßen.

Elisabeth Schumann und Richard Tauber stellten die Wiener Gäste dem Londoner Publikum vor."

Am 27. September sang Richard Tauber den Don Ottavio in „Don Giovanni". Es war dies das letzte öffentliche Auftreten des weltbekannten Künstlers im Verband der Wiener Staatsoper. Mit dem Gastspiel in London hatte die Wiener Staatsoper wieder absolute Weltgeltung erlangt!

Nach zweijähriger intensiver Aufbauarbeit hatte unser Opernhaus damals nicht nur das großartigste Mozart-Ensemble, sondern auch ein ebenso hochqualifiziertes Wagner-Ensemble.

Im Mai 1948 feierte die Wiener Staatsoper in Antwerpen und in Brüssel weitere Triumphe.

Zum Ensemble kamen im gleichen Jahr neu hinzu: die Mezzosopranistin Georgine von Milinkovic, die junge Schweizer Sopranistin Lisa della Casa, der hochmusikalische Charaktersänger Karl Dönch, der Kavaliersbariton Karl Schmitt-Walter und der elegante lyrische Tenor Walther Ludwig.

Dr. Hilbert war es außerdem gelungen, den Einspruch der Bühnengewerkschaft gegen das Auftreten von Helge Rosvaenge bei den Bregenzer Festspielen 1948 rückgängig zu machen. Dadurch ermöglichte er dem gefeierten Tenor, der damals im 52. Lebensjahr stand, ein glanzvolles Comeback, und die Staatsoper hatte endlich wieder einen erstrangigen Tenor für das italienische Fach zur Verfügung.

Ende Dezember 1948 und zu Beginn des Jahres 1949 gastierte die Wiener Staatsoper in Mailand, in Florenz und in Rom.

Die vier Vorstellungen von „Figaros Hochzeit" an der Mailänder Scala dirigierte Herbert von Karajan. Es war dies eigentlich keine Produktion der Wiener Staatsoper, sondern eine Neueinstudierung in italienischer Sprache anläßlich der Salzburger Festspiele 1948 unter der musikalischen Leitung Karajans.

Übrigens wurde der damals 40jährige Dirigent nach dem Mailänder Gastspiel zum Leiter der jährlichen „Deutschen Saison" an der Scala bestellt.

Die Aufführungen in Florenz und in Rom mit der „Entführung aus dem Serail" dirigierte Josef Krips. Vor allem das Gastspiel in Rom war durch die österreichische Gesandtschaft gut vorbereitet worden. In Rom empfing der italienische Ministerpräsident De Gasperi im Beisein des Bürgermeisters von Rom das Ensemble und beglückwünschte die Künstler zu ihrem durchschlagenden Erfolg. Über das Gastspiel in Rom schrieb die Zeitung „Neues Österreich":

„Es hat sich gezeigt, daß der Weg der modernen Oper immer mehr vom Starwesen zur Ensemblekunst führt. Seit der Befreiung ist die Wiener Oper diesen Weg gegangen, und der Erfolg in Mailand, Florenz und Rom hat Direktor Salmhofer und Ministerialrat Dr. Hilbert recht gegeben. Die Zeit der vereinzelten Galaabende mit berühmten Gästen ist vorbei. Das Opernensemble — allerdings ein Ensemble von erstrangigen Künstlern — muß in der Lage sein, aus sich selbst heraus, aber durch das Aufeinander-eingespielt-Sein, erstrangige Opernkunst zu vermitteln."

Diesem Artikel ist auch fast 40 Jahre später nichts hinzuzufügen!

Höhepunkt des Aufenthaltes in Rom war zweifellos der Empfang aller Mitglieder des Ensembles beim Papst. Pius XII. empfing die Solisten und das gesamte technische Personal einschließlich der Garderobenfrauen und der Friseure in Privataudienz. Die Wiener wurden in den Thronsaal geleitet, wo der Heilige Vater sonst nur Minister und Botschafter empfing. Pius XII. ließ sich jeden einzelnen Teilnehmer vorstellen und unterhielt sich mit den Solisten längere Zeit in deutscher Sprache.

Das Jahr 1949 wurde für die Wiener Staatsoper zu einem ausgesprochenen Reisejahr mit Gastspielen in Paris, Florenz, Brüssel, Amsterdam und Den Haag; zu einer Zeit, als die Verhandlungen über den Abschluß des österreichischen Staatsvertrages keine greifbaren Erfolge brachten, blieb die Staatsoper eine bedeutsame Stimme Österreichs im Ausland! Trotz politischer Knechtschaft war Österreich eine Kultur Großmacht!

Wenige Tage vor der Abreise des Staatsopernensembles zum Maggio musicale in Florenz feierte das Haus in aller Stille sein 80jähriges Bestehen an der Ringstraße. Aus diesem Anlaß gaben die wohl bedeutendsten deutschen Dirigenten ihrer Zeit, Wilhelm Furtwängler und Hans Knappertsbusch, Erklärungen ab.

Wilhelm Furtwängler mit Willi Boskovsky (August 1950)

Hans Knappertsbusch probt im Großen Musikvereinssaal (1955)

Wilhelm Furtwängler: „Die Wiener Oper war bis in die letzten Jahre vor dem Zusammenbruch das von innen heraus gesündeste, bestfundierte und schönste Institut dieser Art in Europa. Ja in der ganzen Welt. Wer jemals in dem – im Moment zwar zerstörten, allmählich aber dem Wiederaufbau entgegensehenden – Hause tätig war, wird die eigentliche Wärme und den Reiz dieses Raumes nie vergessen."

Hans Knappertsbusch führte u. a. aus:

„Wien ist mir zur geistigen Heimat geworden. Wie es dem sagenhaften König Midas erging, so fühle ich, daß alles, was man hier anrührt, sich wundersam in Musik offeriert. Das empfand ich, als ich an der Wiener Staatsoper zum erstenmal den ‚Tristan' dirigierte. Es gilt mir jedesmal als tiefstes Erlebnis, mit dem einzigartigen Klangkörper der Wiener Philharmoniker musizieren zu können, denen sich nun die Symphoniker als wichtiges Orchester an die Seite stellen können.

So groß ist heute die Wiener Oper, deren Geist auch im Exil lebendig und wirksam ist, und ich wünsche mir, daß ihr bald wieder das alte Haus in neuem Glanze erstehen möge, um der Welt ein Beispiel vollendeter Opernkunst zu geben!"

Als Maria Cebotari am 9. März 1949 die Turandot sang, ahnte niemand, daß es zum letztenmal gewesen sein sollte. Bei Leberkrebs im fortgeschrittenen Stadium gab es keine Rettung. Jede Hilfe kam zu spät, und Maria Cebotari starb am 9. Juni nach einer tiefen Agonie im 39. Lebensjahr. Wenige Tage später fand im Foyer der Staatsoper eine ergreifende Trauerfeier statt. Wiens Bürgermeister Theodor Körner erinnerte in seiner Rede an die vielen erhabenen Stunden der Kunst, die Wien Maria Cebotari zu danken habe: „Ein heller, leuchtender Stern auf dem Himmel der Musik ist plötzlich verloschen.“ Während der Trauerzeremonie bildete sich eine dichte Menschenmenge um die zerstörte Staatsoper. Maria Cebotari war eine der wenigen Sängerinnen dieses Jahrhunderts, die den Titel „Primadonna assoluta“ zu Recht trug, da sie gleichermaßen das Koloraturfach, das lyrische und das jugendlich-dramatische Sopranfach beherrscht hatte.

Zwei weitere für die Welt der Musik unersetzliche Verluste waren der Tod von Hans Pfitzner und von Richard Strauss.

Im November des gleichen Jahres traf die Wiener Staatsoper noch ein großer Verlust. Wenige Tage nach seinem 67. Geburtstag erlag der berühmte Regisseur Lothar Wallerstein in New Orleans einem Herzschlag. Aber auch die internationale Opernbühne hatte in ihm einen anerkannten Experten verloren. Seine Inszenierungen gingen davon aus, daß die szenische Gestaltung aus der Musik, ihrer Dynamik und ihrer Motive heraus zu erfolgen habe.

Das Jahr 1949 war aber auch reich an positiven Ereignissen.

Die junge Wiener Sopranistin Gertrude Grob-Prandl, die bisher im jugendlich-dramatischen Fach eingesetzt war, wurde als „Hochdramatische“ entdeckt, und sie bereitete fortan der Staatsoper alle Ehre durch ihre triumphalen Erfolge im Ausland, insbesondere als Isolde, als Brünnhilde und als Turandot. Am 1. und 3. September 1949 gastierte der berühmte schwedische Heldentenor Set Svanholm als Lohengrin und Radames. In jener „Aida“-Aufführung feierte der amerikanische Baßbariton George London ein erfolgreiches Debüt in Wien. Ein weiterer Gewinn für die Staatsoper war das Engagement des Bassisten Deszö Ernster, der gleichzeitig an der Met engagiert war. Gastspiele von Dusolina Giannini und von Margarete Klose bereicherten den Opernalltag.

Das Jahr 1950 begann nicht gut. Am 13. Jänner traten die Bühnenarbeiter in den Streik. Da die Verhandlungen scheiterten, blieben die Staatstheater bis zum 12. Februar geschlossen. Die vorgesehenen Neuinszenierungen („Oberon“ und „Iphigenie in Aulis“) fielen dem Streik zum Opfer, und als Ersatz wurde Flotows „Martha“ mit Wilma Lipp, Martha Rohs, Anton Dermota und Otto Edelmann neu herausgebracht – eine unnötige Premiere, da dieses Werk bereits 1945 in der Volksoper gespielt worden und auch dort weit besser beheimatet war.

In der Personal- und Spielplanpolitik waren Dr. Hilbert einige unverzeihliche Schnitzer unterlaufen. Während der „Palestrina“-Generalprobe hatte er zwei große Künstler unverständlicherweise gegeneinander ausgespielt und dabei nicht bemerkt, daß die Gattin des einen Künstlers das Gespräch belauscht hatte. Auf diese Weise verlor die Wiener Staatsoper das Künstlerehepaar Helena Braun und Ferdinand Frantz. Aber Hilberts größter Fehler war es gewesen, auf die Inszenierung der gesamten „Ring“-Tetralogie und auf „Parsifal“ verzichtet zu haben.

Trauerfeier für Maria Cebotari (Juni 1949)

Das bedeutendste Auslandsgastspiel des Jahres 1950 fand in Wiesbaden anläßlich der Mai-Festspiele statt.

Der hessische Ministerpräsident gab damals seiner Freude darüber Ausdruck, daß die Wiener Gäste zum erstenmal nach Kriegsende in Wiesbaden auf deutschem Boden aufgetreten waren. Er betonte die besondere Bedeutung der Wiener Oper nicht nur für Österreich, sondern für das gesamte kulturelle Europa.

Eine Berufung an die Metropolitan Opera in New York bedeutete für jeden Sänger die Erfüllung eines Wunschtraumes. Einige Mitglieder der Wiener Staatsoper durften sich glücklich schätzen, bereits in den ersten Nachkriegsjahren an die Met geholt zu werden. Als erstem Wiener Künstler wurde Max Lorenz diese hohe Auszeichnung zuteil. Lorenz, der schon in den dreißiger Jahren (erstmals 1931 im Alter von 30 Jahren) an der Met gesungen hatte, konnte 1947 in New York ein glänzendes Comeback feiern und gehörte dann mehrere Saisonen hindurch dem Ensemble des berühmten Hauses an. Nach ihm errang Ljuba Welitsch 1949 als Salome und in anderen Partien Sensationserfolge an der Met. Im gleichen Jahr debütierten dort der großartige Spieltenor der Wiener Staatsoper, Peter Klein (er konnte endlich wieder in seiner Glanzrolle als Mime auftreten), und der Baßbariton Ferdinand Frantz. 1950 erhielten Paul Schöffler, Hans Hotter und Günther Treptow ebenfalls Berufungen an die Met. Die überragende Bedeutung der Wiener Wagnersänger für den Spielplan der Metropolitan Opera kommt dadurch zum Ausdruck, daß damals zum gleichen Zeitpunkt beide Heldentenöre und drei Vertreter des Heldenbariton-Fachs der Wiener Staatsoper in New York engagiert waren!

Auch in den Jahren 1951 bis 1953 gastierte die Wiener Staatsoper mit großem Erfolg in Paris, in Brüssel und in Wiesbaden. In Brüssel gelangte u. a. 1951 Wagners „Tristan und Isolde“ mit Gertrude Grob-Prandl und Max Lorenz in den Hauptpartien zur Aufführung.

Im Theater an der Wien wurden in jenen Jahren vor allem das Verdi- und das Richard-Strauss-Repertoire erweitert. Auch einige bedeutende Werke der modernen Opernkunst konnten sich im Spielplan behaupten.

Zu Anfang der fünfziger Jahre wurde das Ensemble durch die Neuverpflichtungen von Anny Felbermayer, Christl Goltz, Carla Martinis, Walter Berry, Oskar Czerwenka, Josef Gostic, Waldemar Kmentt, Karl Terkal und Eberhard Wächter sinnvoll ergänzt. Mit bekannten Sängerinnen und Sängern wie Erna Berger, Elisabeth Grümmer, Margarete Klose, Peter Anders, Gottlob Frick, Josef Herrmann, Ludwig Hofmann, Hans Hopf, Josef Metternich, Torsten Ralf, Rudolf Schock und Set Svanholm konnten Gastverträge abgeschlossen werden. Leider standen Peter Anders und Erna Berger der Staatsoper nur kurze Zeit zur Verfügung.

Durch das Engagement der nordamerikanischen Sopranistin Teresa Stich-Randall, der südamerikanischen Mezzosopranistin Margarita Kenney, des schottischen Spieltenors Murray Dickie und des holländischen Baritons Theo Bayle erhielt die Staatsoper damals einen geradezu internationalen Anstrich. Nach dem Abgang von Josef Krips 1950 profilierten sich Rudolf Kempe und Heinrich Hollreiser zu tüchtigen Repertoire-Kapellmeistern. Berislav Klobucar, der eine Zeitlang zu den Stamm-Stehplatzbesuchern im Theater an der Wien zählte, empfahl sich als Kapellmeister vor allem für das italienische Repertoire.

Bis zu Beginn des Jahres 1952 war Dr. Hilbert zweifellos der ungekrönte König im Reich der Bundestheater. Sein zuständiger Ressortminister hatte uneingeschränktes Vertrauen zu ihm. Am 23. Jänner 1952 kam es innerhalb der Regierung Figl—Schärf II zu einigen Umbesetzungen. Anstelle von Felix Hurdes wurde Ernst Kolb zum Unterrichtsminister ernannt. Die großen Unterschiede im Arbeitsstil von Dr. Egon Hilbert und Dr. Ernst Kolb ließen erwarten, daß es zu einem Machtkampf kommen würde.

Im Jänner 1953 fand im Parlament eine Debatte statt. Der Umstand, daß Clemens Krauss als zukünftiger Leiter der Wiener Staatsoper am Ring genannt wurde, veranlaßte Abgeordnete der SPÖ zu einer Anfrage an Minister Kolb, ob tatsächlich Absichten bestünden, Clemens Krauss zu bestellen, und ob es zutreffe, daß die Auflösung der Volksoper geplant sei.

In der ausführlichen Anfragebeantwortung des Ministers hieß es: „Ich beantworte zuerst die Frage nach der

Auflösung der Volksoper mit ‚Nein‘ und daran die Frage nach der Absicht, Clemens Krauss mit der Leitung der Staatsoper bezüglich des künftigen Hauses am Ring zu betrauen, mit ‚Ja‘.“ Dr. Kolb führte dann weiter aus: „Jede für die Oper künstlerisch bedeutsame Zeit verlangt einen großen Musiker als Leiter. Auch heute erscheint hiefür ein Dirigent großen Formats geboten. Wenn ein solcher Dirigent gefunden werden kann, ist seine Ernennung zum Operndirektor die einzige verantwortbare Lösung. Clemens Krauss gilt heute allgemein und in der ganzen Theaterwelt als der führende Opernfachmann Europas.“

Diese Erklärung des Unterrichtsministers war zweifellos an die Adresse von Franz Salmhofer und von Dr. Egon Hilbert gerichtet, mit dem Wink, daß in der wiederaufgebauten Staatsoper diese beiden Herren in leitenden Funktionen nicht erwünscht wären.

In den darauffolgenden Monaten herrschte Dr. Hilbert weiterhin souverän über die Wiener Staatsoper und desavouierte seinen vorgesetzten Minister bei jeder sich ihm bietenden Gelegenheit. Am 2. Oktober 1953 verfügte der Unterrichtsminister, daß Dr. Hilbert „bis zur Erledigung einer gegen ihn eingebrachten Disziplinaruntersuchung außer Dienst gestellt ist“. Er begründete seine Verfügung damit, daß Dr. Hilbert vier Journalisten nach Wiesbaden, Brüssel und Paris eingeladen und Theatergeschäfte sehr eigenwillig geführt habe.

Daraufhin überreichten die Betriebsratsobmänner aller Bundestheater dem Bundeskanzler eine Resolution mit dem Ersuchen, soweit es möglich sei, das schwebende Disziplinarverfahren gegen Dr. Hilbert zu beschleunigen. Auch Wilhelm Furtwängler und der Regisseur Dr. Herbert Graf intervenierten in der gleichen Angelegenheit beim Bundeskanzler.

Am 4. Oktober kam es während einer Aufführung von „Don Giovanni“ zu einer Demonstration der Solisten der Wiener Staatsoper zugunsten Dr. Hilberts. Nach dem ersten Akt verlas George London, der Darsteller der Titelpartie, folgende Erklärung:

„Verehrtes Publikum, wir nehmen an, daß Ihnen die schmähliche Behandlung, die unserem obersten Chef Dr. Egon Hilbert in den letzten Tagen zuteil wurde, bekannt ist. Aus Protest dagegen hatten wir die Absicht, mit dem heutigen Tag in den Streik zu treten. In der letzten Minute haben wir uns entschlossen, unser geliebtes Publikum nicht zu enttäuschen. Und deshalb findet die heutige Vorstellung statt. [Fast genau zehn Jahre später wurde das Wiener Opernpublikum mit dem damaligen Bundespräsidenten Dr. Adolf Schärf an der Spitze in der Tat nach Hause geschickt. Die Wahrung des Prestiges war damals anscheinend wichtiger als das Aufgehen des Vorhangs.] Dr. Egon Hilbert, der mit einmaligem Idealismus und mit großer Selbstaufopferung der Staatsoper und damit dem österreichischen Kulturgut wieder Weltgeltung verschafft hat, gehört zu uns wie wir zu ihm. Wir appellieren an Sie, verehrtes Publikum, wir appellieren an die Direktion, an alle Verantwortlichen der Regierung, und wir appellieren nicht zuletzt an den hochverehrten Herrn Bundespräsidenten Dr. Körner und an den Bundeskanzler Ing. Raab.“

Nach der Verlesung der Erklärung kam es seitens des Publikums zu lebhafter Beifallsbekundung.

Am 9. Oktober wurde die Suspendierung Dr. Hilberts aufgehoben.

Als jedoch der Unterrichtsminister eine neue Dienstverordnung erlassen hatte, die das freizügige Agieren des Chefs der Bundestheaterverwaltung radikal beschnitt, legte Dr. Hilbert am 28. Oktober 1953 sein Amt zurück.

Nach der Demission von Dr. Hilbert wurde Ernst Marboe, der bisherige Chef des Bundespressedienstes, zum Leiter der Bundestheaterverwaltung bestellt. Zu seinen ersten Aufgaben zählte die Suche nach einem Direktor für die wiederaufgebaute Staatsoper, da es so gut wie sicher war, daß Franz Salmhofer nicht vom Theater an der Wien in gleicher Funktion in das neue Haus übersiedeln würde. Weil man aber den verdienstvollen Musiker und Theatermann nicht kränken wollte, ernannte man ihn zum Direktor der Volksoper. Der bisherige Leiter des Hauses am Währinger Gürtel folgte einem Ruf nach Düsseldorf. Allen Eingeweihten war es damals klargeworden, daß nur zwei Persönlichkeiten für den Posten des künftigen Staatsoperndirektors in Frage kämen: Clemens Krauss und Karl Böhm. Somit standen sich die beiden ehemaligen Staatsoperndirektoren abermals als Aspiranten auf den begehr-

Karl Böhm

Clemens Krauss bei einer Probe

ten Sessel gegenüber. Unterrichtsminister Dr. Kolb hatte bereits mit Clemens Krauss verhandelt und ihm seine Bestellung zugesagt. Er stieß jedoch mit seinem Vorschlag auf heftigen Widerstand bei Bundeskanzler Raab, der sich schließlich für Karl Böhm entschied, wobei er sich bei seiner Entscheidung auf das Urteil eines bekannten Großindustriellen stützte. Nach der Bestellung von Karl Böhm zum Operndirektor demissionierte Dr. Kolb, und Dr. Heinrich Drimmel wurde sein Nachfolger. Clemens Krauss überlebte diese Kränkung nicht lange. Er erlag am 16. Mai einer Herzattacke in Mexico City.

Als Ende 1954 Karl Böhm im Rahmen einer spektakulären Pressekonferenz die Zusammensetzung seines künftigen Ensembles sowie die Besetzung der Eröffnungsvorstellungen bekanntgab, konnte der überwiegende Teil des Stammpublikums seine Enttäuschung über einige mehr als fragwürdige Neuengagements nicht verbergen, um so mehr, als Karl Böhm auf die weitere Mitarbeit einiger Spitzensänger verzichten wollte. Außerdem ignorierte er einige weltberühmte Mitglieder des Ensembles bei der Besetzung der Eröffnungspremieren. Auf die Auswirkungen dieser Fehlplanungen wird noch eingehend Bezug genommen.

Unter der Amtsführung von Dr. Hilbert wurden in den beiden Ausweichquartieren der Staatsoper in achtjähriger Aufbauarbeit bis zu seinem Rücktritt Ende Oktober 1953 über 100 verschiedene Werke zur Aufführung gebracht, darunter 54 Opern-Neuinszenierungen im Theater an der Wien und über 50 verschiedene Opern- bzw. Operetten-Neuinszenierungen in der Volksoper. Schon in den Jahren 1945 bis 1949 hatte die Staatsoper im Exil sechs Mozart-

und sechs Wagneropern neu herausgebracht. – Anfang der achtziger Jahre standen drei Mozart- und vier Wagneropern auf dem Spielplan des Hauses an der Ringstraße. – Während des sogenannten Provisoriums von 1945 bis 1955 wurde etwa die „Walküre“ an die 50mal unter Mitwirkung von Weltklassesängern gegeben.

Wenn die Wiener Staatsoper nach 1945 mit gründlicher Überlegung darangegangen war, Auslandsreisen des gesamten Staatsopernapparates zu organisieren, so geschah dies mit der Absicht, österreichische Opernmusik für unser schwergeprüftes, von vier Mächten besetztes Land so attraktiv wie möglich wirken und werben zu lassen und vor aller Welt die künstlerische Höhe und internationale Bedeutung der Wiener Opernkunst zu demonstrieren. Dr. Hilbert vergaß nie, auf die Bedeutung der Gastspiele im Ausland in aller Öffentlichkeit hinzuweisen, und er wußte im Zusammenwirken mit den jeweiligen österreichischen Vertretungen im Ausland das Auftreten der Wiener Staatsoper zu einem außerordentlichen gesellschaftlichen Ereignis zu gestalten. Hilberts Leitspruch „Über uns die Oper“ hatte den gesamten Opernapparat erfaßt und mitgerissen, und die Wiener Staatsoper wurde in relativ kurzer Zeit nach dem Zweiten Weltkrieg das führende Opernhaus der Welt!

Die folgenden Kapitel mögen das von der Staatsoper im Exil gepflegte Repertoire näher beleuchten.

Kapitel IV

Das Theater an der Wien als ideales Mozart-Theater

Schon Richard Strauss hatte mehrmals auf die besondere Eignung des Theaters an der Wien als Opernbühne, zuletzt in einem Brief vom 27. April 1945 an Karl Böhm, hingewiesen. Der greise Komponist konnte damals allerdings nicht ahnen, daß das traditionsreiche Haus an der Wien ein ganzes Jahrzehnt lang der Wiener Staatsoper als Ersatzquartier für das zerstörte Haus an der Ringstraße dienen und dabei als ideales Mozart-Theater Anerkennung in der ganzen Welt finden würde.

Der geniale Oberspielleiter der Wiener Staatsoper, Oscar Fritz Schuh, der von 1940 bis 1955 bis auf zwei Ausnahmen für die Neueinstudierungen sämtlicher Standardwerke Mozarts die Verantwortung trug, legte in einem im Almanach der Staatsoper 1945 bis 1954 erschienenen Artikel „Mozart im Theater an der Wien" die Grundgedanken zu jenem legendären Mozart-Stil der Wiener Staatsoper in der Nachkriegsära dar:

„Das Theater an der Wien, in dem die Staatsoper nach der Zerstörung ihres großen Hauses am Ring ein unfreiwilliges Asyl gefunden hat, wurde beim Werke Mozarts zum Prüfstein darstellerischer, musikalischer und stilistischer Bewährung. In dem anheimelnden, intimen Raum, dem nicht die große Distanz von Bühne und Zuschauerraum anhaftet, in dem mühelos die kleinste mimische Regung des singenden Darstellers entdeckt und kontrolliert werden kann, hätte sich der übliche konventionelle Darstellungsstil der Oper, der in den meisten Ländern nichts anderes ist als ein kostümiertes Vokalkonzert, sehr schnell ad absurdum geführt. Diese Bühne verlangte von jedem Sänger höchste darstellerische Bewährung, und nur durch eine schauspielerische Durchdringung, die sich neben der des Sprechtheaters ebenbürtig behauptet, konnte man jene hohen Aufführungsziffern erreichen, die in früheren Jahren nur Operetten beschieden waren.

Mozarts Werk hat heute die Stelle eingenommen, die früher einmal die italienische Oper innehatte. Es ist zum ‚Bestseller' seiner Nation geworden, und das auf Grund eines lebendigen, natürlichen, unmanirierten Aufführungsstils, der den singenden Darsteller wieder in den Mittelpunkt rückt. Die ganzen interessanten Versuche, die auf szenischem Gebiet in den letzten Jahren unternommen wurden, Versuche, das Bühnengeschehen von der dekorativen oder technischen Seite her so kinetisch wie möglich zu gestalten, mußten bei Mozart versagen, wenn in diesen mit allen Mitteln der modernen Technik aufgezogenen Bühnenbildern die Darstellung leer und konventionell bleibt. Die Bühne gehört dem Darsteller; *er* muß verwandelt werden. Seine Haltung, seine gestische Ausdrucksmöglichkeit muß das Rokoko wiedergeben, nicht die Dekoration. In seiner Hand liegt es, uns an die Stände und Berufe der agierenden Figuren glauben zu lassen (nicht das Milieu, das uns das Bühnenbild vorzuzaubern versucht).

Es hat deshalb in unserer Mozart-Aufführung die Dekoration so gut wie gar keine Rolle gespielt. Sie war nicht mehr als etwa der Hintergrund in einer Zeichnung von Daumier oder Gavarni. Richtige Proportionen, eine farbige Übereinstimmung und eine klare Grundstruktur des Raumes, das waren die Prinzipien für das jeweilige ‚decor', das als solches ganz uninteressant war und seine Bedeutung erst bekam, wenn der Schauspieler die Szene betrat.

Freilich wäre das alles nicht gelungen, wenn ich nicht Jahre vorher, zusammen mit dem Bühnenbildner Caspar

Neher und dem Dirigenten Carl Böhm, im Redoutensaal der Hofburg die ersten nach diesen Prinzipien entwickelten Mozart-Aufführungen inszenieren hätte können. In diesem Raume, wo ein unveränderliches Podium als Weiterführung des Parketts frei im Raume steht, konnte die Dekoration stets nur die Andeutung einer Örtlichkeit geben. Ein paar Türen und Fenster zum Beispiel waren ein Zimmer, ein paar grüne Gitter ein Park. Wenn in diesem gestellten nächtlichen Park Menschen einander nicht erkennen sollten, so durfte diese Verwechslung nur ‚gespielt' werden. Diese Art der Darstellung, die Goethe an Hand einer Aufführung, die er in Venedig gesehen hat, so unerhört lebendig und reizvoll beschreibt, war für mich bestimmend, in allen szenischen Mitteln — stärker, als es jemals geschah — auf die theatralischen Formen des 18. Jahrhunderts zurückzugreifen. Damals gab es noch keine Dekorationen in unserem Sinne, mit großen realen Räumen, mit der realistischen Darstellung von Tag und Nacht. Mozart verlangt von der Dekoration meist nicht mehr als eine Tür, einige Möbel; jedes Mehr an Ausstattung würde sich demnach als eine viel zu kompakte Realität zwischen die Musik und die Darstellung drängen.

Was mir bei Mozart-Aufführungen im Theater an der Wien vorschwebte, war ein dekorativ neutraler, fast abstrakt zu nennender Raum, in dem nur Details die örtlichen Veränderungen anzeigen. Dieses Weglassen war aber auch das oberste Prinzip für die Darstellung. Im ‚Figaro' wurden die durch die Tradition geheiligten Buffonerien entfernt und nur die einzelnen Situationen des Stückes glasklar herausgearbeitet. Keiner Arie wurde eine Aktion unterlegt, die mit dem Inhalt der dargestellten Szene in Widerspruch stand. Die Spannung entstand dadurch, daß jede Figur das wurde, was ihr durch ihre menschliche und soziale Stellung in der Oper vorgeschrieben war. So war ‚Figaro' ein Diener (und kein spanischer Matador), ‚Susanne' eine Zofe (und keine Soubrette), ‚Marzellina' eine Haushälterin (keine komische Alte).

Das Charakteristische an diesem Stil war, daß der ganze Ablauf in jene gleitende und fließende Bewegung aufgelöst war, die unserer heutigen Auffassung vom Wesen Mozartscher Musik entspricht. Dieser Stil wurde dann in ‚Cosi fan tutte' ins Phantastische übersteigert. Elemente der commedia dell'arte klangen an, ohne daß deshalb die tiefere Bedeutung (ein heiteres Gegenspiel zu Goethes ‚Wahlverwandtschaften') verlorengegangen wäre.

Dieser Weg, das Heitere mit dem Ernsten zu verbinden, ließ auch im ‚Don Giovanni' das dramma giocoso wieder in sein Recht treten. Es herrschte keine Trennung von heiteren und seriösen Elementen, sondern das Stück war ganz im Sinne Da Pontes eine Tragikomödie, die gleichwohl auf den Zuschauer wie eine Komödie wirken sollte. Die Zentralfigur für diese neue Auffassung war Elvira. Ihre Tragik hat etwas Fatales, und für sie gilt das Sprichwort: ‚Wer den Schaden hat, braucht für den Spott nicht zu sorgen.' Etwas von der mitleidlosen Darstellung gehörnter Ehemänner, wie sie uns im Decamerone gezeigt wird, sollte auch hier den Grundton angeben. Wer in die Fänge des Eros gerät und an ungestillten Leidenschaften zugrunde geht, ist keine tragische Figur, so tragisch das Geschick auch für ihn selbst sein mag.

Das kleine Haus gab die Möglichkeit, daß der Sänger, ohne mit Stimmschwierigkeiten kämpfen zu müssen, jede geforderte szenische Situation klar und deutlich interpretieren konnte. So wurde eine Selbstverständlichkeit der Darstellung erreicht, die, obwohl sie ganz real wirkte, doch kunstvoll erhöht war. Für sie gilt die Maxime, die ich immer als bedeutendste Forderung an jedes Theater gestellt habe: Natürlichkeit ist die Voraussetzung jeder Menschendarstellung; Stil ist das, was diese Darstellung zur Kunst werden läßt."

Zur Realisierung seines Konzepts stand O. F. Schuh ein großartiges Ensemble zur Verfügung, das schon anläßlich der Festaufführungen zum 150. Todestag von W. A. Mozart 1941 in seiner Grundstruktur erkennbar war. Wie O. F. Schuh in seinem Artikel erwähnt, brachte er damals in Zusammenarbeit mit dem Dirigenten Karl Böhm und dem Bühnenbildner Caspar Neher sowie mit Maria Reining (Gräfin), Maria Cebotari (Susanne), Mathieu Ahlersmeyer (Graf) und Paul Schöffler (Figaro) eine mustergültige Mozart-Aufführung im intimeren Rahmen des Redoutensaales heraus.

Im Haus an der Ringstraße hatte Karl Böhm die „Ent-

„Cosi fan tutte", Szene mit Anton Dermota, Irmgard Seefried, Martha Rohs und Erich Kunz

„Don Giovanni", Szene aus dem 1. Akt mit Erich Kunz, Hilde Konetzni, Anton Dermota, Ljuba Welitsch und Paul Schöffler

führung" mit Erna Berger (Konstanze), Irma Beilke (Blondchen), Anton Dermota (Belmonte), Herbert Alsen (Osmin) und Curd Jürgens (Selim Bassa) dirigiert. Hans Knappertsbusch und Rudolf Moralt leiteten „Don Juan" mit Paul Schöffler und Alfred Jerger in der Titelrolle, Helena Braun und Anny Konetzni als Donna Anna, Hilde Konetzni und Esther Réthy als Donna Elvira, Fritz Krenn als Leporello und Erich Kunz als Masetto. Knappertsbusch und Moralt dirigierten auch die „Zauberflöte" in der legendären Inszenierung von Gustaf Gründgens, die aus Anlaß der Reichs-Mozart-Woche von Berlin nach Wien transferiert worden war. Erna Berger als Königin der Nacht, Maria Reining und Esther Réthy als Pamina, Josef von Manowarda und Herbert Alsen als Sarastro, Helge Rosvaenge und Anton Dermota als Tamino, Fritz Krenn als Papageno, Paul Schöffler und Karl Kamann als Sprecher sowie Peter Klein und William Wernigk als Monostatos waren die überragenden Solisten dieser unvergessenen märchenhaften „Zauberflöten"-Aufführungen. Das Mozart-Fest war durch eine Aufführung von „Idomeneo" unter Richard Strauss und ein Gastspiel der Münchner Staatsoper mit „Cosi fan tutte" unter Clemens Krauss ergänzt worden, wobei Julius Patzak als Ferrando, Hilde Güden als Despina sowie Georgine von Milinkovic als Dorabella zu hören waren. Der 29. September 1943 kann als bedeutendes Datum in der Geschichte der Wiener Mozart-Interpretation angesehen werden. Das bewährte Team Böhm—Schuh—Neher hatte mit einer sensationellen Neuinszenierung von „Cosi fan tutte" eine der vollkommensten Mozart-Produktionen aller Zeiten herausgebracht. Irmgard Seefried, die zum erstenmal in einer Wiener Opernpremiere mitgewirkt hatte, als Fiordiligi und das Männerterzett Dermota—Kunz—Schöffler wirkten in sämtlichen Aufführungen des Werkes während der gesamten Kriegs- und Nachkriegszeit mit.

Das Werk wurde unmittelbar nach dem Krieg unter Josef Krips im Redoutensaal und im Theater an der Wien wiederaufgeführt; es wurde auch eine der großen Zugnummern bei Gesamtgastspielen der Wiener Staatsoper im Ausland unter Josef Krips und Karl Böhm.

Mit ihrem glockenreinen, biegsamen, sehr ausdrucksfähigen lyrischen Sopran und durch ihr großes Können errang Irmgard Seefried als Fiordiligi auf Anhieb die Sympathie des Publikums. Die Dorabella wurde von Elisabeth Höngen, Martha Rohs, Sena Jurinac und Dagmar Hermann temperamentvoll dargestellt. Paul Schöffler als Don Alfonso beherrschte überlegen das elegante Intrigenspiel mit der ihm eigenen Ironie. Anton Dermota sang den Ferrando mit tenoralem Schmelz. Er und Erich Kunz (Guglielmo) sorgten in der parodistischen Verkleidungsszene für echten Humor. Das zierliche Kammerzöfchen Despina wurde von Emmy Loose und Hilde Güden ideal verkörpert.

Wenn man von „Jahrhundertleistungen" spricht, darf man die Fiordiligi und die Susanne von Irmgard Seefried nicht vergessen. Die Künstlerin, 1921 in Köngetried (Bayern) geboren, hatte die Fiordiligi 1943, als sie noch am Stadttheater in Aachen engagiert war, in den Ruhepausen zwischen den nervenzermürbenden Luftangriffen studiert. Bereits bei ihrem Wien-Debüt am 2. Mai 1943 erregte sie als Evchen in den „Meistersingern" Aufsehen. Nach dem Zweiten Weltkrieg wurde sie in der ganzen Welt zum Inbegriff der Wiener Opernkunst vor allem als Mozartsängerin.

„Figaros Hochzeit" war noch im Herbst 1945 von der Volksoper in das Theater an der Wien übersiedelt, und ab 1946 fanden auch etliche Aufführungen dieses Werkes unter der Leitung von Josef Krips und Rudolf Moralt im Redoutensaal statt. Zum berühmten „Figaro"-Ensemble, dem die Wiener Staatsoper den „Frühling im Jahre Null" verdankte, gesellten sich noch einige weitere große Künstler hinzu: Maria Reining als unvergleichliche Gräfin von Adel und Wärme und Hans Hotter als Graf Almaviva von majestätischer Größe.

Die „Don-Giovanni"-Neuinszenierung vom 13. Oktober 1946, die erste echte Mozart-Eigenproduktion der Staatsoper im Theater an der Wien, war auf Ensemblewirkung mit Starbesetzung aufgebaut. Jeder einzelne der acht Solosänger war ein Star im wahrsten Sinne des Wortes.

Paul Schöffler war ein Don Giovanni von unwiderstehlicher männlicher Kraft. Seine Prachtstimme, die im rezitativischen Gesang und im Parlando von Wortdeutlichkeit und sonorem Glanz sprühte, war großer Steigerungen vom Pianissimo bis zum Fortissimo fähig. Schöfflers Giovanni gilt seither als unerreicht. Ljuba Welitsch gab mit ihrem leuchtenden Sopran eine Donna Anna von höchster dramatischer Empfindung. Vor allem die innere Wandlung der Donna Anna von der Heroin (Rache-Arie) zur Primadonna (Brief-Arie) wurde von ihr überzeugend dargestellt. Hilde Konetzni gab mit ihrem Jubelton eine Donna Elvira großen Formats. Durch gekonntes, kokettes Spiel und den süßen Ton ihrer Stimme schuf Irmgard Seefried mit ihrer Zerline abermals eine Prachtfigur. Mit köstlich ausgearbeiteten Details vertrat Erich Kunz als Leporello die Welt des Nur-Irdischen, und er nützte die vielen Gelegenheiten, das Publikum als Spaßmacher zu erheitern. Ihm war es zu danken, daß die Neueinstudierung so frisch, so klassisch und doch so modern wirkte. Anton Dermota war in Stimme und Spiel das Musterbeispiel eines vornehmen, ritterlichen Kavaliers. Alfred Poell, der in späteren Aufführungen auch die Titelpartie sang, gab einen herzengewinnenden Masetto. Ludwig Weber verlieh der Stimme des Komtur besondere Ausdruckskraft. Sie nahm in der Friedhofszene eine überirdische Klangfarbe an. Josef Krips war dank seiner Musizierfreude und seiner glühenden Liebe zum Werk der überlegene musikalische Leiter eines großen Premierenabends.

Es folgten unzählige glanzvolle Aufführungen des Werkes im In- und im Ausland unter Otto Klemperer, Karl Böhm, Rudolf Moralt und Rudolf Kempe.

In der Titelfigur begeisterten u. a. auch Hans Hotter und George London. Von den übrigen großen Leistungen blieben insbesondere in Erinnerung: die Donna Anna von Maria Cebotari und Elisabeth Grümmer, die Donna Elvira von Elisabeth Schwarzkopf, Sena Jurinac und Lisa della Casa, die Zerline von Emmy Loose, Hilde Güden und Rita Streich, der Komtur von Ferdinand Frantz, Ludwig Hofmann und Gottlob Frick, der Leporello von Fritz Krenn, Georg Hann, Oskar Czerwenka und Walter Berry und der Don Ottavio von Hugo Meyer-Welfing, Julius Patzak, Walther Ludwig und Rudolf Schock.

Die außergewöhnliche internationale Karriere von Anton Dermota, der 1910 in Kropa (Slowenien) geboren wurde, hatte 1938 bei den Salzburger Festspielen als Don Ottavio begonnen. Zwei Jahre zuvor hatte er an der Wiener Staatsoper als Erster Geharnischter in der „Zauberflöte" debütiert. Nach dem Krieg wurde er vor allem als Mozartsänger in der ganzen Welt bekannt.

Am 10. Juni 1944 sang Elisabeth Schwarzkopf unmittelbar nach ihrer Verpflichtung an die Wiener Staatsoper zum erstenmal in einer von Rudolf Moralt geleiteten Vorstellung der „Entführung aus dem Serail" die Konstanze mit Emmy Loose, Anton Dermota, Peter Klein und Herbert Alsen als Partner. Ungefähr zur gleichen Zeit zeichnete der Wiener Rundfunk das Werk mit denselben Sängern in einer eigenen Fassung auf.

Rudolf Moralt leitete am 20. Oktober 1946, stets den kammermusikalischen Ton des Werkes betonend, die erste Aufführung der „Entführung" nach dem Krieg. Mit einer einzigen Ausnahme hatte er ein und dieselben Sänger wie 1944 zur Verfügung. Die Spitzentöne klangen bei Elisabeth Schwarzkopf gelegentlich scharf. Allerdings wirkte ihre Konstanze dank ihrer Persönlichkeit stets fesselnd. Emmy Loose gefiel durch ihren sympathischen Singspielton mit ironisierendem Einschlag. Anton Dermota verlieh den Arien Belmontes den Charakter der Herzensbeteiligung des jungen Mozart als Liebhaber, Bräutigam und junger Ehemann – eine Idealinterpretation. Der stimmstarke Peter Klein gab einen Pedrillo voll Humor und Jugendfrische. Ludwig Webers Osmin war von beachtlicher stimmlicher Qualität. In einer der ersten Reprisen übernahm Herbert Alsen, einer der bedeutendsten Osmin-Darsteller aller Zeiten, die berühmte Baßrolle. Sein Osmin imponierte nicht nur durch den großen Leibesumfang, sondern auch durch die Reichweite seines voluminösen Basses. Seine Stimme besaß selbst beim tiefen D Durchschlagskraft. Elegante Figur machte Curd Jürgens als Selim Bassa.

Als Alternativbesetzungen waren u. a. Hugo Meyer-Welfing und Julius Patzak als Belmonte und Albin Skoda als Selim Bassa zu hören.

Bei den Salzburger Festspielen 1948 wurde die „Entführung" unter der Regie von Herbert Waniek neu herausgebracht. Im September des gleichen Jahres übersiedelte diese Produktion unter der musikalischen Leitung von

„Die Entführung aus dem Serail", Szene aus dem 3. Akt mit Wilma Lipp, Walther Ludwig, Curd Jürgens, Endre Koreh, Peter Klein und Emmy Loose

Josef Krips in das Theater an der Wien. Die hohe Qualität der Aufführung kommt schon allein dadurch zum Ausdruck, daß dieses Werk Anfang der fünfziger Jahre als erste Aufzeichnung einer vollständigen Oper auf Langspielplatten in den Handel kam.

Mit der bravourös gesungenen Konstanze hatte sich Wilma Lipp in die erste Reihe der Vertreterinnen ihres Faches emporgearbeitet. Walther Ludwig als Belmonte glänzte durch kultivierten Vortrag und den Wohllaut seiner markanten Stimme. Endre Koreh, ein Baß-Buffo mit saftigem Humor, gab einen sehr wirkungsvollen Osmin. Emmy Loose und Peter Klein belebten durch ihre Spielfreude die hervorragende Aufführung. Als josephinisch-edler Selim Bassa trat Heinz Woester stark in den Vordergrund. Das Werk wurde in fast derselben Besetzung auch im Ausland mit Begeisterung aufgenommen, wobei Rudolf Schock als Belmonte einen günstigen Eindruck hinterließ. Der Künstler war im Theater an der Wien Partner von Erna Berger, die schon während des Krieges in Wien als Konstanze höchste Maßstäbe gesetzt hatte. Ihr leidenschaftlicher,

„Die Zauberflöte", Erich Kunz als Papageno

„Die Zauberflöte", Wilma Lipp als Königin der Nacht

inniger Vortrag, ihr unverwechselbares, zartes Timbre und ihre klare Tongebung in jeder Lage und in jeder beliebigen Lautstärke ließen ihre Konstanze zum Ereignis werden. Ihr Partner in früheren Jahren, Helge Rosvaenge, sang einen heldischen Belmonte. In der letzten Saison ließ Erika Köth als Konstanze aufhorchen.

Der 1907 in Köln geborene große Spieltenor der Wiener Staatsoper, Peter Klein, stellte wohl einen einmaligen Rekord auf: Er wirkte in 75 von insgesamt 90 Aufführungen der „Entführung" in der Nachkriegszeit mit. 1940 hatte er in Wien als Monostatos debütiert. Nach dem Krieg entwickelte er sich zu einem der bedeutendsten Vertreter seines Faches und gastierte an allen großen Opernhäusern der Welt. Seine bedeutendste Bühnenfigur, den Mime, konnte er zu dieser Zeit leider nur im Ausland singen. Der Künstler hatte eine sehr große Stimme, die auch in der Tiefe sehr ergiebig war. In der ersten „Siegfried"-Aufführung an der wiederaufgebauten Wiener Staatsoper Ende 1957 trat der bemerkenswerte Fall ein, daß Klein im ersten Akt dem damaligen Bayreuther Siegfried-Darsteller an Stimmstärke weit überlegen war. Kleins treffliche Charakterisierungskunst vermochte auch kleinere Rollen in den Mittelpunkt des Geschehens zu rücken. Aus den zahllosen Partien, die er verkörpert hatte, sprach stets eine große Künstlerpersönlichkeit und ein wertvoller Mensch!

Nach langer, gewissenhafter Vorbereitung brachte die Staatsoper in jenem Haus, dessen erster Theaterdirektor Emanuel Schikaneder gewesen war, eine vorbildliche Aufführung der „Zauberflöte" heraus. Josef Krips, der im Zusammenwirken mit dem Regisseur O. F. Schuh einen besonders kultivierten Mozart-Stil geschaffen hatte, war der liebevolle Betreuer der Aufführung. Sänger, Chor und Orchester gingen auf alle seine Intentionen ein. Robert Kautsky hatte eine Fülle schöner Bühnenbilder entworfen. Über die Aufführung berichtete Heinrich Kralik:

„Vom Geiste Schikaneders, der sich dem historischen Theaterraum offenbar noch zugehörig fühlt, hat sich Erich Kunz am innigsten berühren lassen. Sein Papageno ist vollkommen. Er singt entzückend, und sein Spiel macht sich völlig jede Naivität und Herzenseinfalt zu eigen, die das

Wesen der Figur bilden. Nichts wirkt absichtlich oder aufdringlich, und alle die alten Spassetteln haben die Freude und Lebendigkeit des spontanen Einfalls. Als Pamina bildet Irmgard Seefried ihre vollendetste und reifste Gesangsleistung aus der letzten Zeit. Wie sie ihre Arie singt, das ist ein Muster edler Tonführung und künstlerischen Ebenmaßes. Nur daß dann das Gesicht erstarrt, paßt nicht zum Bild einer Pamina, die auch im Schmerz niemals Tragödin ist. Gelegentlich läßt sich Anton Dermota als Tamino zu heroischen Akzenten verleiten. Sie wirken weder der Rolle noch seinem Tenor angemessen, dessen Ton und Farbe sich am schönsten in der lyrischen Kantilene entfalten. Mit schöner, warmer und voller Stimme singt Ludwig Weber die Arien des Sarastro. Allerdings ist er ein Sarastro ohne Nimbus, sozusagen ein Weiser und Priester in Zivil. Umso eindrucksvoller wird der Tonfall humanistischer Weisheit durch Paul Schöffler in der großen Szene des Sprechers zur Geltung gebracht. Eine erfreuliche Überraschung bietet Wilma Lipp, die Königin der Nacht. Sie kommt aus dem Reiche der wenig bekannten und exponierten Opernkräfte: sie kommt in Wahrheit aus der Versenkung. Dem hohen Anspruch der Rolle ist sie durchaus gewachsen. Die Koloratur, zumal das Staccato, sitzt vorzüglich. Mit nachtwandlerischer Sicherheit holt sie ein sternflammendes dreigestrichenes F vom Firmament. Den Monostatos gibt Peter Klein, dezent und geschmackvoll in seiner Komik. Ton und Wort bleiben auch im Prestotempo klar und verständlich. Als Papagenos muntere Partnerin stellt sich schließlich Emmy Loose ein; sie singt und plappert mit Erich Kunz vergnüglich um die Wette. Die Besetzung des Damenterzetts verzeichnet drei stolze Sängerinnennamen: Ljuba Welitsch, Sena Jurinac und Elisabeth Höngen, die drei Knaben wurden aus dem Ensemble der Wiener Sängerknaben ausgewählt, und ebenso waren es zwei prominente und gefeierte Künstler, Günther Treptow und Adolf Vogel, die sich bereit fanden, in die Stahlrüstung der Geharnischten zu schlüpfen. Jeder Liebesdienst für Mozart, für die ‚Zauberflöte', bedeutet einen künstlerischen Gewinn. Und als solcher Liebesdienst darf die Gesamtheit dieser schönen Aufführung gelten."

Das Werk, das u. a. auch von Rudolf Moralt, Karl Böhm und Rudolf Kempe geleitet wurde, erbrachte mit über 200 Aufführungen einschließlich der Auslandsgastspiele einen absoluten Rekord. Schikaneder wäre mit den Aufführungen, die sein Werk zwischen 1948 und 1955 erlebte, wohl sehr zufrieden gewesen. Es waren noch weitere bedeutende Mozart-Interpreten, wie Elisabeth Schwarzkopf, Maria Cebotari, Hilde Güden, Maria Reining, Elisabeth Grümmer und Sena Jurinac als Pamina, Hugo Meyer-Welfing, Julius Patzak, Walther Ludwig, Rudolf Schock, Peter Anders und Waldemar Kmentt als Tamino sowie Alfred Poell, Karl Schmitt-Walter, Walter Berry und Willy Domgraf-Fassbaender als Papageno eingesetzt. Auch der heldische Tamino von Hans Hopf fand Anklang, und Helge Rosvaenge bestand mit seinem kernigen Tenor und durch seine intensive Darstellung alle Prüfungen. Letzterer war in dieser Partie international arriviert, seit er sie bei den Salzburger Festspielen in den dreißiger Jahren unter Bruno Walter und Arturo Toscanini gesungen hatte. Von der Aufführung unter Toscanini existiert erfreulicherweise ein Schallplattenmitschnitt (siehe Anhang). Eine besondere Kuriosität am Rande: Die Aufführungen der „Zauberflöte" erhielten besonderen Glanz durch die Mitwirkung international anerkannter Wagnersänger. Gar oft setzte das Damenterzett besonders dramatische Akzente, wenn u. a. Anny Konetzni, Helena Braun, Gertrude Grob-Prandl, Georgine von Milinkovic, Margarete Klose oder Elisabeth Höngen auf der Besetzungsliste standen. Als Sprecher alternierten u. a. Karl Kamann, Ferdinand Frantz, Hans Hotter, Josef Herrmann, Georg Hann und George London, während als Erster Geharnischter neben Günther Treptow auch Josef Gostic und Ludwig Suthaus eingesetzt waren. Da der Sarastro stets von erstrangigen Vertretern des seriösen Baßfaches, wie etwa Herbert Alsen, Deszö Ernster, Ludwig Hofmann und Gottlob Frick, gesungen wurde — 1954 war auch Theo Adam zu hören —, hätte im Falle der Notwendigkeit einer Spielplanänderung die Direktion dem Publikum als Ersatzvorstellung Werke wie „Tristan", „Walküre" oder „Meistersinger" bieten können.

Ein in der Operngeschichte wohl einzig dastehender Fall ereignete sich am 5. Oktober 1954, als sich die Direktion erlauben konnte, eine „Zauberflöte“ mit zwei international anerkannten Tristan-Darstellern anzusetzen: Wolfgang Windgassen als Tamino und Günther Treptow als Erster Gerharnischter!

Erich Kunz gilt in der gesamten Opernwelt unbestritten als die Idealverkörperung des Papageno. Aber auch in anderen Bariton- und Baßrollen, vornehmlich aus dem Bereich der Spiel- und Buffooper, wurde er nach dem Krieg über die Grenzen Österreichs bekannt. Der 1910 geborene Wiener Künstler, der sogar noch in seinem achten Lebensjahrzehnt in einigen Rollen für die Staatsoper unentbehrlich ist, debütierte 1940 an der Wiener Staatsoper als Beckmesser. In dieser berühmten Rolle war er in Bayreuth erstmals 1943 aufgetreten. Seither war er ein gerngesehener Gast an allen bedeutenden Opernhäusern der Welt. Durch seine umfangreiche Tätigkeit als Operetten- und Wiener-Lieder-Sänger nahm seine Popularität besondere Ausmaße an.

Am 30. Oktober 1949 wurde Mozarts Spätwerk „Titus“, das im Sommer bei den Salzburger Festspielen in der Inszenierung von Hans Curjel zu hören gewesen war, in den Spielplan des Theaters an der Wien aufgenommen.

Die Aufführung selbst repräsentierte wieder den vollendeten Mozart-Stil der Staatsoper in der Nachkriegszeit. Josef Krips, der sich zwei Tage vor der Wiener Premiere bei einem Autounfall eine Brustkorbquetschung zugezogen hatte, leitete trotz der argen Behinderung die Aufführung mit kundiger Hand. Er wurde beim Erscheinen am Pult vom Publikum lebhaft begrüßt.

Im Mittelpunkt der Aufführung stand die durchgeistigte Darstellung der Titelpartie durch Julius Patzak. Neben ihm bestach Martha Rohs, deren Sextus in sängerischer und darstellerischer Hinsicht zu den bedeutendsten Leistungen der Künstlerin zählt. Wilma Lipp als Servile und Richard Holm als Annius sangen ihre Partien mit kultiviert geführter Stimme. Hilde Zadek bewies mit der sicheren Bewältigung der Rolle der Vitellia ihre besondere Eignung für das Mozart-Ensemble der Staatsoper. Otto Edelmann gab als Publius abermals Anlaß zur Freude über diesen jungen Sänger. Trotz des großen Premierenerfolges erlebte das Werk nur drei Aufführungen.

Vier „Figaro“-Vorstellungen – das Werk wurde seit März 1948 in der neuen Ausstattung von Caspar Neher gegeben –, die von Fritz Busch im Oktober 1950 geleitet wurden, zählen zu den schönsten Mozart-Erinnerungen der Nachkriegszeit. Eine Schar unvergleichlicher Künstler vereinigte sich in dieser Komödie der Irrungen und Verwirrungen zu bestechendem Ensemblegeist im gesanglichen und im geistigen Sinne. Hilde Konetznis Gräfin, Irmgard Seefrieds Susanne, Sena Jurinac' Cherubin, Paul Schöfflers Graf, Erich Kunz' Figaro, Peter Kleins Basilio und Rosette Andays Marzelline waren von Fritz Buschs Musizierfreude merklich inspiriert.

Fritz Busch gewann genauso wie 15 Jahre zuvor sein berühmter Kollege Hans Knappertsbusch das Wiener Publikum auf Anhieb. Es ist bestimmt kein Zufall, daß diese beiden großen Männer am Dirigentenpult nicht nur eine Silbe ihres Familiennamens gemeinsam haben, sondern auch in ein und derselben Dirigentenklasse am Konservatorium in Köln, bei Max Steinbach, studierten. Beide verbindet sie jene musikantische und großzügige Art des Dirigierens, die weder Sänger noch Orchester in ein Joch spannt, sondern den Mimen auf der Bühne einen angemessenen Spielraum zur Entfaltung ihrer Persönlichkeit einräumt. Busch war ein Dirigent, der sich mit dem Blick seiner leuchtenden blauen Augen auszudrücken vermochte.

Sena Jurinac, der unvergeßliche Cherubin der Nachkriegszeit, erinnert sich an ihre Arbeit mit Fritz Busch in Glyndebourne:

„Sein Musizieren war diszipliniert und frei, das Tempo bei ihm nie ein Problem, es war selbstverständlich, ergab sich wie von allein, konnte gar nicht anders sein, und so war auch Buschs Zeichengebung von höchster Klarheit und Natürlichkeit. Er drängte sich nie vor das Werk. Bei ihm sprach die Musik für sich selbst.“

Der unerwartete Tod von Fritz Busch 1951 bedeutete für die Wiener Staatsoper einen schweren Verlust, da mit dem berühmten Dirigenten bereits ein Übereinkommen hinsichtlich einer künftigen Bindung an die Wiener Staatsoper getroffen worden war.

In der am 14. April 1955 von Karl Böhm geleiteten Aufführung von „Figaros Hochzeit“ im Redoutensaal feierte Christa Ludwig, die damals am Opernhaus in Hannover engagiert war, ein bemerkenswertes Debüt, über das Prof. Max Graf folgendes berichtete:

„In der fein abgestimmten und flüssigen Aufführung konnte man sich immer der ausgezeichneten Leistungen der Frau Seefried erfreuen, deren Susanne erlebtes Lustspiel ist, geistreiches Geplauder, ‚pointierte Laune', kluges Lachen. Der Figaro Kunz' kommt von der Volksbühne her, Raimund hätte ihn Valentin genannt. Girardi hätte diese Rolle ähnlich gespielt. Neben dem lebensvollen Diener stand Schöfflers Graf, ein Adeliger von ganzer Haltung. Die Gräfin hat zum erstenmal Frau Jurinac mit schöner, weicher Stimme gesungen. Die elegischen Züge der unverstandenen Frau verschwinden bei ihr hinter sympathischer Frische und schöner Jugend. Neu war der Cherubin Christa Ludwigs, die sich geschickt und sicher dem Wiener Publikum angeschlossen hat und ihren sehr hellen Mezzo musikalisch geschmackvoll und künstlerisch behandelt. Bei ihr hat das gesungene Wort Leben und Verstand."

Als das Theater an der Wien am 2. Oktober 1955 mit einer denkwürdigen Aufführung der „Zauberflöte" seine Pforten als Ersatzquartier der Wiener Staatsoper für immer schloß, gab es viele Stimmen, die darüber trotz der Vorfreude auf die Eröffnung der wiederaufgebauten Staatsoper nicht sehr glücklich waren. So mancher Stammbesucher verließ die Abschiedsvorstellung mit einem Gefühl der Wehmut, denn man nahm wohl an, daß der Geist Mozarts bei den künftigen Aufführungen im neuerstandenen Haus an der Ringstraße nicht so unmittelbar zugegen sein werde wie in dem intimen Rahmen des Hauses an der Wien.

Die Mozartpflege der Wiener Staatsoper nach dem Zweiten Weltkrieg hatte durch das geniale Zusammenspiel aller künstlerischen Kräfte einen Grad höchster Vollendung erreicht; dabei war es ein nicht zu unterschätzender Vorteil, daß auch jene Werke Mozarts, die im Original in italienischer Sprache komponiert sind, stets in der deutschen Übersetzung aufgeführt wurden. Dadurch hatte das Publikum die Möglichkeit, sich an den geistreichen Rezitativen erbauen zu können. (In anderem Zusammenhang schreibt der Wiener Volksopern-Direktor Karl Dönch in der Ausgabe der „Bühne" vom Dezember 1983 zu dieser Problematik: „Und ich hab' an den vielen dankbaren Zuschriften gemerkt, wie froh das Publikum ist, daß es verstehen kann, was gesungen wird!")

Mozart, der Verfechter und Künder höchster Humanität, wirkte durch die allgemeine Verständlichkeit der von ihm in unsterbliche Musik gewandelten Gedanken versöhnend in einer Welt, die viele Jahre hindurch von Haß geprägt war. Die Wiener Staatsoper war durch ihre intensive Mozartpflege im In- und Ausland zu einem gewichtigen Sprachrohr des wiedererstandenen Österreichs geworden!

Kapitel V

Die italienische Oper im Theater an der Wien

Mit der Premiere von Verdis „Die Macht des Schicksals" in der Bearbeitung von Franz Werfel im November 1926 unter der musikalischen Leitung von Franz Schalk (die Hauptpartien sangen Margit Angerer, Alfred Piccaver, Emil Schipper und Richard Mayr) wurde die Verdi-Renaissance an der Wiener Staatsoper eingeleitet. Weitere Premierenerfolge von „Simone Boccanegra" und „Don Carlos" Anfang der dreißiger Jahre unter der Direktion von Clemens Krauss rechtfertigten den eingeschlagenen Weg. Es ist zweifellos das Verdienst der großen Opernhäuser des deutschen Sprachraums, daß damals die musikalischen Schönheiten der späteren Mittelepoche in Verdis Schaffen wieder entdeckt wurden.

Als musikalischer Protektor der Verdi-Renaissance gilt u. a. der damalige Generalmusikdirektor der Dresdner Staatsoper, Fritz Busch. Der große Dirigent schrieb darüber in seinem Buch „Aus dem Leben eines Musikers": „Ein anderes Mal erschien er [Arturo Toscanini] ebenso unerwartet in Dresden, um einer Aufführung der damals in Deutschland ganz vergessenen Verdischen Oper ‚Die Macht des Schicksals' beizuwohnen, die von mir in der etwas freien, aber poetisch schönen Textübertragung von Franz Werfel zur Uraufführung (1925) in der neuen Fassung gebracht wurde. Toscanini kam eigens dieser Aufführung wegen, weil sie in Dresden ein ungewöhnlicher Erfolg war, unter seiner Leitung in Italien jedoch, wie er erzählte, ausnahmslos ein großes Fiasko gewesen sei.

Wir hatten in der leider jung verstorbenen Meta Seinemeyer eine hervorragende Vertreterin als Leonore. An seinen glücklichen Abenden besaß die Dresdner Oper auch den besten Partner für die Seinemeyer: Tino Pattiera . . .

Das Sängerpersonal vergrößerte und verbesserte sich im Laufe der Zeit bedeutend. Zu den hervorragendsten Vertretern einzelner Fächer traten die Koloratursängerin Erna Berger, der Mezzosopran Martha Fuchs, der Tenor Max Lorenz sowie der gewaltige, früh unglücklich endende Baß Ivar Andresen."

Im Jahr 1928 übernahm in Dresden Max Lorenz die Partie des Alvaro in der „Macht des Schicksals". Sein bester Freund unter den Kollegen, Paul Schöffler, sang den Carlos. 1929 brachte Fritz Busch in Dresden eine Neuinszenierung von Verdis „Maskenball" mit Anne Roselle, Erna Berger, Max Lorenz und Paul Schöffler im Rahmen der Verdi-Pflege heraus.

Die Berliner Staatsoper erweckte etwa zur gleichen Zeit mit einer sensationellen Aufführung Verdis „Die sizilianische Vesper", in der die späteren Hauptstützen der Wiener Staatsoper Anny Konetzni und Helge Rosvaenge mitgewirkt hatten, zu neuem Leben. Am gleichen Opernhaus feierten damals Max Lorenz und Helge Rosvaenge, die in den dramatischen Tenorrollen in „Der Maskenball", „Die Macht des Schicksals" und „Aida" alternierten, größte Erfolge. Seit dem Jahr 1932 waren diese zwei berühmten Tenöre auch an der Wiener Staatsoper im italienischen Fach eingesetzt.

Als besonders fruchtbar erwiesen sich die Gastabende italienischer Spitzendirigenten vom Format eines Victor de Sabata, eines Vittorio Gui oder eines Mario Rossi an den Opernhäusern von Berlin und von Wien unmittelbar vor und während des Zweiten Weltkrieges. Es handelte sich dabei zweifellos um positive Resultate des von den Achsenmächten propagierten gegenseitigen Kulturaustausches.

Seit 1938 gastierten geschlossene Wagner-Ensembles unter Mitwirkung deutscher Spitzensänger an den großen Opernhäusern Italiens. Diese Praxis wurde auch nach dem Krieg beibehalten. Nach der letzten Aufführung des „Ring"-Zyklus von 22. März bis 2. April 1938 an der Mailänder Scala wurde Max Lorenz als einzigem deutschen Sänger im Rathaus von Mailand der italienische Auszeichnungstitel Commendatore verliehen. Der berühmte Heldentenor studierte damals für die Scala seine erste Rolle in italienischer Sprache, die Hauptpartie in Boitos „Nerone", ein.

An großen Opernhäusern Mitteleuropas erzielten damals Neueinstudierungen selten gespielter italienischer Opernwerke überraschend große Erfolge, wie etwa Zandonais „La farsa amorosa" mit Maria Cebotari, Peter Anders und Willy Domgraf-Fassbaender an der Berliner Staatsoper, Cileas „Adrianna Lecouvreur" mit Elsa Larcen, Günther Treptow und Karl Schmitt-Walter am Deutschen Opernhaus Berlin oder Wolf-Ferraris „Neugierige Frauen" unter Vittorio Gui an der Wiener Staatsoper (Redoutensaal).

Anläßlich des 130. Geburtstages von Giuseppe Verdi fanden in Wien sowohl in der Staatsoper wie auch in der Volksoper (damals Opernhaus der Stadt Wien) zyklische Verdi-Aufführungen statt, die über die Grenzen Wiens hinaus lebhaftes Echo fanden. In der Staatsoper waren es vor allem die Neuinszenierungen von „Othello", „Maskenball" und „Macbeth" unter Karl Böhm und „Troubadour" unter Rudolf Moralt. Außerdem gastierte das Teatro Communale di Firenze unter Mario Rossi mit „Falstaff" (die Titelfigur sang Mariano Stabile). Die Besetzungen der Neuproduktionen sind im Anhang ersichtlich. Bei den Verdi-Festaufführungen in der Volksoper stellten einige Sänger bereits damals ihre Staatsopernreife unter Beweis, so etwa Gertrude Grob als Amelia und Leonore („Troubadour"), Georg Oeggl als Rigoletto, René, Posa und Luna, Josef Gostic als Manrico, Radames und Don Carlos sowie Alois Pernerstorfer als König Philipp und Ramphis.

Die Opernfiguren Giuseppe Verdis, vor allem jene nach Dramen von Shakespeare und Schiller, verlangen vom Sänger nicht nur eine perfekte Beherrschung der

„Othello", Max Lorenz in der Titelrolle

„Othello", Paul Schöffler als Jago

Stimme, sondern auch ein hohes Maß an intensiver Darstellungskunst, um die Vielschichtigkeit der einzelnen Charaktere überzeugend zum Ausdruck bringen zu können. So verlangt etwa die Partie des Othello einen Sängertyp, der eher dem deutschen Heldentenor als dem italienischen tenore di forza entspricht.

Hermann Winkelmann, ein Zeitgenosse des ersten Othello-Darstellers, Francesco Tamagno, verkörperte zunächst von der Wiener „Othello"-Erstaufführung im Jahr 1888 an fast eineinhalb Jahrzehnte lang allein jene bedeutende Verdi-Rolle. Nach seinem Abgang von der Bühne zählte Leo Slezak nicht nur in Wien, sondern auch international zu den gefragtesten Othello-Interpreten seiner Zeit. Allein diese Rolle sang er über 30mal während seiner Zugehörigkeit zum Ensemble der Metropolitan Opera in New York.

Seit 1942 hatte die deutsche Opernbühne wieder Othello-Darsteller von höchstem Format. Am 25. März 1942 brachte die Wiener Staatsoper unter der Leitung von Karl Böhm eine „Othello"-Neuinszenierung mit Maria Reining, Max Lorenz und Mathieu Ahlersmeyer in den Hauptpartien heraus. Unmittelbar nach der Premiere schrieb der Oberregisseur der Wiener Staatsoper, Oscar Fritz Schuh, folgenden Brief an Max Lorenz: „Nachdem die Zeit unserer schönen Arbeit am ‚Othello' (vielleicht zu schnell) vorübergegangen ist, drängt es mich, Ihnen — was ich ja mündlich getan habe — noch einmal zu sagen, wie fasziniert und begeistert ich von Ihrer grandiosen Leistung war. Es ist dies für mich die restlose Verkörperung dessen gewesen, was ich mir unter dem Idealfall musikalischen Theaters vorstelle: die Synthese von Stimme mit einer großen Schauspielerpersönlichkeit, und ich kann mich nicht entsinnen, wenn ich in meiner Erinnerung weiter zurückgreife, eine Leistung von ähnlichem Ausmaß erlebt zu habcn."

Im Jahr 1949 sang Max Lorenz mit Paul Schöffler als Partner den Othello an der Pariser Oper mehrmals in italienischer Sprache. Der verstorbene Direktor des italienischen Rundfunks (RAI), Fidia Schiavoni, der eine jener „Othello"-Aufführungen in Paris gehört hatte, meinte, daß Lorenz auch an allen großen Opernbühnen Italiens in der gleichen Rolle das Publikum für sich gewonnen hätte. Anläßlich der Aufführung der „Ring"-Tetralogie in Mailand 1950 unter Wilhelm Furtwängler wurden Max Lorenz und sein Wiener Fachkollege Günther Treptow vom Generalintendanten der Mailänder Scala, Antonio Ghiringhelli, eingeladen, an der Scala den Othello zu singen. Wegen Terminschwierigkeiten kam es jedoch nicht dazu. Um so besser klappte es mit Einladungen an die beiden Opernhäuser in Berlin, wo die zwei Heldentenöre das Publikum der damals noch ungeteilten Stadt begeisterten.

Günther Treptow, der bei seinem Rollendebüt als Othello am Deutschen Opernhaus in Berlin im Jahr 1942 unter Mario Rossi Aufsehen erregt hatte und in einer der Reprisen dem damaligen italienischen Starbariton Gino Bechi ein kongenialer Partner war, sang die gleiche Partie nach dem Krieg in deutscher Sprache in Belgien und in der Sowjetunion. Diesen Gastspielen kam besondere Bedeutung zu, da es Treptow gelungen war, ein Publikum, das den Darbietungen deutscher Gäste in ihrer Muttersprache eher Ressentiments entgegenbrachte, für sich zu gewinnen. In Wien sorgte er für Schlagzeilen anläßlich der „Othello"-Aufführung am 2. Juni 1953. In der Titelrolle gastierte an jenem Tag Set Svanholm, der während des ersten Aktes von starker Indisposition befallen wurde, so daß die Vorstellung nach Aktende unterbrochen werden mußte. Innerhalb kurzer Zeit war Günther Treptow, der in der Nähe des Theaters wohnte, zur Stelle, übernahm die Partie und führte sie in bester stimmlicher Verfassung mit bewundernswerter Sicherheit zu Ende.

Die deutsche Opernbühne hatte 1942 in Torsten Ralf noch einen weiteren erfolgreichen Othello-Darsteller. Der schwedische Tenor, der den Großteil seiner Laufbahn an deutschen Bühnen verbracht hatte, vermochte Mitte der vierziger Jahre an der Metropolitan Opera New York als Othello zu bestehen, wobei er in dieser Rolle u. a. mit Leonard Warren unter der Leitung von Fritz Busch auftrat. Zwischen 1950 und 1953 beeindruckte Ralf als Othello auch das Wiener Publikum.

Der unerwartete Tod von Peter Anders, der die anspruchsvolle Partie des venezianischen Feldherrn 1951 mit sehr großem Erfolg in Wien gesungen hatte, brachte die deutsche Opernbühne um einen großen Othello-Darsteller.

Ab 1952 hatte die Wiener Staatsoper in Josef Gostic noch einen weiteren Othello-Interpreten, der vor allem auch in Deutschland und in Südosteuropa in Erscheinung trat.

Auch für die übrigen Hauptpartien in Verdis „Othello" standen der Wiener Staatsoper meist hervorragende Alternativbesetzungen zur Verfügung, die im Anhang ersichtlich sind. Die Palme gebürt jedoch der „Othello"-Standardbesetzung mit Hilde Konetzni bzw. Maria Reining als Desdemona, Max Lorenz als Othello und Paul Schöffler als Jago. Keine spätere „Othello"-Besetzung hat in stimmlicher und darstellerischer Hinsicht jene Vollkommenheit erreicht, und so mancher Sänger italienischer Abkunft kämpfte vergeblich gegen diese Vorbilder an.

Schon zu Lebzeiten Giuseppe Verdis waren berühmte Sänger aus Deutschland und aus Österreich an führenden Opernhäusern Italiens tätig gewesen. So stammten etwa Theresina Stolz und Maria Waldmann, die als erste Aida bzw. Amneris bei den Erstaufführungen der „Aida" in Neapel und Mailand mitgewirkt hatten, aus Österreich. Auch im 20. Jahrhundert hatten Künstler aus Wien als Interpreten italienischer Opernwerke einen hervorragenden Ruf in der gesamten Opernwelt, wie etwa Maria Jeritza, Lotte Lehmann, Maria Nemeth, Alfred Piccaver, Leo Slezak, Alexander Sved und Emil Schipper, um nur einige zu nennen.

Auch nach dem Zweiten Weltkrieg eroberten Sänger der Wiener Staatsoper in italienischen Opernrollen, die sie in der Originalsprache studiert hatten, die großen Opernbühnen des Auslands. Maria Cebotari hatte sich bereits während des Krieges als Traviata und als Butterfly in der gesamten Opernwelt Europas etabliert. In den fünfziger Jahren machten u. a. die Tosca und die Aida von Ljuba Welitsch und die Turandot von Gertrude Grob-Prandl Operngeschichte. Letztere errang als Turandot vor allem bei Freilichtaufführungen in der Arena von Verona und in den Caracalla-Thermen von Rom als Partnerin von Giacomo Lauri-Volpi sensationelle Erfolge.

Die Wiener Staatsoper im Exil befand sich in der glücklichen Lage, für das italienische Fach genügend qualifizierte hauseigene Kräfte zu besitzen. Außerdem waren die Bundestheater zur Sparsamkeit gezwungen, da das Budget durch hohe Besatzungkosten zusätzlich sehr belastet war.

„Turandot", Gertrude Grob-Prandl in der Titelrolle

Die Wiener Staatsoper beging das erste Osterfest im wiedererstandenen Österreich mit einer Verdi-Premiere von beachtlichem Niveau. Die von wahrer Glut und hinreißender Dramatik erfüllte Oper „Rigoletto" wurde von Josef Witt in den Bühnenbildern und Kostümen von Gottfried Neumann-Spallart neuinszeniert.

Das Werk wurde von Rudolf Moralt, dem vielbejubelten musikalischen Leiter, mit sehr bewegten Tempi und viel Schwung dirigiert. Die Oper war zum letztenmal vor der

„Rigoletto", Szene aus dem 2. Akt mit Georg Oeggl als Rigoletto und Emmy Loose als Gilda

Zerstörung des Hauses an der Ringstraße am 3. März 1944 mit Emmy Loose, Georg Oeggl und Anton Dermota in den Hauptrollen gegeben worden. Es war daher verständlich, daß sich die Leitung der Staatsoper anläßlich der Neuinszenierung im Theater an der Wien auf dieselben Spitzenkräfte stützte.

Der 1900 in Innsbruck geborene ausdrucksstarke Bariton Georg Oeggl avancierte unmittelbar nach seinem Engagement an die Wiener Volksoper 1939 spontan zum Publikumsliebling. Seit dem Abgang von Alexander Sved an die Metropolitan Opera im Jahr 1940 galt Oeggl als der beste Rigoletto-Darsteller in Wien. Seine triumphalen Erfolge bei seinen Rigoletto-Gastspielen an der Wiener Oper bestätigten, daß der bedeutende, jedoch bescheidene Künstler in gewissen Partien, zu denen auch der Rigoletto zählte, nur wenige Konkurrenten hatte. Bis heute konnte kein einziger auch noch so prominenter ausländischer Sänger in dieser Partie die Erinnerung an den beliebten Wiener Künstler verdrängen. Oeggl vermochte vor allem die ganze Skala der Wandlungen der Figur, vom schneidenden Hohn als Vertrauter des Herzogs über das schwankende Mißtrauen vor seinem Abschied von Gilda, bis Haß und Rachedurst sein zerstörtes Leben übermannen, in einer großartig gesteigerten Linie anzulegen, wobei er sich auf seinen fülligen, italienisch geschulten kernigen lyrischen Bariton stützen konnte, dem selbst das hohe A keine Schwierigkeiten bereitete. Emmy Loose sang die Gilda mit wohlklingender Stimme, und Anton Dermotas geschmeidiger Tenor war in der Rolle des Herzogs richtig eingesetzt.

Nach Oeggl war zweifellos Giuseppe Taddei, der am 28. Mai 1946 als Rigoletto an der Wiener Staatsoper debütierte, durch seine mitreißende, komödiantische Vortragsart der erfolgreichste Rigoletto der Nachkriegszeit. Auch Marko Rothmüller, Mathieu Ahlersmeyer, Karl Schmitt-Walter, Josef Metternich, Paolo Silveri und Theo Bayle verdienten Anerkennung. Der stets verläßliche Heldenbariton Karl Kamann bewies durch seine großartige Rigoletto-Gestaltung, daß diese Rolle auch von einem prädestinierten Wagner-Bariton gesungen werden kann.

Als Gilda faszinierten u. a. berühmte Sopranistinnen, wie Lisa della Casa, Elisabeth Schwarzkopf, Alda Noni, Maria Tauberova, Wilma Lipp, Hilde Güden, Rita Streich, Teresa Stich-Randall und Erika Köth. Zu den schönsten Erinnerungen zählte das Auftreten von Erna Berger. Ihr kindliches Timbre, ihr seelenhafter Gesang und ihr natürlicher Ausdruck bestätigten, daß es kein Zufall war, daß die weltberühmte Künstlerin, die bei ihrem Engagement in Wien bereits 52 Jahre alt war, unmittelbar vorher u. a. als Gilda an der Metropolitan Opera mit ihrem Partner Leonard Warren einen sensationellen Erfolg feiern konnte.

Der Herzog von Mantua wurde am überzeugendsten von Helge Rosvaenge mit verführerischem Charme und der Durchschlagskraft seines unverwüstlichen Tenors verkörpert. Bei seinem Erstauftreten in dieser Rolle am

30. Oktober 1948 hatte er selbst in kleinen Rollen mit Martha Mödl als Maddalena und mit Georg Hann als Monterone berühmte Partner.

Die „Rigoletto"-Aufführungen wiesen damals selbst in den kleinen Rollen eine Luxusbesetzung auf, wie sie heute nur bei Schallplattenproduktionen anzutreffen ist. Neben Georg Hann gaben vor allem Ferdinand Frantz und Hans Hotter dem Grafen von Monterone Profil. Als Sparafucile beeindruckten die mächtigen Baßstimmen von Herbert Alsen, Ferdinand Frantz, Ludwig Weber, Deszö Ernster, Ludwig Hofmann und Gottlob Frick, und Elena Nikolaidi, Georgine von Milinkovic und Margarete Klose machten aus der Maddalena wesentlich mehr als eine Episodenrolle.

Das Werk wurde im März 1953 von Willy Domgraf-Fassbaender, der vor allem in der Zwischenkriegs- und in der Kriegszeit einen großen Namen als Rigoletto-Darsteller hatte, neuinszeniert, ohne daß sich gegenüber der Inszenierung von 1946 viel geändert hatte.

Ende April 1946 übersiedelte Puccinis „Madame Butterfly" von der Volksoper in das Theater an der Wien. Das Werk blieb aber weiterhin auch auf dem Spielplan der Volksoper. Unter der musikalischen Leitung von Josef Krips überragten Ljuba Welitsch in der Titelrolle und Paul Schöffler als Sharpless das übrige Ensemble.

1947 feierte Maria Cebotari als Cho-Cho-San einen unbeschreiblichen Erfolg. Sie war 1939 durch den Film „Die Premiere der Butterfly" auf der ganzen Welt zu einem Begriff geworden.

Starken Eindruck hinterließen 1952 Lisa della Casa als Butterfly und Peter Anders als Linkerton.

In den fünfziger Jahren hatte sich auch Carla Martinis zu einer faszinierenden Interpretin dieser tragischen Frauenrolle entwickelt. Insbesondere mit Helge Rosvaenge als Partner vermittelte sie hohe italienische Gesangskunst.

Auch zu Weihnachten 1946 bot die Staatsoper mit einer glanzvollen „Aida"-Premiere ihrem Publikum etwas Außergewöhnliches. Da Aida und Radames aus Bulgarien und Amonasro aus Italien kamen, war es sicher sehr sinnvoll, das Werk in italienischer Sprache einzustudieren. Außerdem machte sich damals der Trend zur Aufführung der Werke in der Originalsprache bemerkbar. Die eindrucksvollen szenischen Effekte Lothar Wallersteins, die großzügigen Dekorationen Robert Kautskys, das hervorragende Ballett mit originellen Ideen seiner Leiterin Erika Hanka, der exakt einstudierte Chor unter Richard Roßmayr und das farbenprächtig spielende Orchester unter Josef Krips vereinigten sich zu einer Aufführung von pakkender Wirkung.

Mit der Aida hatte sich Ljuba Welitsch endgültig in die erste Reihe der Sopranistinnen ihrer Zeit emporgearbeitet. Mühelos strahlte ihre blühende, leidenschaftlich bewegte Stimme über dem Ensemble des zweiten Aktes und über weite Teile des Nilaktes. Die Amneris von Elisabeth Höngen hatte schon von der Erscheinung her königliche Würde. Im Gerichtsakt hatte sie bedeutende stimmliche Höhepunkte. Giuseppe Taddei, der einzige waschechte Italiener, gab den Amonasro mit echtem Belcanto und südländischem Temperament. Todor Mazaroff hatte im September 1937 an der Wiener Staatsoper als Radames debütiert und dank seiner metallischen Höhe einen Sensationserfolg zu verzeichnen. Neun Jahre später vermochte er mit seiner ausladenden, sicheren Höhe mit leichtem Vibrato, die auf einer baritonalen Mittellage ruhte, zu gefallen. Die beiden ersten Bassisten des Hauses, Ludwig Weber (Ramphis) und Herbert Alsen (König), trugen ebenfalls zum Gelingen jener denkwürdigen Weihnachtspremiere bei. Mit 157 Reprisen, die u. a. von Rudolf Moralt, John Barbirolli, Ferenc Fricsay, Georg Solti, Rudolf Kempe, Alberto Erede, John Pritchard und Franco Capuana geleitet wurden, stand das Werk punkto Aufführungszahl an der Spitze aller Verdi-Opern in der Nachkriegszeit. Die Hauptpartien waren häufig mit international anerkannten Künstlern besetzt. Neben Ljuba Welitsch war es vor allem die kultivierte Aida mit dem innigen Ausdruck von Christl Goltz, die Aida mit der großen, alles überstrahlenden Höhe von Carla Martinis oder die leidenschaftliche Äthiopiertochter mit den reizvollen Kopftönen von Daniza Jlitsch. Ein besonderes Lob gebührt Hilde Zadek für ihre Verläßlichkeit – sie wirkte in 63 Aufführungen mit. Gegen Ende der Ära im Theater an der Wien ließen Birgit Nilsson und Leonie Rysanek in der Titelpartie aufhorchen.

Die beiden Tenöre Helge Rosvaenge und Max Lorenz, die in den dreißiger Jahren im Rahmen der Verdi-Renaissance in Deutschland Großes geleistet und 1932 das Wiener Publikum fasziniert hatten, standen auch im Theater an der Wien als Radames im Mittelpunkt begeisterter Ovationen. Der prominente dänische Tenor sang den Radames stets zwingend und mit dramatischer Gestaltungskraft, mit dem Metall seiner frisch gebliebenen Stimme, vorbildlich in Wortdeutlichkeit und mit italienischem Brio.

Als Max Lorenz den Radames 1953 erstmals nach dem Krieg in Wien sang, schrieb der bekannte Kritiker Prof. Heinrich Kralik: „Die Stimme blüht förmlich auf, sowohl im Klang wie auch in der Kantilene. So steht er als Radames fest und sicher auf der Bühne, ein Meister der musikalisch-dramatischen Diktion, die immer gespannt, immer künstlerisch und geistig wirkt. Der heldische, dynamische Charakter der Figur wird gleich im glänzenden Vortrag der Eingangsarie festgelegt."

Zwischen 1941 und 1943 hatte neben Max Lorenz und Helge Rosvaenge auch Set Svanholm mit großem Erfolg den Radames gesungen. In der gleichen Rolle trat er am 3. September 1949 im Theater an der Wien auf und riß das Publikum zu frenetischen Beifallsstürmen hin, so daß er zusammen mit Daniza Jlitsch den Schlußteil des Nil-Duetts wiederholen mußte. In dieser Aufführung feierte der bis dahin unbekannte amerikanische Baßbariton George London ein gelungenes Debüt als Amonasro.

Als Radames hinterließen außerdem der rumänische Tenor Dinu Badescu und sein kroatischer Kollege Josef Gostic nachhaltigen Eindruck. Elena Nikolaidi, Georgine von Milinkovic und Margarete Klose wurden mit den großen Schwierigkeiten der Partie der Amneris am besten fertig. In den Jahren 1947 bis 1949 wurde die Bühne im Finale des zweiten Aktes manchmal zum Schauplatz eines einmaligen sängerischen Ereignisses, wenn die beiden berühmtesten Wotan-Gestalter der Nachkriegsära, Ferdinand Frantz und Hans Hotter, als Ramphis bzw. als Amonasro mit ihren unverkennbaren, mächtigen Stimmen jene wichtige Szene zu einem Höhepunkt des Abends gestalteten.

Am 27. Februar 1947 hatte mit „La Traviata" eine weitere Oper Giuseppe Verdis Premiere. Das Werk wurde

„La Traviata", Szene aus dem 2. Akt mit Elisabeth Schwarzkopf als Violetta und Giuseppe Taddei als Germont

unter Josef Krips gewissenhaft in italienischer Sprache einstudiert. Unter der Regie von Oscar Fritz Schuh sang Elisabeth Schwarzkopf eine mehr vor Lebensfreude sprühende als dahinschmachtende Kamliendame. Sie fand in den beiden letzten Akten zu ergreifenden Zwischentönen. Anton Dermota sang und spielte einen sehr kultivierten Alfred, und Giuseppe Taddei war als Vater Germont ein sehr temperamentvoller, musikalischer Sänger.

Ende Mai des gleichen Jahres hatte die Wiener Staatsoper einen ihrer großen Opernabende, als Maria Cebotari zum erstenmal nach dem Krieg als Traviata auftrat. Die Künstlerin hatte damals große Sorgen um ihren Gatten, den Filmschauspieler Gustav Dießl, der von schwerer Krankheit gezeichnet war. Obwohl es mit der Gesundheit von Maria Cebotari nicht zum besten stand – auch erwartete sie für Anfang Oktober die Geburt ihres zweiten Kindes –, stürzte sie sich mit Enthusiasmus in ihren Beruf. Ihre Violetta zählt zu den bedeutendsten Leistungen der europäischen Opernbühne in den letzten fünfzig Jahren. Sehr treffend wurde ihre Leistung als Violetta im „Neuen Wiener Tagblatt“ vom 8. Dezember 1939 charakterisiert:

„... Aber was die künstlerische Erscheinung der Maria Cebotari im ganzen ausmacht, das ist die von Natur aus seltene Übereinstimmung einer seelischen Parallele, die in der Gestalt der Violetta empfindungsmäßig verwandte Seiten entdeckt, und es ist kein Zufall, daß Maria Cebotari auch eine berühmte Butterfly ist. Um es in einem zu sagen: das Unheil, das unabwendbare, ist dieser Violetta auf die Stirn geschrieben, und ihre Szenen, die der Liebe und der Enttäuschung und das neue Aufbegehren des Herzens schließlich, münden schicksalhaft unabwendbar in diese eine erschütternde Szene des Sterbens, da sie noch einmal gegen den Tod sich stemmt und ihre herrliche Stimme mit einem Male verlöscht.“

Maria Cebotari, 1910 in Kischinew, Bessarabien, geboren, war zweisprachig aufgewachsen (Russisch und Rumänisch) und hatte mit ihrem großen Sprachtalent später auch Französisch, Deutsch und Italienisch gelernt. Fritz Busch, der ihr enormes Talent erkannte, engagierte Cebotari 1931 an die Dresdner Staatsoper. 1936 trat sie zum erstenmal an der Wiener Staatsoper als Eurydike in Glucks „Orpheus und Eurydike“ auf. Nach häufigen Gastspielen in Wien während des Zweiten Weltkrieges wurde sie ab 1. Jänner 1947 ständiges Mitglied der Wiener Staatsoper. Sie sang die Violetta in deutscher Sprache, als Mitte Oktober 1948 Helge Rosvaenge und Karl Schmitt-Walter ihre kongenialen Partner waren, die ihre Partien nur in deutscher Sprache beherrschten. Helge Rosvaenge war damals der einzige Sänger, der die zweite Strophe (Stretta) der Arie „Ach, ihres Auges Zauberblick“ sang und seinen Abgang in dieser Szene mit einem mitreißenden hohen C krönte. Danach war die Vorstellung für einige Minuten unterbrochen, da Helge Rosvaenge die Ovationen eines vor Begeisterung rasenden Publikums entgegennehmen mußte.

Besondere Erwähnung verdienen noch die Violetta von Erna Berger und der Alfred von Rudolf Schock sowie der Vater Germont von Hans Braun, Georg Oeggl, Josef Metternich, Alfred Poell und Eberhard Wächter.

Mit der Wiederkehr von Helge Rosvaenge an die Wie-

„Turandot“, Rätselszene aus dem 2. Akt mit Irmgard Seefried, Helge Rosvaenge und Maria Cebotari

ner Staatsoper im Oktober 1948 erhielt das italienische Repertoire neuen Glanz und erhöhte Zugkraft. Der 1897 in Kopenhagen geborene Künstler erwarb zunächst das Diplom eines Ingenieurs am Polytechnischen Institut in seiner Heimatstadt. Während eines Urlaubs in Deutschland bei einer befreundeten Familie lernte er Dr. Hans Winkelmann, den Sohn des einstigen großen Heldentenors der Wiener Staatsoper, kennen und nahm bei ihm Gesangsunterricht. 1921 debütierte Rosvaenge als Don José am Landestheater in Neustrelitz. Aus dem „Kartoffelprofessor“, wie seine Freunde den jungen Biochemiker oft nannten, war ein Tenor geworden. Über mehrere Zwischenstationen kam Helge Rosvaenge an das Opernhaus in Köln. Als Mitglied dieses Hauses gastierte er am 8. Juli 1927 erstmals als Don José an der Wiener Staatsoper. Im gleichen Jahr wurde er bereits von Hans Knappertsbusch zu den Münchner Festspielen berufen. Zwei Jahre später fiel ihm die undankbare Aufgabe zu, Richard Tauber, der zum Film abgewandert war, an der Berliner Staatsoper zu ersetzen. Als im Jahr

1932 der damalige Wiener Staatsoperndirektor, Clemens Krauss, Nachfolger für Leo Slezak und Alfred Piccaver suchte, fiel seine Wahl auf Helge Rosvaenge und Max Lorenz, die dann in den kommenden drei Jahrzehnten die beiden beliebtesten Tenöre der Wiener Staatsoper wurden. Selbst Maria Jeritza hatte sich diese beiden aufstrebenden Künstler zu Partnern gewünscht, so etwa in Giordanos „Fedora“ 1932. Rosvaenge war innerhalb kürzester Zeit im italienischen Fach zum bedeutendsten Tenor deutscher Zunge avanciert. Seine internationalen Erfolgspartien aus dem deutschen Fach waren der Hüon in „Oberon“, der Belmonte, der Tamino, der Bacchus in „Ariadne auf Naxos“ oder der Florestan, den der Künstler bei den Salzburger Festspielen 1937 und 1938 unter Arturo Toscanini bzw. unter Hans Knappertsbusch sang.
Die Stimme von Helge Rosvaenge zeichnete sich durch besondere Leuchtkraft in der obersten Tenorlage aus. Seine phänomenale Höhe basierte auf einer baritonalen Tiefe und einer eher schlanken Mittellage. Er zählt zu den wenigen prominenten Tenören dieses Jahrhunderts, die auch Töne oberhalb des hohen C einwandfrei bewältigen konnten. Die Hauptpartie in Adams Oper „Der Postillon von Lonjumeau“ wurde daher für den jungen Künstler 1932 an der Wiener Staatsoper zum Sensationserfolg. Als Hauptschlager enthält die Oper das berühmte Postillon-Lied „Freunde, vernehmet die Geschichte“, wobei jede Strophe beim Refrain mit einem höheren Ton bis zum hohen D gesteigert wird.

Sein überschäumendes Bühnentemperament prädestinierte Rosvaenge zum idealen Gestalter der Tenorpartien des Verismo. Die Stadt Wien hat den unvergessenen Künstler, der als eine der faszinierendsten Bühnenpersönlichkeiten dieses Jahrhunderts in die Geschichte eingegangen ist, anläßlich seines 85. Geburts- bzw. zehnten Todestages durch die Benennung einer Straße im 22. Gemeindebezirk geehrt.

Hatte die Staatsoper in ihrem Ersatzquartier an der Wien bisher glanzvolle Verdi-Aufführungen zuwege gebracht, so fehlte noch eine Puccini-Neueinstudierung von ähnlicher Größe. Für das lange Warten auf eine Puccini-Festaufführung wurde das treue Publikum am 23. Dezember 1948 reichlich entschädigt. Die „Turandot“-Premiere in deutscher Sprache hätte an allen großen Opernbühnen der Welt bestehen können. Die beiden Hauptdarsteller gaben mit ihrem restlosen stimmlichen Einsatz und intensivster Darstellungskunst ein Beispiel dafür, was man unter veristischer Opernkunst versteht. Die Turandot stellte für Maria Cebotari wohl eine Grenzpartie dar, dennoch wurde sie für ihre große Leistung begeistert gefeiert. Man empfand es als wohltuend, einer Turandot zu begegnen, die aus der Märchenwelt kam und die im letzten Akt frauliche Züge verriet. Helge Rosvaenges strahlender Tenor zeigte selbst in der besonders schwierigen Partie des Kalaf keine Ermüdungserscheinungen, obwohl er in den vorangegangenen Wochen bis zu fünfmal in der Woche auf der Bühne gestanden war. Im Jänner 1949 trat er insgesamt 22mal in der Staatsoper auf, darunter sechsmal als Kalaf. Ein wohl einmaliger Rekord dieses unverwüstlichen Sängers!

Nachdem Rosvaenge die Arie des Kalaf im dritten Akt mit einem fulminanten hohen H gekrönt hatte, brach ein minutenlanger orkanartiger Beifallssturm im Zuschauerraum aus, so daß die Vorstellung für mindestens fünf Minuten bei offener Bühne unterbrochen war. Rosvaenges Kalaf zählt zweifellos zu den größten Tenorleistungen dieses Jahrhunderts. Durch ihr leidenschaftlich bewegtes Spiel und ihren engelreinen Gesang bot Irmgard Seefried eine Idealverkörperung der Liu. Ludwig Weber sang den Timur mit seinem voluminösen Baß. Auch die Würdenträger waren mit Alfred Poell, Peter Klein und William Wernigk vortrefflich besetzt. Die Kostüme von Robert Kautsky in ihrer exotischen Buntheit, die Meisterschaft des Regisseurs Lothar Wallerstein, Massen zu führen, und vor allem der farbenreiche, leuchtende Orchesterklang unter Karl Böhm schufen die Grundlage für einen Abend großer Wiener Operntradition.

Die Direktion der Staatsoper befand sich damals in der beneidenswerten Lage, daß auch für sämtliche Reprisen stets erstklassige Sängerinnen für die Titelrolle zur Verfügung standen, wie Slavka Prochaskova, Daniza Jlitsch und Carla Martinis. Die international gefragteste der fünfziger Jahre war Gertrude Grob-Prandl. Neben Sängerinnen von

Weltruf wie Elisabeth Schwarzkopf und Hilde Güden konnte sich auch Friedl Riegler als Liu behaupten.

Die für Österreich politisch so unerfreulichen vierziger Jahre beschloß die Wiener Staatsoper jedoch mit einer „Tosca"-Premiere der Superlative, über die die Tageszeitung „Das kleine Volksblatt" u. a. berichtete:

„Die Staatsoper hat bei der Besetzung den richtigen Weg eingeschlagen. Da ist eine Tosca, um die uns die Welt beneiden kann, ist ein Cavaradossi von Format, da ein Scarpia von hoher musikalischer und darstellerischer Intelligenz. Da sind scharf konturierende Episodenträger, da ist das klangsatte Orchester der Philharmoniker, da ist ein Dirigent (Josef Krips), der die Puccini-Partitur, wie sie erklingen soll, verwirklichen konnte, ein Regisseur (Adolf Rott), der mit modernen Mitteln seine durchaus persönlichen Inszenierungseinfälle in die Tat umsetzt, und der Bühnenbildner (Robert Kautsky), der sich den Intentionen der Oper verschrieben hat. Das musikalische Wien hatte ein Opernereignis, das sich in seiner Geschlossenheit seit Jahren mit keinem anderen messen kann.

Ljuba Welitsch in der Titelrolle singt in einer stimmlichen Verfassung, wie sie der Welt seit Jahrzehnten durch den Mangel an Persönlichkeit vorenthalten war. Dieses Wunder einer Stimme bezwingt mit überwältigender Kraft. Die Erlebnisstärke der Darstellung, die hohe Natürlichkeit schauspielerischer Intelligenz und selbstsicherer Instinkt fesseln die Zuhörer. Helge Rosvaenge hatte einen Abend, wie es nur wenige in einem Sängerleben gibt. Auch hier bewundernswerter Ausgleich von Spiel und Gesang, ein Reichtum an höchsten Gaben. Paul Schöfflers Scarpia ist eine Gestalt wie aus einem Guß, voll stimmlicher Zucht und darstellerischen Könnens. Rund um die drei Hauptpersonen bewegen sich gewichtige Episodisten: Hans Braun gibt als Angelotti den ersten Szenen Spannung und Atemlosigkeit, Karl Dönch stellt einen der Wirklichkeit abgelauschten Meßner auf die Bühne, Sieglinde Wagners ausgeglichener Mezzo klingt satt aus dem Morgengrauen des Schlußaktes, Wernigk, Pröglhöf und Pantscheff als scharfgezeichnete Figuren ergänzten einander."

Hohes Niveau der weiteren Aufführungen garantierten Christl Goltz, Carla Martinis, Hilde Zadek und Leonie

„Tosca", Ljuba Welitsch in der Titelrolle

Rysanek als Tosca, Josef Gostic, Torsten Ralf und Rudolf Schock als Cavaradossi sowie Hans Hotter, Josef Herrmann, Karl Kamann, Georg Oeggl und George London als Scarpia.

Unvergeßlich blieb das mehrfache Auftreten von Peter Anders als Cavaradossi. Die Klarheit und der Wohllaut seiner Aussprache, sein schwungvoller, eleganter Gesangsstil, seine metallisch glänzende Höhe und seine wohldurchdachte, sympathische Darstellung machten sein Auftreten in der berühmten Puccini-Rolle zu einem großen Erlebnis.

Maria Jeritza, einst Symbol großer Wiener Opernkunst in der ganzen Welt, gastierte zweimal im Theater an der Wien in einer ihrer bedeutendsten Bühnenrollen, in der sie einst auch Puccini zu faszinieren vermochte. Die große Diva, die seit der Mitte der dreißiger Jahre ihren ständigen Wohnsitz in den USA hatte, dokumentierte auch in der Nachkriegszeit ihre Liebe und Dankbarkeit zu Wien und zur Staatsoper, indem sie gemeinsam mit ihrem dritten Mann nach Europa gekommen war, um materiell den Wiederaufbau des Opernhauses an der Ringstraße zu unterstützen.

Über das mit großer Spannung erwartete Auftreten von Maria Jeritza in einer von Rudolf Moralt am 29. Mai 1950 geleiteten „Tosca"-Vorstellung berichtete Prof. Max Graf u. a.: „Die alten Opernbesucher, die die Jeritza in ihrer großen Rolle gesehen haben, waren aufgeregt, die Jungen, die von ihr nur reden gehört haben, standen schon während der Nacht beim Theater an der Wien und warteten fiebernd auf den Moment, da sich die Türen zur Kasse öffneten. Der im Hause aufgespeicherte Vorrat an Beifall entlud sich schon, als Bundespräsident Dr. Renner seine Loge betrat, obzwar der weise Staatslenker nicht die Absicht hatte, den Scarpia zu singen. Beifall krachte donnernd nieder, als Kapellmeister Moralt an das Dirigentenpult trat. Endlich kam der große Moment, da die Jeritza im lichtgrünen Kleid, die Rosen in der Hand, in die Kirche trat und Applaus und Geschrei lawinenhaft niederstürzten ... Ich bin liebenswürdig genug, um zu bemerken, daß ich seit der Zeit, da ich dieses Jeritza-Theater zuerst erlebt habe, viel älter geworden bin. Der Gesang der Jeritza ist es natürlich auch. Aber eine eigentliche Gesangskünstlerin ist ja die Jeritza nie gewesen ... Ihre Genialität war ihr Bühnenblut, die Erotik in der Erscheinung und im Stimmklang, das Naturhafte ihrer Persönlichkeit. Elementares Theater hatte keine fesselndere Persönlichkeit auf der Opernbühne, und was in ihrer Tosca elementares Theater war, konnte die Zeit nicht schädigen. Es ist noch immer aufregendes, spannendes, echtestes Theater."

Mit einer hervorragenden „Falstaff"-Aufführung begann die Wiener Staatsoper das Verdi-Jahr anläßlich der 50. Wiederkehr des Todestages des größten italienischen Opernkomponisten. Um das Werk zum Klingen zu bringen, hatte Clemens Krauss, der die Oper innerhalb der letzten zwei Jahrzehnte mehrmals in Wien herausgebracht hatte – zuletzt 1941 mit Georg Hann in der Titelpartie –, die nötige Kenntnis und den erforderlichen Esprit. Im Verein mit dem Bühnenbildner Stefan Hlawa, der die reizenden Dekorationen schuf – die Schlußszene atmete „Sommernachtstraum"-Atmosphäre –, und O. F. Schuhs geistvoller Inszenierung entstand eine Musteraufführung. Das an Pointen reiche Stück bot den Zuhörern in der deutschsprachigen Wiedergabe erhebliche Vorteile.

„Falstaff", Waschkorbszene mit Rosette Anday, Hilde Güden, Anny Felbermayer, Sieglinde Wagner und Otto Edelmann

Mit einer stimmlich und darstellerisch überzeugenden Interpretation der Titelpartie bewies Otto Edelmann erneut seine besondere Eignung für Buffo-Rollen. In bester Spiellaune zeigten sich die Damen Hilde Güden (Alice), Anny Felbermayer (Ännchen), Rosette Anday (Quickly) und Sieglinde Wagner (Meg). Die Herren Alfred Poell (Ford), Kurt Preger (Cajus), August Jaresch (Bardolph) und Erich Kunz (Pistol) stellten markant gezeichnete Figuren auf die Bühne. Es herrschte echte Premierenstimmung.

Auch unter der musikalischen Direktion von Rudolf Moralt hatten die „Falstaff"-Aufführungen hohes Niveau.

Am 30. April gleichen Jahres erlebte die Staatsoper die bedeutendste Premiere im Rahmen des Verdi-Gedenkjahres. Nach siebenjähriger Abwesenheit hielt der „Troubadour", der zum eisernen Bestand jedes Opernhauses zählt, wieder Einzug in Wien. Für die musikalische Neueinstudierung hatte man einen italienischen Vollblutmusiker vom

Rang eines Mario Rossi engagiert, der bereits während des Zweiten Weltkrieges an der Staatsoper „Falstaff" mit Mariano Stabile in der Titelrolle dirigiert hatte. Rossis Verdi-Interpretation war beste italienische Schule. Bei der verworrenen Handlung mußte man dem Bühnenbildner Stefan Hlawa verzeihen, daß es ihm nicht gelungen war, die einzelnen Bilder auf einen gemeinsamen Nenner zu bringen. Oscar Fritz Schuh hatte es diesmal besonders leicht, da ihm drei grandiose Sängerschauspieler zur Verfügung standen.

Ljuba Welitsch bot als Leonore eine imponierende Leistung. Besonders die hohen Töne strahlten im sinnlichen Glanz. Elisabeth Höngen war eine Azucena von intensiver Gestaltung. Den Glanzpunkt des Abends bildete der dynamische, draufgängerische Manrico von Helge Rosvaenge. Nach der berühmten Stretta herrschte im Haus Hochstimmung. Wenn Rosvaenge seine virtuos gesungene Stretta ins Haus schmetterte, erhielt selbst eine unsinnige Handlung ihren Sinn: Berauschung an Ton und Stimme, an Melodie und Rhythmus. Man spürte, daß für solche Stimmen Verdi seine Cabalettas geschrieben hatte. Der verstorbene Direktor des italienischen Rundfunks (RAI) erklärte, daß er in den letzten 50 Jahren eigentlich nur zwei alles überragende C-Dur-Stretta-Sänger auf Schallplatten gehört habe: Giacomo Lauri-Volpi und Helge Rosvaenge!

Theo Bayle, der neuverpflichtete holländische Bariton, wirkte im Spiel etwas unbeholfen und zeigte zuwenig Differenzierung in der Tongebung seines sehr kräftigen Baritons.

In den Reprisen des Werkes fielen vor allem Margarete Klose als ausdrucksstarke, dramatische Azucena sowie Josef Gostic als höhensicherer Manrico auf. In der Rolle des Grafen Luna brillierten Josef Metternich und Georg Oeggl.

Auch unmittelbar nach der Sommerpause des Jahres 1951 erlebte das Publikum mit der Premiere von „Simone Boccanegra" einen großen Verdi-Abend. Rudolf Kempe, der von seinem ehemaligen Lehrer Fritz Busch mit der Pflege der selten gespielten Opern Verdis vertraut gemacht worden war, kniete sich mit fanatischer Liebe in die Partitur des musikalisch ergiebigen Werks. Mit der in jeder Phase in

Während der „Troubadour"-Generalprobe: Ljuba Welitsch, Oscar Fritz Schuh und Mario Rossi im Gespräch

Stimme und Ausdruck überzeugenden Darstellung der Titelpartie hatte sich Paul Schöffler eine neue Glanzrolle erarbeitet. Die Aufführung hatte außerdem in Hilde Zadek (Amelia), Ludwig Weber (Fiesco), Anton Dermota (Gabriele Adorno) und Alfred Poell (Paolo) intensive Rollengestalter. Als Paul Schöffler seinen Verpflichtungen an der Metropolitan Opera nachkommen mußte, übernahm Hans Braun die Titelpartie. Das Werk wurde bedauerlicherweise nach vier Vorstellungen abgesetzt.

Am 5. November 1951 wurde am Schluß einer „Troubadour"-Vorstellung die Bühne des Theaters an der Wien zum Schauplatz einer in seiner Art wohl einmaligen Künstlerehrung. Der überwiegende Teil des Stehplatz-Stammpublikums überreichte seinem Sängerliebling „Helge" – so wurde der beliebte Künstler Helge Rosvaenge von seinen Anhängern genannt – den „Ehrenring der Galerie", der dem Ehrenring der Stadt Wien nachgebildet war, jedoch das Wappen Österreichs als Siegel trug. Diese ungewöhnliche Auszeichnung ist seither keinem anderen Sänger zuteil

„Der Troubadour", Helge Rosvaenge als Manrico

„Der Troubadour", Margarete Klose als Azucena

geworden. Nur Birgit Nilsson durfte sich rühmen, in den sechziger Jahren auf ähnliche Weise vom Stehplatzpublikum geehrt worden zu sein.

Helge Rosvaenge schrieb über die „Ringüberreichung" in seinem Buch „Lache Bajazzo": „Vielleicht die schönste und die reizvollste Erinnerung meines Lebens war der Augenblick, als Vertreter der Galerie mir eines Tages auf der Bühne der Oper einen goldenen Ehrenring mit dem Wappen Österreichs überreichten. Der Ring trägt die Inschrift: ‚Zum lieben Gedenken an die Galeriebesucher, Wien, 5. November 1951.' Ich gestehe, daß ich zutiefst gerührt war von der treuen Anhänglichkeit dieser jungen Menschen, die ihre spärlichen Groschen zusammengelegt hatten, um mir eine Freude zu bereiten und mich durch ihre Anerkennung auszuzeichnen."

Es sollte auch eine Anerkennung für den beispiellosen sängerischen und künstlerischen Einsatz von Helge Rosvaenge sein, der allein in der Saison 1948/49 über 100mal in den beiden Ersatzquartieren der Staatsoper auf der Bühne stand.

Nach einer in der Geschichte des Hauses wohl einzigartigen Erfolgsserie an italienischen Opernpremieren, die sich über einen Zeitraum von sechs Jahren erstreckt hatte, mußte sich auch einmal ein Mißerfolg einstellen.

Der Verdi-Zyklus der Staatsoper erweiterte sich am 15. Jänner 1952 um eine neue „Macht des Schicksals".

Trotz der exakten musikalischen Einstudierung durch Karl Böhm, der stilvollen Bühnenbilder und Kostüme Caspar Nehers und der sinnvollen Regie Josef Gielens kam keine Premierenstimmung auf. Der stimmlich nicht bestens disponierte Tenor Lorenz Fehenberger hatte mit der Partie des Alvaro große Mühe. Aber auch bei stimmlich guter Verfassung ließ der bekannte Tenor der Münchner Staatsoper erkennen, daß er kein Verdi-Tenor allererster Klasse war, da seiner Stimme die Stoßkraft eines blitzenden Stiletts fehlte. Hans Braun übernahm trotz schwerer Indisposition die unangenehme Partie des Carlos, und es war daher nicht zu verwundern, daß er an der schwierigen Aufgabe scheiterte. Allein Carla Martinis als Leonore berückte durch den Wohllaut ihres schöngeführten Soprans. Auch

Ludwig Weber als Guardian, Karl Dönch als Fra Melitone und Martha Rohs als Preziosilla verdienten Anerkennung.

Das Werk erlebte immerhin die stattliche Anzahl von 33 Aufführungen, die u. a. unter der Leitung von Rudolf Moralt, John Pritchard, Alberto Erede und Berislav Klobucar standen. Auch in sängerischer Hinsicht hatten viele Reprisen — ganz im Gegensatz zur Premiere — hohes Niveau, insbesondere durch drei glanzvolle Alternativbesetzungen der Partie des Alvaro: Große Wirkung in Klang und Ausdruck hinterließ Peter Anders. Seine hellen, metallischen Spitzentöne kamen der Rolle des Alvaro zugute. Max Lorenz arbeitete besonders die heldischen Stellen der Partie heraus und hatte im vierten Akt großartige Höhepunkte zu bieten. Im Dezember 1952 sang Helge Rosvaenge zum erstenmal in Wien den Alvaro (Max Lorenz war in der gleichen Rolle bereits 1932 aufgetreten) und erzielte durch seinen kraftvollen, strahlenden Tenor und durch seinen leidenschaftlichen Ausdruck großen Publikumserfolg.

In der Baritonpartie faszinierten vor allem Josef Metternich und Theo Bayle durch eine bravourös gesungene Stretta.

Besondere Erwähnung verdienten auch die Leonore von Hilde Zadek und von Leonie Rysanek, der Guardian von Gottlob Frick und von Ludwig Hofmann und der Fra Melitone von Georg Oeggl.

Im Oktober des gleichen Jahres brachte Clemens Krauss eine präzis einstudierte „Bohème" heraus. Stefan Hlawa zauberte mit seinen Bühnenbildern die Welt Renoirs auf die Bühne, während Josef Gielen vor allem die Massenszenen des zweiten Aktes und auch das Spiel der Liebenden im ersten Akt sehr geistreich anordnete. Krauss schenkte in den Hauptpartien in erster Linie jungen Kräften sein Vertrauen. Sena Jurinac, die als Mimi bereits 1945 an der Volksoper zu hören gewesen war, war für diese Rolle abermals eine Idealbesetzung. Karl Terkal, der neue Tenor, der an der Grazer Oper vom dortigen Intendanten Viktor Pruscha auf größere Aufgaben vorbereitet worden war, sang einen sympathischen Rudolf mit heller, sicherer Höhe. Im Spiel mangelte es ihm an Gewandtheit. Die anderen Rollen waren bei Wilma Lipp (Musette), Ludwig Hofmann (Collin), Theo Bayle (Marcel), Walter Berry (Schaunard), Alfred Jerger (Benois) und William Wernigk (Alcindor) sehr gut aufgehoben.

„Die Bohème", Szene aus dem 1. Akt mit Theo Bayle, Karl Terkal, Alfred Jerger, Walter Berry und Ludwig Hofmann

Für die Neueinstudierung bediente man sich der Neutextierung durch Hans Swarowsky, die sich allerdings nicht als sehr zweckmäßig erwies. In den Zweitbesetzungen wirkten u. a. bedeutende Künstler wie Helge Rosvaenge und Rudolf Schock als Rudolf und Carla Martinis als Mimi mit, die sich allerdings wenig um die neue Übersetzung kümmerten.

Die Zusammenarbeit von Karl Böhm mit dem Regisseur Oscar Fritz Schuh bewährte sich abermals anläßlich der Neuinszenierung von Verdis „Macbeth". Beide hatten dem Werk schon 1943 zu einem großen Durchbruch an der Staatsoper verholfen. Wie damals stand die Lady Macbeth von Elisabeth Höngen im Mittelpunkt der Aufführung. In ihr lernte man eine „singende Tragödin" kennen. Ihre Stimme reicht von der Tiefe des Alt über eine prächtige Mittellage bis zur hochdramatischen Höhe. Mit stolzer,

„Macbeth", Josef Metternich als Macbeth und Elisabeth Höngen als Lady Macbeth

„Ein Maskenball", Helge Rosvaenge als Graf Richard und Carla Martinis als Amelia

königlicher Würde ging sie konsequent den Weg ihrer Untaten. Auch Josef Metternich in der Titelrolle vermochte die Figur sehr glaubwürdig darzustellen und hatte stimmlich großartige und packende Momente. Gottlob Frick sang den Banquo mit sonorem Wohlklang. Die Bühnenbilder Caspar Nehers paßten sich dem dunklen historischen Hintergrund an.

In dankenswerter Weise erweiterte die Staatsoper auch nach dem Verdi-Jahr ihren Spielplan um ein weiteres Werk des Meisters, indem sie die von Leidenschaft erfüllte Oper „Ein Maskenball" neu herausbrachte. Für die musikalische Neueinstudierung wurde der bekannte italienische Dirigent Franco Capuana gewonnen. Obwohl Helge Rosvaenge seit einem Vierteljahrhundert in Hunderten von unvergeßlichen Opernaufführungen das Publikum immer wieder fasziniert hatte, war er auch in der „Maskenball"-Premiere am 29. Oktober 1953 an Sing- und Spielfreude kaum zu übertreffen. Die Rolle des Grafen Richard zählte wegen seiner menschlichen Größe zu den Lieblingspartien des Künstlers. Es war bezeichnend für die hohe Musikalität und die Werktreue seiner Interpretation, daß er im Seemannslied des zweiten Aktes „O sag, wenn ich fahr" den fast zwei Oktaven umfassenden Sprung, wie ihn Verdi vorschrieb, ausführte und nicht wie viele bekannte und weniger bekannte Tenöre durch Oktavieren verkleinerte. Carla Martinis wurde nach schwächerem Beginn im Liebesduett von ihrem Partner mitgerissen, so daß das Publikum minutenlang bei offener Bühne vor Begeisterung raste.

Für die Ulrica hatte man Elisabeth Höngen aufgeboten, für den René Theo Bayle und für die Rolle des Pagen Ilse Hollweg. Die beiden Verschwörer wurden von Herbert Alsen und Endre Koreh lautstark gesungen, und als Matrose Silvano fiel der junge Walter Berry auf. Alexander Schum, der neue Regisseur, führte sich gut ein.

Im Jänner 1954 übersiedelte Verdis „Don Carlos" von der Volksoper an die Wienzeile. Weshalb dieser Transfer beschlossen wurde, war allerdings nicht einzusehen. Josef Witt paßte die von Lothar Wallerstein stammende Inszenierung der Volksoper den Bedürfnissen des Theaters an der Wien an. Die Aufführung unter der Leitung von Heinrich Hollreiser lebte von Künstlern mit guten Namen. Allerdings schienen einige Sänger nicht immer richtig eingesetzt. Gottlob Frick, der den Philipp bereits in der Volksoper überzeugend dargestellt hatte, wirkte abermals durch sein mächtiges Organ. Christl Goltz zeigte, daß ihr die großen Frauenrollen von Richard Strauss und auch jene des modernen Opernschaffens wesentlich besser liegen. Wie seinerzeit beherrschte die Künstlerpersönlichkeit von Elisabeth Höngen die Bühne. Hans Hopf imponierte in der undankbaren Titelpartie durch seine metallischen Spitzentöne. Hans Braun, der in den letzten Jahren wenig Glück mit italienischen Opernrollen gehabt hatte, sang sehr kultiviert den Posa. Vollständige Identifizierung mit der zu verkörpernden Rolle gelang neben Elisabeth Höngen nur Alfred Jerger als imposantem Großinquisitor.

Ähnlich wie bei den Reprisen der „Macht des Schicksals" fanden auch während der letzten Saison der Staatsoper im Exil große „Don Carlos"-Aufführungen statt, wenn sie von überragenden Bühnenpersönlichkeiten getragen wurden, wie Hilde Konetzni und Maria Reining als Elisabeth, Paul Schöffler, Deszö Ernster und Ludwig Hofmann als Philipp und Theo Bayle als Posa.

Helge Rosvaenge und Rudolf Schock waren die einzigen Künstler, die die schwierige, vielschichtige Figur des unglücklichen Infanten glaubhaft darzustellen vermochten, wobei sich Rosvaenge auf eine an Farben, Kraft und Metall reichere Stimme stützen konnte.

Seit dem Rücktritt von Dr. Egon Hilbert als Chef der Bundestheaterverwaltung wies die Spielplangestaltung an den beiden Opernhäusern immer weniger Linie auf.

Donizettis reizende Lustspieloper „Der Liebestrank", die am 10. April 1954 im Theater an der Wien Premiere hatte, hätte zweifellos in der Volksoper bessere Resonanz gefunden. Es war schade um die geschmackvolle Aufführung mit echtem Humor unter der Regie des Gastregisseurs Ernst Bormann und den sehenswerten Bühnenbildern von Robert Kautsky. Unter der musikalischen Leitung von Berislav Klobucar, dem zum erstenmal eine Staatsopernpremiere anvertraut worden war, sorgten vorzüglich disponierte Sänger wie Wilma Lipp als Adina, Anny Felbermayer als Gianetta, Anton Dermota als Nemorino, Theo Bayle als Belcore und Otto Edelmann als Dulcamare für beste Stimmung.

„Don Carlos", Szene aus dem 3. Akt mit Gottlob Frick als König Philipp II. und Alfred Jerger als Großinquisitor

Mit um so größerer Freude wurde das Abschiedsgeschenk der Staatsoper im Theater an der Wien aufgenommen, die Premiere von Giordanos Revolutionsoper „André Chénier" in einer farbig sehr bewegten Inszenierung von Ernst Bormann, der auch die Bühnenbilder Robert Kautskys voll entsprachen. Rudolf Moralt sorgte für eine präzise, schwungvolle Wiedergabe mit hervorragend herausgearbeiteten Höhepunkten. Das Werk, 1926 unter Franz Schalk zum erstenmal in Wien aufgeführt, war seit dem Jahr 1937 nicht mehr auf dem Spielplan der Staatsoper gestanden.

Im Mittelpunkt der Neueinstudierung stand Helge Rosvaenge in der Titelrolle, in der er bereits 1942 an der Berliner Staatsoper mit Maria Cebotari und Willy Domgraf-Fassbaender als Partner Schlagzeilen geliefert hatte; man sprach von einer neuen Rosvaenge-Traumrolle. Seine Darstellung war inzwischen noch gereifter, seine ungestüme stimmliche Kraft war die gleiche geblieben. Er ließ den ganzen Zauber gereiftester italienischer Opernkunst in deutscher Sprache nochmals erstehen und riß mit fortschreitender Handlung seine Partner Hilde Zadek (Madelcinc) und Theo Bayle (Gerard) mit. Der damals 58jährige äußerlich und innerlich jung gebliebene Tenor sang mit seiner Partnerin das für beide Stimmen in unangenehmer Lage komponierte Schlußduett mit großer Stimmentfaltung in der Originaltonhöhe. Für Sänger, die das hohe H nicht einwandfrei bewältigen können, wird das Chénier-Finale meist zum Problem. (In sämtlichen „Chénier"-Neuinszenierungen im Haus an der Ringstraße war das Schlußduett um einen Halbton nach unten transponiert worden!)

In kleineren Rollen fielen Elisabeth Höngen als Gräfin,

„André Chénier", Szene aus dem 1. Akt mit Hilde Zadek, Elisabeth Höngen und Helge Rosvaenge

Ljubomir Pantscheff als Roucher und Frederik Guthrie als Dumas auf.

Mit der Schließung des Theaters an der Wien ging die letzte glanzvolle Epoche italienischer Opernkunst in deutscher Sprache zu Ende. In zwei Ausnahmefällen wurde sogar Verdi in der Originalsprache geboten. Als jedoch Helge Rosvaenge, der bedeutendste italienische Tenor deutscher Zunge der letzten 50 Jahre, mit Ende 1948 den Aufführungen italienischer Meister wieder das Gepräge gab, setzte sich endgültig die deutschsprachige Aufführung durch. Mit Ausnahme des Othello verkörperte Rosvaenge alle bedeutenden Tenorrollen von Verdi und Puccini. Er und Max Lorenz, der geniale Othello-Darsteller der Kriegs- und Nachkriegszeit, und auch andere große Künstler deutscher Sprache hatten das Glück, bereits Ende der zwanziger Jahre unter großen Dirigenten, die sich die Wiederbelebung der selten gespielten Verdi-Opern im deutschen Sprachraum zum Ziel gesetzt hatten, auf jene großen Aufgaben zielstrebig vorbereitet worden zu sein.

Helge Rosvaenge vertrat in den fünfziger und in den sechziger Jahren, als er auf eine 40- bzw. 50jährige Bühnentätigkeit zurückblicken durfte, die Meinung, daß die Opernbesucher Gastspiele ausländischer Künstler in fremder Sprache sehr begrüßen, aber ihre ihnen am meisten verbundenen Sänger am liebsten in der eigenen Sprache hören. Dies gelte auch für die italienischen Opern Mozarts. Allerdings sei der Einwand nicht zu widerlegen, daß gar manche Übersetzungen italienischer Opern schlecht seien. Rosvaenge selbst wußte sich insofern zu helfen, als er sich seine Texte selbst zurechtlegte. 1939 hatte er u. a. anläßlich der „Aida"-Neuinszenierung an der Berliner Staatsoper unter Victor de Sabata mit Erfolg die deutsche Übersetzung neu bearbeitet und sie dem Notenbild genau angeglichen. Auch hat sich das Experiment, im Theater an der Wien „Aida" und „La Traviata" in der Originalsprache aufzuführen, nicht bewährt, da man für Wiederholungen nicht immer Sänger zur Verfügung hatte, die ihre Partien in italienischer Sprache einstudiert hatten. Das immer wieder ins Treffen geführte Argument, daß die deutsche Sprache für das italienische Fach schon deshalb nicht geeignet sei, weil für manche Sänger das Umlernen auf die deutsche Sprache mit Stimmverlust verbunden ist, weil das Deutsche eine andere Gesangstechnik erfordere, widerlegte Helge Rosvaenge, indem er ein halbes Jahrhundert lang überwiegend im italienischen Fach mit triumphalem Erfolg tätig war.

Ein anderes bemerkenswertes Phänomen regt in diesem Zusammenhang zum Nachdenken an: Hans Hotter sang seinen fulminanten Scarpia immer wieder in beiden Sprachen. Jeder Ohrenzeuge wird bestätigen können, daß Hotter in dieser anspruchsvollen Partie stets wesentlich besser wirkte, wenn er deutsch sang, vor allem – und das ist hier wesentlich – auch in stimmlicher Hinsicht.

Die italienischen Aufführungen im Theater an der Wien wurden, wenn man von einzelnen Gastspielen ausländischer Sänger absieht, stets vom Ensemblegeist getragen, dem sich auch sämtliche Spitzensänger unterordneten. Die vielen virtuosen Gesangsleistungen von Künstlern, die ihren ständigen Wohnsitz in Wien hatten, zeugen von einer Hochblüte italienischer Opernkunst in der Nachkriegszeit.

Kapitel VI

600 Wagner-Abende
Das Jahrzehnt des Wiener Wagner-Ensembles

Während seiner letzten Aufenthalte in Wien (1872, 1875 und 1876) verkehrte Richard Wagner u. a. mit bedeutenden Künstlern, wie Anton Bruckner, Hugo Wolf, Hans Makart, und mit den Sängern Amalie Materna und Emil Scaria. Neben Richard Wagner verfügte Hans Richter damals über die gründlichsten Partiturkenntnisse, da er die von Kopisten aus der Originalpartitur verfaßten Orchesterstimmen auf ihre Richtigkeit überprüft hatte.

Bei der Erstaufführung des „Ring" in Bayreuth 1876 wirkten unter der musikalischen Leitung von Hans Richter von der Wiener Hofoper Amalie Materna als Brünnhilde und Franz von Reichenberg als Fafner mit.

Richard Wagner schuf für die „Tannhäuser"-Neueinstudierung an der Wiener Hofoper 1875 unter der Leitung von Hans Richter einen überleitenden Schluß von der Ouvertüre zum Bacchanale, so daß es neben der „Dresdner" und der „Pariser" auch eine „Wiener Fassung" gibt, die zuletzt 1944 in Wien erklang.

Bei der Uraufführung des „Parsifal" im Jahr 1882 in Bayreuth glänzten fast ausschließlich Sänger der Wiener Hofoper in den Hauptpartien. Unter der Leitung des Münchner Hofopernkapellmeisters Hermann Levi sangen u. a. Amalie Materna (Kundry), Hermann Winkelmann (Parsifal), Theodor Reichmann (Amfortas) und Emil Scaria (Gurncmanz).

Nach dem Tod von Richard Wagner wurde mit Felix Mottl ein weiterer Wiener Dirigent, der allerdings die meiste Zeit an der Münchner Hofoper wirkte, nach Bayreuth berufen. Richard Strauss erschien zum erstenmal 1894 als Dirigent am Grünen Hügel.

Von Aufführungen im heutigen Sinn konnte man damals allerdings kaum sprechen. Verstümmelte Aufführungen als Folge ausgiebiger Streichungen waren an dcr Tagesordnung, da viele Sänger überfordert waren.

Erst unter der Direktion von Gustav Mahler (1897–1907) wurde die Wiener Hofoper zu einem modernen Musiktheater und zur Wagner-Stadt. Mahler hat während seiner Direktionszeit gemeinsam mit dem genialen Bühnenbildner Alfred Roller und einem jungen Sänger-Ensemble neue Maßstäbe gesetzt. Es war ihm gelungen, die Forderungen Richard Wagners vom Gesamtkunstwerk in die Praxis umzusetzen. In dieser Hinsicht war die „Tristan"-Inszenierung vom 21. Februar 1903 von epochaler Bedeutung. Zu jener aufstrebenden Sängerelite, die die Kunst der Wiener Wagner-Interpretation in alle Welt trug, zählten u. a. die hochdramatischen Sopranistinnen Anna Bahr-Mildenburg und Lucie Weidt, die Altistin Hermine Kittel, der Heldentenor Erik Schmedes, der vielseitige Tenor Leo Slezak, der Baßbariton Leopold Demuth, der Heldenbariton Friedrich Weidemann und der Bassist Richard Mayr. Mit Hermann Winkelmann, der 1907 von der Bühne Abschied nahm, stand einer der bedeutendsten Heldentenöre des vergangenen Jahrhunderts zur Verfügung. Außerdem betreuten die beiden Kapellmeister Bruno Walter, ein großer Verehrer Gustav Mahlers, und der Bruckner-Schüler Franz Schalk die Wagner-Vorstellungen am Wiener Hofoperntheater. Selbst große Wagner-Sänger bleiben von Stimmkrisen nicht verschont, um so weniger, wenn eineinhalb Jahrzehnte lang an ein und demselben Opernhaus für die schweren Wagner-Rollen keine Alternativbesetzung vorhanden ist. So kam es unter den Direktionen von Felix Weingartner, der dem Kreis um

Franz Liszt und Cosima Wagner in Weimar sehr nahe stand, und von Hans Gregor, einem modernen Manager-Typ, zu Aufführungen von unterschiedlichem Niveau. Immerhin wurden mit den beiden jugendlich-dramatischen Sopranistinnen Maria Jeritza und Lotte Lehmann zwei Sängerinnen engagiert, die zwei Jahrzehnte lang zur absoluten Weltelite zählten.

Nach dem Ersten Weltkrieg sah sich die Doppeldirektion Richard Strauss–Franz Schalk mit dem Neuaufbau eines Wagner-Ensembles konfrontiert. Mit der Verpflichtung des hohen Bassisten Josef von Manowarda und des Heldenbaritons Emil Schipper wurden Künstler von höchstem Format gewonnen. Auch mit dem Engagement des Baßbaritons Alfred Jerger und der Altistin Rosette Anday wurden Kräfte verpflichtet, die etwa vier Jahrzehnte lang der Wiener Oper treue Dienste leisteten. Helene Wildbrunn löste Lucie Weidt als Hochdramatische ab, und als Heldentenöre glänzten Richard Schubert, der vor allem die jugendlichen Heldenrollen ideal verkörperte, und der Norweger Karl Aagard Oestvig, dessen Karriere und Glanzzeit leider nicht von langer Dauer war. Als Kapellmeister war Clemens Krauss von Franz Schalk und von Richard Strauss entdeckt worden. Unter der Alleindirektion von Franz Schalk (1924–1929) wurden der Regisseur Lothar Wallerstein und der Dirigent Robert Heger an die Wiener Staatsoper engagiert. Der jugendliche Heldentenor Josef Kalenberg, der auch im Zwischenfach vielseitig verwendbar war, löste Richard Schubert ab, und anstelle von Karl Aagard Oestvig wurde sein Landsmann Gunnar Graarud engagiert, ein sehr intensiver Wagner-Darsteller, dem allerdings wegen Schwierigkeiten in der hohen Tenorlage manche Wagner-Rollen versagt blieben.

Trotz einschneidender Maßnahmen infolge der Weltwirtschaftskrise begann Clemens Krauss als Direktor der Wiener Staatsoper (1929–1934) mit mustergültigen Neueinstudierungen einiger Wagner-Werke in musikalischer und szenischer Hinsicht, wobei er in dem Oberregisseur Lothar Wallerstein und dem Bühnenbildner Robert Kautsky, einem Roller-Schüler, kongeniale Mitarbeiter hatte. Als Entdecker und Förderer junger Sänger bekannt, brachte Krauss u. a. den lyrischen Heldentenor Franz Völker nach Wien, und mit dem Engagement von Anny Konetzni und von Max Lorenz wurden zwei der später beliebtesten Künstler des Hauses gefunden! Einen guten Griff machte Krauss mit der Verpflichtung des Dirigenten Josef Krips, einem Weingartner-Schüler. Als Clemens Krauss Ende 1934 nach Berlin ging und auch einige andere Mitglieder des Wiener Wagner-Ensembles ihre Haupttätigkeit nach Berlin verlegten, stand die Wiener Staatsoper vor Besetzungsproblemen. Jedoch unter der Direktion von Dr. Erwin Kerber (1936–1940) erreichte die Wagner-Pflege in Wien einen neuen Höhepunkt, der in erster Linie auf das Engagement von Hans Knappertsbusch zurückzuführen war.

Nachdem Hans Knappertsbusch als auf Lebenszeit ernannter Generalmusikdirektor der Münchner Staatsoper infolge unüberbrückbarer Differenzen mit den nationalsozialistischen Machthabern aus „gesundheitlichen Gründen“ pensioniert worden war, gelang es Dr. Kerber, den berühmten Dirigenten nach Überwindung vieler Hindernisse nach Wien zu bringen. Knappertsbusch, der bereits vor dem Ersten Weltkrieg als Assistent von Hans Richter in Bayreuth gearbeitet hatte, hatte 1922 die Nachfolge von Bruno Walter als Generalmusikdirektor der Münchner Staatsoper angetreten und war innerhalb kürzester Zeit in die erste Reihe der Wagner-Dirigenten aufgestiegen. Unter seiner Leitung konnten sich einige junge österreichische Sänger wie etwa der Heldentenor Julius Pölzer aus Admont in der Steiermark oder der Bassist Ludwig Weber als Wagnersänger profilieren. Auch die beiden Wiener Sänger Julius Patzak und Georg Hann wurden fallweise mit Aufgaben im Wagnerfach betraut. Direktor Kerber gelangen mit dem Engagement von Hilde Konetzni und Maria Reining zwei optimale Lösungen für die Besetzung des jugendlich-dramatischen Sopranfachs. Der Bassist Herbert Alsen trat die Nachfolge von Richard Mayr an. Als Co-Direktor für die Saison 1938/39 und als Staatsoperndirektor für 1939/40 hatte Hans Knappertsbusch maßgeblichen Anteil an der Verpflichtung einiger Sänger, die eine Verstärkung für das Wiener Wagner-Ensemble bedeuteten. Unter ihnen befanden sich die Hochdramatische Helena Braun, der Heldenbariton Karl Kamann, der Baßbariton Paul

Schöffler und der Heldentenor Set Svanholm. Mit Rudolf Moralt wurde ein Repertoire-Dirigent hohen Formats gewonnen. Als gerngesehene Gäste begrüßte man damals in Wien den Dirigenten Wilhelm Furtwängler, die Altistin Margarete Klose und den Heldenbariton Hans Hotter. Im Jahr 1942 kam Elisabeth Höngen aus Dresden nach Wien und sang ihre ersten Wagner-Vorstellungen unter Hans Knappertsbusch, dessen genialem Improvisationsstil sie sich bestens anpaßte.

Clemens Krauss, der als Nachfolger von Hans Knappertsbusch von 1937 bis 1944 die Münchner Staatsoper geleitet hatte, erwies sich auch in der Isar-Metropole als Förderer vielversprechender junger Sänger, die nach dem Zweiten Weltkrieg auch an der Wiener Staatsoper wirkten und als Wagnersänger Weltkarriere machten: der Baßbariton Ferdinand Frantz, der Heldenbariton Hans Hotter und der Heldentenor Günther Treptow. Auch die Mezzosopranistin Georgine von Milinkovic konnte sich unter Krauss als Wagner-Interpretin profilieren.

Viele Wagnersänger der Wiener Staatsoper, die nach dem Zweiten Weltkrieg nicht nur in den beiden Ausweichquartieren, sondern auch bei den vielen Gastspielen im Ausland große Erfolge errungen hatten, waren entweder durch die Arbeit mit Hans Knappertsbusch oder Clemens Krauss, den beiden großen dirigierenden Operndirektoren der letzten 50 Jahre, die den Theaterbetrieb als Ganzes souverän beherrscht hatten, zu außergewöhnlichen Sängerpersönlichkeiten geformt worden. So ist es auch zu erklären, daß die Wagner-Pflege der Wiener Staatsoper im Exil von 1945 bis 1955 kein Provisorium, sondern ein unvergleichliches Ruhmesblatt in der Geschichte der Wiener Staatsoper darstellt.

Der künstlerischen Autorität von Hans Knappertsbusch war es auch zu danken, daß während der nationalsozialistischen Ära das Werk Richard Wagners in Wien für politische Zwecke nicht mißbraucht worden war. Während dieser Jahre wurde u. a. der „Ring" in der Regie von Lothar Wallerstein gegeben, der 1938 aus rassischen Gründen Österreich verlassen mußte. Kein einziges Mitglied des Wiener Wagner-Ensembles war nach dem Zweiten Weltkrieg aus politischen Gründen belastet. Besondere Standfestigkeit hatte u. a. Max Lorenz bewiesen. Er hatte sich dem Druck und der Forderung der obersten Parteistellen widersetzt, sich von seiner Frau, die den damaligen Rassengesetzen nicht entsprach, scheiden zu lassen.

So ist es zu verstehen, daß die Wagnersänger der Wiener Staatsoper unmittelbar nach dem Krieg in allen Ländern, die sich mit Hitler-Deutschland im Kriegszustand befunden hatten, begeisterte Aufnahme fanden.

Die Wiener Staatsoper konnte daher ohne Bedenken mit dem Aufbau des Wagner-Spielplanes Ende der Spielzeit 1945/46 beginnen.

Während man sich an den großen Opernbühnen Deutschlands im Jahr 1946 noch nicht an die Aufführung von Wagner-Werken heranwagte, setzte die Direktion der Wiener Staatsoper mit der Neuinszenierung von „Tristan und Isolde" eine Tat von entscheidender Bedeutung: den Beginn der Wagner-Pflege in der Nachkriegsära!

Für diesen Anfang konnte kein geeigneteres Werk gefunden werden. Der Wiener „Tristan" aus dem Jahr 1903, der aus der Zusammenarbeit von Gustav Mahler und Alfred Roller entstanden war, stellte das Musterbeispiel einer zeitlosen „Tristan"-Inszenierung dar. Auf den „Rollerschen Tristan" hatte auch Wilhelm Furtwängler zurückgegriffen, als er am 2. Jänner 1943 das gewaltige Werk in Wien neuinszenierte. Nur die Bühnenbilder wurden etwas überholt, und sie ergänzten und krönten das, was Rollers malerisch-poetische Phantasie aus dem Geist und aus der Stimmung des Werkes gestaltet hatte. Die Farben der Bühnenbilder entsprachen der Musik Wagners. Der Grundakkord jedes Aktes wurde zu leuchtendem Schein. So war der erste Akt eine „Symphonie in Rot", der zweite Akt eine „Symphonie in Violett" und der dritte Akt eine „Symphonie in Grau". Die „Tristan"-Aufführung unter Furtwängler mit den Gesangssolisten Anny Konetzni, Margarete Klose, Max Lorenz, Herbert Alsen und Paul Schöffler — 1943 übernahm Elisabeth Höngen die Partie der Brangäne — wurde innerhalb der Wiener Wagner-Interpretation ein einmaliges Ereignis. Das vollkommene Zusammenwirken von Orchester, Gesang und Bühnenbild im Sinne der Idee Richard Wagners vom Gesamtkunstwerk war verwirklicht worden.

Die Wiener Staatsoper hatte bei ihrer Neuinszenierung im Jahr 1946 die gleichen Sänger wie 1943 zur Verfügung. Es war damals sicher auch eine Geste der Versöhnung, daß man Josef Krips, der während der deutschen Besetzung seinen Beruf nicht hatte ausüben dürfen, die musikalische Leitung des „Tristan“ anvertraute. Josef Witt, ein Spielleiter mit Takt und Fingerspitzengefühl, inszenierte das Werk. Die Bühnenbilder des Roller-Schülers Robert Kautsky wirkten sehr eindrucksvoll, wenn auch vielleicht etwas zu kühl. Über jene denkwürdige Aufführung berichtete der Wiener Musikkritiker Heinrich Kralik u. a.:

„Unsere Staatsoper hat einen rüstigen Schritt vorwärts getan: ‚Tristan und Isolde‘ steht wieder im Repertoire. Das ist, im Hinblick auf die zerstörte Kunststätte und vor allem im Hinblick auf die geistige Verwüstung nach sieben Unglücksjahren, eine sehr respektable Leistung.

Die besten Kräfte wurden eingesetzt. Den Tristan gibt Max Lorenz, dem Singen und Theaterspielen nicht als Selbstzweck gelten, sondern der seinen metallischen, schlagkräftigen Heldentenor in den Dienst einer höheren Aufgabe stellt, einer geistigen und allgemein künstlerischen Erfassung der Rolle. Er läßt die geheimnisvollen Zwischentöne, das Clair-obscur der Tristan-Welt hörbar werden. Er singt und spielt im Banne jener Wahnbefangenheit, aus der sich das Seelendrama der Figur ableitet. Seine Darstellung ruht auf einer weichen, verträumten, schwärmerischen Grundstimmung, wie sie am reinsten vielleicht aus der meisterlich vorgetragenen Abschiedskantilene am

„Tristan und Isolde“, Anny Konetzni als Isolde

„Tristan und Isolde“, Max Lorenz als Tristan

Schluß des zweiten Aktes vernehmbar wird. Diese Stelle mit ihrer erlesenen Melodie, mit ihrer beziehungsvollen Modulation, bildet den Ausgangspunkt für seine Auffassung. Die Steigerungen, die von solcher Basis ihren Ausgang nehmen, führen sinngemäß ins Ekstatische und nicht ins Hysterische. Demgemäß wird der sieche Tristan des dritten Aktes nicht als klinischer Fall, sondern als psychologisches Phänomen präsentiert: der Patient fiebert und fantasiert im Reich seelischer Verzücktheit. Anny Konetzni dagegen stellt die Isolde ins vollste, hellste Rampen- und Scheinwerferlicht, Wucht, Gewalt und Impetus ihrer Stimme werden unmittelbar wirksam, die effektive und beispiellose Hochdramatik ihres Soprans, Lebensfluch und Liebesjauchzen, die stimmliche Manifestation, wirkt überwältigend, und im Liebestod ist es eine grandiose akustische Bereicherung, in der man sie ertrinken, versinken sieht.

Dem Hauptpaar ist je eine komplementäre Ergänzung beigegeben. Dem verträumten, visionär eingesponnenen Tristan Max Lorenz' steht in Paul Schöffler ein Kurwenal zur Seite, der ein Realist und Tatsachenmensch ist, der mit scharfer, packender Artikulation und vor allem mit der Klangfülle seiner kernhaften Stimme dem Herrn und Freunde assistiert. Dafür hat die stimmgewaltige Isolde der Anny Konetzni eine Brangäne zur Gefährtin, der Elisabeth Höngen die zarten, geschmeidigen und beweglichen Register ihrer hohen Gesangskunst verleiht. Herbert Alsen als König Marke, Hugo Meyer-Welfing als Seemann, Hans

„Tristan und Isolde", Szene aus dem 1. Akt mit Max Lorenz als Tristan und Paul Schöffler als Kurwenal

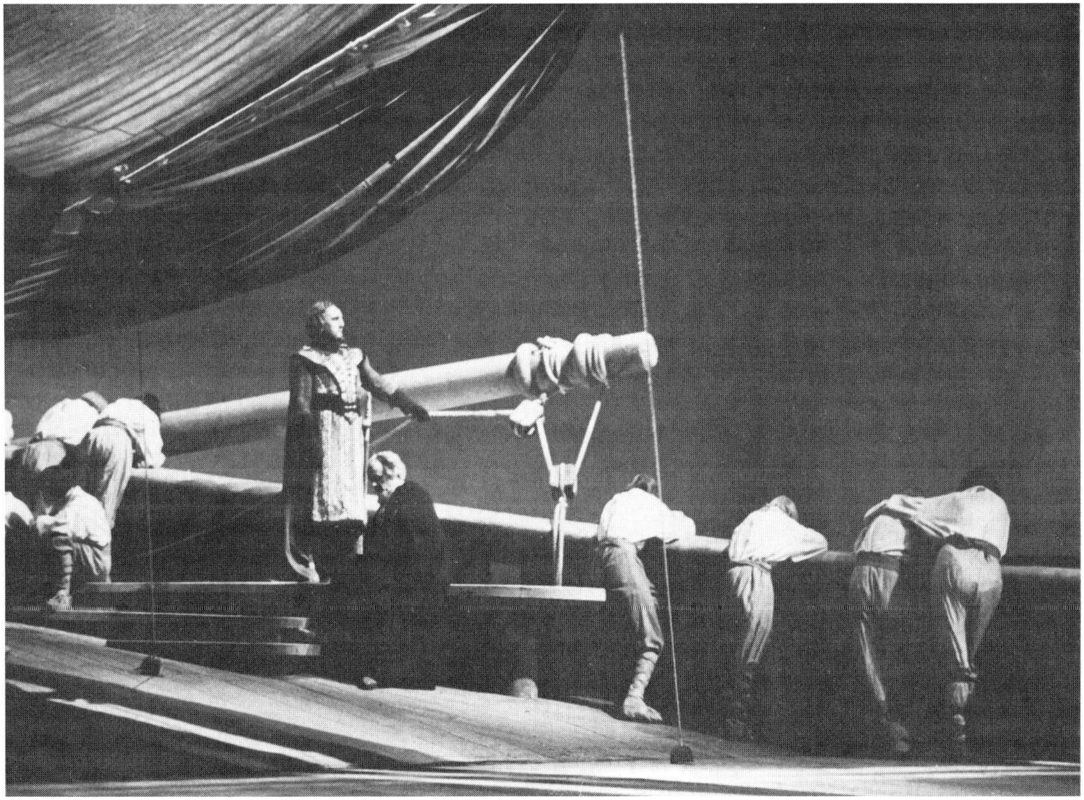

Braun als Melot und Peter Klein als Hirt bildeten eine würdige Ergänzung des Ensembles.

Die musikalische Leitung hat Professor Josef Krips. Mit seiner nie ermüdenden Arbeitsfrische, seiner musikalischen Besessenheit hält er die Vorstellung in Schwung und sorgt dafür, daß die lang entbehrte Tristan-Symphonie im rechten Tempo aufrauscht und im philharmonischen Edelglanze erklingt."

Man kann diese große Leistung nicht genügend würdigen, wenn man die damalige Alltagssituation bedenkt. Im Verlauf des Mai 1946 mußten die Kaloriensätze für Normalverbraucher von 1200 Kalorien pro Tag auf 900 Kalorien gesenkt werden!

Bis zum 6. Juni fanden noch zwei weitere „Tristan"-Aufführungen statt. In der ersten Reprise sprang Karl Kamann als Kurwenal ein, in der dritten Vorstellung übernahm Rosette Anday die Brangäne, und Julius Pölzer, der während des Krieges bereits unter Knappertsbusch und Furtwängler mehrmals als Tristan in Wien gastiert hatte, war in der gleichen Rolle auch im Theater an der Wien zu hören.

Julius Pölzer, 1901 in Admont in der Steiermark geboren, hatte in Graz Gesang und Zahnheilkunde studiert. 1928 wurde er von Hans Knappertsbusch an die Bayerische Staatsoper München engagiert, der er bis zum Ende des Zweiten Weltkrieges angehörte. Nach dem Krieg ließ er sich als Zahnarzt in Wien nieder und wirkte nebenbei bis 1949 im Rahmen eines Gastvertrages an der Wiener Staatsoper.

Der große Erfolg der „Tristan"-Neuinszenierung bestärkte auch den neuen Chef der Bundestheaterverwaltung Dr. Egon Hilbert, mit Beginn der Saison 1946/47 ein weiteres Werk des Bayreuther Meisters neu herauszubringen. Da die Bühnenbilder Walter Hoesslins für die „Tannhäuser"-Inszenierung an der Wiener Volksoper (damals Opernhaus der Stadt Wien) aus dem Jahr 1943 erhalten geblieben waren, erwies es sich als zweckmäßig, das Werk im Haus am Währinger Gürtel herauszubringen. Der ehemalige Oberregisseur der Wiener Staatsoper Lothar Wallerstein kehrte nach acht Jahren Abwesenheit an die Stätte seiner ursprünglichen Tätigkeit zurück. Er hatte in der Zeit

„Tannhäuser", Szene aus dem 2. Akt mit Max Lorenz als Tannhäuser und Hilde Konetzni als Elisabeth

vor 1938 unzählige Opernwerke in der Staatsoper und im Redoutensaal szenisch gestaltet, darunter den gesamten „Ring", die „Meistersinger" und „Parsifal". Nach seiner letzten Regiearbeit („Dalibor") hatte er im März 1938 Österreich verlassen. Nach der Besetzung von Holland, wo Wallerstein auch als Pädagoge tätig gewesen war, ging der Künstler in die Vereinigten Staaten und stand dort seither in der ersten Reihe der Regisseure an der Metropolitan Opera New York. Im Frühjahr 1946 kehrte er nach Europa zurück, wo er zunächst wieder nach Holland berufen wurde. Vor seiner Reise nach Wien hatte Wallerstein an der Mailänder Scala „Lohengrin" und „Carmen" inszeniert.

Die Wiener Sänger freuten sich auf die Arbeit mit Wallerstein, den sie von früherer Zusammenarbeit gut kannten. So hatte u. a. Max Lorenz am 13. Februar 1933 in einer „Parsifal"-Neuinszenierung anläßlich des 50. Todestages von Richard Wagner unter der Regie von Lothar Wallerstein und unter der musikalischen Leitung von Clemens Krauss die Titelpartie gesungen.

Das große Können Wallersteins – besonders in der Führung von Ensembles – prädestinierte ihn zur Übernahme der Regie in der Volksoper. Den tiefsten Eindruck erzielte er durch eine wunderbar abgestimmte Beleuchtung. Der Übergang vom Venusberg zum Frühlingsmorgen, das Versinken des Herbsttages waren Augenblicke höchsten Einklangs von Musik und Bühne. Maßgeblichen Anteil am Zustandekommen der großen Wagner-Neuinszenierung am 20. September 1946 hatten die prachtvollen Bühnenbilder Walter Hoesslins. Sehr geschmackvoll war auch die Choreographie Erika Hankas und die eindrucksvollen Kostüme von Hanna Bartsch. Felix Prohaska, der neue Erste Kapellmeister der Staatsoper in der Volksoper, trat ein wenig in den Hintergrund, leitete die Aufführung aber sorgfältig.

Welch ein Glanz ging von der Bühne aus! Wie seinerzeit auf der Wartburg fand jetzt auch in der Volksoper ein Sängerfest statt.

Als Max Lorenz am 11. Jänner 1936 unter der Leitung von Wilhelm Furtwängler seinen ersten Tannhäuser in Wien gesungen hatte, schrieb der Musikkritiker Max Graf: „Mit Max Lorenz stand ein Tannhäuser auf der Bühne, der mit seiner Erscheinung, der heldenhaften Stimme, aber auch mit dem heldenhaften Ausdruck männlich und groß wirkt. Sein Tannhäuser ist ritterlich, ein kühner Sänger mit Theaterfeuer, das während des ganzen Abends hell brennt!"

Seither war ein Jahrzehnt vergangen, aber vom Interpreten der Titelrolle ging die gleiche Faszination aus. Sein glanzvoller Heldentenor, der auch die gefürchtete Übergangslage souverän beherrschte und daher auch im zweiten Akt nie in Schwierigkeiten kam, ermöglichte es ihm, die stärksten Kontraste zwischen Hochmut und Zerknirschung glaubhaft zu gestalten. In diesem Fall erscheint die Bezeichnung „Jahrhundertleistung" als durchaus angebracht. Paul Schöffler stellte die Figur des Wolfram dazu in wirkungsvollen Gegensatz und ließ seine Stimme mächtig dahinströmen. Gleich mit der Hallenarie schlug die silbrig-glänzende Sopranstimme von Hilde Konetzni ins Haus. Es war dies ein echter Klang des Jubels. Neben diesem Jubelton lag in ihrem Gesang viel seelischer Ausdruck, was sich besonders im Gebet der Elisabeth zeigte. Die Rolle der Venus, die selbst Richard Wagner als schwierig und undankbar bezeichnet hatte, sang Anny Konetzni mit enormen Stimmmitteln. Herbert Alsen als würdevoller Landgraf sowie Willy Friedrich als Walther, Adolf Vogel als Biterolf und Henny Herze als Hirtenknabe trugen ebenfalls zum großartigen Premierenerfolg bei.

Im Herbst 1946 fanden insgesamt zehn „Tannhäuser"-Aufführungen statt, wobei einige Umbesetzungen besondere Erwähnung verdienen, vor allem die keusch-frauliche Elisabeth von Maria Reining. Als Wolfram waren alternierend Alfred Poell, Hans Reinmar und Georg Oeggl zu hören, und Julius Pölzer übernahm in einigen Vorstellungen die Titelpartie.

Der „Tannhäuser" blieb nahezu ein Jahrzehnt lang das Glanzstück am Währinger Gürtel. Für die Titelpartie standen mit Torsten Ralf, Günther Treptow und Set Svanholm interessante Alternativbesetzungen zur Verfügung. Der langjährige, geschätzte Heldentenor des Grazer Opernhauses Josef Janko bewährte sich mehrmals als sattelfester Einspringer. Auch weitere Gäste aus Graz, wie etwa Erna Recka als Venus und Kieth Engen als Landgraf, erwiesen sich als sympathische Gäste.

Gertrude Grob-Prandl (die auch die Venus gesungen hatte) und Maud Cunitz als Elisabeth, Helena Braun als Venus, Karl Schmitt-Walter, Willy Domgraf-Fassbaender, Hans Braun und Eberhard Wächter als Wolfram, Endre Koreh, Ludwig Weber, Ludwig Hofmann, Otto Edelmann, Gottlob Frick und Kurt Böhme als Landgraf waren stets Garanten für eindrucksvolle Aufführungen, die u. a. von Hans Knappertsbusch, Rudolf Moralt, Karl Böhm, Georges Sebastian und Robert Heger musikalisch betreut wurden. Der Großteil der Sänger, die im „Tannhäuser" zum Einsatz kamen, hatte seinerzeit mit Erfolg an den Wagner-Festspielen in Bayreuth und in Zoppot teilgenommen.

Es ist weniger bekannt, daß insbesondere für jene bedeutenden Wagnersänger, die von 1933 bis 1944 nicht an der Berliner Staatsoper engagiert waren und somit kaum Zugang zu den Bayreuther Festspielen hatten, die Existenz der Zoppoter Waldoper, einer Naturbühne, die auf dem Territorium des ehemaligen Freistaates Danzig lag, von besonderer Bedeutung war; sie konnten ebenfalls an Wagner-Festspielen teilnehmen.

Mit einer „Siegfried"-Aufführung unter Hans Knappertsbusch gelangte 1922 die erste Wagneroper an der Zoppoter Waldoper zur Aufführung. Als die Spielleitung der Bayreuther Festspiele während der nationalsozialistischen Ära dem Generalintendanten der Berliner Staatsoper Heinz Tietjen anvertraut worden war, blieb die Berufung auf den Grünen Hügel – von wenigen Ausnahmen abgesehen – ein Privileg für die Mitglieder der Berliner Staatsoper. Wagnersänger wie Anny Konetzni, Maria Reining, Helena Braun, Julius Pölzer, Günther Treptow, Herbert Alsen und Ferdinand Frantz nahmen u. a. an den Festspielen im „Bayreuth des Nordens" – so nannte man die Festspiele an der Zoppoter Waldoper – teil. Vor Ausbruch des Zweiten Weltkrieges führte ein Auftreten in Zoppot zumindest zu einem Engagement in Covent Garden und an anderen großen Opernhäusern Europas.

Im Sommer des Jahres 1930 konnte auch Max Lorenz an der Zoppoter Waldoper seinen ersten großen internationalen Erfolg als Max im „Freischütz" erringen. Der Künstler stellt den ganz seltenen Fall eines Senkrechtstarters dar. Seine erste Schallplattenaufnahme – Mitwirkung in der Blumenmädchenszene aus „Parsifal" – entstand bereits 1925, als er als Gesangseleve in Bayreuth vorgesungen hatte. Dieses Vorsingen hatte sein Gesangslehrer Professor Grenzebach vermittelt, der u. a. auch Lauritz Melchior und Peter Anders ausgebildet hatte. Am 5. September 1927 debütierte Max Lorenz als Walther von der Vogelweide im „Tannhäuser" unter der Leitung von Fritz Busch an der Dresdner Staatsoper. In dieser Aufführung sangen u. a. Paul Schöffler den Wolfram, Ivar Andresen den Landgrafen und Erna Berger den Hirtenknaben. Der junge Künstler verdankte seinen steilen Aufstieg vor allem der Arbeit mit dem Generalmusikdirektor der Dresdner Staatsoper Fritz Busch. Es war eine glückliche Zeit des musikalischen Theaters im Hinblick auf die Entdeckung talentierter Sänger, da die bedeutenden dirigierenden Operndirektoren das Geschehen an den großen Opernhäusern des deutschen Sprachraums bestimmten, wie etwa Hans Knappertsbusch in München oder Clemens Krauss zuerst in Frankfurt und ab 1929 in Wien. Bereits gegen Ende des ersten Jahres seiner Bühnenlaufbahn wurde Max Lorenz auf besonderen Wunsch von Richard Strauss vier Tage nach der Uraufführung der „Ägyptischen Helena", die am 6. Juni 1928 in Dresden stattgefunden hatte, die Partie des Menelas übertragen. In dieser Partie gastierte er bereits 1928 an der Berliner Staatsoper und am 6. Februar 1929 an der Wiener Staatsoper. Nach seinem ersten internationalen Erfolg an der Zoppoter Waldoper 1930 wurde er für die Saison 1931/32 an die Metropolitan Opera in New York engagiert. Von seiner intensiven Darstellung war vor allem Maria Jeritza beeindruckt, und sie wünschte sich Max Lorenz als Partner bei ihrem Wiederauftreten an der Wiener Staatsoper im April 1932 in „Lohengrin". Daraufhin kam es durch Staatsoperndirektor Clemens Krauss zu einer Bindung von Max Lorenz an die Wiener Staatsoper im Rahmen eines Gastvertrages. Der Generalintendant der Berliner Staatsoper Heinz Tietjen erkannte die besondere Eignung des jungen Künstlers für das Wagnerfach und engagierte ihn ab 1933 nach Bayreuth und an die Berliner Staatsoper. Tietjen baute Lorenz folgerichtig weiter auf. Rein stimmtechnisch galt es für Max Lorenz, vor allem die für die großen Wagner-Partien erforderliche Mittellage zu erarbeiten, denn Lorenz war kein „hinaufgeschraubter Bariton" wie etwa Lauritz Melchior oder Set Svanholm; er begann auch nicht als lyrischer, sondern als dramatischer Tenor, der zunächst als Alternativbesetzung für den damaligen Startenor der Dresdner Staatsoper Tino Pattiera vorgesehen war, also primär für das dramatische italienische Tenorfach.

Innerhalb kurzer Zeit war der Künstler zum Hauptstar der Bayreuther Festspiele und zum gefeierten Mitglied der Berliner und der Wiener Staatsoper geworden. Der Ausbruch des Zweiten Weltkrieges beendete vorerst die umfangreiche Auslandstätigkeit des Künstlers, der an den bedeutendsten Opernhäusern Europas und Amerikas auftrat.

Ende 1946 konnte Max Lorenz seine durch den Krieg unfreiwillig unterbrochene Tätigkeit im Ausland wieder aufnehmen. Am 5. November wirkte er in Bologna als einziger deutschsingender Künstler in einer „Lohengrin"-

Aufführung mit, die mit der italienischen Sängerelite (Renata Tebaldi als Elsa, Cloe Elmo als Ortrud und Tancredi Pasero als König Heinrich) eine sensationelle Besetzung aufwies. Max Lorenz war während des Zweiten Weltkrieges ein gerngesehener Gast an allen großen Opernhäusern Italiens sowohl im Rahmen von Gesamtgastspielen geschlossener deutscher Wagner-Ensembles als auch als deutschsingender Künstler in ansonsten italienisch gesungenen Wagner-Aufführungen. Eine besondere Liebe verband Max Lorenz mit Rom, wo er schon 1940 den Siegfried in „Götterdämmerung" als Partner von Tito Gobbi (Gunther), Giulio Neri (Hagen) und Giuseppe Taddei (Alberich) gesungen hatte.

Am 2. Dezember 1946 feierte die Wiener Staatsoper im Exil, diesmal im Theater an der Wien, die dritte große Wagner-Premiere innerhalb eines halben Jahres.

Die Inszenierung der „Walküre" bereitete den Verantwortlichen nicht wenig Sorgen. Die Lichteffekte des Feuerzaubers mußten erst durch manche Improvisationen und viele Versuche gefunden werden. Früher hatte man zur Darstellung der Flammen Seide verwendet, die, durch starken Luftzug bewegt, die wabernde Lohe wiedergab. Aber die erforderliche Seide war damals nicht aufzutreiben. Die erfahrenen Bühnentechniker mußten sich mit Lichtprojektionen helfen. Wesentlich schwieriger war es, den beweglichen Dampf, der bei der gleichen Szene aus dem Felsen steigt, auf die Bühne zu bringen. Im Haus an der Ringstraße besorgte dies eine Tiefdruckdampfanlage. Im Theater an der Wien behalf man sich mit dem Dampf der Zentralheizung, wozu eigens eine Leitung gelegt werden mußte. Große Schwierigkeiten bereitete die ständig wechselnde Lichteinstellung, die durch die behelfsmäßige Ausrüstung von Scheinwerfern, Glühbirnen verschiedener Spannung und durch die ständigen Spannungsschwankungen im Stromnetz noch erschwert wurde.

Am Pult saß Rudolf Moralt, der bereits zu Beginn der vierziger Jahre, nachdem Hans Knappertsbusch den jungen Dirigenten nach Wien geholt hatte, sich vor allem als Wagner- und Richard-Strauss-Dirigent einen guten Namen gemacht hatte. Er verstand es, seine Intentionen mit knapper, klarer Geste dem Orchester und den Sängern mitzuteilen. Durch diese Art des Musizierens herrschten Ruhe und Sicherheit über der ganzen Aufführung.

Hans Hotter sang den Wotan mit großem Einsatz seiner Riesenstimme, die ein dreimal so großes Haus hätte füllen können. Max Lorenz als Siegmund verkörperte wieder bestes Wagner-Format. Neben herrlicher Lyrik faszinierte er besonders im Schwertmonolog und im Finale des ersten Aktes mit der Durchschlagskraft seines metallischen Tenors. Herbert Alsen stellte einen stimmgewaltigen Hunding auf die Bühne, und Elisabeth Höngen bot in Erscheinung und Stimme eine überzeugende Fricka. Der Abend war aber vor allem ein Fest für die Geschwister Anny und Hilde Konetzni, die diesmal auch auf der Bühne ein Geschwisterpaar verkörperten. Die Schwertüberreichungs-Szene Brünnhilde – Sieglinde im dritten Akt stellte einen kaum überbietbaren Höhepunkt dar: Zwei Riesenstimmen trafen aufeinander – Anny Konetzni mit ihrer dunklen, bronzefarbigen, hochdramatischen Stimme und ihre Schwester Hilde mit ihrem silberglänzenden, lyrisch-dramatischen Sopran. Beide zählten seit Mitte der dreißiger Jahre zu den Lieblingen des Wiener Opernpublikums.

Anny Konetzni hatte 1923 zunächst im Chor der Wiener Volksoper begonnen, verlor jedoch vorübergehend ihre Stimme. 1926 debütierte sie nochmals an der Wiener Volksoper, allerdings als Altistin, wagte aber schließlich mit dem Adriano in „Rienzi" – an der Volksoper wurden in den zwanziger Jahren sämtliche Wagner-Werke aufgeführt – und mit der Ortrud in „Lohengrin" den Sprung ins hochdramatische Sopranfach, den sie 1928 während ihres Engagements in Augsburg zur Gänze vollzog. Nach Zwischenstationen in Chemnitz und in Berlin (Staatsoper) wurde sie 1934 von Clemens Krauss als Hochdramatische an die Wiener Staatsoper engagiert. Unmittelbar nach ihrer Verpflichtung nach Wien zählte Anny Konetzni zu den gefragtesten Vertreterinnen ihres Fachs; sie trat an den bedeutendsten Opernhäusern Europas und Amerikas auf. So sang sie von 1935 bis 1939 an der Covent Garden Opera alternierend mit Frida Leider und Kirsten Flagstad die Brünnhilde. An der Metropolitan Opera New York und am Teatro Colon verkörperte sie ihre Wagner-Rollen, in den Jahren 1934 bis 1936 sang sie u. a. die Isolde bei den Salzburger Festspielen. Aufgrund ihrer hohen Musikalität legten die bedeutendsten Dirigenten der damaligen Zeit größten Wert auf ihre Mitwirkung, wie etwa Fritz Busch, Erich Kleiber, Bruno Walter, Clemens Krauss, Wilhelm Furtwängler und Hans Knappertsbusch.

Hilde Konetzni, die von ihrer Schwerster Anny entdeckt worden war, kam über das Stadttheater von Gablonz, wo sie 1929 debütiert hatte, und über das Deutsche Theater in Prag 1936 an die Wiener Staatsoper. Am 13. Oktober des gleichen Jahres standen die Geschwister Konetzni zum erstenmal als Brünnhilde und als Sieglinde in einer von Hans Knappertsbusch geleiteten Vorstellung der „Walküre" gemeinsam auf der Bühne. Am Tag vor der Aufführung traf Hilde Konetzni, die noch nie unter Knappertsbusch gesungen hatte, den großen Dirigenten vor dem Direktionszimmer. Die Künstlerin erzählte darüber in der Sendung „Das musikalische Selbstportrait", die Anfang der sechziger Jahre im Norddeutschen Rundfunk ausgestrahlt wurde:

„Knappertsbusch sagte damals: Ach, Konetzni — Moment — eins, zwei, hinweg! hinweg! Flieh die Entweihte! — dieses Tempo möchte ich morgen haben — Probe brauchen wir keine, danke schön! Knappertsbusch hatte dann am Abend die ungeheure Gabe, dem Sänger zu helfen. Wenn irgendeine Phrase gekommen ist, wo er ein Rubato hatte oder irgendeinen Höhepunkt, ist Knappertsbusch aufgestanden, und der Ton war da. Er ist immer größer geworden, und man hat den Ton noch immer gehalten, und noch immer war der Ton da, und man hatte noch immer Luft. So etwas Phantastisches wie diesen Mann habe ich nie mehr erlebt. Die Kraft, die Knappertsbusch vom Pult gab, war unbeschreiblich!"

Seither zählten die Geschwister Konetzni zu den Hauptstützen des Wiener Wagner-Ensembles, das damals in seiner Grundstruktur mit Max Lorenz und Herbert Alsen bereits feststand.

Für Hilde Konetzni und Max Lorenz gab es zu Weihnachten 1946 noch eine besondere Überraschung. Sie wurden als erste deutschsprachige Künstler für den ersten Akt der „Walküre" zu einer Aufnahme der BBC nach London berufen; auf diese Weise wurde die Verbindung zwischen England und Österreich eineinhalb Jahre nach Kriegsende auf kulturellem Gebiet wiederhergestellt.

In der zweiten Aufführung der „Walküre" im Theater an der Wien sang Ludwig Weber den Hunding. Ludwig Weber wurde 1899 in Wien geboren. Er studierte zunächst an der Wiener Kunstgewerbeschule bei Alfred Roller, dann Gesang bei Alfred Boruttau. 1920 debütierte er an der Wiener Volksoper, der er bis 1925 angehörte. 1924 sang er als Gast den Biterolf im „Tannhäuser" an der Staatsoper. Über Zwischenstationen in Wuppertal und in Köln kam er 1933 an die Münchner Staatsoper, wo er das Vertrauen von Hans Knappertsbusch gewinnen konnte. Mit Beginn des Jahres 1946 wurde er an die Wiener Staatsoper berufen. Bereits in der Zwischenkriegszeit hatte er im Ausland, insbesondere in Paris und in London, glänzende Erfolge als Wagnersänger aufzuweisen.

Im April 1947 fanden einige hochinteressante Reprisen der „Walküre" statt. Am 3. April gastierte der Bassist Emanuel List, ein gebürtiger Wiener, der 1922 an der Wiener Volksoper debütiert und später an der Berliner Staatsoper und an der Metropolitan Opera New York Weltkarriere gemacht hatte, als Hunding. Er verzichtete auf sein Honorar zugunsten des Wiederaufbaus der Wiener Staatsoper. In dieser Vorstellung sang zum erstenmal nach dem Krieg Karl Kamann den Wotan, eine Rolle, die er seit 1938 oftmals mit großem Erfolg verkörpert hatte.

Am 20. April leitete Hans Knappertsbusch zum erstenmal eine Wagner-Vorstellung im Theater an der Wien. Der Begrüßungsapplaus für Knappertsbusch zu Beginn der „Walküre"-Vorstellung hatte wie bereits zwei Tage zuvor, als der große Dirigent eine Aufführung der „Salome" dirigiert hatte, außergewöhnliche Lautstärke angenommen und wurde von einem Teil der Presse unrichtig kommentiert. So schrieb u. a. Peter Lafite darüber: „Orkanartige Sympathiekundgebung wurde Hans Knappertsbusch schon bei seinem Erscheinen entgegengebracht und konnte nur durch den plötzlichen Beginn der Vorstellung in ihrer demonstrativen Nebenwirkung zum Schweigen gebracht werden. Unverantwortliche Elemente sind hier am Werk und drohen neuerdings politischen Zündstoff in die Oper zu tragen. Im Wiederholungsfall würde dadurch künstlich ein Fall Knappertsbusch erzeugt werden, der nur zu Weiterungen führen müßte."

Dabei war Hans Knappertsbusch nie bei der NSDAP gewesen. 1922 war er auf Lebenszeit zum Generalmusikdirektor der Bayerischen Staatsoper München bestellt, 1936 von den Nationalsozialisten jedoch in den Ruhestand geschickt worden. Diesem Umstand verdankt es die Wiener Staatsoper, daß Knappertsbusch in Wien bodenständig wurde und ab 1936 vor allem die Wagner- und die Strauss-Pflege übernahm. Anläßlich des 50. Geburtstages des großen Dirigenten am 11. März 1938 schrieb der Musikkritiker Max Graf (es war dies sein letzter Artikel vor seiner Emigration):

„Seit zwei Jahren gehört der männliche und helläugige Künstler zum Wiener Musikleben. Er ist bekanntlich neben Walter der gefeiertste Dirigent der Staatsoper, er dirigiert in den philharmonischen Konzerten und in Salzburg, er wird überall freudig begrüßt und mit Wärme gefeiert. Schon in früheren Jahren war Knappertsbusch zum Wiener Musikleben in Beziehung getreten. Er hat hier die Tonkünstlerkonzerte und in den philharmonischen Konzerten dirigiert. Aber erst seit zwei Jahren gehört er ständig und dauernd zu Wien. Seine Beliebtheit hat er vom ersten Tag besessen, und er kann von sich sagen: ich kam zum Dirigentenpult und war beliebt. Man kann sagen, daß seit den jüngeren Tagen Weingartners in Wien kein Dirigent so beliebt gewesen ist wie Knappertsbusch. Sein Dirigieren hat zum Unterschied von dem Dirigieren der großen Ekstatiker etwas Herzengewinnendes. Es verbreitet Freude durch Schwung, Frische, Musizierlust, es hat nichts Tyrannisches und Aufgeregtes, ist seiner Kraft und seines Glanzes bewußt. Dabei ist dieser lebensfrohe, im Genuß des Augenblicks resolut musizierende Mann ein wahrhafter Virtuose seines Taktstocks. Seine Dirigentenhand ist ungewöhnlich beweglich, seine Mittel der Verständigung mit dem Orchester und den Bühnensängern sind reich. Das Orchester spielt unter Führung dieses Dirigenten, der sich in jedem Moment deutlich verständlich macht, mit großer Freiheit und mit Freude, was den Klang anheizt. Als schwungvoller Theaterdirigent, besonders als Dirigent der Werke von Wagner und Strauss, hat Knappertsbusch wenig Rivalen. Er ist ein echter Theaterdirigent, wie es Jahn in Wien, Schuch in Dresden und Blech in Berlin gewesen sind, und hat, wie diese Künstler, das sichere Gefühl für das Bühnenmäßige, für die richtige Verbindung von Bühne und Orchester. Er ist als Theaterdirigent kraftvoll, temperamentvoll und deutlich und im Vertrauen auf die Sicherheit seiner Technik ein glänzender Improvisator.

Die künstlerische Persönlichkeit Knappertsbuschs ist gewinnend und stark, energisch und natürlich. Der geborene Rheinländer hat die besten Gaben seiner Landschaft mitgenommen: die Freude an Natur und Welt, tüchtiges Sich-Rühren, festes Eingreifen des Augenblicks, unbekümmertes Musizieren."

Daher war der frenetische Begrüßungsapplaus bei seinen beiden ersten Auftritten nach dem Zweiten Weltkrieg als ehrlich gemeinte Dankbarkeit eines Publikums zu verstehen, daß während des überwiegenden Teils der nationalsozialistischen Ära an der Wiener Staatsoper in erster Linie musiziert und die Politik aus dem Bereich der Kunst ferngehalten worden war.

Irrtümlicherweise wurde Hans Knappertsbusch nach dem Krieg von der Besatzungsmacht in München mit Auftrittsverbot belegt — 1936 war ihm seitens des damaligen Gauleiters und Reichsstatthalters von Bayern das Dirigieren auf dem Territorium des Reichsgaus Bayern bis Kriegsende untersagt worden. Als sich das von der Besatzungsmacht verhängte Dirigierverbot als bedauerlicher Irrtum herausgestellt hatte, war der Beginn des Jahres 1947 herangebrochen, und jene Künstler, die als ehemalige Parteimitglieder entnazifiziert worden waren, konnten ihren Beruf wieder ausüben.

In einer denkwürdigen „Tristan"-Aufführung unter Hans Knappertsbusch am 26. Mai 1947 verabschiedete sich Max Lorenz bis zum April des nächsten Jahres von seinem Wiener Publikum. In der gleichen Aufführung gastierte der Züricher Heldenbariton Andreas Boehm als Kurwenal, und Ferdinand Frantz sang einen sensationellen König Marke.

Die erste Station der ausgedehnten Auslandsreise von Max Lorenz war Zürich, wo er im Juni unter der Leitung von Hans Knappertsbusch den Tristan und den Siegfried in der „Götterdämmerung“ mit Kirsten Flagstad als Partnerin sang. Im Juli gastierte ein vollständiges Ensemble der Wiener Staatsoper unter der Leitung von Rudolf Moralt mit der „Walküre“ in Nizza. Die Hauptrollen sangen Anny Konetzni, Maria Reining, Rosette Anday, Max Lorenz, Andreas Boehm und Ludwig Weber.

Dennoch schien zunächst die Weiterpflege des bisher aufgebauten Wagner-Repertoires ernstlich in Frage gestellt, da Max Lorenz infolge seiner Auslandsverpflichtungen für nahezu ein ganzes Jahr der Wiener Staatsoper nicht zur Verfügung stand und der zweite Heldentenor, Julius Pölzer, erklärte, daß er sich aus gesundheitlichen Gründen ins Charakterfach zurückziehen wolle. In dieser unangenehmen Situation traf der Chef der Bundestheaterverwaltung Dr. Egon Hilbert eine gute Entscheidung, indem er den Berliner Heldentenor Günther Treptow für ständig nach Wien verpflichtete.

Günther Treptow, 1907 in Berlin geboren, war wie Max Lorenz ein geborener Heldentenor. Er begann seine Laufbahn 1936 als Italienischer Sänger im „Rosenkavalier“. Als zweite Rolle wurde ihm im gleichen Jahr bereits der Canio im „Bajazzo“ übertragen. In den Jahren 1938 bis 1940 erweiterte Treptow sein Repertoire durch seine Gasttätigkeit an der Wiener Volksoper. Aufgrund seiner großartigen Erfolge als Tannhäuser an der Münchner Staatsoper und an der Zoppoter Waldoper sowie als Walther von Stolzing an der Wiener Volksoper wurde er von Clemens Krauss 1940 an die Münchner Staatsoper berufen, wo er sich insbesondere auf das schwere Wagnerfach spezialisierte. Max Lorenz und Helena Braun hatten Treptow während des Zweiten Weltkrieges in Berlin bzw. in München als vielversprechenden Wagnersänger kennengelernt, der nach dem Krieg in Berlin keine besonderen Aufgaben vorfand. Die erste Wagner-Vorstellung an seinem bisherigen Stammhaus in West-Berlin fand erst im April 1948 statt!

Günther Treptow begann seine Tätigkeit in Wien nach dem Krieg als Tannhäuser in einer von Hans Knappertsbusch geleiteten Vorstellung. Eine starke Verkühlung hinderte ihn an der Entfaltung seines Könnens. Einige Tage später, am 20. Oktober 1947, trat er zum erstenmal im Theater an der Wien als Siegmund in der „Walküre“ auf und wurde nach dem ersten Akt fest unter Vertrag genommen. Über diese Vorstellung berichtete die „Wiener Zeitung“ u. a.:

„Günther Treptow setzte sein Gastspiel diesmal im Theater an der Wien fort. Von allen Erkältungserscheinungen frei, präsentierte er sich als Wagnersänger reinster Prägung. Die heldenhafte Stimme hat besonders in der Tiefe und hohen Mittellage viel Macht und Glanz und erinnert in der manchmal baritonalen Färbung stark an den unvergeßlichen Erik Schmedes. Vor Forzieren der Höhe (im übrigen Nachwehen der Indisposition) möge der Künstler sich hüten. Er hat es nicht notwendig, sein kraftvolles Organ setzt sich mühelos über die Orchesterstürme hinweg. Die schöne stimmliche und geistige Erfassung der lyrischen Momente wie die des großen Liebesduetts im ersten Akt und die visionäre Aufnahme der Todesverkündigung gelangen ganz wunderbar und sind besonders anzuerkennen. Die Darstellung ist echter Wagner-Stil auf der ganzen Linie. Die Aufführung mit Anny und Hilde Konetzni, Rosette Anday und Hans Hotter war beste Wiener Staatsoper. Herbert Alsen gebührt für seinen Hunding ein extra Lobeswort. Sein schwarzer Baß schwelgte förmlich im Wohllaut. Das Orchester stand unter dem Ingenium Hans Knappertsbusch, der dem Walkürenritt ein atemberaubendes Tempo gab, hinreißend für Sänger und Zuschauer.“

Der Bassist Herbert Alsen, der spätere langjährige Intendant der Burgenländischen Festspiele, bezeichnete es als eine Sternstunde seiner Bühnenlaufbahn, daß er zu Beginn seiner Tätigkeit in Wien die großen Wagner-Rollen, insbesondere den Hagen unter Knappertsbusch, singen durfte.

Der 1906 in Hildesheim geborene Bassist wollte zunächst Violinvirtuose werden. Er mußte allerdings bei seinem Studium an der Akademie für Kirchen- und Schulmusik in Berlin auch Gesang belegen, und dabei wurde seine Stimme entdeckt – aus dem Geiger wurde der Sänger Herbert Alsen.

1932 debütierte er als Rocco in „Fidelio“ am Stadttheater in Hagen in Westfalen, ein Jahr später kam er an das berühmte Friedrich-Theater in Dessau, und nach einem

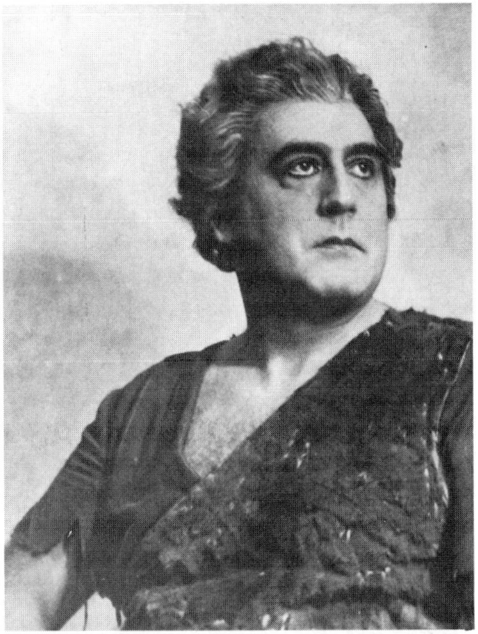

„Die Walküre", Günther Treptow als Siegmund

„Die Walküre", Helena Braun als Brünnhilde

weiteren Jahr öffnete sich für ihn das Staatstheater in Wiesbaden. Er hatte sich inzwischen ein umfangreiches Repertoire aus dem deutschen und dem italienischen Baßfach angeeignet. 1935 war die Wiener Staatsoper auf der Suche nach einem geeigneten Nachfolger für den großen Bassisten Richard Mayr, der genau einen Monat nach dem Erstauftreten von Herbert Alsen in der Wiener Staatsoper als Gurnemanz in einer von Felix Weingartner am 1. Jänner 1935 geleiteten „Parsifal"-Aufführung gestorben war. Der damals 29jährige Herbert Alsen wurde aufgrund dieses einzigen Gastspieles als erster Bassist ab der Spielzeit 1936/37 verpflichtet. Schon im ersten Jahr seines Wiener Engagements sang er unter so bedeutenden Dirigenten wie Bruno Walter, Wilhelm Furtwängler, Arturo Toscanini und Hans Knappertsbusch. Ab 1936 wirkte er bei den Salzburger Festspielen, gastierte beim Glyndebourne Festival in Edinburgh, und für die Saison 1938/39 wurde er an die Metropolitan Opera in New York engagiert. Der am 1. September 1939 ausgebrochene Zweite Weltkrieg machte seine Hoffnungen auf eine weitere internationale Karriere zunichte. 1942 sang er den Daland und den Fafner an der Zoppoter Waldoper.

Seit Mitte April 1947 schwelgte das Wiener Wagner-Publikum in einem Begeisterungstaumel, denn Hans Knappertsbusch leitete sämtliche Wagner-Vorstellungen, darunter vier Aufführungen der „Walküre", drei „Tannhäuser" und eine „Tristan"-Vorstellung.

Die Premiere des „Fliegenden Holländer" am 29. Oktober wurde jeoch mit Enttäuschung aufgenommen.

Das Werk stellte an die Regie (O. F. Schuh) und an die Bühnenbilder (Robert Kautsky) große Anforderungen. Einige wichtige Szenen, wie etwa das Herannahen des Gespensterschiffes, wurden nicht günstig gelöst. Auch in der Besetzung gab es einige wunde Punkte.

Es war der Direktion anscheinend entgangen, daß Hilde Konetzni der Partie der Senta entwachsen war. Der klangvolle Sopran der beliebten Künstlerin war in der Höhe unsicher geworden, die Partie lag ihr eindeutig etwas zu hoch. Hans Hotter, gewiß einer der bedeutendsten Darsteller der Titelfigur innerhalb der letzten 50 Jahre, war durch eine merkbare Indisposition arg gehemmt. Der Erik von Horst Taubmann wirkte farblos und litt unter Schwierigkeiten mit der Höhe. Die erwarteten guten Leistungen boten Herbert Alsen als Daland und Anton Dermota als Steuermann. Über weite Strecken wurde von Chor und Orchester unter Hans Knappertsbusch großartig musiziert.

Hohes Niveau hatten die meisten Reprisen, die u. a. auch von Rudolf Moralt musikalisch betreut wurden. Hans Hotter, der schon allein durch seine Gestalt für die Darstellung dämonischer Opernfiguren prädestiniert war, bot im Theater an der Wien noch viele große Abende als Holländer.

Hans Hotter, 1909 in Offenbach geboren, debütierte 1930 am Stadttheater in Troppau, kam über Zwischenstationen in Prag und in Hamburg 1937 an die Münchner Staatsoper. Am 3. Juni 1939 trat er zum erstenmal an der Wiener Staatsoper in einer von Hans Knappertsbusch geleiteten „Salome"-Aufführung auf. Seit 1946 war er fest an die Wiener Staatsoper verpflichtet.

In Paul Schöffler hatte die Wiener Staatsoper einen weiteren grandiosen Interpreten für die Titelpartie. Während Hotter mehr das Trotzende und Aufbäumende und das Verzweifelnde in die Figur des Holländers legte, standen bei Schöffler die Erlösungssehnsucht und die Resignation im Vordergrund seiner Darstellung. Es darf auch nicht vergessen werden, daß die meisten „Holländer"-Vorstellungen unter Mitwirkung von Karl Kamann in der Titelpartie zustande gekommen waren. In Übereinstimmung mit Kamanns gedrungener Gestalt waren seine Gesten sehr sparsam, aber wirkungsvoll verteilt. Sein Gesang strömte breit und massig dahin.

Die Partie der Senta wurde von Judith Hellwig, Helena Braun und Gertrude Grob-Prandl übernommen; letztere bestach durch die Klarheit und Präzision ihres Tonansatzes. Der Daland war mit Ferdinand Frantz, Ludwig Weber und Georg Hann hervorragend besetzt.

Durch die Mitwirkung von Max Lorenz und von Günther Treptow, die die Partie des Erik mit heldentenoralem Glanz ausstatteten, gewannen die Aufführungen an Format.

Das Jahr 1947 endete mit einigen hochinteressanten Neubesetzungen in den verschiedenen Wagner-Werken. Helena Braun, schon während des Krieges als Brünnhilde in Wien sehr beliebt, gefiel auch im Theater an der Wien in dieser Rolle. Vor allem glaubte man ihr rein optisch Wotans Tochter. Ihrem Gatten Ferdinand Frantz gelang mit dem „Walküre"-Wotan der Sprung ins Heldenbariton-Fach. Mühelos hatte er sich die hohe Lage der Partie erarbeitet. Der Künstler hatte bereits 1940 u. a. als Gurnemanz an der Wiener Staatsoper gastiert und wurde gemeinsam mit seiner Gattin Helena Braun zu Beginn des Jahres 1947 im Rahmen eines Gastvertrages nach Wien engagiert.

Am Ende der „Tristan"-Vorstellung, die am 13. Dezember unter der Leitung von Rudolf Moralt stattfand, wurde zur Gewißheit, daß die Wiener Staatsoper zwei verschiedene Besetzungen für dieses anspruchsvolle Werk hatte! Helena Braun zählte zu den wenigen Wagner-Heroinnen, die den gesanglichen und darstellerischen Anforderungen der Partie gewachsen waren. Günther Treptow hatte vor allem im dritten Akt dank seines kräftigen, metallischen Tenors große Steigerungsmöglichkeiten. König Markes Klage wurde durch Ferdinand Frantz, königlich in Stimme und Erscheinung, zu einem Höhepunkt des Abends. Rosette Anday als Brangäne und Paul Schöffler als Kurwenal trugen ebenfalls zu dem eindrucksvollen Wagner-Abend bei.

Ende April/Anfang Mai dirigierte Hans Knappertsbusch an drei aufeinanderfolgenden Tagen Wagner-Vorstellungen! Am 30. April übernahm er für den erkrankten Josef Krips ohne vorherige Probe die „Lohengrin"-Premiere, am 1. Mai dirigierte er an der Volksoper eine „Tannhäuser"-Aufführung mit Günther Treptow in der Titelpartie, und am 2. Mai folgte im Theater an der Wien eine grandiose „Tristan"-Vorstellung mit Anny Konetzni und Max Lorenz. Es war dies das erste Auftreten von Max Lorenz in einer Wagner-Rolle nach seiner fast einjährigen erfolgreichen Auslandsgastspielreise. Der Künstler hatte im August 1947 in Mexico City den Siegmund und den Siegfried gesungen, wobei Maria Callas seine Partnerin als Brünnhilde war. Seither zählte Max Lorenz zu den wenigen Künstlern, welche die ehrliche Freundschaft der späteren großen „Diva assoluta" gewinnen konnten. Unmittelbar darauf gastierte er im Teatro Colon in Buenos Aires unter

„Lohengrin", Set Svanholm in der Titelrolle

„Lohengrin", Maria Reining als Elsa

der musikalischen Leitung von Erich Kleiber in einem vollständigen „Ring"-Zyklus, und an der Metropolitan Opera New York begeisterte er u. a. als Tristan und als Tannhäuser. Die Rückkehr nach Wien verzögerte sich noch um mehrere Wochen, da Max Lorenz noch einige Abende in Italien abgeschlossen hatte. Am 3. April sang er in Neapel den Tannhäuser unter der Leitung von Karl Böhm, seine Partnerin als Elisabeth war Renata Tebaldi. Am 14. April wirkte er an der Mailänder Scala in einer „Tristan"-Aufführung unter Victor de Sabata mit. Mit Ausnahme von Kirsten Flagstad (Isolde) sangen in den übrigen Hauptpartien ausschließlich Künstler der Wiener Staatsoper: Rosette Anday (Brangäne), Ludwig Weber (König Marke) und Paul Schöffler (Kurwenal).

Infolge der verspäteten Rückkehr von Max Lorenz von seiner Auslandsreise – auch scheiterten die Bemühungen Dr. Hilberts, Set Svanholm für einige Gastabende nach Wien zu bringen – sah sich die Direktion genötigt, die Titelpartie für die „Lohengrin"-Premiere mit Julius Patzak, einem lyrischen Tenor, zu besetzen. Über diese Premiere berichtete der Kritiker Heinrich Kralik u. a.:

„Seit Jahren will man uns einreden, daß die Oper, und zumindestens die romantische, erschöpft und veraltert ist, eine kindische, lächerliche Angelegenheit, ein darniederliegendes Geschöpf, dem einzig die Gewaltkuren beziehungsloser Theaterpraktiker auf die Beine zu helfen vermögen.

Zur Wagner-Musik gehört das Wagner-Wort, die Wagner-Szene und die Wagner-Geste. Wer nicht den Mut oder, besser gesagt, die Demut dazu aufzubringen vermag, lasse die Hand vom Spiel. Stefan Beinl, der als Spielleiter für den ‚Lohengrin' ausersehen wurde, scheint in diesem Sinne weder Mut noch Demut zu besitzen. Dafür unternimmt er es, einen Lohengrin ohne Romantik zu präsentieren. Das ist nicht modern, sondern geistlos, das ist einfach stillos und dilettantisch.

Die musikalische Leitung der von Josef Krips sorgsam vorbereiteten Aufführung übernahm in letzter Sekunde

Hans Knappertsbusch, dessen kollegiale Bereitschaft vom Auditorium mit frenetischem Beifall akklamiert wurde. Sein Geschmack, sein Stilgefühl, seine beseelte Wagner-Interpretation kamen jedenfalls dem musikalischen Teil der Vorstellung zugute. Unter seinen inspirierten Dirigentenhänden strahlte und leuchtete der helle Glanz der Musik, und unbekümmert über die entsetzte Szene ließ er mit vollem Herzen den holden romantischen Zauber der Musik erklingen. Den Lohengrin sang Julius Patzak im Stil und im Ton perfekter Meisterschaft. Auch Maria Reining emanzipierte sich nach Möglichkeit von der Parole des Spielleiters, und unter dem steifen Kopfputz, den sie zu tragen hatte, strahlte ihr liebes Elsa-Gesicht, von dessen Lippen sich die edel geformten und gefühlvoll durchwärmten Gesangsphrasen lösten. Besondere Beachtung verdient ferner Hans Braun, der als Heerrufer seine prächtige, markige Baritonstimme entfaltete."

Die Elsa von Maria Reining zählt zu den größten Leistungen dieses Jahrhunderts.

Die Künstlerin wurde 1903 in Wien geboren. Zunächst verfügte sie über eine rein lyrische Sopranstimme und war von 1931 bis 1933 an der Wiener Staatsoper in kleineren Partien eingesetzt. Über Zwischenstationen in Darmstadt und in München kam sie 1937 wieder nach Wien, allerdings für das jugendlich-dramatische Fach. Den Zauber ihrer Stimme bewirkte die Natürlichkeit ihres Singens sowie ihr silbriges, engelhaftes Timbre. Dadurch war sie für unschuldvolle Frauenrollen wie Pamina, Gräfin (Figaros Hochzeit), Tatjana, Desdemona, Agathe, Eva, Elisabeth, Elsa prädestiniert. In diesen Rollen kamen ihre außergewöhnliche Musikalität und ihre instrumental geführte Stimme voll zu Geltung. Aufgrund dieser hervorragenden Eigenschaften erfreute sie sich einer besonderen Wertschätzung durch Hans Knappertsbusch. Außerdem sang sie u. a. bei den Salzburger Festspielen 1937 das Evchen unter Arturo Toscanini und die Euryanthe unter Bruno Walter, 1938 das Evchen unter Wilhelm Furtwängler und die Elisabeth unter Hans Knappertsbusch, 1939 die Gräfin in „Figaros Hochzeit" als Partnerin von Ezio Pinza und Mariano Stabile ebenfalls unter Knappertsbusch. Knapp vor Ausbruch des Zweiten Weltkrieges gastierte Maria Reining u. a. als Evchen an der New York City Opera. Sie trat mehrmals an der Zoppoter Waldoper auf (als Evchen und als Sieglinde 1934 und als Elisabeth in den Jahren 1939 und 1940). Nach dem Krieg bewunderte man sie bei den Salzburger Festspielen 1947 als Arabella und 1949 und 1953 als Marschallin.

„Lohengrin", Anny Konetzni als Ortrud

In den „Lohengrin"-Reprisen boten auch Anny Konetzni als Ortrud und Karl Kamann als Telramund überzeugende Leistungen. Ohne Karl Kamann hätte dieses Werk zwischen 1938 und 1955 kaum aufgeführt werden können, da die beiden anderen Vertreter des Heldenbariton-Faches, Paul Schöffler und Hans Hotter, diese schwierige Rolle nicht in ihrem Repertoire hatten. Die Bedeutung von Karl Kamann, der 1899 in Köln geboren und 1938 von Hans Knappertsbusch an die Wiener Staatsoper engagiert wurde, läßt sich allein dadurch ermessen, wenn man seine Auftritte in den Heldenbariton-Rollen („Walküre"-Wotan, Hans Sachs, Kurwenal, Holländer und Telramund) an der Wiener Staatsoper zwischen 1945 und 1955 mit

„Lohengrin", Karl Kamann als Telramund

denen seiner Fachkollegen vergleicht. Demnach traten in diesen Rollen auf: Karl Kamann 136mal, Paul Schöffler 36mal, Hans Hotter 29mal, Josef Herrmann 28mal.

Im Mai und Juni 1948 gastierte Max Lorenz in Genua als Tristan unter Tullio Serafin mit Maria Callas als Partnerin. In Turin wirkte er in einer „Walküre"-Aufführung unter Francesco Molinari-Pradelli. Der weltberühmte Bassist Tancredi Pasero sang den Wotan. Obwohl Lorenz eine anstrengende Saison hinter sich hatte, trat er Anfang Juli als Tannhäuser und als Siegmund unter der musikalischen Leitung von Hans Swarowsky bzw. von Maximilian Kojetinsky im Grazer Opernhaus auf. Letzterer bewährte sich ab 1951 als musikalischer Assistent bei den Bayreuther Festspielen und wurde vor allem von Hans Knappertsbusch sehr geschätzt.

Im Mai 1948 begann die glänzende internationale Karriere des neuen Heldentenors der Wiener Staatsoper, Günther Treptow. Sein erstes internationales Auftreten hatte bereits im Sommer 1939 als Tannhäuser an der Zoppoter Waldoper stattgefunden. Durch den Ausbruch des Zweiten Weltkrieges verschob sich Treptows internationale Karriere um nahezu ein ganzes Jahrzehnt. Im Mai 1948 gastierte er mit Maria Reining in einer „Tannhäuser"-Aufführung in Basel. Die Presse der Rheinstadt berichtete darüber u. a.:

„Weich und wohlig fließt Maria Reinings schöner, süß timbrierter Sopran, der vorbildliche vokale Kultur besitzt und im Ansatz, in der Führung der Stimme, im forte wie im mezza voce von schönem Wohllaut ist. Das ist nun wirklich ein Sopran von einem Umfang, einer Leuchtkraft und einem Schmelz, wie er im deutschen Kulturkreis offenbar nur in Wien gedeiht und an dem großen, unvergeßlichen Vorbild Lotte Lehmanns geschult ist. Kein Wunder, daß das Publikum, überwältigt von der makellosen Schönheit und der mühelosen Entfaltung dieser edlen Stimme, mit der sich eine sehr intelligente, wohltuende zurückhaltende Darstellung vereint, sich über die Strenge des Musikdramas hinwegsetzte und die Sängerin auf offener Bühne mit Beifall überschüttete. Nicht weniger war man von Günther Treptow als Tannhäuser gefesselt, Besitzer eines unerhört gesunden, männlich kräftigen Stimmaterials, ein Heldentenor, wie man ihn mit der berühmten Stallaterne suchen kann und kaum finden wird. Er ist nicht nur ein beneidenswerter Stimmbesitzer, der es an Krafttönen begnügen läßt, er ist auch ein intelligenter Sänger, der die Mittelstimme anzuwenden weiß, dem auch der Wagnersche Sprechgesang geläufig ist und immer wieder seine Stimmittel dem geforderten Ausdruck anzupassen weiß. Mit diesem dramatisch belebten Gesang geht auch erlebtes Spiel Hand in Hand, und so stand dieser Tannhäuser mit der um ihn bangenden, für ihn betenden Elisabeth im Brennpunkt des Interesses."

Die Wiener Staatsoper hatte damals für jede große Wagner-Partie mindestens zwei erstrangige Besetzungen zur Verfügung. Aus diesem Grund war es der größte Fehler der Staatsoperndirektion, auf eine vollständige Aufführung des „Nibelungen-Ringes" verzichtet zu haben. Wenn es möglich war, die „Walküre" zur Aufführung zu bringen, so wäre auch die Inszenierung der übrigen Werke der Tetralogie möglich gewesen. Auch das Argument, daß der große Mannenchor der „Götterdämmerung“ auf der Bühne nicht Platz gefunden hätte, zählt nicht, da die „Meistersinger“ mit ihren gewaltigen Chorszenen sehr wohl überzeugend inszeniert werden konnten. Man begnügte sich jedoch damit, den gesamten „Ring“ konzertant im Großen Sendesaal der Ravag aufzuführen. Unter der Leitung von Rudolf Moralt sangen u. a. Helena Braun die Brünnhilde in der „Walküre“, Gertrude Grob-Prandl die Brünnhilde in „Siegfried“ und in „Götterdämmerung“, Hilde Konetzni die Sieglinde und die Gutrune, Günther Treptow den Siegmund und den Siegfried, Ferdinand Frantz den Wotan und Ludwig Weber den Hagen. Die Aufführungen, die von Oktober 1948 bis März 1949 aktweise öffentlich stattfanden, hatten in Wilhelm Furtwängler einen prominenten Zuhörer. Aufgrund seiner gewonnenen Eindrücke verpflichtete er für die „Ring“-Aufführungen an der Mailänder Scala, die 1950 unter seiner Leitung stattfanden, Ferdinand Frantz für den Wotan in „Rheingold“ und in „Walküre“, Hilde Konetzni für die Sieglinde und die Gutrune, Günther Treptow für den Siegmund und Ludwig Weber für den Hagen. Die Besetzung der übrigen Hauptpartien stand für ihn bereits fest.

Seitens der Presse wurde immer wieder betont, daß die räumlichen Gegebenheiten des Ausweichquartiers im Theater an der Wien den Musikdramen Richard Wagners mit ihrer monumentalen Interpretationsforderung nicht adäquat sind. Um jedoch zu besonderen Anlässen wie etwa zur Zeit der Totengedenktage dem Publikum einen Ersatz für eine szenische „Parsifal“-Aufführung bieten zu können, entschloß man sich zu einer konzertanten Aufführung des dritten Aktes „Parsifal“ am 1. und am 2. November 1948 unter der Leitung von Rudolf Moralt mit den Gesangssolisten Günther Treptow, Karl Schmitt-Walter und Herbert Alsen.

Nachdem zu Beginn des Jahres 1949 Helena Braun während der konzertanten „Ring“-Aufführung in der Ravag erkrankt war, übernahm Gertrude Grob-Prandl die Partie der Brünnhilde. Außerdem beendeten damals Helena Braun und Ferdinand Frantz ihre Tätigkeit in Wien, da sich der Chef der Bundestheaterverwaltung Ferdinand Frantz gegenüber, wie schon erwähnt, nicht sehr taktvoll verhalten hatte. Als wegen Erkrankung der vorhin erwähnten Künstlerin die Festaufführung von „Tristan und Isolde“ zum 66. Todestag von Richard Wagner unter Hans Knappertsbusch kurzfristig abgesagt werden mußte, fand unter demselben Dirigenten eine denkwürdige „Fidelio“-Vorstellung statt. Der bekannte Kritiker Prof. Heinrich Kralik schrieb damals u. a.: „Die Leonore sang Gertrude Grob-Prandl und hatte mit ihrer imposanten Leistung einen großen, herzlichen und wohlverdienten Publikumserfolg. Man müßte die Schlußworte im ‚Fidelio‘ variieren und sagen, ‚daß es nicht hoch genug besungen werden kann‘, in solcher Weise Retterin eines Opernabends zu sein. Ihr prächtiger Sopran entfaltet sich leicht und frei und gewinnt von einer Sprosse der Leiter zur anderen an Schönheit, Glanz und Fülle. Den gefürchteten Anstieg in der Arie absolvierte sie wie ein Kinderspiel, dankbar für die willkommene Gelegenheit, ein rundes, volles H leicht strahlen zu lassen. Kurz, sie ist eine Künstlerin, für die die gefürchteten Sorgen und Nöte eines hochdramatischen Soprans so gut wie nicht bestehen.“

Gertrude Grob-Prandl wurde 1917 in Wien geboren. Sie debütierte 1940 an der Wiener Volksoper als Santuzza. Bereits 1943 gastierte sie als Elisabeth im „Tannhäuser“ an der Dresdner Staatsoper. Nach dem Krieg nahm sie ein Engagement in Zürich an. Seit 1945 gastierte sie des öfteren in den beiden Ersatzquartieren der Wiener Staatsoper. Vor allem durch ihre leuchtende Höhe und ihren guten Stil konnte sie große Erfolge erringen.

In einer Vorstellung der „Walküre“ am 19. Juni 1949 unter Clemens Krauss sang Gertrude Grob-Prandl ihre erste hochdramatische Rolle an der Wiener Staatsoper. In der gleichen Aufführung trat der Bassist Deszö Ernster zum erstenmal nach dem Krieg in Wien auf. Er war an der Metropolitan Opera New York engagiert und wirkte seit Beginn der Saison 1949/50 auch an der Wiener Staatsoper. Ernster gab einen Hunding von Kraft und Haltung. Georgine von Milinkovic sang eine Fricka mit schlank geführter Stimme. Höchstes Wagner-Format hatten das Wälsungenpaar, dargestellt von Hilde Konetzni und Günther Treptow, und der Wotan von Karl Kamann.

Im August gastierte ein vollständiges Ensemble der

Wiener Staatsoper unter der Leitung von Rudolf Moralt mit der „Walküre“ und mit „Tristan und Isolde“ in Nizza. Die Hauptpartien wurden von Helena Braun (Isolde und Brünnhilde), Rosette Anday (Brangäne und Fricka), Judith Hellwig (Sieglinde), Günther Treptow (Tristan und Siegmund), Ferdinand Frantz (Kurwenal und Wotan) und Herbert Alsen (König Marke und Hunding) gesungen.

Auch die übrige Auslandstätigkeit der Wiener Wagnersänger in dieser Zeit verdient besondere Beachtung. Im November 1948 gastierte Max Lorenz als Tristan mit Kirsten Flagstad als Partnerin in Caracas. Anschließend trat er von Dezember 1948 bis Februar 1949 an der Metropolitan Opera New York auf, wo er u. a. den Siegmund und den Tristan verkörperte. Besonders hohes Niveau hatte die „Tristan“-Aufführung unter Fritz Busch am 6. Jänner 1949 mit Helen Traubel, Deszö Ernster und Herbert Janssen.

Anfang März 1949 wirkten Anny Konetzni und Günther Treptow in Marseille in einer „Tristan“-Aufführung mit. Es war dies die erste deutschsprachige Opernaufführung am dortigen Opernhaus. Die musikalische Leitung hatte der damalige Generalmusikdirektor am Züricher Stadttheater, Robert Denzler, ein Schüler von Volkmar Andreae. Im nächsten Monat fand an der Mailänder Scala eine Vorstellung der „Walküre“ unter Victor de Sabata mit Kirsten Flagstad, Maria Reining, Max Lorenz, Ferdinand Frantz und Emanuel List statt.

Am 1. September 1949 stand das Stimmungsbarometer auf stürmisch, als Set Svanholm im Theater an der Wien als Lohengrin gastierte. Er war einer der wenigen Sänger, denen man in Gesang und Erscheinung den Gralsritter glaubte. Der im Jahr 1904 in Västeräs (Schweden) geborene Künstler debütierte an der Wiener Staatsoper am 3. März 1938 als Lohengrin. Sein kometenhafter Aufstieg begann bei den Salzburger Festspielen 1938, bei denen er den Walther von Stolzing unter Wilhelm Furtwängler und den Tannhäuser unter Hans Knappertsbusch gesungen hatte. Unter letzterem wirkte er auch an der Wiener Staatsoper von 1938 bis 1943 in zahlreichen glanzvollen Aufführungen mit. Svanholms nach innen gekehrte, aus der musikalischen Phrase heraus gestaltete Interpretation stand im Kontrast zu der auf das Gesamtkunstwerk bezogenen farbenreichen Darstellung von Max Lorenz. Über das Geheimnis der außergewöhnlichen Anziehungskraft von Set Svanholm auf das Publikum schrieb der Kritiker Heinrich Kralik in der Tageszeitung „Die Presse“ am 6. September 1949 u. a.:

„Aus der physischen Beschaffenheit seines Singens allein wäre solche Wirkung nicht erklärbar. Dagegen ist jeder Ton und jede Phrase mit einer wahrhaft unwiderstehlichen Gesangsenergie geladen. Jede Phrase bewirkt gleichsam eine Explosion. Dabei ist alles klar, präzise, real. Der Sänger erspart sich nichts. Man spürt eine geradezu fanatische Solidität, eine künstlerische Redlichkeit, die den Hörer unmittelbar anspricht und kaptiviert. Die innere Konzentration kommt auch in der Erscheinung des Künstlers zum Ausdruck, in der gespannten Haltung des schlanken, biegsamen Körpers, in der beseelten und beredten Miene, im klugen, leuchtenden Blick der Augen. Diese mit Willenskraft durchglühte Gesamtheit der Leistung ist es, von der die hinreißende Wirkung des Gastes ausgeht.“

In der Zeit vom 23. September bis zum 13. November waren drei Vorstellungen von „Tristan und Isolde“ mit Anny Konetzni und Günther Treptow in den Titelpartien angesetzt, wobei die erste Vorstellung wenige Minuten vor Beginn infolge plötzlich eingetretener schwerer Indisposition von Anny Konetzni abgesagt werden mußte. Die Vorstellung im Oktober leitete der damals noch wenig bekannte Dirigent Georg Solti. Den größeren Eindruck hinterließ die von Rudolf Moralt geleitete Aufführung am 13. November, da Margarete Klose, die bedeutendste Darstellerin der Partie der Brangäne seit 1930, der Aufführung besonderen Glanz verlieh. Die große Altistin, die 1899 in Berlin geboren wurde, trat zum erstenmal als Ortrud 1938 in Wien auf und übernahm hier ab 1941 auf besonderen Wunsch von Wilhelm Furtwängler die Rolle der Brangäne. Zwischen 1933 und 1942 wirkte sie ständig in Bayreuth.

Die berühmte Künstlerin hinterließ auch als Fricka in einer von Rudolf Moralt am 27. November geleiteten „Walküre“-Vorstellung mit Gertrude Grob-Prandl, Hilde Konetzni, Max Lorenz und Hans Hotter als kongenialen Partnern einen überwältigenden Eindruck.

„Die Walküre", Margarete Klose als Fricka

„Die Walküre", Ferdinand Frantz als Wotan

Im gleichen Monat sang Max Lorenz an der Städtischen Oper Berlin in der zweiten Reprise des neuinszenierten „Tannhäuser" die Titelpartie. Außerdem gastierte er an der Pariser Grand Opera als Siegmund in einer von Georges Sebastian geleiteten Aufführung der „Walküre" mit Kirsten Flagstad, Paul Schöffler und Ludwig Weber als Partner und konnte einen großen Erfolg als Othello erringen, den er ebenso wie Paul Schöffler (Jago) in italienischer Sprache sang.

Am 3. November gastierte eine vollständige Wiener Stagione in Bologna mit „Tristan und Isolde": Anny Konetzni, Rosette Anday, Günther Treptow, Andreas Boehm und Alois Pernerstorfer.

Am 30. November 1949 fand die letzte große Wagner-Premiere im Ersatzquartier an der Wien statt. Die „Meistersinger"-Premiere wurde zu einem großen kulturellen und gesellschaftlichen Ereignis.

Clemens Krauss, der das Werk bereits 20 Jahre vorher neu herausgebracht hatte, war in seinem Dirigat noch kontrastreicher, und das Kammermusikalische klang noch feiner und geistreicher. Mit seiner mustergültigen Interpretation stand die Regie von Rudolf Hartmann in bester Harmonie, der als Spielleiter die Darsteller natürlich agieren ließ. Auf der Bühne stand ein grandioses Künstlerensemble. Die zentrale Figur des Hans Sachs hatte mit Paul Schöffler einen idealen Vertreter. Er betonte mit Witz, Geist und Humor den Schuster-Poeten. Seine Phrasierungskunst und seine Atemführung waren vollendet.

Paul Schöffler wurde 1897 in Dresden geboren. 1925 wurde er von Fritz Busch an die Dresdner Staatsoper verpflichtet, und 1938 kam er auf Wunsch von Hans Knappertsbusch an die Wiener Staatsoper. Unter der Leitung des großen Wagner-Dirigenten sang er 1940 in Wien den Hans Sachs in einer Neuinszenierung. In der gleichen Rolle trat er in den Jahren 1943 und 1944 in Bayreuth auf.

Auch Erich Kunz erhielt 1943 eine Einladung auf den

„Die Meistersinger von Nürnberg", Szene aus dem 3. Akt mit Hugo Meyer-Welfing, Paul Schöffler, Ludwig Weber, Trude Eipperle, Georg Hann und Rosette Anday

Grünen Hügel, dort den Beckmesser zu singen, und er war auch 1951 der erste Bayreuther Beckmesser nach dem Krieg. In der Neuinszenierung im Theater an der Wien gab er in dieser Rolle eine treffende Charakterstudie und erzielte Beifall auf offener Szene. Max Lorenz gab den Walther von Stolzing in idealer ritterlicher Erscheinung. Eine offenbare Indisposition hinderte ihn jedoch an der sängerischen Entfaltung.

Trude Eipperle wirkte als Evchen anmutig und sehr musikalisch. Anton Dermota, als Sänger eher schon ein Meistersinger, erfreute mit seinem schönen Tenor als David. Ludwig Weber gab einen würdigen Pogner, Georg Hann war ein Kothner mit saftiger Komik, Rosette Andays Magdalena war beste Wiener Operntradition. Die schönen Bühnenbilder Robert Kautskys, die alten Stichen nachgebildet schienen, gaben der Aufführung einen lebendigen Rahmen.

Bis zur Schließung des Theaters an der Wien 1955 zählten „die Meistersinger" zu den beliebtesten Werken des umfangreichen Spielplans. Von den hervorragenden Alternativbesetzungen blieben u. a. in Erinnerung: Karl Kamann als stimmgewaltiger Hans Sachs, der mehr einen gemütvollen, behäbig-sonnigen Schuster auf die Bühne stellte. Unter den Hans-Sachs-Darstellern gab es auch andere prominente Namen, wie Josef Herrmann, Otto Edelmann und Hans Hermann Nissen. Auch die übrigen Partien waren mit erstrangigen Künstlern besetzt, wie etwa das Evchen mit Sena Jurinac, Irmgard Seefried, Elisabeth Grümmer und Lisa della Casa; der Walther von Stolzing mit Torsten Ralf, Set Svanholm, Günther Treptow, Hans Hopf und vor allem mit Peter Anders. Besonders sei auch der köstliche Beckmesser von Karl Dönch hervorgehoben.

Die kommenden Monate standen im Zeichen großer Leistungen der Wagnersänger der Wiener Staatsoper im Ausland. Ende Dezember und Anfang Jänner sangen Anny Konetzni (Kundry) und Günther Treptow (Parsfal) ihre Partien in italienischer Sprache im Teatro La Fenice in Venedig. Tancredi Pasero sang den Gurnemanz.

Anläßlich dieses Gastspiels wurde wieder einmal deutlich vor Augen geführt, daß es ein großer Fehler war, auf eine szenische Aufführung des „Parsifal" im Theater an der Wien nicht mit genügend Nachdruck hingearbeitet zu haben. Unsere Wagnersänger hatten für nur sechs „Parsifal"-Vorstellungen ihre Partien in italienischer Sprache einstudieren müssen, um diese Rollen überhaupt singen zu können. Damals stand der „Parsifal" an keiner größeren deutschen Opernbühne im Repertoire.

Die Met-Saison 1949/50 brachte große Leistungen von Max Lorenz, der den Siegmund und den Lohengrin alternierend mit Lauritz Melchior und Set Svanholm, den Parsifal abwechselnd mit Set Svanholm und Charles Kullmann sang, von Paul Schöffler – es war dies seine erste Saison in New York – als Amfortas und Hans Sachs und von Ferdinand Frantz als Hans Sachs und König Marke. Großes Aufsehen erregte das unerwartete Auftreten von Helena Braun. Sie war ursprünglich als Begleiterin ihres Gatten Ferdinand Frantz nach New York gekommen. Als jedoch Helen Traubel, die für die Brünnhilde in der „Walküre" vorgesehen war, plötzlich erkrankte und kein Ersatz vorhanden war, trat man an Helena Braun mit der Bitte heran, die Vorstellung zu retten. Die Künstlerin konnte einen großen persönlichen Erfolg erringen.

In den Monaten Jänner und Februar sang Günther Treptow mit Kirsten Flagstad als Partnerin den Tristan, den Siegmund und den Siegfried in der „Götterdämmerung" in Barcelona unter der Leitung von Georges Sebastian. Den „Walküre"-Wotan und den Kurwenal sang Hans Hotter.

Das bedeutendste europäische Opernereignis dieser Zeit fand im März und Anfang April 1950 an der Mailänder Scala statt. Wilhelm Furtwängler dirigierte drei vollständige Aufführungen der „Ring"-Tetralogie, die erste szenische Gesamtaufführung dieses Riesenwerks nach dem Zweiten Weltkrieg. Mit Ausnahme von Kirsten Flagstad (Brünnhilde) waren selbst in den kleinen Rollen fast ausschließlich Sänger tätig, die dem Ensemble der Wiener Staatsoper angehörten oder früher in Wien tätig gewesen waren, was neuerlich den großen Fehler beweist, die Tetralogie bei Vorhandensein einer solchen Prachtbesetzung nicht in Wien gespielt zu haben.

Günther Treptow als Siegmund, Set Svanholm als Jung-Siegfried, Max Lorenz als Siegfried in „Götterdämmerung", Hilde Konetzni als Sieglinde und als Gutrune, Elisabeth Höngen als Fricka und als Waltraute, Ferdinand Frantz als Wotan, Josef Herrmann als Wanderer und als Gunther, Ludwig Weber als Hunding, Fafner und Hagen sowie Alois Pernerstorfer als Alberich bildeten ein Wagner-Ensemble, das seither in dieser Intensität und Homogenität nie mehr erreicht worden ist, was ein Plattenmitschnitt anschaulich und unbestechlich beweist.

Im Februar 1950 bestätigte Karl Kamann einmal mehr, daß die Staatsoper in ihm eines ihrer fleißigsten und wertvollsten Mitglieder hatte. Bereits mehrmals hatte er eine Aufführung vor der Absage gerettet, indem er kurzfristig für einen plötzlich erkrankten Fachkollegen eingesprungen war. In der „Meistersinger"-Aufführung vom 15. Februar wurde während des ersten Aktes der Darsteller des Hans Sachs, Josef Herrmann, von starker Indisposition befallen und konnte den zweiten Akt nur mit allergrößter Anstrengung zu Ende singen. Da ließ die Direktion der Wiener Staatsoper über den Rundfunk die Meldung durchgehen, daß sich Karl Kamann, der zu Hause nicht angetroffen wurde, im Theater an der Wien einfinden möge. Die Radiodurchsage hatte Erfolg. Kamann, der während der Durchsage eine Kinovorstellung in der Wiener Innenstadt besucht hatte, eilte vom Kino direkt zum Theater an der Wien und übernahm im dritten Akt die Partie des Hans Sachs. Die Vorstellung konnte ohne nennenswerte Verzögerung zu Ende gehen. Als der beliebte Künstler auf der Festwiese erschien, wurde er von einem dankbaren Publikum mit nicht enden wollendem Applaus begrüßt.

Im Mai wurde Max Lorenz eingeladen, an der Städtischen Oper Berlin in der „Tristan"-Premiere mitzuwirken.

Zur gleichen Zeit dirigierte in Wien Hans Knappertsbusch zwei „Meistersinger"-Vorstellungen mit Hans Hermann Nissen bzw. Karl Kamann als Hans Sachs. Als Walther von Stolzing gab es ein Wiedersehen mit einem sympathischen Künstler, der seit der Mitte der dreißiger Jahre immer wieder ein gerngesehener Gast an der Wiener Staatsoper war: Torsten Ralf. Zuletzt war er 1944 in Wien gewesen. Mit Beginn der Saison 1950/51 schloß er einen Gastvertrag mit der Wiener Staatsoper ab und bot insbesondere als Walther von Stolzing, als Lohengrin und als Tannhäuser vorzügliche Leistungen.

Mit Ende der Saison 1949/50 war der Aufbau des Wagner-Spielplans der Wiener Staatsoper abgeschlossen. Die Bilanz zu diesem Stichtag kann als einmalig bezeichnet werden. In vierjähriger Aufbauarbeit waren unter den schwierigsten Verhältnissen sechs Werke des Bayreuther Meisters neu herausgebracht worden, außerdem waren die Wagnersänger der Wiener Oper gerngesehene Gäste an den bedeutendsten Opernhäusern Europas und Amerikas geworden.

Im Theater an der Wien stellten sich von April bis Oktober Eugen Jochum, Georges Sebastian und Fritz Busch als Gastdirigenten einiger Wagner-Vorstellungen vor. Starken Eindruck hinterließ der Chefdirigent der Pariser Oper, Georges Sebastian, als „Walküre"- und „Tristan"-Dirigent. Er dirigierte die Vorstellungen voll Kraft, mit Feuer, Poesie und Romantik. Auch leitete er viele Wagner-Aufführungen an den großen Opernhäusern Frankreichs und Spaniens, wobei er insbesondere auf die Mitwirkung von Helena Braun, Gertrude Grob-Prandl, Margarete Klose, Georgine von Milinkovic, Max Lorenz, Günther Treptow, Ferdinand Frantz, Paul Schöffler und Ludwig Weber Wert legte. Eine genaue Besetzungsangabe befindet sich im angeschlossenen Verzeichnis der Wagner-Aufführungen im Ausland.

Als wahrhaft großer Musiker erwies sich Fritz Busch, der vier „Meistersinger"-Aufführungen mit sensationellem Erfolg im Theater an der Wien leitete. Er ließ den Sängern den erforderlichen Spielraum, dirigierte natürlich und wirkte ungemein mitreißend.

Im Sommer 1950 fanden erstmals nach dem Krieg wieder die Münchner Opernfestspiele statt. Die Eröffnungsvorstellung von „Tristan und Isolde" dirigierte Hans Knappertsbusch mit einem fast vollständigen „Wiener Ensemble": Helena Braun (Isolde), Margarete Klose (Brangäne), Günther Treptow (Tristan), Ferdinand Frantz (König Marke) und Paul Schöffler (Kurwenal). Max Lorenz und Torsten Ralf sangen alternierend den Tannhäuser, und die „Meistersinger" fanden u. a. unter der Mitwirkung von Paul Schöffler, Ferdinand Frantz (Hans Sachs), Irmgard Seefried (Evchen), Günther Treptow (Stolzing), Herbert Alsen (Pogner) und Erich Kunz (Beckmesser) statt.

Im November ging an der Pariser Grand Opera eine vielbejubelte „Siegfried"-Aufführung unter Georges Sebastian mit Helena Braun als Brünnhilde, Margarete Klose als Erda, Max Lorenz als Siegfried, Ferdinand Frantz als Wanderer und Ludwig Weber als Fafner in Szene. Ein weiteres bedeutendes großes Opernhaus verpflichtete eine Wiener Wagner-Stagione für die Eröffnung der Saison 1950/51: das Teatro San Carlo in Neapel. Karl Böhm war der Dirigent einiger Aufführungen von „Tristan und Isolde". Die Bühnenbilder gestaltete der junge Wiener Architekt Dr. Gottfried Neumann-Spallart. In den ersten Aufführungen sang Max Lorenz die Titelpartie. In der dritten Aufführung übernahm Günther Treptow diese Rolle. Außerdem wirkten in den Hauptpartien noch Gertrude Grob-Prandl als Isolde, Elisabeth Höngen als Brangäne, Ludwig Weber als König Marke und Josef Herrmann als Kurwenal mit.

Im herrlichen Teatro San Carlo mit seiner wunderbaren Akustik dirigierte Karl Böhm im Anschluß an den „Tristan" einige „Meistersinger"-Vorstellungen mit Josef Herrmann als Hans Sachs, Torsten Ralf als Stolzing, Ludwig Weber als Pogner, Karl Dönch als Beckmesser, Anton Dermota als David und Elisabeth Höngen als Magdalena.

Unter der Regie von Josef Witt leitete Hans Knappertsbusch „Tannhäuser"-Aufführungen in Rom mit Maria Reining als Elisabeth, Torsten Ralf in der Titelpartie und Alfred Poell als Wolfram.

Am 1. April 1951 sang Gertrude Grob-Prandl unter Leitung von Rudolf Moralt ihre erste Isolde in Wien mit Max Lorenz als Partner. Ihre blühende, höhensichere Stimme hielt mühelos bis zum Schluß durch. Die junge Sängerin zählte bald zu den gefragtesten Hochdramatischen.

Anfang Mai 1951 begeisterte Peter Anders zweimal als Walther von Stolzing. Er sang diese Partie mit strahlender Kraft und spielte die Rolle weltgewandt und mit ritterlichem Anstand. Künstlerischer Geschmack, Musikalität und eine hervorragende Gesangstechnik machten seinen Stolzing zu einem großen musikalischen Ereignis. Peter Anders, der für die Saison 1951/52 einen Gastvertrag mit der Wiener Staatsoper abschloß, bedeutete eine wesentliche Verstärkung für das Wiener Opernensemble.

An der Metropolitan Opera in New York waren in der Saison 1950/51, der ersten Spielzeit unter dem neuen General Manager Rudolf Bing, u. a. Günther Treptow, Ferdinand Frantz, Hans Hotter, Paul Schöffler und Peter Klein im Wagnerfach eingesetzt.

Unter den Wagner-Werken, die im Theater an der Wien auf dem Spielplan standen, war „Lohengrin" für die Stammbesucher wegen der total mißglückten Inszenierung und wegen der fast ausschließlichen Besetzung der Titelpartie mit lyrischen Tenören ein Stein des Anstoßes. Eine rühmliche Ausnahme waren die letzten vier Aufführungen in der Beinl-Inszenierung, die in der Zeit vom 17. April bis zum 7. Juni 1951 stattfanden. In drei Vorstellungen begeisterte Max Lorenz in der Titelpartie. Endlich ein Lohengrin, der aus „Glanz und Wonne" kam! Auch der metallische Tenor von Torsten Ralf verlieh der Figur des Schwanenritters Profil.

„Die Meistersinger von Nürnberg", Peter Anders als Walther von Stolzing

„Die Meistersinger von Nürnberg", Paul Schöffler als Hans Sachs

Am 24. und am 25. November erhielt „Lohengrin" im Rahmen einer Doppelpremiere unter der Regie von Rudolf Hartmann und mit den Bühnenbildern von Emil Preetorius endlich ein neues Gesicht. Der Stil der neuen Inszenierung schwankte zwischen Romantik und Sachlichkeit.

Anstelle des verstorbenen Fritz Busch, dem die Premiere zugedacht gewesen war, übernahm Clemens Krauss die musikalische Leitung. Seine große Meisterschaft, Sänger und Chor zu führen, verbürgte Aufführungen von hohem Niveau.

Der Lohengrin von Torsten Ralf hatte echtes Wagner-Format, jener von Josef Gostic war etwas lyrischer angelegt, aber mit glanzvollen Spitzentönen ausgestattet. Als Elsa boten Hilde Zadek und Christl Goltz die erwarteten guten Leistungen, ohne jedoch in dieser Rolle das außerordentliche Niveau von Maria Reining und Hilde Konetzni zu erreichen. Mit Elisabeth Höngen und Anny Konetzni waren zwei individuell gefärbte Stimmen als Ortrud eingesetzt. Während bei Anny Konetzni die ungeheure Wucht ihres hochdramatischen Soprans imponierte, faszinierte Elisabeth Höngen mit ihrem hellen, schlanken, kraftvoll eingesetzten Mezzo, der lebendiger, farbiger Nuancierung fähig war.

Elisabeth Höngen, die 1906 in Gevelsberg in Westfalen

geboren wurde, kam über Zwischenstationen in Wuppertal, Düsseldorf und Dresden 1942 an die Wiener Staatsoper, wo sie als Ortrud in einer von Hans Knappertsbusch geleiteten „Lohengrin"-Vorstellung mit Hilde Konetzni, Max Lorenz, Josef von Manowarda und Karl Kamann debütierte. In der „Lohengrin"-Doppelpremiere im Theater an der Wien unter Clemens Krauss waren außerdem Ludwig Weber und Ludwig Hofmann würdevolle, mächtige Könige. Hans Hotter und Alfred Poell überzeugten als Heerrufer. Der große deutsche Bassist Ludwig Hofmann, 1895 in Frankfurt am Main geboren, gastierte bereits 1927 zum ersten Mal an der Wiener Staatsoper und war von 1935 bis 1940 ständiger Gast in Wien. Im Herbst 1950 nahm er seine Gasttätigkeit an der Wiener Staatsoper wieder auf. Als ständiges Mitglied der Berliner Staatsoper trat er an nahezu allen großen Opernhäusern der Welt auf. Von 1952 bis 1954 begeisterte Set Svanholm mehrmals im Theater an der Wien als Lohengrin.

Nach vielen Bemühungen war es der Direktion der Wiener Staatsoper gelungen, Wilhelm Furtwängler für die Übernahme von zwei Wagner-Vorstellungen („Walküre" und „Tristan und Isolde") zu gewinnen. Der große deutsche Dirigent hatte seit 1928 mehrere Premieren an der Wiener Staatsoper geleitet, zuletzt den denkwürdigen „Tristan" am 2. Jänner 1943 mit den Bühnenbildern von Alfred Roller. Max Graf schrieb anläßlich der Übernahme einer „Tristan"-Vorstellung durch Wilhelm Furtwängler am 16. Juni 1935 folgende treffende Bemerkungen über Furtwänglers „Tristan"-Interpretation:

„Große ‚Tristan'-Dirigenten hat man in der Wiener Staatsoper gewiß oft schon bewundert. Die mächtige ‚Tristan'-Symphonie Hans Richters. Die neuen Nervenspannungen und Verzückungen Gustav Mahlers. Den schwungvoll stürmenden ‚Tristan' von Richard Strauss. Den ‚Tristan' mit dem ‚heilig glühenden Herzen' Bruno Walters. Den ‚Tristan' mit der stilvollen Linie Weingartners. Den musizierfrohen ‚Tristan' von Knappertsbusch. Jeder große Musiker hat sein eigenes Bild der ungeheuren Liebestragödie, jeder zeigt seine Persönlichkeit in der Art der Durchdringung und Formung des Werkes, zu dem, wie zu einem riesenhaften Gebirge, mehr als ein Weg führt. Es gibt Dirigenten, welche den ‚Tristan' mehr objektiv gestalten: Hans Richter, Weingartner, und Dirigenten, welche ihre Subjektivität anspannen: Mahler, Furtwängler.

Wilhelm Furtwängler steht als ‚Tristan'-Dirigent Gustav Mahler am nächsten. Gustav Mahler war der Ekstatiker. Wenn er bei ‚Tristan' am Dirigentenpult saß: schmal, blaß, wie ein fanatischer mittelalterlicher Mönch, der Wundmale trug. Mahler stand in Flammen, verzehrte sich, und die Vibrationen der bis zum Zerreißen angespannten Nerven breiteten sich bis zum letzten Winkel des Zuschauerraumes der Hofoper aus. Ein ähnliches Schauspiel gibt Furtwängler. Seine seelische Erregung ist so stark, daß man den Eindruck hat, er schraubt und presse alles, was an Seelensubstanz in ihm ist, aus dem Körper heraus und müßte am Schluß zusammenfallen wie ein leerer Sack. Furtwängler ist – zum Unterschied von Toscanini, der nur schön und großartig musizieren will – vor allem eine geistige Persönlichkeit: auch dies macht ihn Gustav Mahler verwandt. Ströme von geistiger Kraft, die sich in Musik umwandelt, wie elektrische Wellen in Tonschwingungen, fließen von ihm aus. Die Verbindung von hoher Intellektualität mit modernen Nerven und mit musikalischer Sinnlichkeit charakterisiert diesen großen Dirigenten. Er ist ein Kunstgelehrter, ein Denker, dessen Gedankenbilder sich in Musik verwandeln. Es ist selbstverständlich, daß sich die besondere Eigenart Furtwänglers in der Darstellung der ‚Tristan'-Musik ganz entfaltet. In dieser Musik ist alles Spannung, Sehnsucht, Liebe, die ins Unendliche strömen will."

Da sich zum Zeitpunkt der beiden Aufführungen (Ende Jänner 1952) die beiden hauseigenen Heldentenöre nicht in Wien befanden, brachte Furtwängler aus Berlin den Heldentenor Ludwig Suthaus für seine beiden Wiener Abende mit. Suthaus erwies sich als musikalischer Wagner-Interpret, der weniger durch metallisch-glänzende Spitzentöne, sondern durch intelligenten Vortrag, gestützt auf eine großartige Atemtechnik, bestach. Besonderen Eindruck hinterließ der stimmgewaltige Gottlob Frick als König Marke. Anny Konetzni sang ihre bereits mehrfach gewürdigte Isolde.

Zur selben Zeit absolvierten einige Wagner-Sänger der

Wiener Staatsoper Gastspiele an bedeutenden Opernhäusern des Auslands. Besondere Erwähnung verdient das Auftreten von Max Lorenz im März 1952 als Jung-Siegfried unter der Leitung von Erich Kleiber in Rom. Diese Rolle von überdimensionalem Ausmaß zählte bereits seit zwei Jahrzehnten zu den bedeutendsten Bühnenfiguren des berühmten Heldentenors, der knapp vor seinem 25jährigen Bühnenjubiläum stand.

Zur Realisierung seines musikalischen Konzepts waren die Wiener Philharmoniker für Wilhelm Furtwängler das Wagner-Orchester schlechthin. Aus diesem Grund hatte sich der oft sehr schwierige Dirigent bereit erklärt, anläßlich des 70. Todestages von Richard Wagner zwei konzertante Aufführungen mit Ausschnitten aus „Götterdämmerung" (Vorspiel und dritter Akt) zu dirigieren. Es war eine ergreifende Feier, zu der nicht nur die Wiener Philharmoniker, sondern auch die Gesangssolisten Anny Konetzni als Brünnhilde und Ludwig Suthaus als Siegfried beitrugen.

Seit der Wiedereröffnung der Bayreuther Festspiele waren in den Jahren 1951 bis 1954 einige Mitglieder der Wiener Staatsoper in tragenden Rollen auf dem Grünen Hügel tätig: Elisabeth Höngen als Fricka und als Waltraute, Max Lorenz als Siegmund und als Siegfried in „Götterdämmerung", Günther Treptow als Siegmund, Otto Edelmann als Hans Sachs, Erich Kunz als Beckmesser, Ludwig Weber als Gurnemanz, als Pogner und als Fasolt und Hans Braun als Heerrufer.

Unmittelbar vor seinem Rücktritt als Chef der Bundestheaterverwaltung konnte Dr. Hilbert einige Sänger, die durch ihre Mitwirkung bei den Bayreuther Festspielen besonders aufgefallen waren, entweder fest oder durch Gastverträge an die Wiener Staatsoper binden, wie etwa Leonie Rysanek, Martha Mödl, Birgit Nilsson, Hans Hopf und Wolfgang Windgassen.

1953 gab es eine einmalige Situation in der Wiener „Tristan"-Statistik. Neben den zwei ständigen Tristan-Darstellern Max Lorenz und Günther Treptow waren in dieser überaus schwierigen Heldenrolle mit Ludwig Suthaus, Set Svanholm und Wolfgang Windgassen drei weitere international anerkannte Tristan-Interpreten zu hören.

Wolfgang Windgassen debütierte in Wien am 7. Oktober 1953 als Lohengrin. Man begegnete einer schön geführten lyrischen Tenorstimme, der man etwas mehr Kraft in der Attacke und Farbenreichtum im Ausdruck wünschte. Windgassen war u. a. auch als Linkerton, als Hoffmann, als Tamino und als Herzog im „Rigoletto" eingesetzt. In der „Rigoletto"-Aufführung sang der damals noch unbekannte Theo Adam den Sparafucile. Adam trat dann am 9. März 1954 als König Heinrich im „Lohengrin" auf.

Anläßlich der ersten Isolde von Martha Mödl im Theater an der Wien am 14. Dezember 1953 schrieb Max Graf:

„Von den fünf Sängern der letzten ‚Tristan'-Vorstellung der Wiener Staatsoper hatte nur Max Lorenz die volle Größe. Bei ihm hat die Gestalt Tristans die Heldenerscheinung und jenes Leuchten einer idealen Welt, die die großen Wagnersänger aller Zeit (ein Winkelmann, ein Schmedes) gehabt haben. Die Stimme hat den echten Heldenton, der jedes Wort von innen heraus leuchten läßt. Bei Frau Mödl, deren Leistung gewiß nichts Alltägliches ist, merkt man immer die Absicht und den Willen, groß, königlich, leidenschaftlich zu sein. Während Lorenz immer ganz natürlich ist, fühlt man bei Frau Mödl die beabsichtigte Spannung der künstlerischen Energie. In der königlichen Haltung ist Gewolltes, in jedem Ton Absicht. Der formvolle Gesang erhält von einer ungewöhnlichen künstlerischen Energie her Sinn und Ausdruck. Das Resultat so vieler Anstrengung, die das Können anspannt, ist immer imposant."

Am 31. Jänner 1954 wurde Karl Böhm mit Wirkung vom 1. September 1954 zum Direktor des Hauses am Ring ernannt. Die meisten Wagnersänger hatten sich eigentlich Clemens Krauss zum neuen Opernchef gewünscht, da sie unter ihm sowie unter Hans Knappertsbusch und Rudolf Moralt, also unter Dirigenten, die schwere Stimmen führen konnten, am meisten gearbeitet hatten. In diesem Zusammenhang sind einige Vergleichsziffern sehr aufschlußreich. Im Verlauf eines Vierteljahrhunderts, von 1929 bis 1955, leiteten an der Wiener Staatsoper u. a. Hans Knappertsbusch 185 Wagner-Vorstellungen, Clemens Krauss 150, Rudolf Moralt 130 und Karl Böhm 22. (Zum Vergleich: Herbert von Karajan dirigierte von 1957 bis 1980 85 Wagner-Aufführungen.)

„Tristan und Isolde", Günther Treptow als Tristan und Birgit Nilsson als Isolde (Basel, 1954)

„Die Walküre", Max Lorenz als Siegmund (Bayreuth 1954)

Auch im Jahr 1954 warteten die Wagnersänger der Staatsoper im Ausland mit eindrucksvollen Leistungen auf. Hans Knappertsbusch leitete im Februar in Bordeaux die „Walküre" mit Gertrude Grob-Prandl, Leonie Rysanek, Georgine von Milinkovic und Max Lorenz. Im Anschluß daran fand in Paris unter Georges Sebastian eine „Tristan"-Aufführung mit Gertrude Grob-Prandl, Georgine von Milinkovic, Max Lorenz und Ludwig Weber statt. Zwei Monate später debütierte Birgit Nilsson in Wien als Sieglinde in einer von Rudolf Moralt geleiteten Aufführung der „Walküre". Die Künstlerin erinnert sich an ihr Debüt im Theater an der Wien: „Ich war ein Neuling und als schwedische Bauerntochter gewiß ein Fremdling in der internationalen Opernwelt. Hier in der Opernstadt meiner Träume fühlte ich mich als eine Anfängerin. Der große, herrliche Max Lorenz war mein Siegmund, ich seine Zwillingsschwester, und was so oft und von so vielen Sängerkollegen über Max Lorenz erzählt worden ist, geschah auch mir: Er hat mir Mut gemacht, hat mir geholfen, er hat sich um mich gekümmert. Ich habe bei ihm gelernt, was ein wirklich guter Kollege bedeuten kann."

Zwei Ereignisse aus dem Jahr 1954 verdienen besonders hervorgehoben zu werden. Bei den Bayreuther Festspielen sang Max Lorenz den Siegmund und stellte damit den für einen Heldentenor wohl einmaligen Rekord auf: Seine Tätigkeit in Bayreuth erstreckte sich auf einen Zeitraum von 21 Jahren (von 1933 bis 1944 in ununterbrochener Folge, nach dem Zweiten Weltkrieg 1952 und 1954)!

Drei Monate vor ihrer ersten Isolde in Wien im Dezember 1954 sang Birgit Nilsson die gleiche Rolle erstmals in deutscher Sprache am Stadttheater Basel. Die Kritik war sich dahingehend einig, in der 36jährigen schwedischen Sopranistin die kommende große Wagner-Heroine gehört zu haben. Birgit Nilsson hatte in Günther Treptow, dessen außergewöhnliche Stimmkraft das Baseler Publikum abermals begeistert hatte, den richtigen Partner.

Um so größeres Staunen erregte wenige Wochen später eine Nachricht in der Wiener Presse, wonach die Direktion Böhm die Verträge mit einigen Mitgliedern der Wiener Staatsoper zu kündigen beabsichtige, wie etwa jene mit den Geschwistern Anny und Hilde Konetzni und mit Günther Treptow. Den beiden Konetzni wurde die Pensionierung mit gleichzeitiger Verleihung der Ehrenmitgliedschaft in Aussicht gestellt.

„Die Notwendigkeit der Bildung eines neuen Sängerensembles im Zusammenhang mit den künstlerischen Vorarbeiten für das neue Opernhaus am Ring wird zu einer Reihe von personellen Veränderungen führen. So werden im Jänner des nächsten Jahres die Verträge mit zwölf Mitgliedern der Staatsoper gelöst und nicht mehr erneuert werden. Bei Neuengagements wird auf die akustischen Verhältnisse des neuen Hauses Rücksicht genommen werden. Außerdem wird darauf hingewiesen, daß das Ausscheiden einer so großen Anzahl von Opernmitgliedern auch deshalb notwendig geworden ist, weil sich im Theater an der Wien bei einzelnen von ihnen zwangsläufig eine gewisse Verschiebung der Fächer und der Rollen ergeben hat." So lautete die Presseaussendung der Bundestheaterverwaltung.

Der überwiegende Teil des Stammpublikums war über diese unverständliche Erklärung aufgebracht. Es war klar erkennbar, daß dies nur eine fadenscheinige Ausrede dafür war, daß Karl Böhm mächtige Wagner-Stimmen anscheinend nicht in sein Konzept paßten, ohne allerdings für sie einen Ersatz gefunden zu haben.

Es stellte sich jedoch sehr bald heraus, daß die Direktion auf die Dienste der gefeierten Wagnersänger, die zum Teil zu wesentlich ungünstigeren Bedingungen weiterverpflichtet worden waren, angewiesen war. Allein Günther Treptow ging auf ein Angebot aus Wien nicht ein. Er folgte Anfang 1955 auf Wunsch von Erich Kleiber einem Ruf an die Berliner Staatsoper, wo er bis in die sechziger Jahre das Heldentenorfach bestritt. Hilde Konetzni sang bald wieder mit der Elisabeth und der Sieglinde jene Rollen, die sie bereits seit 1935 verkörpert hatte. Wiens zweite hochdramatische Sopranistin, Gertrude Grob-Prandl, nahm ebenfalls ein Engagement an der Berliner Staatsoper an und sang dort mehrere Jahre hindurch mit Günther Treptow das hochdramatische Fach. Auch Margarete Klose kehrte an ihr einstiges Stammhaus zurück. Max Lorenz, seit 1929 mit der Wiener Staatsoper verbunden und zugleich einer der beliebtesten Künstler des Hauses, wurde anläßlich der Wiedereröffnung der Staatsoper nur als Tambourmajor im „Wozzeck" eingesetzt, obwohl sich für ihn eine seinen Verdiensten entsprechende Verwendung in seinem Fach ergeben hätte. Er wurde in der Saison 1955/56 nur ein einziges Mal in einer Wagner-Rolle, als Tristan, eingesetzt und sang im Herbst 1956 wieder seine Glanzrolle, den Tannhäuser, nachdem der anstelle von Günther Treptow engagierte Heldentenor (Jahrgang 1902 – die Direktion sprach von einer Verjüngung des Ensembles!) während der Premiere einen Theaterskandal heraufbeschworen hatte. Bis 1960 feierte Lorenz weiterhin große Erfolge im Ausland als Wagnersänger, insbesondere als Tristan. Auch zeigten sich die Staatsopern von Berlin und von Dresden als weit dankbarer dem Künstler gegenüber, der unbestritten als eine der bedeutendsten Bühnenpersönlichkeiten anzusehen ist. Anläßlich seines 30jährigen Bühnenjubiläums wurde Max Lorenz, dem 1957 die Ehrenmitgliedschaft der Staatsopern von Berlin und von Dresden verliehen worden war, an der Berliner Staatsoper besonders geehrt. Unter der Leitung von Robert Heger sang er den Tristan in der „Theater an der Wien"-Besetzung mit Gertrude Grob-Prandl, Margarete Klose und Ludwig Hofmann als Partner.

Nur für Anny Konetzni gab es keine Rückkehr auf die Opernbühne. Nach 22jähriger glanzvoller Karriere an der Wiener Staatsoper erhielt sie im Februar 1955 das Pensionierungsdekret per Post zugeschickt. Unmittelbar darauf erlitt sie einen Schlaganfall, der sie der Beweglichkeit ihrer linken Hand und ihres linken Beins beraubte. Zwischen Rollstuhl und Bett verbrachte sie fortan ihre Tage, vor sich hinsinnierend, warum sie denn eigentlich in voller Sanges- und Schaffenskraft hatte aufhören müssen.

Unmittelbar nach dem Opernfest im November 1955 sank das Niveau vor allem der meisten Wagner-Vorstellungen auf einen bisher nicht gewohnten Tiefstand. Als Folge der verfehlten und unüberlegten Personalpolitik der Direktion Böhm hatte sich das legendäre Wagner-Ensemble der Staatsoper im Exil in alle Winde zerstreut. Anfang März 1956 kam es zur Demission von Karl Böhm als Staatsoperndirektor.

Die Wagner-Pflege der Wiener Staatsoper im Exil, getragen von einem bodenständigen Ensemble unverwechselbarer, profilierter Sängerpersönlichkeiten, wurde zu einem der glänzendsten Kapitel in der Wiener Operngeschichte. Sie braucht einen Vergleich mit der immer wieder zitierten Ära großer Wagner-Abende unter der Direktion von Gustav Mahler (1897–1907), die u. a. mit den Namen von Anna Bahr-Mildenburg, Lucie Weidt, Erik Schmedes, Hermann Winkelmann und Richard Mayr verbunden sind, nicht zu scheuen. Die Wagnersänger der Staatsoper im Exil hatten es vielleicht noch schwerer als ihre Kollegen um die Jahrhundertwende. Sie hatten zum Großteil den Wagner-Spielplan in West- und in Südeuropa aufzubauen, wie dies die nachstehende Statistik eindeutig zum Ausdruck bringt, und sie waren außerdem gerngesehene Gäste in Nord- und in Südamerika. Sie wurden auch in den ehemaligen Feindstaaten des Dritten Reiches mit großer Begeisterung aufgenommen und hatten somit als Künstler der Wiener Staatsoper eine völkerverbindende und völkerversöhnende Mission vorbildlich erfüllt.

Das wiederholt vorgebrachte Argument, daß das hohe Niveau der Wagner-Aufführungen nach dem Zweiten Weltkrieg nur deshalb möglich war, weil den Sängern eine weitgehende Tätigkeit im Ausland versagt blieb, wird anhand der Statistik über die Auftritte der Wiener Wagnersänger im Ausland eindeutig widerlegt. Es trat sogar das Gegenteil ein: Weder vor noch nach der Ära der Staatsoper im Exil hatten so viele Wagnersänger in jedem einzelnen Stimmfach an den bedeutendsten Opernhäusern der Welt gastiert, ohne daß das Niveau der Repertoire-Wagner-Vorstellungen in Wien gefährdet worden wäre. In diesem Zusammenhang sind einige Vergleichsziffern über die Anzahl der Auftritte der Heldentenöre an der Wiener Staatsoper von 1945 bis 1955 besonders aufschlußreich. Demnach sangen in den beiden Ersatzquartieren der Wiener Staatsoper Max Lorenz 81 Wagner-Vorstellungen, Günther Treptow 81, Torsten Ralf 47, Set Svanholm 12 und Wolfgang Windgassen 10 Wagner-Vorstellungen.

Aufgrund der zur Verfügung stehenden Daten über die Tätigkeit der Heldentenöre der Wiener Staatsoper im Ausland konnte festgestellt werden, daß Max Lorenz und Günther Treptow in der Nachkriegszeit mehr Wagner-Vorstellungen im Ausland als im Inland gesungen hatten!

Der Nachwuchs an geeigneten Sängerinnen für das Wagnerfach schien zumindest Mitte der fünfziger Jahre noch zufriedenstellend. Hingegen warf der Opernbetrieb für die kommenden Jahrzehnte bereits seine Schatten voraus, da es vor allem an genügend entwicklungsfähigen Männerstimmen für das Wagnerfach fehlte.

Anläßlich des Todes von Peter Anders im September 1954 gab Hans Knappertsbusch seiner Sorge über den Sängernachwuchs in sehr treffenden Worten Ausdruck: „Sie wissen, ich neige nicht zu großen Worten. Aber glauben Sie mir: Mit dem Tode dieses Sängers beginnt das Ende einer Ära – in 20 Jahren wird es keine Heldentenöre mehr geben. Schade, daß ich Anders als Parsifal nicht mehr erleben durfte – nächstes Jahr wollte ich ihn damit nach Bayreuth bringen."

So ist wohl das von Jahr zu Jahr steigende Interesse von Opernfreunden an Schallplattenaufnahmen von Künstlern der Kriegs- und der Nachkriegszeit zu erklären. In den letzten Jahren sind erfreulicherweise immer mehr Live-Mitschnitte, insbesondere von Wagner-Werken aus der Nachkriegszeit, veröffentlicht worden. Daher folgt hier ein Verzeichnis jener Aufnahmen, in welchen Sänger der Wiener Staatsoper im Exil in ihren Glanzrollen mitgewirkt haben. So erhalten Musikliebhaber, die jene Ära nicht miterleben konnten, eine annähernde Vorstellung vom Wirken eines der homogensten Wagner-Ensembles aller Zeiten, das innerhalb eines Jahrzehnts in 360 Aufführungen in Wien und in mindestens 250 Vorstellungen im Ausland dem Werk Richard Wagners gedient hat.

Wagner-Aufführungen im Ausland unter Mitwirkung von Künstlern der Wiener Staatsoper von 1945 bis 1955

Da die Beschaffung von Unterlagen seitens ausländischer Operninstitute mit großen Schwierigkeiten verbunden war, kann die nachfolgende Statistik nicht als vollständig gelten. Sie möge aber dennoch einen Überblick über den maßgeblichen Anteil der Sänger der Wiener Staatsoper am Wiederaufbau des Wagner-Spielplans in Europa und in Amerika vermitteln. Von den nachstehend angeführten Aufführungen fanden meist eine oder mehrere Reprisen statt.

1946

November	Lohengrin	Bologna	Ghione; Tebaldi, Elmo, Lorenz, Pasero

1947

Juni	Tristan und Isolde	Zürich	Knappertsbusch; Flagstad, Cavelti, Lorenz, List, Boehm
Juni	Götterdämmerung	Zürich	Knappertsbusch, Flagstad, Lorenz
Juli	Walküre	Nizza	Moralt; A. Konetzni, Reining, Anday, Lorenz, Boehm, Weber
Juli	„Ring“	Mexico City	Lorenz (Siegmund u. Siegfried), Callas (Brünnhilde)
August	Walküre	Buenos Aires	Kleiber; Varnay, Bampton, Lorenz, Janssen, List
August	Siegfried	Buenos Aires	Kleiber; Varnay, Lorenz, Janssen
August	Götterdämmerung	Buenos Aires	Kleiber; Varnay, Lorenz, Janssen, List
November	Tristan und Isolde	New York	Martin; Schlüter, Lorenz, Ernster
Dezember	Tannhäuser	New York	Martin; Varnay, Lorenz, Sved, Ernster

1948

Februar	Rheingold	New York	Stiedry; Berglund, Lorenz, Hines
Februar	Tannhäuser	New York	Stiedry; Traubel, Lorenz, Székely
März	Walküre	Philadelphia	Stiedry; Traubel, Stoska, Thorborg, Lorenz, Berglund, Szekely
April	Tannhäuser	Neapel	Böhm; Tebaldi, Lorenz, Rossi-Lemini
April	Tristan und Isolde	Mailand	Sabata; Flagstad, Anday, Lorenz, Weber, Schöffler
April	Walküre	Berlin Städt. Oper	Heger; Scheppan, Treptow, Herrmann
Mai	Tannhäuser	Basel	Krannhals; Reining, Treptow
Mai	Tristan und Isolde	Genua	Serafin; Callas, Nicolai, Lorenz, Rossi-Lemini
Juni	Tristan und Isolde	Paris	Sebastian; Flagstad, Cavelti, Lorenz, Weber, Schöffler
Juni	Walküre	Turin	Molinari-Pradelli; Lorenz, Pasero
August	Tristan und Isolde	München	Solti; Braun, Treptow, Dalberg
November	Tristan und Isolde	Caracas	Mayer; Flagstad, Harshaw, Lorenz
Dezember	Walküre	New York	Stiedry; Traubel, Bampton, Lorenz, Berglund, Vischegonow

1949

Jänner	Tristan und Isolde	New York	Busch; Traubel, Thebom, Lorenz, Ernster, Janssen
Jänner	Walküre	New York	Stiedry; Traubel, Bampton, Lorenz, Berglund, Vischegonow
März	Tristan und Isolde	Marseille	Denzler; A. Konetzni, Treptow, Th. Herrmann
März	Tristan und Isolde	Paris	Sebastian; Flagstad, Lorenz
März	Walküre	Paris	Sebastian; Flagstad, Lorenz
April	Tristan und Isolde	Paris	Sebastian; Flagstad, Lorenz
April	Walküre	Mailand	Sabata; Flagstad, Reining, Lorenz, Frantz, List
Mai/Juni	Tristan und Isolde	Paris	Sebastian; Flagstad, Lorenz
Juni	Walküre	Paris	Sebastian; Flagstad, Lorenz
Juni	Tristan und Isolde	Zürich	Ackermann; Flagstad, Cavelti, Treptow, Vischegonow, Boehm
August	Walküre	Nizza	Moralt; Braun, Hellwig, Anday, Treptow, Frantz, Alsen
August	Tristan und Isolde	Nizza	Moralt; Braun, Anday, Treptow, Alsen, Frantz
September	Meistersinger	Buenos Aires	Kleiber; Höngen, Hotter, Weber, Suthaus, Dermota
Oktober	Meistersinger	Berlin, Staatsoper	Keilberth; Lemnitz, Prohaska, Lorenz
November	Tannhäuser	Berlin, Städt. Oper	Ludwig; Musial, Buchner, Lorenz, Greindl, Metternich
November	Tristan und Isolde	Bologna	Albert; A. Konetzni, Anday, Treptow, Pernerstorfer, Boehm
Dezember	Walküre	New York	Stiedry; Braun, Resnik, Melchior, Frantz, Székely
Dezember	Meistersinger	München	Jochum; Kupper, Hotter, Treptow, Kusche
Dezember	Parsifal	Venedig	Albert; A. Konetzni, Treptow, Pasero

1950

Jänner	Walküre	Paris	Sebastian; Flagstad, Cavelti, Lorenz, Schöffler, Weber
Jänner	Götterdämmerung	Paris	Sebastian; Flagstad, Cavelti, Lorenz, Schöffler, Weber
Jänner	Tristan und Isolde	Barcelona	Sebastian; Flagstad, Cavelti, Treptow, List, Hotter
Jänner	Walküre	Barcelona	Sebastian; Flagstad, Treptow, Hotter, Th. Herrmann
Jänner/Februar	Meistersinger	New York	Reiner; Varnay, Frantz/Schöffler, Svanholm, Ernster, Klein
Februar	Götterdämmerung	Barcelona	Sebastian; Flagstad, Cavelti, Treptow, A. Welitsch, List
Februar	Walküre	New York	Stiedry; Traubel, Bampton, Lorenz, Janssen, Ernster
März	Lohengrin	New York	Stiedry; Bampton, Harshaw, Lorenz, Ernster, Sved
März	Lohengrin	Baltimore	Stiedry; Traubel, Varnay, Lorenz, Moscona, Janssen
März	Parsifal	New York	Stiedry; Traubel, Lorenz/Svanholm, Schöffler, Hines
März	Walküre	New York	Stiedry; Harshaw, Bampton, Lorenz, Janssen, List
März	Rheingold	Mailand	Furtwängler; Höngen, Frantz, Sattler, Treptow, Weber, Pernerstorfer
März	Walküre	Mailand	Furtwängler; Flagstad, H. Konetzni, Höngen, Treptow, Frantz, Weber
März	Siegfried	Mailand	Furtwängler; Flagstad, Svanholm, Herrmann, Weber, Pernerstorfer
April	Götterdämmerung	Mailand	Furtwängler; Flagstad, H. Konetzni, Höngen, Lorenz, Herrmann, Weber
April/Mai	Der fliegende Holländer	Berlin, Staatsoper	Schüler; Grob-Prandl/Scheppan, Wolfram/Hager, Hülgerth/Treptow

1950

Mai	Tristan und Isolde	Berlin, Staatsoper	Fischer; Larcen, Res Fischer, Treptow, Prohaska
Mai	Tannhäuser	Berlin, Städt. Oper	Lenzer/Fricsay; Musial, Buchner, Lorenz/Treptow, Frick/Hofmann, Metternich/Fischer-Dieskau
Mai/Juni	Götterdämmerung	Paris	Sebastian; Flagstad, Cavelti, Lorenz, Schöffler, Weber
Mai/Juni	Tristan und Isolde	Berlin, Städt. Oper	Fricsay; Buchner, Blatter, Lorenz, List, Metternich
Mai/Juni	Walküre	Buenos Aires	Böhm; Grob-Prandl, Lemnitz, Klose, Suthaus, Herrmann, Greindl
Juni	Walküre	Amsterdam	Kleiber; Braun, Klose, Treptow, Frantz
Juli	Tristan und Isolde	München	Knappertsbusch; Braun, Klose, Treptow, Frantz, Schöffler
August	Tannhäuser	München	Jochum/Solti; Cunitz/Eipperle/Reich, Braun/Schech, Lorenz/Ralf, Schmitt-Walter/Reinmar
August	Meistersinger	München	Jochum/Keilberth; Kupper/Seefried/Eipperle, Frantz/Schöffler, Treptow/Friedrich/Seider, Greindl/Frick/Alsen, Kunz/Kusche
Oktober	Tannhäuser	Berlin, Städt. Oper	Ludwig; Müller, Kutz, Lorenz, List, Fischer-Dieskau
Oktober	Tristan und Isolde	Berlin, Städt. Oper	Sebastian; Buchner, Klose, Lorenz, Herrmann, List
November	Walküre	Paris	Sebastian; Braun, Klose, Lorenz, Frantz, Weber
November	Siegfried	Paris	Sebastian; Braun, Klose, Lorenz, Frantz, Weber
November	Götterdämmerung	Paris	Sebastian; Braun, Klose, Lorenz, Weber, Rehfuß
November/Dezember	Der fliegende Holländer	New York	Reiner; Varnay/Harshaw, Hotter/Schöffler, Svanholm/Kullmann
Dezember	Tristan und Isolde	Genf	De Preter; De Reuck, Treptow, van Mill
Dezember/Jänner	Tristan und Isolde	Neapel	Böhm; Grob-Prandl, Höngen, Lorenz/Treptow, Weber, Herrmann

1951

Jänner	Siegfried	Barcelona	Sebastian; Grob-Prandl, Klose, Treptow, Nissen, Wernigk, Alsen
Jänner	Meistersinger	Neapel	Böhm; Musial, Höngen, Herrmann, Ralf, Weber, Dönch, Dermota
Jänner	Rheingold	New York	Stiedry; Madeira/Branzell, Hotter, Svanholm, Klein/Chabay, Hines, Ernster
Februar	Walküre	New York	Stiedry; Traubel/Flagstad, Varnay, Treptow, Frantz, Vischegonow
Februar	Siegfried	New York	Stiedry; Flagstad/Traubel, Branzell, Berger, Svanholm, Frantz, Klein
Februar	Götterdämmerung	New York	Stiedry; Flagstad/Traubel, Resnik, Svanholm, Janssen, Ernster
Februar/März	Tristan und Isolde	New York	Reiner; Varnay/Flagstad, Harshaw, Treptow, Ernster/Frantz, Frantz/Schöffler
März	Tannhäuser	Rom	Knappertsbusch; Witt (Regie); Reining, Ralf, Poell, v. Rohr
April	Tristan und Isolde	Berlin, Staatsoper	Keilberth; Schlüter, Hammer, Treptow, Prohaska
Mai	Siegfried	München	Knappertsbusch; Braun, Treptow, Frantz
Mai	Tristan und Isolde	Berlin, Staatsoper	Keilberth; Larcen, Hammer, Treptow, Alsen, Prohaska
Juli/August	Walküre	Bayreuth	Knappertsbusch/Karajan; Varnay, Rysanek, Höngen, Treptow, Björling, van Mill
August	Tristan und Isolde	München	Keilberth; Braun, Klose, Lorenz, Frantz, Hotter

August	Tannhäuser	München	Sebastian/Heger; Reich/Reining, Braun/Schech, Lorenz, Alsen/Proebstl
September	Tristan und Isolde	Berlin, Städt. Oper	Sebastian; Joyol, Klose, Lorenz, Frick, Metternich
Oktober	Siegfried	Paris	Sebastian; Joyol, Klose, Lorenz, Frantz
November	Meistersinger	Berlin, Staatsoper	Kempe; Trötschel, Prohaska, Treptow, Alsen, Pflanzl
Dezember	Tristan und Isolde	Mailand	Sabata; Grob-Prandl, Cavelti, Lorenz, Björling, S. Nilsson
Dezember/ Jänner	Götterdämmerung	New York	Stiedry; Traubel/Varnay, Harshaw/Höngen/Thebom, Svanholm, Schöffler/Hotter, Ernster, Pechner/Pernerstorfer

1952

Jänner	Tristan und Isolde	Barcelona	Kempe; Grob-Prandl, Treptow
Februar	Walküre	Barcelona	Elmendorff/Kempe; Grob-Prandl/Baumann, Cunitz, Lorenz
Februar	Siegfried	Barcelona	Elmendorff/Kempe; Grob- Prandl/Baumann, Treptow, Felden
Februar	Götterdämmerung	Barcelona	Elmendorff/Kempe; Grob-Prandl/Baumann, Treptow, Weber, Felden
Februar	Tristan und Isolde	Toulouse	Denzler; Grob-Prandl, Blatter, Lorenz, Weber, Großmann
Februar	Tristan und Isolde	Bordeaux	Sebastian; Grob-Prandl, Blatter, Lorenz, Weber, Großmann
März	Meistersinger	New York	Reiner; Wegner, Schöffler, Hopf/Svanholm, Pernerstorfer
März	Tristan und Isolde	Berlin, Staatsoper	Schüler; Schlüter, Hammer, Treptow, Th. Herrmann, Prohaska
März	Walküre	Neapel	Knappertsbusch; Mödl, Rysanek, Treptow, Björling, Greindl
März	Siegfried	Rom	Kleiber; Braun, Klose, Lorenz, Frantz, Zimmermann, Weber
April	Tristan und Isolde	Lyon	Ackermann; Grob-Prandl, Lorenz
Mai/Juni	Der fliegende Holländer	Berlin, Staatsoper	Glückselig/Schüler; Meinig, Kamann/Gonszar, Schüfler/Treptow, Alsen
Juni	Tristan und Isolde	Berlin, Staatsoper	Keilberth; Schlüter, Shacklock, Treptow, Frick, Metternich
Juli/ August	Walküre	Bayreuth	Keilberth; Varnay, Borkh, Treptow, Hotter, Greindl
August	Götterdämmerung	Bayreuth	Keilberth; Varnay, Mödl, Lorenz, Uhde, Greindl
August	Tristan und Isolde	München	Kleiber; Braun, Klose, Treptow, Frantz, Großmann
August	Walküre	München	Solti; Braun, Cunitz, Höngen, Treptow, Frantz, Böhme
August	Meistersinger	München	Jochum/Keilberth; Eipperle/Ebers, Frantz/Schirp, Treptow/Fehenberger, Frick/Proebstl, Kunz/Kusche
September	Tristan und Isolde	Berlin, Städt. Oper	Kraus; Grob-Prandl, Klose, Suthaus, Greindl, Herrmann
November	Tristan und Isolde	Brüssel	Flagstad, Treptow, van Mill
Dezember	Siegfried	Bologna	Rieger; Grob-Prandl, Treptow, Zimmermann, Nissen
Dezember	Walküre	Toulouse	Ludwig; Mödl, Rysanek, Cavelti, Lorenz, Hotter, van Mill
Dezember	Walküre	Marseille	Ludwig; Mödl, Rysanek, Cavelti, Lorenz, Hotter, van Mill
Dezember	Meistersinger	New York	Reiner; Zadek, Madeira, Schöffler, Greindl, Hopf, Kunz
Dezember	Lohengrin	New York	Stiedry; Zadek, Harshaw, Hopf, Greindl

1953

Februar	Parsifal	Marseille	Sebastian; Mödl, Lorenz, Weber
Februar	Tristan und Isolde	Marseille	Ackermann; Mödl, Cavelti, Lorenz, Weber, Großmann
Februar	Parsifal	Bordeaux	Sebastian; Mödl, Lorenz, Hans Braun, Weber
Februar	Tristan und Isolde	New York	Stiedry; Harshaw, Thebom, Vinay, Hotter (Marke), Schöffler
Februar	Meistersinger	New York	Stiedry; Steber, Schöffler, Hotter (Pogner), Svanholm
März	Götterdämmerung	Rom	Kleiber; Grob-Prandl, Rysanek, Suthaus, Herrmann, Weber
April	Meistersinger	Berlin, Staatsoper	Glückselig; Ekkehard, Prohaska, Treptow, Roth/Alsen, Pflanzl
August	Meistersinger	München	Knappertsbusch/Keilberth/Kempe/Jochum; Cunitz/Kupper/Eipperle, Schöffler/Frantz/Edelmann, Frick/Proebstl/Böhme, Kusche/Dönch, Anders/Aldenhoff/Fehenberger/Hopf
Oktober	Tristan und Isolde	San Francisco	Solti; Grob-Prandl, Klose, Suthaus, Ernster, Schöffler
Oktober	Walküre	San Francisco	Solti; Grob-Prandl, Borkh, Klose, Suthaus, Schöffler, Ernster
Oktober/November	Siegfried	Covent Garden	Kraus/Stiedry; Harshaw, Svanholm/Treptow, Hotter/Kamann/Frantz
November	Walküre	Brüssel	Sebastian; Braun, Treptow

1954

Februar	Walküre	Bordeaux	Knappertsbusch; Grob-Prandl, Rysanek, Milinkovic, Lorenz, Björling, v. Rohr
Februar	Tristan und Isolde	Paris	Sebastian; Grob-Prandl, Milinkovic, Lorenz, Weber
Februar/März	Walküre	New York	Stiedry; Harshaw/Varnay, Varnay/Harshaw, Svanholm, Frantz, Hotter (Hunding)
April	Meistersinger	Berlin, Staatsoper	Glückselig; Ekkehard, Prohaska, Treptow, Alsen, Pflanzl
Juli/August	Walküre	Bayreuth	Keilberth; Varnay/Mödl, Mödl/Varnay, Milinkovic, Lorenz, Hotter, Greindl
August	Meistersinger	München	Knappertsbusch/Jochum/Kempe; Cunitz/della Casa/Eipperle, Frantz/Edelmann, Frick/Böhme, Pflanzl/Kusche, Anders/Aldenhoff/Fehenberger/Hopf
September	Tristan und Isolde	Basel	Nilsson (erste Isolde in deutscher Sprache), Treptow
November	Meistersinger	New York	Stiedry; della Casa, Edelmann/Schöffler, Hopf/Kullmann

1955

März	Parsifal	Genua	Perlea; Treptow, Hans Braun, v. Rohr
März	Walküre	Brüssel	Elmendorff; Bolotine, Djanel, Treptow, Hofmann (Wotan)
Mai	Walküre	Paris	Knappertsbusch; Mödl, Rysanek, Treptow/Suthaus, Hotter/Björling, Greindl
Mai	Götterdämmerung	Paris	Knappertsbusch; Mödl, Treptow, Schöffler, Greindl
September	Tristan und Isolde	Buenos Aires	Rieger; Nilsson, Milinkovic, Treptow, Ernster
Oktober	Parsifal	Buenos Aires	Rieger; Milinkovic, Treptow, Ernster

Kapitel VII

Die Wiener Staatsoper ehrt und betrauert Richard Strauss und Hans Pfitzner

Als Richard Strauss die Urkunde der österreichischen Staatsbürgerschaft am 22. Februar 1947 in seinem Schweizer Domizil erhielt, richtete er postwendend folgendes Schreiben an den Wiener Bürgermeister Theodor Körner: „Gestern erhielt ich die von Ihnen unterzeichnete wertvolle Urkunde der österreichischen Staatsbürgerschaft übersandt, die zu meiner großen Freude auch das äußere Symbol darstellt meiner seit langen Jahren vollzogenen Zugehörigkeit zum geistesverwandten schönen Österreich und zum lieben Wien, dem ich schon seit zwanzig Jahren als Ehrenbürger anzugehören die Auszeichnung habe ..."

Richard Strauss fühlte sich schon seit seiner Arbeit am „Rosenkavalier" mit Wien besonders verbunden. Er liebte das Wienerische und insbesondere das Wiener Barock. Es war daher kein Zufall, daß er sich unmittelbar nach seiner Bestellung zum Direktor der Wiener Staatsoper (gemeinsam mit Franz Schalk) im November 1919 eine Wohnung an jenem Ort in Wien aussuchte, der ihn an seinen Lieblingskomponisten erinnerte: am Mozartplatz im 4. Wiener Gemeindebezirk. Es spricht für seine große Zuneigung zu Österreich, daß alle seine Opernlibrettisten (Hugo von Hofmannsthal, Stefan Zweig, Joseph Gregor und Clemens Krauss) aus dem österreichischen Kulturkreis stammten.

Im Oktober 1916 wurde seine Oper „Ariadne auf Naxos" in der neuen Bearbeitung (mit dazukomponiertem Vorspiel) in der Wiener Staatsoper unter Franz Schalk uraufgeführt. Zwei Jahre später kam in der Staatsoper zum erstenmal die „Salome" ebenfalls unter Franz Schalk mit Maria Jeritza in der Titelrolle zur Erstaufführung, und nach einem weiteren Jahr leitete derselbe Dirigent die Uraufführung der „Frau ohne Schatten". Unter der persönlichen Leitung des Komponisten kam Wien dann in den Genuß grandioser Strauss-Abende. Als besonderer Gewinn erwies sich der von beiden Staatsoperndirektoren neu verpflichtete Kapellmeister Clemens Krauss für das Haus. Unüberbrückbare Meinungsverschiedenheiten zwischen Richard Strauss und Franz Schalk führten Ende 1924 zur Demission von Richard Strauss. Er söhnte sich jedoch sehr bald mit der Wiener Oper aus und blieb dem Haus als Gastdirigent erhalten.

Es war natürlich noch etwas anderes, was Strauss nach Wien gezogen hatte. Anläßlich seines 60. Geburtstages war er Ehrenbürger von Wien geworden und hatte von der Gemeinde Wien einen Baugrund in der Nähe des Belvederes in Pacht erhalten. Dafür überließ er die Partitur des „Rosenkavalier" der Österreichischen Nationalbibliothek. Auf dem Pachtgrund in der Jacquingasse 4 ließ er sich sein Haus, das „Strauss-Schlössel", bauen.

Auch unter der Direktion von Clemens Krauss (1929–1934) stand die Richard-Strauss-Pflege in der Staatsoper an oberster Stelle. Der Komponist, der Krauss bei der Kandidatur für den Sessel des Wiener Staatsoperndirektors unterstützt hatte, um eine etwaige Berufung Felix von Weingartners zu verhindern, leitete zahlreiche Repertoirevorstellungen. In der damaligen Zeit entstanden zwei Schöpfungen des Meisters, die seine innige Bindung zu Österreich erneut bekundeten: die Bearbeitung von Mozarts „Idomeneo" und die „Arabella".

Über die Arbeit mit dem neuen Operndirektor schrieb Otto Strasser u. a.: „In der Atmosphäre des Theaters aufgewachsen, war Krauss von Kindheit an von ihr besessen. Seine Mutter und deren Schwester Helene waren Solotänzerinnen im Opernballett. Helene heiratete den Sänger Fritz Schrödter, einen der besten Spieltenöre unseres Opernhauses. Gesang, Tanz und Theater waren seine Begleiter von frühen Tagen an... Seine selbständige Tätigkeit hatte ihn schon in jungen Jahren zu einem erstrangigen Opernfachmann gemacht; was er vielen seiner Kollegen voraus hatte, war seine hervorragende Kenntnis der Gesangs- und Stimmtechnik. Sie befähigte ihn, Sänger nicht nur musikalisch zu führen, sondern in Fragen der Gesangstechnik zu beraten und vor allem sie im richtigen Fach einzusetzen... Seine Proben gingen bis ins letzte Detail, meist dauerten sie lange, was sie manchmal langweilig machte, man lernte aber die Werke so gründlich kennen wie kaum unter einem andern Dirigenten. Die mit ihm einstudierten Opern behielten daher für lange Zeit ihre technische Perfektion und Brillanz. Das ausgefeilte Detail war Krauss' unbestrittene Stärke; der große Zusammenhang, das, was man meist die große Linie nennt, fehlte bis zu einem gewissen Grad."

Auf Betreiben des Intendanten der Dresdner Staatsoper, Alfred Reucker, wurde die „Arabella" Ende 1932 fertig. Als jedoch zu Beginn des Jahrs 1933 die Nationalsozialisten in Deutschland an die Macht kamen, verspürte Strauss wenig Lust, das Werk in Dresden aufführen zu lassen. Die „Arabella" war Alfred Reucker und Fritz Busch gewidmet. Beide mußten Deutschland verlassen, der Generalintendant war Nichtarier, der Generalmusikdirektor war zwar Vollarier, wurde jedoch von der SA vom Dirigentenpult vertrieben. Der Meister befreundete sich zunächst mit dem Gedanken, das Werk an Hans Knappertsbusch in München, der seit seinem Amtantritt als Generalmusikdirektor der Bayerischen Staatsoper die Isarmetropole zu einer Richard-Wagner- und Richard-Strauss-Stadt gemacht hatte, zur Uraufführung zu übertragen. Als Strauss jedoch sah, daß er sich den bestehenden Vertragsverhältnissen würde beugen müssen, willigte er in die Uraufführung der „Arabella" in Dresden am 1. Juli 1933 unter der Leitung von Clemens Krauss ein. Alfred Jerger erhielt die ehrenvolle Berufung, die schwierige Partie des Mandryka, die er dann bis 1944 in Wien ständig verkörperte, zu kreieren. Seit der gemeinsamen Vorbereitung der Uraufführung der „Arabella" war Clemens Krauss auch in allen Fragen der Operndramaturgie der engste Mitarbeiter des Komponisten. Bedingt durch die neuen politischen Verhältnisse in Deutschland, fehlte auch der Textdichter Hugo von Hofmannsthal bei der Uraufführung in Dresden.

Kurz darauf geriet Strauss in das Getriebe der politischen Intrige. Die neuen Machthaber Deutschlands ernannten ihn zum Präsidenten der Reichstheaterkammer. Der große Meister hatte vielleicht noch immer gehofft, kraft seines Amtes belasteten Künstlern helfen zu können. Als man ihm bei der Uraufführung seiner „Schweigsamen Frau" im Juni 1935 den Namen seines Librettisten Stefan Zweig nicht auf den Programmzettel setzen wollte, legte Strauss sein Amt als Präsident der Reichstheaterkammer zurück. Die Premiere leitete der Nachfolger von Fritz Busch, Karl Böhm, der fortan mit dem Komponisten aufs engste verbunden blieb.

Was Richard Strauss 1929 vermocht hatte, nämlich die Berufung von Felix von Weingartner zum Direktor der Wiener Staatsoper zu verhindern, war fünf Jahre später, nach dem Abgang von Clemens Krauss nach Berlin, nicht mehr möglich. Unter der Direktion Weingartners (1935–1936) verschwanden die meisten Strauss-Opern vom Spielplan der Staatsoper. Erst als Hans Knappertsbusch – er hatte Schwierigkeiten mit dem neuen Regime in Deutschland – München verließ und in Wien eine neue künstlerische Heimat fand, begannen die Werke von Richard Strauss in Wien wieder hell zu erstrahlen. Auf besonderen Wunsch des damaligen Unterrichtsministers Dr. Hans Pernter dirigierte Hans Knappertsbusch im April 1936 zwischen einer „Siegfried"- und einer „Götterdämmerung"-Vorstellung zum erstenmal in Wien den „Rosenkavalier".

Über diese denkwürdige Aufführung berichtete Prof. Max Graf in der Zeitung „Der Wiener Tag" u. a. folgendes: „München ist die Geburtsstadt von Richard Strauss. Jetzt ist es die Stadt, in die Richard Strauss von Garmisch hinfährt, um Skat zu spielen und inmitten einiger Skatpartien eines seiner Werke zu dirigieren. Musikalisch hat München auf diese Art seine Richard-Strauss-Traditionen, und Hans

Knappertsbusch hat sie mit Schwung und Temperament gehütet, der echte Strauss-Dirigent mit seiner Vitalität und seinem Feuer, der auch in seinen Bewegungen oft an Strauss erinnert.

Jetzt hat Knappertsbusch, mit Beifall überschüttet, seinen ‚Rosenkavalier' auch in Wien dirigiert, wo man die schönste Strauss-Tradition – ‚die Wiener Oper ist made Bayreuth', habe ich den Künstler oft sagen hören – zugrunde gehen läßt. Der Strauss-Spielplan besteht, da eine schlecht besetzte ‚Ariadne auf Naxos' kein Publikum gefunden hat, in der Wiener Staatsoper nur mehr aus dem ‚Rosenkavalier', und es wird auch nötig werden, den ganzen Richard-Strauss-Spielplan von Grund auf neu aufzubauen. Dazu rechnen wir auf Knappertsbusch, der ohne viel Federlesens aus einem ungleichmäßig besetzten ‚Rosenkavalier' eine Glanzvorstellung gemacht hat. Von seinem beweglichen Taktstock gehen wirklich frische, belebende Kräfte aus. Wie schön, wie reich abschattiert klingt unter der Führung des Künstlers, vor dem die Partitur daliegt wie eine Landkarte, auf der er jeden Weg und jedes Zeichen auswendig kennt, das freudig spielende Orchester! Wie sprüht der Lustspielgeist in präzisen Rhythmen, aber wie stimmungsvoll atmet auch in Melodien und Klängen das Gefühl! Man spürt, wenn Knappertsbusch den ‚Rosenkavalier' leitet, sein Verhältnis und Liebe für das herrliche Werk, in dem die poetische Feinheit und der Geist des Dichters Hofmannsthal, mit dem Schwung und Glanz Straussischer Musik verbunden, eine der größten Schöpfungen der neuesten Zeit hervorgebracht haben, und eine temperamentvolle Verehrung für den Geist dieser Musik. Die von Knappertsbusch geführte ‚Rosenkavalier'-Vorstellung hat an die schönsten Vorstellungen der Oper erinnert, in denen Richard Strauss selbst am Pult gesessen hat."

Seine eigentliche Arbeit an der Wiener Staatsoper begann Knappertsbusch mit der unvergessenen Neueinstudierung der „Elektra" Ende September 1936. Darüber schrieb Otto Strasser u. a.: „Auch Richard Strauss' Opern konnte er zu Orgien des Klangs und des Ausdrucks steigern. Besonders die ‚Elektra', die er wohl in völlig anderem Sinn als später Mitropoulos und Karajan, aber doch in ihrer ganzen Grandiosität zu gestalten wußte. Wenn in der großen Klageszene der ‚Elektra' das Thema des Agamemnon von den tiefen Bässen bis zum hohen C der Trompete aufsteigt, erhob sich Knappertsbusch in seiner ganzen Länge, den Taktstock stieß er nach oben, und unser Musizieren ging in Ekstase über."

Von großer Tragweite für die weitere Richard-Strauss-Pflege an der Staatsoper war 1940 die Berufung von Rudolf Moralt, den Großneffen des Komponisten, zum ersten Kapellmeister nach Wien. Er hatte vorher als Generalmusikdirektor am Opernhaus in Graz die österreichischen Erstaufführungen der Strauss-Opern „Daphne" und „Friedenstag" geleitet.

Die „Daphne" wurde unter Karl Böhm, dem das Werk gewidmet ist, im Oktober 1938 an der Dresdner Staatsoper aus der Taufe gehoben. Anläßlich des 75. Geburtstages des Komponisten wurde seine Oper „Friedenstag" ein Vierteljahr vor Beginn des Zweiten Weltkrieges ein einziges Mal in der Wiener Staatsoper unter Clemens Krauss aufgeführt. Unmittelbar vor der allgemeinen Theatersperre 1944 stand Richard Strauss im Mittelpunkt großer Ehrungen anläßlich seines 80. Geburtstages. An diesem Tag fand in Anwesenheit des Komponisten die legendäre Aufführung der „Ariadne" unter Karl Böhm mit Maria Reining, Alda Noni, Irmgard Seefried, Max Lorenz und Paul Schöffler, deren Mitschnitt glücklicherweise erhalten und im Schallplattenhandel erwerbbar ist, statt. Am Vorabend seines Geburtstages wurde der greise Komponist im Anschluß an eine „Salome"-Aufführung an der Volksoper gemeinsam mit Ljuba Welitsch, der Sängerin der Titelrolle, und den übrigen Hauptdarstellern vor dem Vorhang stürmisch gefeiert. Im Rahmen eines festlichen Strauss-Zyklus kamen damals noch weitere sechs Opern des Jubilars unter Karl Böhm und Rudolf Moralt zur Aufführung.

Im gleichen Jahr hätte bei den Salzburger Festspielen die Uraufführung der „Liebe der Danae" stattfinden sollen. Aber es kam nur zur Generalprobe, weil Ende August 1944 sämtliche Theater im Zuge des totalen Krieges gesperrt wurden. Strauss trat nach der Probe vor die Orchesterbrüstung, hob dankend die Hände und grüßte die Wiener Philharmoniker mit tränenerstickter Stimme: „Vielleicht sehen wir uns in einer besseren Welt wieder!"

„Salome", Ljuba Welitsch in der Titelrolle

„Der Rosenkavalier", Maria Reining als Marschallin

Am 27. April 1945, knapp vor dem Untergang des Dritten Reiches, teilte Richard Strauss in einem Brief seinem Freund Karl Böhm sein künstlerisches Testament mit. Von besonderer Bedeutung war sein Hinweis auf das „akustisch wunderbare Theater an der Wien" als Pflegestätte für die „opera comique" in Wien. Strauss konnte damals nicht ahnen, daß in Wien die Vorbereitungen zur Wiederaufnahme des Opernbetriebes bereits auf vollen Touren liefen und daß bald darauf das Theater an der Wien von Franz Salmhofer als Ersatzquartier für die Wiener Staatsoper spielbar gemacht wurde.

Am 9. Juni 1946 hatte „Salome" Premiere im Theater an der Wien, und die Staatsoper konnte in künstlerischer Hinsicht an die großen Strauss-Abende vom Juni 1944 anknüpfen.

In der Titelrolle wirkte Ljuba Welitsch noch gereifter als drei Jahre zuvor an der Volksoper. Ihre Stimme besaß alle nur denkbaren Attribute für diese Rolle: Tonfülle, Sinnlichkeit, Schönheit, Ausdruckskraft. Man muß die Salome von Ljuba Welitsch zu den größten Leistungen auf dem Gebiet der Operninterpretation in diesem Jahrhundert zählen. Paul Schöffler war ein ausdrucksstarker, edel singender Jochanaan. Für den erkrankten Julius Pölzer sprang der Regisseur der Aufführung, Josef Witt, der die Rolle zwischen 1938 und 1944 oft verkörpert hatte, ein und überzeugte als intensiver Darsteller. Elisabeth Höngen brachte den morschen und dekadenten Charakter der Herodias bestens zum Ausdruck. Anton Dermota wirkte als Narraboth durch den Wohllaut seiner schönen Stimme. Rudolf Moralt fiel die verantwortungsvolle Aufgabe zu, das Orchester mit den Raumverhältnissen im Theater an der Wien abzustimmen. Richard Strauss hatte das Werk auch für reduzierte Orchesterbesetzung eingerichtet. Moralt wählte den Mittelweg zwischen Originalpartitur und jener Sondereinrichtung des Komponisten und erzielte eine großartige Klangwirkung. Am Schluß der Vorstellung wurden der Dirigent und die Hauptdarsteller stürmisch gefeiert.

Es war ein wahres Glück, daß die Staatsoper in Rudolf Moralt einen Strauss-Spezialisten ersten Ranges zur Verfügung hatte. Er leitete auch die „Rosenkavalier"-Neuinszenierung im September 1946 mit Liebe und Enthusiasmus, und das Publikum dankte ihm und den hervorragenden Solisten. Außerdem führte ein erfahrener Strauss-Sänger wie Alfred Jerger Regie. Anny Konetznis samtig-dunkler Sopran brachte für die Rolle der Marschallin jene ideale Tönung mit, die der vor der Jugend und der Liebe resignierenden Frau in idealer Weise entgegenkommt. Sie ließ vom Anfang an durch ihr zurückhaltendes Spiel die Entwicklung der Rolle vorausahnen. In den Reprisen und bei den Salzburger Festspielen des gleichen Jahres sang ihre Schwester Hilde diese berühmte Frauenrolle mit der ganzen Fülle ihres blühenden Soprans. Durch Anny Konetzni fand die Figur eine ruhigere, reifere Zeichnung. Sie brachte das tragische Unbeirrbare mehr zum Ausdruck. Die Schwestern Konetzni zählen zu den berühmtesten Marschallinnen der Operngeschichte.

Zu ihnen gesellte sich zwei Jahre später noch Maria Reining als Dritte im Bunde. Elisabeth Höngen gab den Oktavian als Aristokratin des Geistes und der Kunst. Im Gegensatz zu ihr sang Emmy Loose eine naiv-fröhliche Sophie. Ludwig Weber stützte sich als Ochs von Lerchenau auf seinen profunden, sonoren Baß. Er versuchte die Figur weniger von der Komödie als von der musikalischen Seite her zu zeichnen. Karl Kamann stellte den neureichen Faninal in seinem unsicheren Benehmen sehr lebensecht auf die Bühne.

Etwa einen Monat nach der Premiere sang Sena Jurinac ihren ersten Octavian in Wien, jene Rolle, die sie später weltberühmt machte. Sie war eine Verkörperung von Grazie und mitreißendem Temperament und bewahrte auch in der Verkleidung als Mariandl taktvollen Opernstil.

Am 18. April 1947 erlebte das Theater an der Wien einen der größten Abende der Nachkriegszeit, als Hans Knappertsbusch wieder am Pult der Staatsoper erschien, um „Salome", die er zwischen 1938 und 1944 oftmals geleitet hatte, zu übernehmen. Dem nicht enden wollenden orkanartigen Begrüßungsapplaus setzte er ein frühzeitiges Ende, indem er in den Beifall hinein das Zeichen zum

„Der Rosenkavalier", Szene aus dem 2. Akt mit Elisabeth Höngen, Ludwig Weber und Karl Kamann

Beginn gab. Maria Cebotari sang die Salome. Seitdem sie 1935 bei der Uraufführung der „Schweigsamen Frau" die Titelrolle (Aminta) verkörpert hatte, zählte sie zu den Lieblingssängerinnen von Richard Strauss. Maria Cebotari war als Salome nicht so sehr Elementarereignis wie Ljuba Welitsch, sondern eine durch ihre überlegene Gesangskunst und ihre ästhetische Bühnenerscheinung faszinierende Prinzessin von Judea. Laszlo Szemere gab eine überzeugende Herodes-Studie.

Unvergessen blieben auch die beiden von Hans Knappertsbusch geleiteten „Rosenkavalier"-Vorstellungen im Mai 1947. In einer der Aufführungen sang Hilde Güden erstmals in Wien ihre reizende Sophie mit klarer, heller Stimme, und Fritz Krenn bewies einmal mehr, daß er mit seinem fülligen Baß und durch sein lebendiges Spiel nach dem Tod des unvergeßlichen Richard Mayr der mit Abstand beste Vertreter des Ochs war.

Mitten in das Strauss-Festival unter Knappertsbusch fiel die Premiere der „Ariadne auf Naxos“ unter Josef Krips. Lothar Wallerstein führte die Sänger wie immer sehr geschickt. Maria Reining sang die Ariadne im wahrsten Sinne des Wortes schön. Es gelang ihr überzeugend, durch ihre edle Haltung dem griechischen Ideal von der „stillen Größe“ Ausdruck zu verleihen. Max Lorenz stellte im Vorspiel einen scharf gezeichneten Tenor auf die Bühne. In der Oper wußte er die hohe Lage der Partie mit imposanten Spitzentönen auszustatten. Mit seiner pathetischen Darstellung der Rolle, die ganz im Sinn des Komponisten lag, hatte er maßgeblichen Anteil am fulminanten Finale mit echt Straussischem Schwung und Prunk. Der Komponist, eine der Glanzrollen von Irmgard Seefried, wurde von der Künstlerin perfekt gesungen und packend dargestellt. Elisabeth Schwarzkopf sah sich als Zerbinetta vor Aufgaben gestellt, die ihr nicht lagen. Die beliebte Sängerin sang diese Rolle nur in der Premiere. In weiteren Rollen wirkten u. a. Alfred Poell (Musiklehrer), Peter Klein (Tanzmeister und Brighella), Erich Kunz (Harlekin), William Wernigk (Scaramuccio), Marjan Rus (Truffaldin), Emmy Loose (Najade), Dagmar Hermann (Dryade) und Elisabeth Rutgers (Echo) mit.

Das Werk wurde im Oktober 1951 von Josef Witt, einem besonderen Kenner der Werke von Richard Strauss, neuinszeniert. Unter der musikalischen Leitung von Clemens Krauss wurde von Hilde Zadek (Titelpartie), Wilma Lipp (Zerbinetta), Sena Jurinac (Komponist), Torsten Ralf (Bacchus) und Alfred Poell (Musikmeister) hervorragend gesungen. Eine treffliche Charakterstudie gab wie bei der vorangegangenen Premiere Peter Klein als Tanzmeister.

Auf besonderen Wunsch von Hans Knappertsbusch studierte Maria Reining die Partie der Marschallin, die sie in Wien erstmals am 29. März 1948 unter Rudolf Moralt sang und fortan zu ihren internationalen Erfolgsrollen zählte. Sie trat in der gleichen Rolle u. a. in den Jahren 1949 und 1953 bei den Salzburger Festspielen unter Georges Szell und Clemens Krauss und bei den Münchner Opernfestspielen 1952 unter Erich Kleiber auf. Als sie sich als Marschallin erstmals im Admiralspalast, dem damaligen Notquartier der Berliner Staatsoper, vorstellte, charakterisierte eine Berliner Pressestimme die Leistung von Maria Reining in sehr treffender Weise:

„Wohl selten hat Berlin eine so ideale Interpretin in dieser Rolle erlebt. Maria Reining beherrscht in ihren Auftritten mit dem zauberhaften Charme einer großen Menschendarstellerin und einer aus vollem Herzen strömenden sängerischen Innigkeit die Szene. Ihren herrlichen ebenmäßigen Sopran zeichnet eine köstliche Beseelung und schwebende Wärme des Ausdrucks aus. Dabei hatte er jene spezifische lyrische Färbung, der hier gern am Platz ist.“

Es waren aber auch noch andere interessante Alternativbesetzungen zu hören. Martha Rohs vermochte als Oktavian durch ihre Erscheinung, durch die schauspielerische Durchdringung der Rolle und durch das kühle Timbre ihrer perfekt geführten Stimme voll zu entsprechen. Unter den vielen stimmlich ausgezeichneten Interpreten des Sängers im „Rosenkavalier“ war zweifellos Helge Rosvaenge der genialste. Als Richard Strauss Rosvaenge zum erstenmal in dieser Rolle bei den Salzburger Festspielen 1932 gehört hatte, war er vom Vortrag der Arie so beglückt, daß er sich demonstrativ aus seiner Loge beugte und bei offener Szene den Applaus für Rosvaenge anführte. Zu den herausragenden Leistungen zählten auch der Faninal von Alfred Poell und von Georg Hann.

Am Tag des 84. Geburtstags des Meisters dirigierte Karl Böhm mit der „Salome“ erstmals eine Strauss-Vorstellung nach dem Krieg. Strauss war seit der Uraufführung der „Schweigsamen Frau“ zu seinem Leitstern insbesondere im Hinblick auf seine Strauss- und Mozart-Interpretationen geworden, die sich durch exaktes, gutfundiertes Musizieren auszeichnete. Im Gegensatz zu den anderen großen Strauss-Dirigenten besaß Böhm den unbändigen Willen, der es ihm ermöglichte, sein künstlerisches Konzept unbedingt durchzusetzen.

Die Staatsoper beging den 85. Geburtstag von Richard Strauss mit einer zyklischen Aufführung jener vier Opern, die nach dem Krieg bisher neu herausgebracht wurden. Das Fest begann mit einer Neueinstudierung der „Elektra“ unter der Regie von Adolf Rott, über die Prof. Heinrich Kralik in der Tageszeitung „Die Presse“ folgendes berichtete:

„Elektra", Anny Konetzni in der Titelrolle

„Ariadne auf Naxos", Torsten Ralf als Bacchus

„Die neue Aufführung der ‚Elektra', mit welcher in der Staatsoper die Geburtstagsfeiern für Richard Strauss begonnen hatten, entfaltet einen wahrhaft hinreißenden musikalischen Schwung. Rudolf Moralt leitet die Vorstellung als Strauss-Dirigent von großem Format. Er lebt mit Herz und Sinn in der Welt dieser Musik. Er ist aufs innigste vertraut mit dem Wesen des Stils, mit der Schönheit und mit den Feinheiten und Großartigkeiten der Partitur, und ohne sich selbst vorzudrängen, weiß er das ideale Klangbild, das ihm vorschwebt, in die Realität umzusetzen.

Außerordentlich ist ferner Anny Konetzni als Elektra. Sie erlebt in dieser Rolle eine förmliche Wiedergeburt und scheint sich nach der Depression der letzten Jahre wieder ganz gefunden zu haben. Sind es nur Zufälligkeiten der Rolle oder bewußte sängerische Impulse, die diese glückliche Wendung bewirkt haben? Jedenfalls hat der nicht mehr mühsam hinaufgeschraubte, sondern gleich auf die richtige Tonhöhe attackierte Ton wieder die alte, volle und dunkle Klangfarbe. Die Gestaltung der Figur erfolgt von der rein musikalischen Seite aus. Die Künstlerin läßt die Elektra vor allem singen, und man ist überrascht, wie viele große und dankbare Gesangsgelegenheiten Richard Strauss seinen Darstellern geschenkt hat. In Spiel und Gebärde dagegen übt Anny Konetzni, ihrem künstlerischen Naturell entsprechend, äußerste Zurückhaltung. Sie begnügt sich mit wenigen, skizzenhaften Andeutungen. Ihre Elektra hat das Gewicht einer inneren Sicherheit. Sie ist statisch, und das wird vollends offenbar, wenn man ihr die Dynamik der entfesselnden Hysterie entgegentreten sieht, mit welcher Elisabeth Höngen als Klytämnestra über das Treppenwerk der Bühne auf und ab fegt. Qual und Not einer Seele, die völlig den schwarzen Dämonen und Rachegeistern preisgegeben ist, können nicht großartiger und nicht grausiger dargestellt werden. Den Nimbus und das Gewicht der Persönlichkeit haben ferner der Orest, dessen Sätzen Paul Schöffler den Adel seiner Kunst verleiht, und Ägisth, von dem Max Lorenz mit etlichen trefflichen Zügen ein fesselndes Charakterbild entwirft."

Vor Beginn der „Salome"-Festaufführung unter Clemens Krauss am 11. Juni teilte Ministerialrat Dr. Hilbert von der Bühne herab dem Publikum mit, daß Unterrichtsminister Dr. Felix Hurdes Richard Strauss zum Ehrenmitglied der Wiener Staatsoper ernannt habe. Dann gedachte er in ergreifenden Worten der Trauer um die zwei Tage vorher verstorbene Maria Cebotari, die am 26. Februar des gleichen Jahres zum letztenmal unter Knappertsbusch an der Staatsoper die Salome gesungen hatte.

Nach der Vorstellung wurden Ljuba Welitsch für ihre elementare Salome und Max Lorenz für seinen ersten Wiener Herodes besonders stürmisch gefeiert. Die Beziehung von Max Lorenz zu Richard Strauss geht wie ein roter Faden durch seine gesamte Karriere. Lorenz hatte während der ersten Jahre seiner Bühnenlaufbahn auf Wunsch von Richard Strauss vier Tage nach der Uraufführung der „Ägyptischen Helena" 1928 in Dresden die Partie des Menelas gesungen. In dieser Rolle gastierte er im gleichen Jahr erstmals an der Berliner Staatsoper, und ein Jahr darauf debütierte er in derselben Rolle an der Wiener Staatsoper. Als Herodes beschloß er 1962 seine 35 Jahre währende glanzvolle Laufbahn an der Wiener Staatsoper. Ljuba Welitsch hatte zu Beginn des Jahres 1949 mit der Salome die Herzen des New Yorker Publikums erobert, wobei auch damals Max Lorenz als dekadenter Tetrarch mit glanzvoller Stimme ihr Partner war. Wie tief der Eindruck war, den Ljuba Welitsch auf New York gemacht hatte, ging aus einer kleinen Episode hervor. Geraldine Farrar, die einstige große Primadonna der Met und Partnerin Enrico Carusos, suchte Ljuba Welitsch in ihrer Garderobe auf und pries sie als vollendetes Beispiel für alle jungen amerikanischen Sängerinnen.

Im „Rosenkavalier" unter Karl Böhm glänzte das Damenterzett mit Maria Reining, Sena Jurinac und Emmy Loose. Neu war damals Alois Pernerstorfer als Ochs, der heute zweifellos in jener Rolle Weltkarriere machen würde, damals allerdings gegenüber den profunden Baßstimmen von Fritz Krenn und Ludwig Weber blaß wirkte.

Mit der „Ariadne auf Naxos" unter Josef Krips ging der Strauss-Zyklus zu Ende. Anny Konetzni war allein durch ihr enormes Stimmvolumen im wahrsten Sinn eine „großmächtige Prinzessin". Sie hatte in Helge Rosvaenge einen berühmten Tenorpartner, der als Bacchus an seine großen Erfolge in den dreißiger Jahren anknüpfen konnte. Damals hatte sich der Komponist mehrfach lobend über Rosvaenge geäußert, und auch Clemens Krauss fand folgende Worte über den Bacchus des großen dänischen Tenors: „Was soll man über diesen großartigen Tenor sagen, der mir wie ein Wunder erscheint . . . Er ist nichts anderes als ein Edelstein, an dem man bald das von Natur verliehene Feuer, bald die Erlesenheit seines Schliffes bestaunt!"

Am 8. September des gleichen Jahres betrauerte die gesamte Musikwelt den Tod des großen Meisters der Spätromantik. Zu seinem Gedenken veranstaltete die Staatsoper eine außergewöhnliche Trauerfeier im Theater an der Wien. Anstelle einer Gedenkrede spielten die Philharmoniker unter Karl Böhm „Tod und Verklärung". Im Anschluß daran erklang unter der Leitung von Rudolf Moralt jenes Werk, das der Verstorbene oft in Wien geleitet hatte, die „Elektra", mit Anny Konetzni, Rosette Anday, Judith Hellwig, Paul Schöffler und Günther Treptow in den Hauptrollen.

Mit der Premiere der „Daphne" am 11. November 1950 wurde die Inszenierung der Spätwerke des Komponisten eingeleitet.

Die stärkste Wirkung ging vom prächtig spielenden Orchester unter Rudolf Moralt aus. Leider fehlte eine erstrangige Vertreterin für die Titelpartie. Anneliese Kuppers etwas spröder Sopran vermochte die Lyrismen, mit der Strauss die Daphne bedacht hat, nicht ganz auszuschöpfen. Karl Friedrich stattete die Rolle des Apollo mit leuchtenden Spitzentönen aus. Die perfekteste Leistung des Abends bot Anton Dermota als Leukippos. Unter der Regie von Rudolf Hartmann fielen Herbert Alsen als Peneios und das Mädchenpaar mit Emmy Loose und Ruthilde Boesch besonders auf.

In der ersten Reprise glänzte Torsten Ralf, der den Apollo bei der Uraufführung verkörpert hatte, mit seinem schönen, weichen, heldischen Tenor.

Zwei Wochen vorher hatte ein weiterer Dresdner Sänger, der Heldenbariton Josef Herrmann, als stimmgewaltiger Jochanaan mit herber, offen geführter Stimme für eine interessante Rollengestaltung gesorgt.

Als dritter Sängerexport aus Dresden stellte sich Christl Goltz am 15. November 1950 erstmals nach dem Krieg als

Salome vor. Sie brachte eine moderne Salome auf die Bühne, die die Rolle psychologisch bis ins letzte Detail durchgearbeitet hatte. In ihrer grandiosen Darstellung nahm auch der Tanz eine zentrale Stellung ein, wobei der Künstlerin zugute kam, daß sie zu Beginn ihrer Laufbahn am Theater als Tänzerin tätig gewesen war. Mit ihrer tragfähigen Stimme war sie nicht nur den lyrischen, sondern auch den dramatischen Anforderungen der Partie durchaus gewachsen. Christl Goltz übersiedelte 1951 für ständig nach Wien, und die Wiener Staatsoper hatte nun neben Ljuba Welitsch eine zweite Salome von Weltklasse.

Am 2. Juni 1951 hielt „Capriccio", ein Konversationsstück für Musik, nach dem Libretto von Clemens Krauss Einzug in den Spielplan der Staatsoper. Das Werk war Clemens Krauss gewidmet. Karl Böhm stand am Pult und ließ die bezaubernden Melodien des Werks erstehen. Man wußte von vornherein, daß die Oper niemals ein Publikumserfolg, sondern eher ein Gustostückerl für musikalische Feinschmecker werden würde. Die Regie lag in den bewährten Händen von Rudolf Hartmann, der das Werk bereits bei der Uraufführung inszeniert hatte.

Die Partie der Gräfin wurde von Christl Goltz hervorragend gesungen. Den größten Erfolg des Abends errang Paul Schöffler als Theaterdirektor La Roche. Anton Dermota (Flamand), Hans Braun (Oliver), Elisabeth Höngen (Clairon), Herman Uhde (Graf), Peter Klein (Taupe) sowie Wilma Lipp und Wenko Wenkoff als italienische Sänger stellten ihre Rollen mit natürlicher Frische dar.

Christl Goltz zählt zweifellos zu den fleißigsten Sopranistinnen der Nachkriegszeit. Die Gräfin in „Capriccio" war ihre 101. Bühnenrolle! Sie war eine jener Operndarstellerinnen, die sich nicht allein auf den Gesang konzentrierten, sie war auch eine Schauspielerin von Format. Sie durchlebte jede einzelne Rolle, versenkte sich in deren Inhalt und erreichte dadurch besonders starke Resonanz beim Publikum.

Von Ende Mai bis Mitte Juni 1952 erhielt der Spielplan der Staatsoper besonderes Gepräge durch einen Richard-Strauss-Zyklus, bestehend aus neun Vorstellungen unter der Leitung von Karl Böhm und Rudolf Moralt. Im Mittelpunkt stand die „Arabella"-Premiere, die durch das kongeniale Zusammenwirken zweier Strauss-Kenner wie Rudolf Moralt und Rudolf Hartmann gekennzeichnet war. Mit gewinnender Erscheinung und beglückendem Gesang gab Lisa della Casa die Titelrolle. Ganz reizend erschien Anny Felbermayer in der Hosenrolle der Zdenka. Mit bewundernswerter Technik und mit dem Einsatz seines ganzen Künstlertums sang Alfred Poell den Mandryka, der vor allem in der Gesangslinie hervorragend herausgearbeitet war. Der Jägeroffizier Matteo wurde von Anton Dermota prächtig gesungen. Die treffliche Charakterisierungskunst von Martha Rohs (Adelaide), Otto Edelmann (Waldner), Ilse Hollweg (Fiakermilli), Laszlo Szemere (Elemer), Walter Berry (Dominik), Harald Pröglhöf (Lamoral) und von Hilde Rössel-Majdan (Kartenaufschlagerin) trugen zum Zustandekommen eines großen Strauss-Abends bei, der auch vom Publikum mit reichem Beifall aufgenommen wurde.

Im gleichen Jahr war auch Maria Reining als Arabella zu hören, eine Rolle, die ihr auf den Leib geschrieben war. Sie war sicher die wienerischste und charmanteste Arabella der Kriegs- und Nachkriegsära. Die Künstlerin faszinierte in den Jahren 1953 und 1954 auch als Daphne. Die Schönheit ihrer Stimme, die zarte Innigkeit in Ausdruck und Spiel machten ihre Daphne zu einem unvergeßlichen Erlebnis.

Das letzte Bühnenwerk von Richard Strauss, „Die Liebe der Danae", das wegen der allgemeinen Theatersperre im Jahr 1944 bei den Salzburger Festspielen nur die Generalprobe erlebt hatte, kam an gleicher Stelle acht Jahre später zur Uraufführung. Das Werk wurde Ende September 1952 in den Spielplan der Staatsoper übernommen, und die Umpflanzung war dem Werk ganz gut bekommen. Clemens Krauss am Pult sorgte für Beweglichkeit im Orchester und gab den Sängern auf der Bühne die nötige Bewegungsfreiheit.

Anneliese Kupper sang die Danae bestens disponiert und wesentlich freier als in Salzburg. Paul Schöffler als Jupiter und Josef Gostic als Midas ließen keine Wünsche offen. Julius Patzak war ein sehr wirkungsvoller Merkur, August Jaresch ein ausgezeichneter Pollux.

Das Königinnenquartett war mit Esther Réthy, Dorothea Siebert, Georgine von Milinkovic und Hilde Rössel-

Majdan sehr gut besetzt. Die Bühnenbilder von Emil Preetorius erwiesen sich als sehr stimmungsvoll.

In der zweiten Reprise übernahm Alfred Poell die Rolle des Jupiter und hinterließ durch seine exakte sängerische Leistung – er sang sämtliche vorgesehenen hohen Töne der schwierigen Rolle – einen nachhaltigen Eindruck.

Die letzte Strauss-Premiere im Theater an der Wien war bei Rudolf Moralt als Angehöriger des Hauses Strauss in den allerbesten Händen. Die bürgerliche Komödie „Intermezzo", in der der Komponist seinem eigenen Familienleben ein Denkmal gesetzt hatte, ist weniger Oper, sondern vielmehr eine musikalische Plauderei, in der der Meister über sich selbst, seine Ehegefährtin und sein Haus berichtet. Die Aufführung unter der erfahrenen musikalischen Leitung von Rudolf Moralt und unter der exakten Regie von Heinz Arnold war mit viel Liebe vorbereitet worden. Das Künstlerehepaar wurde von Hilde Zadek (Christine) und Alfred Poell (Kapellmeister Storch) hervorragend charakterisiert, wobei Alfred Poell auch in Maske und in Figur dem jungen Richard Strauss während seiner Berliner Kapellmeisterzeit sehr ähnlich sah. Ausgezeichnet waren die Charakterstudien von Rudolf Christ (Baron Lummer), Anny Felbermayer (Anni) und vor allem das Skatquartett mit Hugo Meyer-Welfing (Kapellmeister), Oskar Czerwenka (Kommerzialrat), Adolf Vogel (Justizrat) und Herbert Alsen (Kammersänger). Das Werk wurde sehr freundlich aufgenommen und erlebte immerhin zehn Aufführungen.

In all den Jahren, in denen die Staatsoper im Theater an der Wien im Exil war, erhielt so manche Strauss-Aufführung durch Zweitbesetzungen bzw. Gastspiele berühmter Sänger ein besonderes Gepräge.

Neben der Salome zählte die Elektra zur bedeutendsten Bühnenfigur von Christl Goltz. Ihre Elektra war weniger Furie als gehetzter Mensch. Man hatte den Eindruck, daß sie sich geistig und physisch mit der Figur vollkommen identifiziert hatte, wobei sie sich auf ihren dunkelgefärbten Sopran stützen konnte, der auch vor der extremen Höhe nicht zurückschreckte. In einigen Aufführungen hatte sie in Margarete Klose eine kongeniale Partnerin als Klytämnestra. Die große Altistin verstand den dramatischen Gesang

„Intermezzo", Skatszene mit Hugo Meyer-Welfing, Herbert Alsen, Alfred Poell, Oskar Czerwenka und Adolf Vogel

mit einer Plastik des Ausdrucks bis zum gehauchten Piano zu gestalten. Sie bot eine grandiose Studie eines vor Angst zerfressenen, durch das bohrende Gewissen innerlich hohl gewordenen Charakters.

Die helle Figur der Chrysothemis wurde von Hilde Konetzni, Hilde Zadek und in einer Aufführung auch von Leonie Rysanek verkörpert.

In weiteren Strauss-Partien fielen u. a. der Jochanaan von Hans Hotter, Karl Kamann und Sigurd Björling, der Herodes von Julius Pölzer, Julius Patzak und Set Svanholm, der Bacchus von Torsten Ralf, Peter Anders und Josef Gostic, der Ochs von Lerchenau von Otto Edelmann, Oskar Czerwenka und Kurt Böhme sowie die Sophie von Erna Berger und Lisa della Casa auf. Zu den besten Erinnerungen aus jener Ära zählen auch die drei „Rosenkavalier"-Vorstellungen unter Erich Kleiber.

Ende Juni 1955 ging eine lange Serie glanzvoller Strauss-Abende, die sich über die gesamte Ära im Theater an der Wien erstreckt hatte, zu Ende.

Die Regisseure Wallerstein, Witt, Jerger, Hartmann und Arnold sowie der Alfred-Roller-Schüler Robert Kautsky, der bis auf zwei Ausnahmen für sämtliche Strauss-Neuinszenierungen der Nachkriegszeit die Bühnenbilder geschaffen hatte, und vor allem die meisten Sänger der Hauptpartien besaßen das Vertrauen des Meisters.

Von den 285 Aufführungen Straussischer Werke im Theater an der Wien leitete Rudolf Moralt allein 143 Vorstellungen, also fast genau die Hälfte aller Richard-Strauss-Abende. Ein Drittel aller Vorstellungen wurde von den international anerkannten Spitzendirigenten Karl Böhm, Hans Knappertsbusch und Clemens Krauss betreut.

Weit aufschlußreicher sind die nachstehenden Vergleichsziffern über die Anzahl der Richard-Strauss-Abende der bedeutendsten Richard-Strauss-Interpreten in der Wiener Staatsoper, bezogen auf den Zeitraum von 1929 bis 1955. Demnach leiteten Rudolf Moralt 270 Richard-Strauss-Vorstellungen, Clemens Krauss 115, Hans Knappertsbusch 112 und Karl Böhm 65. (Herbert von Karajan leitete in der Staatsoper bisher drei Richard-Strauss-Aufführungen.)

Besondere Erwähnung verdient eine konzertante Aufführung der „Frau ohne Schatten", die am 11. und 14. Juni 1953 im Zusammenwirken der Wiener Staatsoper mit der Konzerthausgesellschaft im Großen Konzerthaussaal zustande gekommen war. Eine Vielzahl hervorragender Sänger wie Eleanor Steber (Kaiserin), Christl Goltz (Färbersfrau), Elisabeth Höngen (Amme), Set Svanholm (Kaiser), Karl Kamann (Barak) und Otto Wiener (Geisterbote) ließen unter der musikalischen Leitung von Karl Böhm, der für das Werk eine eigene Konzertfassung geschaffen hatte, das Fehlen der Szenerie fast vergessen. Das Werk war zum letztenmal in der Wiener Staatsoper am 18. November 1943 von Rudolf Hartmann in Szene gesetzt worden und hatte unter der Meisterhand von Karl Böhm insgesamt sechs Aufführungen erlebt. In den Hauptpartien waren damals Hilde Konetzni als Kaiserin, Else Schulz und Christl Goltz als Färbersfrau, Elisabeth Höngen als Amme, Torsten Ralf und Julius Patzak als Kaiser, Josef Herrmann als Barak sowie Herbert Alsen und Tomislav Neralic als Geisterbote zu hören.

Die Strauss-Pflege war mehr als eine bloße Dankbarkeit gegenüber dem großen Meister der Opernkunst, der auch in seinen letzten Lebensjahren Wien nicht vergessen hatte. Er wollte seine Liebe zu Wien in seiner unvollendet gebliebenen Tondichtung „Die Donau" nach den Worten Josef Weinhebers krönen:

> „Wie sing ich dich, du vielgeliebte Stadt?
> Wie bänd'ge ich das Herz, nicht aufzuweinen
> vor einem Bild, das so viel Schönheit hat?"

Otto Strasser berichtet in seinem Buch „Und dafür wird man noch bezahlt" über eine nette Begebenheit anläßlich einer Probe zu Richard Strauss' „Friedenstag" im Juni 1939 in der Wiener Staatsoper: „Bei der Einstudierung erlebte ich eine recht heitere Szene. Richard Strauss war sein Leben lang auf drei Komponisten nicht gut zu sprechen: auf Brahms, Reger und Pfitzner. Hans Pfitzner, 1869 in Moskau geboren, hatte gerade zu dieser Zeit seinen 70. Geburtstag gefeiert, und während einer Probe meinte Krauss plötzlich zu Strauss: ‚Herr Doktor, da ist eine Stelle, die klingt stark nach Pfitzner. Haben Sie ihm die zu seinem Geburtstag komponiert?' – ‚Ja', erwiderte Strauss gutgelaunt, ‚des is' eine besonders schwache Stell'.'"

Nichtsdestoweniger erwies sich Strauss Pfitzner gegenüber auch als hilfreicher Kollege. Er trug sich sogar mit dem Gedanken, den „Palestrina" an der Berliner Staatsoper herauszubringen. Richard Strauss, der extrovertierte Weltbürger, und Hans Pfitzner, der introvertierte Grübler, Poet und „letzte Romantiker" der Tonkunst, waren schon rein äußerlich diametrale Gegensätze: auf der einen Seite der hochgewachsene gemütliche Bajuware mit der Kugelglatze, auf der anderen Seite der spitzbärtige und allzeit scharfzüngige Gnom.

Seit der Wiener Erstaufführung des „Palestrina" am 1. März 1919 unter Franz Schalk – Pfitzner führte selbst Regie – konnte sich die Wiener Staatsoper rühmen, neben

„Palestrina", Hans Hotter als Borromeo

„Palestrina", Julius Patzak in der Titelrolle

dem Münchner Nationaltheater das einzige Opernhaus der Welt zu sein, welches das bedeutende Werk – eine der ganz großen Schöpfungen des Musiktheaters im 20. Jahrhundert – nahezu ständig im Repertoire hatte.

Pfitzner leitete in den zwanziger und in den dreißiger Jahren mehrmals Repertoire-Vorstellungen seiner Werke in der Staatsoper. Im Dezember 1938 stand er auch am Pult der Volksoper, um eine Aufführung seines „Christelfleins" zu leiten. Es dauerte bis Ende 1952, ehe Pfitzners Weihnachtsmärchen unter der Führung zweier Experten auf dem Gebiet der romantischen Opernkunst, dem Regisseur Josef Witt und dem Dirigenten Rudolf Moralt, zum erstenmal in der Staatsoper erklang. Für Wilma Lipp bedeutete die Titelfigur eine willkommene Bereicherung ihres Repertoires. Das sterbende Trautchen wurde von Erika Berghöfer vom Burgtheater überzeugend verkörpert. Anny Felbermayer (Christkind), Herbert Alsen (Tannengreis) und Ludwig Weber (Knecht Ruprecht) stellten echt wirkende Märchenfiguren auf die Bühne.

Fast auf den Tag genau 30 Jahre nach der Erstaufführung des „Palestrina" scheute die Staatsoper nicht davor zurück, das gewaltige Werk im Notquartier an der Wien zur Aufführung zu bringen. Über diesen großen Abend berichtete Prof. Heinrich Kralik in der „Presse":

„Die Aufführung im Theater an der Wien hatte hohes Niveau. Die Regie von Josef Witt und die Bühnenbilder von Robert Kautsky halten sich im wesentlichen an die alte schöne Inszenierung und geben damit die Gewähr für eine sinn- und stilvolle Darstellung. Schwieriger mag die akustische Abstimmung auf den kleineren Raum gewesen sein. Josef Krips, der musikalische Leiter, machte sich die Gelegenheit zunutze, die vielen kammermusikalischen Feinheiten, etwa die Solostimmen von Viola oder Violine, eindrucksvoll hervorheben zu lassen. Aber auch sonst bewährt er sich als verläßlicher und gewissenhafter Dirigent der sorgsam vorbereiteten Aufführung. Der Figur des Palestrina verleiht Julius Patzak den noblen, vergeistigten Charakter seines Künstlertums. Sogar im Tonfall seiner Stimme spiegelt sich irgendwie Palestrinas umflorte Seelenverfassung, und es ist dann von so ergreifender Wirkung, wenn im Ensemble mit den drei Engelstimmen sich auch der Tenor des Sängers hell und jubelnd entfaltet. Eine Charakterfigur von großem Format ist der Borromeo Hans Hotters, interessant, fesselnd, eine überragende, scharf profilierte Persönlichkeit. Dem Morone verleiht Ferdinand Frantz den quellenden Wohllaut seiner Stimme, und die übrigen Würdenträger geben Herbert Alsen, Julius Pölzer, Georg Hann, Adolf Vogel, Erich Majkut, Alfred Poell und Alfred Jerger dankbar darstellende Gelegenheiten. Die bizarren Typen werden von William Wernigk und Peter Klein mit ergötzlichem Sinn und großer Spielfreude lebendig gemacht. Ausgezeichnet, wenn auch da und dort ein wenig überspannt im Wesen, ist Sena Jurinac als Ighino. Sie singt bezaubernd schön und klar. Sie hat in Martha Rohs, die den Silla gibt, eine schmucke und trefflich kontrastierende Partnerin. Schließlich sind noch die drei singenden Engel, Wilma Lipp, Emmy Loose und Friedl Riegler, als willkommene Wohllautspenderinnen nicht zu vergessen. Es war ein festlicher Abend, der ausklang in einer überwältigenden Huldigung für den anwesenden Komponisten . . ."

Im gleichen Jahr übernahm Rudolf Moralt die musikalische Leitung des Werkes. Er hatte bereits an der Vorbereitung der Uraufführung 1916 in München unter Bruno Walter mitgewirkt und setzte ab 1938 in Wien die „Palestrina"-Tradition, die mit dem Namen des Komponisten, mit Franz Schalk, Robert Heger und Bruno Walter, den „Palestrina"-Dirigenten von 1919 bis 1937, besonders verbunden war, fort.

An Alternativbesetzungen blieben in bester Erinnerung: der Morone von Paul Schöffler und der Borromeo von Karl Kamann. Am 9. April 1950 wurde auf außergewöhnliche Weise eine „Palestrina"-Vorstellung vor der Absage bewahrt. Georg Maikl, der einstige beliebte Tenor der Staatsoper, der gerade seinen 78. Geburtstag gefeiert hatte, schlüpfte für den erkrankten Peter Klein nochmals in das Gewand des assyrischen Patriarchen Abdisu.

Die Wiener Staatsoper ehrte den greisen Komponisten anläßlich der „Palestrina"-Premiere durch die Verleihung der Ehrenmitgliedschaft. Die Wiener Philharmoniker nahmen sich des während des Kriegs in München ausgebombten Komponisten an und gewährten dem berühmten Meister der Tonkunst eine monatliche Pension bis zu seinem Lebensende. Als Dank dafür übergab Pfitzner den Philharmonikern das Autograph der „Palestrina"-Partitur.

„Palestrina", Szene aus dem 2. Akt mit Peter Klein, Hans Hotter, Alfred Jerger, Ferdinand Frantz und Julius Pölzer

Pfitzners Freude über seine Geborgenheit in materieller Hinsicht währte leider nicht lange. Er starb bald nach seinem 80. Geburtstag am 22. Mai in einem Salzburger Heim. Zeitlebens hatte er den Wunsch geäußert, in der Nähe der großen Meister der Klassik und der Romantik, denen er sich stets verbunden gefühlt hatte und als deren letztes Glied er sich betrachtete, begraben zu werden. Die Gemeinde Wien erfüllte den Wunsch des letzten Romantikers, indem sie ihm ein Ehrengrab auf dem Wiener Zentralfriedhof widmete. Jene menschlichen Großtaten von Vertretern des kulturellen und öffentlichen Lebens waren charakteristisch für das Streben nach einem echten Humanismus in der Nachkriegsära.

Kapitel VIII

Die französische und die slawische Oper im Theater an der Wien

Aus dem Opernschaffen französischer Komponisten waren während der gesamten Zwischenkriegszeit immerhin drei Werke, Bizets „Carmen“, Massenets „Manon“ und Gounods „Margarethe“, ständig im Repertoire der Wiener Staatsoper, während keine einzige slawische Oper durchgehend von 1918 bis 1939 auf dem Spielplan stand. Selbst Smetanas beliebtes Werk „Die verkaufte Braut“ war nur zeitweise im Repertoire anzutreffen, während die russische Oper ein kümmerliches Dasein fristete.

Es war zweifellos das Hauptverdienst von Hans Knappertsbusch, daß er als musikalischer Leiter der Staatsoper nach der Besetzung Österreichs im Jahr 1938 sich vor allem um die Bereicherung des Spielplans durch die Aufnahme französischer und slawischer Opern in den Spielplan bemühte. Er selbst erweckte die reizende französische Lustspieloper „Das Glöckchen der Eremiten“ von Aimé Maillard, die seit 1906 nicht mehr an der Staatsoper aufgeführt worden war, zu neuem Leben. Es war gewiß kein Zufall, daß Staatsoperndirektor Dr. Erwin Kerber unmittelbar vor dem Griff Hitlers nach Österreich im Februar 1938 Smetanas Freiheitsoper „Dalibor“ unter der musikalischen Leitung von Bruno Walter aufführen ließ. Als nach dem Ausbruch des Zweiten Weltkrieges das deutsche Reichspropagandaministerium u. a. auch die Aufführung französischer Komponisten verbot, setzte sich Hans Knappertsbusch bei den zuständigen Stellen entschieden dafür ein, daß wenigstens die Oper „Carmen“ von diesem Verbot ausgenommen wurde. Am 9. November 1939 erließ die Reichstheaterkammer ein Rundschreiben folgenden Inhalts an sämtliche Opernhäuser: „Der Herr Reichsdramaturg hat uns gebeten, den Leitern der deutschen Opernbühnen mitzuteilen, daß seitens des Reichsdramaturgen Bedenken gegen die Aufführung der Oper ‚Carmen‘ nicht mehr erhoben werden.“ Fünf Monate vor dem Überfall Hitler-Deutschlands auf die Sowjetunion im Juni 1941 fand auf Betreiben von Hans Knappertsbusch die Wiener Erstaufführung von Borodins „Fürst Igor“ mit Helena Braun und Paul Schöffler in den Hauptrollen statt. Des 100. Geburtstages von Peter Iljitsch Tschaikowsky gedachte die Staatsoper mit einer Prachtaufführung von „Eugen Onegin“ mit Maria Reining, Paul Schöffler und Anton Dermota in den Hauptrollen.

Es war auch nach außen hin mehr als eine Dokumentation der besonderen Bedeutung der französischen Opernmusik für die deutschen Opernbühnen, als Hans Knappertsbusch persönlich Anfang 1941 die „Carmen“-Neueinstudierung mit Martha Rohs und Helge Rosvaenge in den Hauptrollen übernahm.

Die Wiener Staatsoper im Exil setzte nun konsequent dort mit dem Aufbau des französischen bzw. des slawischen Opernrepertoires fort, wo den intensiven Bemühungen der Direktion Kerber–Knappertsbusch durch die Ausweitung des Kriegs 1941 ein Ende gesetzt worden war.

Die Staatsoper hätte den russischen Nationalfeiertag Anfang November 1945 nicht würdiger begehen können als durch eine konzertante Aufführung der russischen Volksoper „Boris Godunow“. Josef Krips am Pult sicherte der Festvorstellung hohes Niveau. Sie hatte packende Momente und eine großartige Sängerschar, aus der Paul Schöffler als eindrucksvoller Boris sowie Anny Konetzni, Herbert Alsen, Tomislav Neralic, Peter Klein und Anton Dermota hervorragten. Besondere Erwähnung verdient der Dimitrij von Max Lorenz. Das Publikum freute sich, den vor kurzem heimgekehrten beliebten Künstler in einer neuen Rolle in Wien zu hören.

Der Fleiß und der Arbeitseifer der Staatsoper, ein reichhaltiges Repertoire auf die Beine zu stellen, verdiente volle Anerkennung mit der Neueinstudierung von Offenbachs „Hoffmanns Erzählungen" am 24. Oktober 1945 in der sehr lebendigen und natürlichen Inszenierung von Oscar Fritz Schuh und den ausgezeichneten Bühnenbildern Robert Kautskys. Viel Beifall erhielt Josef Krips für die musikalisch hervorragende Wiedergabe.

Anton Dermota in der Titelpartie glänzte wie immer durch den Wohllaut seines schönen lyrischen Tenors. Irmgard Seefried hatte den Mut, sämtliche vier Frauengestalten bei der Premiere zu singen. Seit der Pariser Uraufführung hatte nur ganz selten eine Sängerin dieses Wagnis auf sich genommen. In den Reprisen konzentrierte sich Irmgard Seefried auf die Rolle der Antonie, die ihr am besten lag, und die einzelnen Frauengestalten wurden wieder von verschiedenen Sängerinnen dargestellt. Die künstlerisch überzeugendste Leistung des Abends bot Paul Schöffler in den vier Baritonrollen.

Dieses sehr beliebte Werk erlebte insgesamt 182 Aufführungen, wobei Rudolf Moralt allein 50 Vorstellungen leitete. In den Hauptrollen gefielen besonders: Julius Patzak, Hugo Meyer-Welfing, Walther Ludwig und Rudolf Schock als Hofmann, Emmy Loose, Wilma Lipp, Erna Berger und Erika Köth als Olympia, Hilde Konetzni, Sena Jurinac, Ljuba Welitsch und Georgine von Milinkovic als Giulietta, Sena Jurinac und Maria Cebotari als Antonia sowie Tomislav Neralic, Hans Hotter, Karl Kamann, Georg Hann, Josef Metternich und George London in den vier Baritonrollen.

Da sich auch im März 1946 für die Wagnersänger keine Verwendung fand, war es sehr sinnvoll, diese Künstler zum Teil in der Neuinszenierung von Tschaikowskys „Pique Dame" einzusetzen. Über die Premiere des Werks vom 22. März 1946 berichtete Prof. Heinrich Kralik in der Wochenzeitung „Die Presse": „Der Held der Oper, der junge Offizier, den die Liebe und die Karten zum Wahnsinn

„Pique Dame", Max Lorenz als Hermann

„Pique Dame", Hilde Konetzni als Lisa

treiben, erhält durch Max Lorenz, den Künstler-Sänger, persönliches Format. Sein schwankender Charakter, seine düstere Fantasie, seine Schwächen, seine falschen Ideologien werden im Stile stärkster Theatralik erfaßt und dargestellt, werden menschlich und verständlich. Lisa, deren reine Seele im Trubel der entfesselten Leidenschaften überwältigt wird, findet in der Prachtstimme von Hilde Konetzni musikalischen und moralischen Rückhalt. Paul Schöffler, vollendeter Kavaliersbariton, verleiht der Figur des Fürsten Jeletzky Vornehmheit und sängerische Durchschlagskraft. Elisabeth Höngen hat mit der Rolle der alten Gräfin, der spukhaften Pique Dame, den stärksten Trumpf in der Hand und weiß ihn, als Meisterin des Spiels und der musikalisch-theatralischen Phrase, mit unfehlbarer Wirkung einzusetzen. Schließlich ist auch Josef Krips zur Stelle, der mit seinem Musikernaturell zugleich ein feuriges Theaternaturell besitzt und nicht nur eine musikalisch solide, sondern auch eine dramatisch bewegte Aufführung verbürgt."

Auch die Reprisen standen auf hohem Niveau, da die Hauptpartien stets mit großen Künstlern besetzt waren: Julius Patzak und Josef Gostic als Hermann, Ljuba Welitsch als Lisa, Rosette Anday und Margarete Klose als Gräfin und Alfred Poell und Karl Kamann als Fürst Jeletzky.

Wie in der Wiener Erstaufführung von Borodins „Fürst Igor" im Jahr 1941 stand auch in der Neuinszenierung Ende Mai 1947 Paul Schöffler in der Titelfigur im Mittelpunkt begeisterter Ovationen. Während der Aufführung kam es zu einer bemerkenswerten Publikumsreaktion. Schöffler sang in seiner großen Arie als gefangener Zar nicht, so wie es in der Partitur steht, „O gebt mir, gebt mir meine Freiheit wieder . . .", sondern die Worte „O gebt uns, gebt uns unsre Freiheit . . .". Das Publikum verstand die Anspielung sofort und bereitete Schöffler demonstrativ Ovationen. Der große Künstler wurde am nächsten Tag zum sowjetischen Stadtkommandanten zitiert, der ihn ersuchte, sich in Zukunft genau an den vorgesehenen Text zu halten.

Neben Schöffler wußte Hilde Konetzni als Jaroslawna ihre große dramatische Darstellungskunst zu zeigen. Auch Anton Dermota (Wladimir), Elena Nikolaidi (Kontschakowna) und Herbert Alsen (Kontschak) boten hervorragende Leistungen. Andreas Boehm stellte einen mehr lyrischen als dämonischen Fürsten Galitzki auf die Bühne. Um so grandioser wurde diese Rolle in den Reprisen von Ferdinand Frantz, George London und Karl Kamann gesungen. Die Tänze, die in der Oper einen besonderen Platz einnehmen, wurden von Erika Hanka gut einstudiert. Durch das harmonische Zusammenwirken von Oscar Fritz Schuh (Regie), Robert Kautsky (Bühnenbilder) und Josef Krips (musikalische Leitung) war ein festlicher, vielbejubelter Abend russischer Opernmusik zustande gekommen. Von den Zweitbesetzungen fielen vor allem Hilde Zadek und Ljuba Welitsch als Jaroslawna, Julius Patzak als Wladimir und Ferdinand Frantz als Kontschak auf.

Einen der größten Erfolge der Nachkriegszeit errang die Staatsoper im Exil mit der Doppelpremiere von Modest Mussorgskis „Boris Godunow", der 1933 zum letzten Mal szenisch an der Staatsoper aufgeführt worden war. Lothar Wallerstein verstand es abermals, Massen auf der Bühne richtig zu führen. Die eindrucksvollen Bühnenbilder von Alexander Benois gaben die eigentümliche Atmosphäre des Werks malerisch wieder. Clemens Krauss sorgte für eine klanglich sehr differenzierte Wiedergabe.

Der Boris Paul Schöfflers hatte großen Stil, vielleicht ein wenig zu edel gezeichnet. Ludwig Weber vermochte in der gleichen Partie in den ersten Szenen den von Gewissensqualen gefolterten Zaren glaubhaft darzustellen — ein Boris, der einen Vergleich auch mit den berühmtesten Vertretern dieser Partie nicht zu scheuen brauchte. Schöffler hat diese Rolle, die eher einem Bassisten zukommt, nicht oft gesungen. Eine sehr plastisch gezeichnete Figur stellte Josef Witt als Schuiskij auf die Bühne. Als Grigorij ließ Karl Friedrichs schöne Stimme aufhorchen; bei Julius Patzak fand die Rolle weit mehr dramatische Belebung. Zwei gleichwertige Prachtbesetzungen stellten Elisabeth Höngen und Sena Jurinac als Marina dar. Herbert Alsen und Endre Koreh sangen mit profunder Stimme den Pimen. Die beiden Bettelmönche Warlaam und Missail erhielten durch Endre Koreh und Marjan Rus bzw. durch Peter Klein und William Wernigk Profil. Später übernahmen mit

„Jenufa", Günther Treptow als Stewa und Ljuba Welitsch als Jenufa

großem Erfolg George London und Josef Herrmann die Titelpartie.

Unmittelbar vor dem politischen Umschwung in der Tschechoslowakei fand Ende Februar 1948 die Premiere von Janáčeks Oper „Jenufa" statt, die zuletzt 1926 in der Staatsoper mit Maria Jeritza in der Titelrolle gespielt worden war. Über die Premiere vom 26. Februar 1948 berichtete die „Wiener Zeitung" u. a.: „Die Staatsoper hat sich in Erkenntnis, daß nur die Landsleute des Komponisten der Oper den richtigen Hintergrund schaffen können, Dirigenten, Regisseur und Bühnenbildner aus Prag geholt. Die Hoffnung, daß Präsident Dr. Benesch dem musikalischen Ereignis beiwohnen werde, hat sich aus naheliegenden Gründen nicht erfüllt. Für die Prager Gäste gibt es nur eine Stimme des Lobes. Der junge Dirigent Jaroslav Krombholc ist wohl eines der stärksten Talente auf diesem Gebiet. Musikalität, Temperament, prägnanteste Zeichengebung und die schöne nationale Begeisterung für das Werk gaben seiner Leistung starken Auftrieb. Der Regisseur Ludek Mandaus gibt der Oper das Gesicht eines musikalischen Schauspiels mit stark bewegten Chorszenen, der Bühnenbildner Karl Svolinksy zeigt Szenerien von expressionistischem Kolorit. Auf der Bühne war es vor allen anderen unsere Ljuba Welitsch, die mit der Jenufa einen geradezu triumphalen Erfolg errang. Wie ein Sonnenstrahl strömt die blühende Stimme durch den Raum, Kraft und Wohllaut verbreitend. Die kristallene Klarheit dieses selten schönen Organs erwärmt und begeistert, die musikalische und stimmliche Disziplin verläßt es auch im dramatischen Akzente niemals. Dies sei über die Sängerin Welitsch gesagt. Ihre schauspielerische Leistung, die in manchem an die Rose Bernd Gerhart Hauptmanns gemahnt, ist ein spannendes Kapitel für sich, das nicht so schnell seinesgleichen hat. Sie konnte denn auch mit dem Dirigenten den stärksten Beifall einheimsen. Ihr zunächst stand der Laca Julius Patzak, der, besonders glänzend bei Stimme, eine musikalisch und darstellerisch überaus interessante Leistung bot. Helena Braun gab der Küsterin viel äußerlich-dramatisches Gepräge, wenn auch die Dämonie dieser Kindesmörderin fehlte. Günther Treptow stattet seinen leichtsinnigen Stewa mit allen Vorzügen seiner großen Stimmittel, gut gesehener Charakteristik und der dazu notwendigen Männlichkeit aus. Else Schürhoff, Elisabeth Rutgers, Änne Michalsky, Charlotte Markus, Dagmar Hermann sowie die Herren Karl Kamann und Wilhelm Felden bildeten ein unübertreffliches weiteres Ensemble, das seinen Anteil an dem großen Erfolg hatte. Das Publikum des ausverkauften Hauses zeigte auch an dieser Stätte ungewöhnliche Begeisterung."

Infolge der Verkettung von außergewöhnlichen Umständen (erschwerte Ausreisemöglichkeiten der tschechischen Künstler nach der Proklamation der Volksdemokratie in der ČSSR, häufige Abwesenheit von Ljuba Welitsch, Helena Braun und Günther Treptow wegen Auslandsverpflichtungen und eine wenig zugkräftige Zweitbesetzung mit Judith Hellwig, Lorna Sydney und Wenko Wenkoff) erlebte diese österreichisch-tschechische Spitzenproduktion bedauerlicherweise nur wenige Aufführungen.

„Fra Diavolo", Walther Ludwig in der Titelrolle

Im Frühjahr 1948 hatten sich die Spannungen zwischen den westlichen Alliierten und der Sowjetunion durch den Ausbruch der Berlin-Blockade und den Umsturz in der ČSSR wesentlich vergrößert, so daß die Hoffnungen Österreichs auf erfolgreiche Staatsvertragsverhandlungen auf den Nullpunkt gesunken waren.

Angesichts dieser düsteren Weltlage wurde von den Opernbesuchern die Premiere von Aubers komischer Spieloper „Fra Diavalo" geradezu als wohltuend empfunden. Dem Regisseur O. F. Schuh war es gelungen, diese Opera comique so französisch wie nur möglich auf die Bühne zu bringen. Den witzigen und charmanten Dialogen wurde ein wesentlicher Platz eingeräumt. Die Handlung bot jenen Künstlern der Staatsoper, die ein hohes Maß an schauspielerischen Fähigkeiten besitzen, Gelegenheit zur Entfaltung ihres großen Könnens.

Walther Ludwig war mit seinem Charme und der Schönheit seines lyrischen Tenors ein fesselnder Räuberhauptmann. Wilma Lipp sang und spielte eine Zerline voll Anmut. Mylord und Mylady erhielten durch Alfred Poell und Martha Rohs Farbe und Leben. Den Jägeroffizier Lorenzo sang Hugo Meyer-Welfing mit kultivierter Stimme. Leider schenkte er sich die schöne Romanze aus dem dritten Akt „Ewig will ich dir gehören". Für den Gastwirt Matteo hatte man Georg Oeggl aufgeboten. An erster Stelle jedoch standen Erich Kunz und Peter Klein als geniales Banditenpaar. Die vielen Gags, die sich die beiden Spießgesellen hatten einfallen lassen, kamen beim Publikum bestens an und bildeten das Tagesgespräch im Wiener Kulturleben. Das Haus an der Wien hatte eine Premiere voll Stimmung und Frohsinn.

Obwohl Bizets „Carmen" im Jahr 1946 zunächst auf dem Währinger Gürtel beheimatet war, drängte sich die Übernahme dieses bedeutenden Werks der Opernliteratur in das Theater an der Wien auf. Übrigens wurde dieses Paradestück jedes Opernhauses wenige Wochen vor Ein-

„Fra Diavolo", Peter Klein und Erich Kunz als Banditenpaar

„Carmen", Szene aus dem 1. Akt mit Helge Rosvaenge als Don José und Irmgard Seefried als Micaela

stellung des Theaterbetriebs im Zuge des totalen Kriegs 1944 in der Staatsoper in glanzvoller Doppelbesetzung herausgebracht, wobei Elisabeth Höngen und Martha Rohs als Carmen, Irmgard Seefried und Esther Réthy als Micaela, Max Lorenz und Helge Rosvaenge als Don José und Mathieu Ahlersmeyer und Paul Schöffler als Escamillo die Protagonisten waren.

In der Neuinszenierung am 21. Oktober 1948 kehrte man wieder zur Pariser Fassung mit allerdings stark gekürztem gesprochenem Dialog zurück, der dem Werk den Charakter einer Opera comique gab. Entscheidend war aber nicht die Frage, ob Dialog oder Rezitativ, sondern die Lebendigkeit und die Natürlichkeit der Aufführung. Dafür garantierten vier große Sängerpersönlichkeiten in den tragenden Rollen. Elisabeth Höngen gab der Titelfigur nicht so sehr das Sinnlichkeit ausstrahlende Naturkind, sie gestaltete die Carmen primär von der Musik her; ihre musikdramatische Leistung war außergewöhnlich. Irmgard Seefried sang prachtvoll die Micaela, wirkte jedoch so wie Elisabeth Höngen etwas zu intellektuell.

Mit großer Spannung hatte man auf das erste Auftreten von Helge Rosvaenge in Wien nach dem Krieg gewartet. Die Partie des Don José war bereits mehrmals im Leben des Künstlers zu einer Art Schicksalsrolle geworden (1921 bei seinem Bühnendebüt in Neustrelitz und 1927 bei seinem Erstauftreten an der Wiener Staatsoper) – und sie wurde abermals von schicksalhafter Bedeutung für seine gesamte Nachkriegskarriere.

Helge Rosvaenge, der sich im ersten Akt zurückhaltend gab, legte ab der Blumenarie ganz groß los. Sein leuchtender Tenor, der vor allem den packenden Klang für den dritten und den vierten Akt besitzt, faszinierte das Publikum wie eh und je. Ferdinand Frantz sang mit seinem edlen, mächtigen Organ einen mustergültigen Escamillo. Auch die kleinen Rollen waren mit Wilma Lipp, Dagmar Hermann, Alfred Poell, Peter Klein, Erich Kunz, Marjan Rus und William Wernigk hervorragend besetzt. Die bewährte Zusammenarbeit zwischen dem Regisseur O. F. Schuh, dem Bühnenbildner Caspar Neher, der Choreographin Erika Hanka und dem Dirigenten Josef Krips hatte abermals reife Früchte getragen. Ihre Arbeit sprühte vor Einfallsreichtum und Lebendigkeit. Die Szene der Schenke, über der der Geist Goyas schwebte, war selten so vollendet zu sehen. Die meisten Reprisen wurden von Rudolf Moralt, Janos Ferencsik und ab 1953 von Berislav Klobucar dirigiert. Je einmal traten Georg Solti, Rudolf Kempe und Georges Sebastian ans Pult.

In den Hauptrollen stellten sich u. a. vor: Georgine von Milinkovic, Martha Mödl, Dusolina Giannini, Margarete Klose, Marianne Radev, Martha Rohs und Jean Madeira als Carmen, Josef Gostic, Peter Anders, Hans Beirer (das einzige Auftreten des Sängers in der Staatsoper im Exil), Hans Hopf, Rudolf Schock und Karl Friedrich als Don José, George London, Josef Herrmann, Hans Hotter und Hermann Uhde als Escamillo sowie Hilde Güden als Micaela.

Im März 1939 war Massenets „Manon" mit Maria Reining und Koloman von Pataky in den Hauptrollen zum

„Manon", Szene aus dem 1. Akt mit Hans Braun als Lescaut und Sena Jurinac als Manon

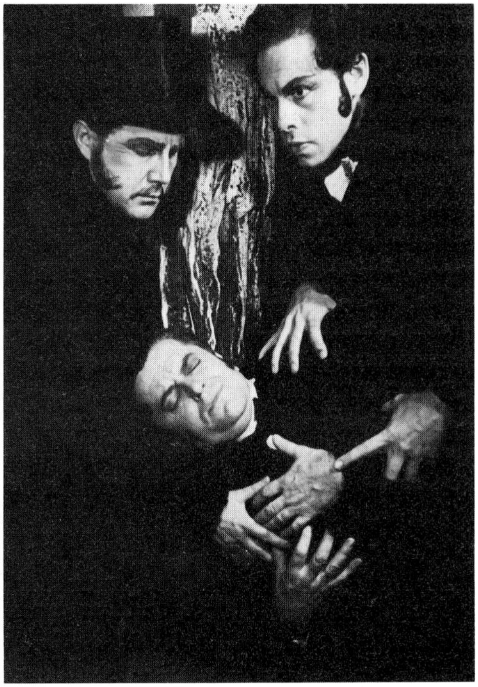

„Eugen Onegin", Lenskis Todesszene mit Ljubomir Pantscheff, Anton Dermota und George London

letztenmal in der Staatsoper erklungen, ehe das Werk fast genau ein Jahrzehnt später, am 2. Mai 1949, unter der Regie von Adolf Rott in einem sehr gefälligen Bühnenrahmen von Fritz Judtmann wieder erklang.

Man versprach sich durch die überragende Bühnenpersönlichkeit von Ljuba Welitsch eine Art Wiedererweckung des Werks. Stimmlich war die große Künstlerin gewiß keine ideale Manon. Aber sie vermochte sich in die zwischen himmlischer und irdischer Liebe schwankende Gestalt hineinzuversetzen. Als Inkarnation des Ewig-Weiblichen hatte sie ihre stärksten Momente. Als ehrlicher Kavalier Des Grieux war Anton Dermota eine Idealbesetzung. Sein „Flieh, o flieh" zählte zu den Höhepunkten des Abends. Von den übrigen Rollen verdient Hans Braun als sympathischer Lescaut hervorgehoben zu werden. Otto Ackermann am Pult gab dem Abend Farbe und Lebendigkeit.

In der Zweitbesetzung sang Sena Jurinac eine reizende Manon, die die Partie in gesanglicher und in darstellerischer Hinsicht voll erfüllte. Der jungen Künstlerin gelang es, die großen Wandlungen im Charkater, die Manon in ihrem kurzen, aber inhaltsreichen Leben erfährt, vollkommen glaubhaft zu machen. In 21 von insgesamt 23 Aufführungen des Werks verkörperte Anton Dermota den Des Grieux. Zweimal zog Rudolf Schock in dieser Rolle alle Register seiner gereiften Gesangskunst.

Eine verspätete Tschaikowsky-Feier der Staatsoper zum 110. Geburtstag des großen russischen Komponisten fiel am 21. Oktober 1950 mit einer Premiere von „Eugen Onegin" sehr erfolgreich aus. Dem bürgerlich-romantischen Grundcharakter des Werks wurde von Erich Wymetal (Regie), Robert Kautsky (Bühnenbilder) und Meinhard Zallinger (musikalische Leitung) voll entsprochen.

Der Hauch von slawischer Schwermut, der der Stimme von Anton Dermota besonderen Reiz verleiht, prädesti-

„Iwan Tarassenko", Szene mit Ljuba Welitsch als Nadja und Helge Rosvaenge als Fedja

nierte den beliebten Künstler zu einem idealen Lenski-Interpreten. George London gab einen Onegin voll Dämonie und bediente sich dazu seines herrlichen Organs. Ljuba Welitsch faszinierte als Tatjana mit ihrem leuchtenden Sopran.

Auch Martha Rohs (Olga), Sieglinde Wagner (Larina), Else Schürhoff (Wärterin) und Endre Koreh (Gremin) wußten zu gefallen. Ein Kabinettstück bot Peter Klein mit dem Couplet des Franzosen Triquet.

Von den Alternativbesetzungen bestach Maria Reining als Tatjana mit dem Wohllaut ihres innigen Soprans. In der gleichen Rolle empfahl sich Leonie Rysanek für größere Aufgaben.

Die unverkennbaren lyrischen Tenorstimmen von Walther Ludwig, Rudolf Schock und Julius Patzak machten die Rolle des Lenski immer wieder zu einem Erlebnis. Ein Großaufgebot an mächtigen Bässen, wie Ludwig Hofmann, Gottlob Frick, Deszö Ernster und Herbert Alsen, verlieh der Gestalt des Fürsten Gremin Größe.

Der Vollständigkeit halber muß noch hinzugefügt werden, daß auch die Staatsoper in der Volksoper mit den Aufführungen von Gounods „Margarethe", Mussorgskis „Der Jahrmarkt von Sorotschintzi", Prokofjews „Die Liebe zu den drei Orangen" und Smetanas „Die verkaufte Braut" einen Beitrag zur Bereicherung des slawischen bzw. des französischen Repertoires leistete.

Angesichts der Tatsache, daß die Staatsoper drei Jahrzehnte später, wie etwa in der Saison 1982/83, nur zwei slawische Opern und keine einzige französische Oper in ihrem Spielplan hatte, muß man nachträglich der Staatsoper im Exil für ihr Engagement um die französische und die slawische Oper vollste Anerkennung aussprechen.

Kapitel IX

Die zeitgenössische Oper im Theater an der Wien

Das uneingeschränkte Lob, das der Wiener Staatsoper hinsichtlich ihres unbeirrbaren Aufbauwillens von seiten der in- und ausländischen Presse entgegengebracht wurde, fand gelegentlich in einem einzigen Punkt eine Einschränkung: in der ungenügenden Berücksichtigung des modernen Opernschaffens im Spielplan der beiden Ersatzquartiere. Allerdings wurde dabei vergessen, daß in den ersten zwei Jahren nach dem Krieg dem Aufbau des Standardrepertoires Priorität eingeräumt werden mußte. Der triumphale Erfolg der Wiener Staatsoper mit mustergültigen Mozart-Aufführungen im Ausland bestätigte die Richtigkeit des eingeschlagenen Weges. Unmittelbar vor der Abreise zum bedeutendsten Auslandsgastspiel, nach London, bekundete die Wiener Staatsoper mit einer ausgezeichneten Aufführung von „Dantons Tod", dem Erstlingswerk des damals 29jährigen Gottfried von Einem, ihr Bekenntnis zum zeitgenössischen Opernschaffen. Das Werk wurde am 7. November 1947 in den Spielplan der Staatsoper übernommen. Durch diese bemerkenswerte Aufführung wurde der junge ungarische Dirigent Ferenc Fricsay, der das Werk vorbildlich einstudiert hatte, mit einem Schlag in der Musikwelt bekannt.

Die Aufführung wurde von der starken Persönlichkeit Paul Schöfflers in der Titelpartie getragen. Maria Cebotari fügte durch ihre ergreifende Darstellung der Lucille ihrem umfangreichen Repertoire eine dankbare Rolle hinzu. Die übrigen Charakterfiguren aus dem Kreis der französischen Revolution wurden u. a. von Hilde Zadek, Horst Taubmann, Josef Witt, Peter Klein, Ludwig Weber, Herbert Alsen und Karl Dönch trefflich dargestellt.

Ende November 1948 erlebte Franz Salmhofers Oper „Iwan Tarassenko", die wenige Tage vor der Besetzung Österreichs 1938 an der Staatsoper uraufgeführt worden war, ihre zweite Premiere in einer Besetzung, wie sie besser nicht sein konnte. Die Hauptdarsteller Ljuba Welitsch als Nadja, Helge Rosvaenge als Fedja und Paul Schöffler in der Titelrolle erwirkten durch ihre intensive Darstellung wiederholt Applaus bei offener Bühne. Salmhofer erwies sich als echter Theatermusiker. Er stellte mit dem Text, den er selbst verfaßt hatte, ein russisches Dorf auf die Bühne. Seine Oper, die fast zwei Stunden dauerte, hatte kaum leere Stellen. Salmhofer blieb als Melodiker ein zeitgenössischer Komponist von hohem Format.

Mit der szenischen Erstaufführung des Oratoriums „Jeanne d' Arc" am 13. Mai 1950 krönte die Staatsoper die Wiener Konzerterfolge Arthur Honeggers. Das Werk mit der dramatischen Vision von Paul Claudel vermittelte einen außergewöhnlichen Eindruck. Die Aufführung war in jeder Beziehung großartig durch das kongeniale Zusammenwirken des Dirigenten Clemens Krauss, des Regisseurs Josef Gielen, des Bühnenbildners Robert Kautsky und der Choreographin Erika Hanka. In der Titelrolle wirkte Alma Seidler sowohl in der Sprache als auch in der Gebärde ergreifend. Eine eindrucksvolle Leistung bot Raoul Aslan als Bruder Dominique.

Die letzten zwei Aufführungen des Werkes leitete der damals 26jährige Dirigent Michael Gielen, der eine besondere Eignung für die Interpretation moderner Werke verraten ließ.

Am 2. März 1951 inszenierte Adolf Rott in bewährter Zusammenarbeit mit dem Dirigenten Meinhard Zallinger und dem Bühnenbildner Robert Kautsky das erfolgreiche musikalische Drama „Der Konsul“ von Gian-Carlo Menotti. Das Werk war in New York mehrere Monate lang en suite gespielt worden. Es war eine Großtat der Wiener Staatsoper, diese Oper mit dem beängstigend aktuellen Stoff noch leidenschaftlicher als in Amerika zur Aufführung gebracht zu haben. Hilde Zadek konnte als Magda Sorel einen der größten Erfolge ihrer Bühnenlaufbahn feiern. Aber auch die übrigen Rollen waren mit Martha Rohs, Hans Braun, Laszlo Szemere und Alfred Jerger überaus lebensecht dargestellt.

Großes Lob gebührt der Staatsoper, daß die grandiose „Wozzeck“-Aufführung der Salzburger Festspiele 1951 im Februar 1952 in das Repertoire des Theaters an der Wien übernommen wurde. So kam es zu einer Wiederentdeckung dieses bedeutenden Werks, das völlig in Vergessenheit geraten war. Die denkwürdige Aufführung der Staatsoper unter Heinrich Hollreiser (in Salzburg und auch später in Wien dirigierte Karl Böhm) fand weltweite Resonanz. Es folgten u. a. Neuinszenierungen in Mailand, London und Buenos Aires. Die Staatsoper selbst erntete im gleichen Jahr einen großen Erfolg mit der Aufführung des Werks im Rahmen der Woche „Kunst des 20. Jahrhunderts“ in Paris unter Karl Böhm in bewährter Zusammenarbeit mit dem Regisseur Oscar Fritz Schuh und dem Bühnenbildner Caspar Neher.

Josef Herrmann war der bedeutendste Wozzeck-Darsteller seit Ende des Zweiten Weltkrieges. Das Pathologische der Figur wurde von ihm psychologisch richtig erfaßt und überzeugend dargestellt. Er stützte sich auf seinen kernigen, hellen Heldenbariton von außergewöhnlicher Durchschlagskraft. Die Marie von Christl Goltz zählt zu den faszinierendsten Leistungen der großen Künstlerin, die eine leichtsinnige, aber keinesfalls dirnenhafte Kleinbürgerin auf die Bühne stellte. Treffend gezeichnet waren der

„Jeanne d'Arc auf dem Scheiterhaufen“, Szene mit Alma Seidler in der Titelrolle und Raoul Aslan als Bruder Dominique

„Der Konsul“, Szene mit Else Schürhoff, Hans Braun und Hilde Zadek

„The Rake's Progress", Erna Berger als Ann

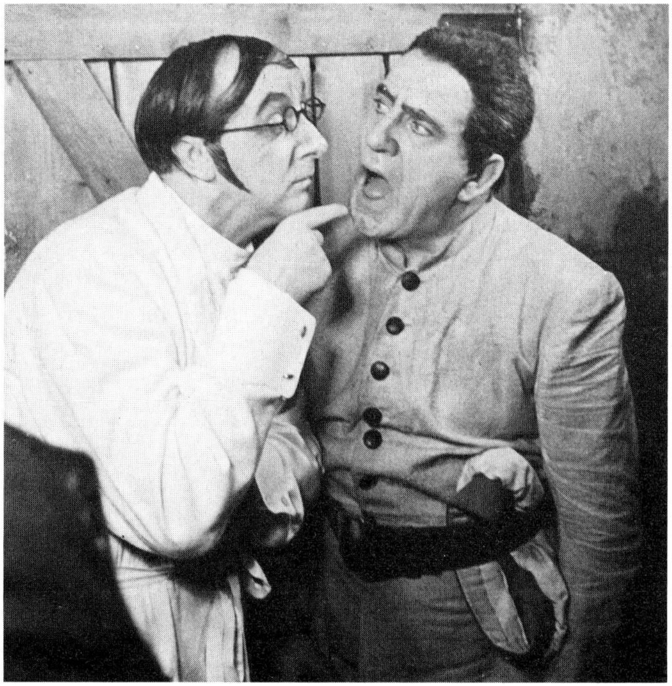

„Wozzeck", Karl Dönch als Doktor und Josef Herrmann als Wozzeck

Tambourmajor von Laszlo Szemere (bei den Salzburger Festspielen wurde die Rolle von Hans Beirer dargestellt), der Hauptmann von Peter Klein, der Doktor von Karl Dönch und der Andreas von Murray Dickie. Es herrschte echte Premierenstimmung.

Sehr bald nach der deutschsprachigen Erstaufführung von Strawinskys Oper „The Rake's Progress" in Stuttgart im November 1951 – die Uraufführung fand im gleichen Jahr in Venedig in englischer Sprache statt – brachte die Wiener Staatsoper das Werk in einer großartigen Besetzung heraus.

Heinrich Hollreiser wurde aufgrund seiner gewissenhaften Einstudierung an die Wiener Staatsoper engagiert. Günther Rennert, der bekannte Regisseur und damalige Intendant der Hamburger Staatsoper, gab dem dritten Akt eine straffere Fassung. Stefan Hlawa schuf Kostüme und Bühnenbilder von historischer Treue.

Die Gesangsdarbietungen waren schlechthin vollendet, Erna Berger als Ann und Rudolf Schock als Tom glänzten durch Schöngesang in Reinkultur. Unübertrefflich in ihrer Charakterisierungskunst waren Elisabeth Höngen als Türkenbab und Alfred Jerger als Nick.

Bei den Salzburger Festspielen 1953 wurde die Uraufführung von Gottfried von Einems „Der Prozeß" nach Franz Kafkas berühmten Roman ein nachhaltiger Erfolg. Die Produktion hatte am 1. Oktober des gleichen Jahres im Theater an der Wien Premiere. Über die Uraufführung berichtete der Kritiker Heinrich Kralik u. a.:

„Herz und Seele der Aufführung ist Max Lorenz, der eine außerordentlich umfangreiche und anspruchsvolle Rolle mit höchstem Kunstsinn und bewundernswerter Ausdauer bewältigt, der in jeder Szene auf der Bühne steht und zum Schluß, im Dom, noch die Kraft findet, einem breit ausgeführten Arioso in exponierter Lage die volle

„Der Prozeß“, Lisa della Casa als Leni und Max Lorenz als Josef K.

„Penelope“, Christl Goltz als Penelope und Rudolf Schock als Ercole

Wucht und Tonfülle seines Tenors zu schenken. Zur weiblichen Hauptfigur werden drei Episodenfiguren zusammengefaßt, eine brünette, eine blonde, eine tizianrote. Aus allen drei hört man Lisa della Casa, ihre süße Stimme, ihre anmutige Phrasierung, ihren persönlichen Tonfall. Um die Hauptfiguren gruppieren sich zahlreiche Typen, die Charakter- und Nebenfiguren, zu deren Darstellung das Ensemble der Wiener Oper seine besten und bewährtesten Vertreter entsendet hat. Ebenso gibt es für das Bühnenbild – Caspar Neher –, für die Regie – Oscar Fritz Schuh –, und für die Musikdirektion – Doktor Karl Böhm – nur Anerkennung und Bewunderung. Wenn nicht aller Schein trügt, haben jene Operninteressenten, die auf der Lauer lagen, einen realen und positiven Wert zu verzeichnen, eine neue handfeste und bühnenwirksame Oper, die auch geistigem Anspruch genügt, ein Werk, das dem Betrieb lebendigen und aktuellen Stoff zuführt.“

Durch die mühelose Bewältigung der schwierigen Partie des Josef K. bewies Max Lorenz, der damals im In- und Ausland die großen Heldentenorpartien verkörpert hatte, die außergewöhnliche Spannweite seiner künstlerischen Tätigkeit.

Franz Salmhofers heitere Oper „Das Werbekleid“ erschien Ende Oktober 1954 unter der musikalischen Leitung von Wilhelm Loibner (Regie: Alfred Jerger, Bühnenbilder: Walter Hoesslin) im Spielplan des Theaters an der Wien.

Im Vordergrund stand der prächtige alte Veitinger-Bauer, eine Figur von Pfiffigkeit und Schlauheit, dargestellt von Oskar Czerwenka. Der Florian gab Waldemar Kmentt Gelegenheit, seinen sympathischen lyrischen Tenor zur Geltung zu bringen. Die Kordula mit dem Werbekleid wurde wie schon 1946 an der Volksoper von Sena Jurinac mit Herz und Anmut verkörpert. Dagmar Hermann

(Doris) und Hans Braun (Kurt) überzeugten als übelbeleumundete Stadtleute.

Auch Rolf Liebermanns Oper „Penelope“, die bei den Salzburger Festspielen 1954 von Georges Szell musikalisch einstudiert worden war, übersiedelte Ende November des gleichen Jahres nach Wien, wo Michael Gielen die musikalische Leitung übernahm. Die Bühnenbilder von Caspar Neher und die Regie von Oscar Fritz Schuh wirkten sehr durchdacht.

Christl Goltz ließ die enormen Schwierigkeiten der Titelpartie völlig vergessen. Kurt Böhme gab einen hoheitsvollen Odysseus. Max Lorenz stattete den Podestà mit seiner ganzen Künstlerpersönlichkeit aus. Durch die Mitwirkung von Ruthilde Boesch, Karl Dönch, Walter Berry, Peter Klein, Rudolf Schock, Theo Bayle und Oskar Czerwenka erhielt die Aufführung besonderen Glanz.

Sosehr das Publikum den Aufführungen moderner Opern überraschenderweise aufgeschlossen gegenüberstand, sosehr zeigte es sich den beiden Produktionen der Barockoper gegenüber als reserviert. Die Premiere von Glucks „Alceste“ am 10. Jänner 1953 unter der Leitung von Heinrich Hollreiser fand vor halbleerem Haus statt. Die großartige Christl Goltz in der Titelrolle und ihre nicht minder hervorragenden Partner Herbert Alsen (Herkules), Anton Dermota (Admetos), Alfred Poell (Oberpriester), Hans Hotter (Herold), Anny Felbermayer (Ismene) und Karl Terkal (Apollo) hätten sich besseren Besuch verdient. Nach acht Aufführungen verschwand das Werk vom Spielplan.

Auch die vielen Mühen des Regisseurs Oscar Fritz Schuh und des Bühnenbildners Caspar Neher um die Aufführung von G. F. Händels Oper „Julius Caesar“ standen in keinem Verhältnis zum Erfolg des selten gespielten Werks, das zuletzt anfangs Juni 1939 ein einziges Mal im Rahmen eines Gastspiels der Hamburger Staatsoper mit Hans Hotter in der Titelrolle in Wien zur Aufführung gekommen war. Im Juni 1954 erzielte die Oper unter der musikalischen Leitung von Karl Böhm nur zwei Aufführungen. Die Gesangsleistungen waren schlechthin vollendet, voran Paul Schöffler in der Titelrolle sowie Irmgard Seefried als Kleopatra, Elisabeth Höngen als Cornelia, Anton Dermota als Sextus, Gottlob Frick als Ptolomäus und Walter Berry als Achillas.

Die Statistik hat nachträglich die Leistungen der Wiener Staatsoper im Exil von den gegen sie erhobenen Vorwürfen, das zeitgenössische Opernschaffen zuwenig gefördert zu haben, freigesprochen. In acht Jahren (1947–1955) wurden nicht weniger als 15 zeitgenössische Opern in das Repertoire aufgenommen, während im Haus an der Ringstraße in einem Zeitraum von 25 Jahren (1955–1980) etwa 20 Novitäten auf dem Gebiet des zeitgenössischen Opernschaffens zur Aufführung gelangten.

Die erste Ziffer enthält auch sämtliche Erstaufführungen zeitgenössischer Werke in der Volksoper, wie etwa Brittens „Bettleroper“, Prokofjews „Die Liebe zu den drei Orangen“, Menottis „Das Medium“ oder Orffs „Die Kluge“ und „Die Bernauerin“. (Diese Werke werden im Abschnitt „Die Wiener Staatsoper in der Volksoper“ behandelt.) Es muß als absolute Großtat gewertet werden, daß neben den Werken international anerkannter Komponisten wie Honegger, Menotti, Prokofjew, Orff und Strawinsky auch Opern österreichischer Meister gefördert wurden. Alban Bergs „Wozzeck“ wurde aufgrund der großartigen Aufführungen in Salzburg und in Wien für die internationale Opernbühne wiederentdeckt. Zwei Werke von Franz Salmhofer, der als Schöpfer volkstümlicher Opern und als würdiger Nachfolger von Wilhelm Kienzl, Max Oberleithner und Julius Bittner anzusehen ist, bereicherten den Spielplan, und Gottfried von Einem gelang mit seinen Meisterwerken „Dantons Tod“ und „Der Prozeß“ der Aufstieg in die erste Reihe zeitgenössischer Opernkomponisten.

Die Wiener Staatsoper im Exil hat trotz der eingangs erwähnten Schwierigkeiten durch die zielstrebige Pflege des zeitgenössischen Musiktheaters die Spannweite ihres Repertoires erheblich vergrößert und die internationale Opernbühne durch Produktionen von epochaler Bedeutung und in optimaler Besetzung erheblich bereichert.

Kapitel X

Die Wiener Staatsoper in der Volksoper

Mit Beginn der Spielzeit 1946/47 übernahm Dr. Hermann Juch, Sohn eines österreichischen Finanzministers, die Leitung des Hauses am Währinger Gürtel. Er war seit 1936 in der Staatstheaterverwaltung tätig gewesen. Als Jurist und Kunstfreund hatte er zweifellos die besten Qualifikationen aufzuweisen, mit der Leitung der Staatsoper in der Volksoper betraut zu werden. Unmittelbar nach seinem Amtsantritt gab er die programmatische Erklärung ab, die Staatsoper in der Volksoper zu einer Wiener Opera comique machen zu wollen. Es sollten vor allem im normalen Spielplan selten aufscheinende Werke, Spielopern und die klassische Operette zu neuem Leben erweckt werden. Man wollte in Wien ähnliche Verhältnisse wie etwa in Paris schaffen, wo die Große Pariser Oper und die Opera comique ihr Eigenleben haben, sich aber bezüglich des Spielplans ergänzen. Damit sollte auch die Zweitrangigkeit der Volksoper beseitigt werden, zumal das Haus über genügend eigene Sänger verfügte, die sich bereits während des Zweiten Weltkrieges profiliert hatten.

Es kamen damals einige volkstümliche Opern in großartiger Besetzung heraus, wie etwa Humperdincks „Königskinder" mit Ljuba Welitsch und Emmy Funk als Gänsemagd, Hans Decker und Anton Dermota (als Gast) als Königssohn und Georg Oeggl als Spielmann, oder Bittners „Bergsee" mit Günther Treptow, Werke, die seither nie mehr auf einer Wiener Opernbühne gespielt worden sind.

Die Saison 1946/47 begann mit einer denkwürdigen „Tannhäuser"-Neuinszenierung, auf die im Kapitel über die Wagner-Abende ausführlich Bezug genommen wurde.

Am 10. November wurde die Operette „Wiener Blut" von Johann Strauß von Alfred Jerger neuinszeniert. Die Bühnenbilder schuf Walter Hoesslin unter teilweiser Verwendung der von Wilhelm Reinking 1943 für den Redoutensaal entworfenen Dekorationen. Unter der Leitung von Anton Paulik gab es ein Wiedersehen mit vielfach bewährten Kräften: Esther Réthy (Gabriele), Alfred Jerger (Fürst Ypsheim), Richard Sallaba (Graf Zedlau), Fritz Krenn (Kagler) und Erich Kunz (Josef).

Die letzte Premiere des Jahres 1946, Verdis „Maskenball", litt vor allem am Mangel an mitreißenden Sängern. Magda Rigo (Amelia), Wenko Wenkoff (Graf Richard) und Lorna Sydney (Ulrica) waren ihren Aufgaben nicht ganz gewachsen. Unter der Leitung von Felix Prohaska sang Hans Reinmar einen sehr ausdrucksstarken René.

Das Jahr 1947 begann mit der Aufführung von Jaromir Weinbergers „Schwanda, der Dudelsackpfeifer". Zwei prominente Gäste von der Metropolitan Opera New York standen dem Werk, das 1927 in Prag uraufgeführt worden war, Pate: der vielfach bewährte Spielleiter und ehemalige Oberregisseur der Staatsoper, Lothar Wallerstein, und Erich Leinsdorf als schwungvoller musikalischer Leiter. Der gebürtige Wiener hatte u. a. in den dreißiger Jahren als Assistent von Bruno Walter und von Arturo Toscanini bei den Salzburger Festspielen mitgewirkt. Nach dem Tod von Artur Bodanzky avancierte er zum ersten Dirigenten an der Metropolitan Opera.

Es war ein sehr guter Gedanke, auf die in der ganzen Welt erfolgreiche balladenhafte Geschichte vom Strakonitzer Dudelsackpfeifer zurückzugreifen. Wallerstein hatte das Werk anläßlich der Wiener Erstaufführung im Jahr 1930 unter der musikalischen Leitung von Clemens Krauss

„Tannhäuser", Szene aus dem 1. Akt mit Henny Herze als Hirte und Max Lorenz als Tannhäuser

Hermann Juch, Direktor der Staatsoper in der Volksoper

erfolgreich inszeniert. Zur gleichen Zeit brachte auch die Metropolitan Opera das Werk mit Friedrich Schorr in der Titelrolle und dem am Beginn einer Weltkarriere stehenden Max Lorenz in der Partie des Babinsky heraus.

Unter der Leitung von Erich Leinsdorf bot das Volksopernorchester eine hervorragende Leistung. Lothar Wallerstein verlieh dem Werk ein beschwingtes Märchenkolorit. Walter Höfermayer gab sehr naturburschenhaft die Titelpartie. Als reizende Ehefrau Dorota stand ihm Esther Réthy zur Seite, prachtvoll in Erscheinung und Gesang. Dem Edelräuber Babinsky lieh Julius Patzak seine gewandte Charakterisierungskunst. Endre Koreh verkörperte einen temperamentvollen Teufel. Alfred Jerger stellte einen dämonischen Magier auf die Bühne, Lorna Sydney sang die Eiskönigin. Unter den Umbesetzungen verdienen Georg Oeggl als prachtvoller Schwanda und Julius Pölzer als Babinsky hervorgehoben zu werden.

Im März desselben Jahres errang die Staatsoper in der Volksoper mit der Neuinszenierung von d'Alberts „Tiefland" einen weiteren großen Erfolg. Die Zusammenarbeit zwischen dem Regisseur Josef Witt, dem Dirigenten Rudolf Moralt und dem Bühnenbildner Robert Kautsky, der einfallsreiche, veristische Bühnenbilder entworfen hatte, lohnte sich. Josef Witt, der den Pedro selbst an die 80mal gesungen hatte, war die Oper in Fleisch und Blut übergegangen, so daß er gar kein Regiebuch nötig hatte. Die Rolle des Pedro übernahm Karl Friedrich im letzten Augenblick für den erkrankten Julius Pölzer. Friedrich hatte vor allem in den lyrischen Stellen gute Momente. Mit Helena Braun als Martha stand die stärkste Persönlichkeit auf der Bühne. Karl Kamann gab dem Sebastiano Wucht und Schwärze. Henny Herze traf mit Stimme und Spiel die kindliche Einfalt der Nuri vortrefflich.

Im gleichen Jahr wurde die Rolle des Pedro mehrmals umbesetzt. Der Regisseur Josef Witt mußte selbst in das Wams von Pedro schlüpfen, und nach Hans Decker und Laszlo Szemere übernahm Günther Treptow jene Rolle, die ihm im gleichen Haus bereits 1939 einen durchschlagenden Erfolg und eine Verpflichtung an die Zoppoter Waldoper für den Sommer desselben Jahres eingebracht hatte.

Mit der erfolgreichen Erstaufführung von Offenbachs „Orpheus in der Unterwelt" am 23. April unter der Regie des bekannten Filmschauspielers und Regisseurs Willy Forst wurde die Renaissance der klassischen Operette in der Staatsoper in der Volksoper eingeleitet. Forst schuf gemeinsam mit Kurt Nachmann eine textliche Neufassung des Werkes, die eine speziell österreichische Note erhielt – sie zeichnete sich durch mehr Glanz und Grazie aus. Forst hatte alles mobilisiert, was gut und teuer war, um eine erstklassige Aufführung auf die Beine zu stellen. Max Lorenz bot durch seine heldische Erscheinung eine ideale Verkörperung des Orpheus. Auch in stimmlicher Hinsicht fand er sich in dem ihm weniger geläufigen Metier sehr gut zurecht und begeisterte das Publikum durch imposante Spitzentöne bis hinauf zum hohen C. Esther Réthy war ihm eine gutaussehende, gesanglich großartige Partnerin. Eine Meisterleistung als Aphrodite mit ihren feinpointierten Chansons bot Christl Mardayn. Hans Moser gab als Beherrscher des Olymps eine Figur köstlichen Humors. Eine glänzende Studie lieferte Paul Kemp als Unterweltfaktotum Styx. Alfred Jerger (Hades), Rosl Schwaiger (Heros), Auguste Pünkösdy (Hera), Hans Habietinek (Hermes), Sieglinde Wagner (Phylia), Josef Knapp (Professor) und Kurt Nachmann (Offenbach) verkörperten mit großem Engagement ihre Rollen. Die geschmackvollen Kostüme stammten von Fred Adlmüller, die Tanzszenen wurden von Hedy Pfundmayer und ihrer Ballettgruppe ausgeführt, am Pult saß Willi Schmitt-Gentner.

Die „Orpheus"-Aufführungen wurden nicht nur ein künstlerischer, sondern auch ein großer Kassenerfolg. Bis Ende der Saison fanden 44 Aufführungen statt, wobei auch u. a. Sena Jurinac und Gabriella Lupancea als Eurydike sowie Kurt Preger und Alfred Hülgerth als Orpheus zu hören waren.

Mit Beginn der Spielzeit 1947/48 wurde eine Maßnahme von weittragender Bedeutung für die Zukunft des Hauses am Währinger Gürtel getroffen. Die Orchester in den beiden Ersatzquartieren wurden gänzlich voneinander getrennt. Das bisherige Staatsopernorchester beschränkte seine Tätigkeit nur noch auf das Theater an der Wien. Der Orchestertorso der Volksoper wurde durch Erweiterung auf 81 Mann zu einem eigenen Klangkörper ausgebaut. Es wurden die besten Nachwuchsmusiker verpflichtet, womit das Orchester sein Gepräge als zweites Opernorchester Wiens erhielt.

„Der Freischütz", Szene aus dem 2. Akt mit Maria Reining als Agathe und Henny Herze als Ännchen

Die Erweiterung des Orchesters kam vor allem der ersten Premiere der neuen Saison zugute. Der neue „Freischütz" erschien in musikalischer, szenischer und bildmäßiger Gestaltung als ein entschiedenes Bekenntnis zur Romantik. Der Regisseur Josef Witt, einst geschätzt als Darsteller des Jägerburschen Max, verstand es, die Atmosphäre Webers mit Leben zu erfüllen. Besonders die Massenszenen gelangen ihm vortrefflich. Der schräge Bühnenbau und die romantischen Bühnenbilder Walter Hoesslins korrespondierten mit der Regie. Am Pult stand einer der besten Kenner romantischer Musik: Hans Knappertsbusch. Mit seiner ihm eigenen Virtuosität, seiner Suggestivkraft brachte er mit einem Minimum an Probenarbeit eine eindrucksvolle Aufführung zuwege. Knappertsbusch hatte auch die letzte „Freischütz"-Premiere in der Staatsoper 1941 mit Hilde Konetzni, Emmy Loose, Set Svanholm und Marjan Rus geleitet.

Unter den Gesangssolisten überragte Maria Reining mit ihrer seelenvoll gesungenen Agathe. Horst Taubmann als Max war von der Erscheinung her eine Idealbesetzung. Leider besaß sein Tenor wenig Glanz. Henny Herze war ein Ännchen mit jugendlichem Charme. Adolf Vogel (Kuno), Marjan Rus (Kaspar), Endre Koreh (Eremit), Walter Höfermayer (Ottokar) und Reinhold Siegert (Samiel) waren durchaus zufriedenstellende Interpreten ihrer Rollen.

Am 30. November debütierte der junge vielversprechende Bassist Otto Edelmann als Eremit im „Freischütz". Diese Vorstellung erhielt durch die Mitwirkung von Ferdinand Frantz als Kaspar und Günther Treptow als Max besonderes Gepräge.

Das Werk erlebte bis 1955 an die 80 Aufführungen, in denen u. a. Esther Réthy und Elisabeth Grümmer als Agathe, Julius Patzak als Max, Rosl Schwaiger und Emmy Loose als Ännchen sowie Ludwig Weber, Ludwig Hofmann und Gottlob Frick als Kaspar zu hören waren.

Als einzige Oper Giuseppe Verdis wurde der „Don Carlos" zweimal umgearbeitet, erstmals 1884 vor der zweiten Uraufführung an der Mailänder Scala. In jener Aufführung wurden der vorspielartige erste Akt, der in Fontainebleau spielt, sowie die für die Pariser Aufführung 1867 geforderten Ballettszenen gestrichen. Die zweite Umarbeitung nahm den Fontainebleau-Akt wieder auf. Davon gab es auch eine deutsche Fassung von Franz Werfel und Lothar Wallerstein, für die sich auch Clemens Krauss bei der Erstaufführung des Werkes in der Wiener Staatsoper 1932 entschieden hatte. Man erlebte damals die Entdekkung des spät-mittleren Verdi und erkannte die Schönheit des Übergangsstils. Von der seinerzeitigen Aufführung aus dem Jahr 1932 war bei der Neuinszenierung des Werks am 6. Jänner 1948 nur noch Alfred Jerger als die Szene beherrschender Großinquisitor dabei. Elisabeth Höngen bot als Prinzessin Eboli die faszinierendste Leistung des Abends. Die Rolle war klug aufgebaut und leidenschaftlich gesungen. Neben ihr beeindruckte Hilde Konetzni als Elisabeth am meisten. Beseeltes Singen und hohe Musikalität bestimmten ihre Rollengestaltung. Endre Koreh gab den König Philipp, blieb jedoch in seiner Darstellung den mächtigen Herrscher schuldig. Hans Braun gefiel als Posa durch den Wohlklang seines lyrischen Baritons. Karl Friedrich konnte mit der Titelpartie vor allem in darstellerischer Hinsicht nicht viel anfangen. Otto Edelmann gab als Karl V. wieder eine Probe seines großen Könnens. Lothar Wallerstein mit seiner Vorliebe für Farbe und Bewegung gelang in geistreicher Regie im Verein mit dem Bühnenbildner Walter Hoesslin ein eindrucksvolles Bild vom großen Jahrhundert Spaniens.

Karl Böhm, der während des Zweiten Weltkriegs hervorragende Verdi-Neueinstudierungen in der Wiener Staatsoper geleitet hatte, erwies sich abermals als werktreuer Dirigent.

In den Reprisen des Werks waren u. a. Hilde Zadek als Elisabeth, Anny Konetzni, Georgine von Milinkovic und Margarete Klose als Eboli, Otto Edelmann und Gottlob Frick als König Philipp, Todor Mazaroff und Rudolf Schock als Carlos sowie Mathieu Ahlersmeyer, Georg Oeggl und Josef Metternich als Posa zu hören.

Am 8. Februar übersiedelten die drei burlesken Einakter Offenbachs, „Die kleine Zauberflöte", „Verlobung bei Laternenschein" und „Die Insel Tulipatan" vom Redoutensaal, wo im November des vorangegangenen Jahres die Premiere stattgefunden hatte, in die Volksoper.

Für die launige Inszenierung Renato Mordos wurde ein passender Rahmen gefunden. Das großartige Ensemble mit Rosette Anday, Sena Jurinac, Hilde Konetzni, Richard Eybner, Alfred Jerger, Peter Klein, Fritz Krenn, Erich Kunz und Josef Witt unterhielt sich und das Publikum glänzend.

Zu Beginn des Jahres 1948 hatte sich die weltpolitische Situation verschlechtert. Von 16. Jänner bis 25. Februar tagte die Konferenz der stellvertretenden Außenminister

„Verlobung bei Laternenschein", Szene mit Hilde Konetzni, Peter Klein und Rosette Anday

der vier Großmächte ergebnislos über den Abschluß des österreichischen Staatsvertrages.

In dieser wenig erfreulichen Zeit hatte die Wiener Staatsoper in der Volksoper im richtigen Augenblick mit einer festlichen Neuinszenierung des „Zigeunerbaron" jene internationale Tonsprache gefunden, die von allen verstanden wurde. Der Zuschauerraum glich mit seinen in- und ausländischen Festgästen einem Musikparlament, dessen Präsidenten auf der Bühne und im Orchester, lebhaft umjubelt, residierten. Der große Erfolg der Premiere war insbesondere dem Regisseur Hubert Marischka zu danken, der sogar quietschende Ferkel und meckernde Ziegen auf die Bühne gestellt hatte. Der in der Preßburger Atmosphäre aufgewachsene Dirigent Anton Paulik dirigierte mit wienerischem Schwung. Der Abend wurde unter Mitwirkung des Staatsopernballetts unter Erika Hanka – die zauberhaften Bühnenbilder stammten von Walter Hoesslin, die duftigen Kostüme von Elli Rolf – zu einer Symphonie von Gesang, Musik und Bewegung!

Damit das Lokalkolorit möglichst bis ins letzte Detail gewahrt blieb, wurden einige Hauptpartien mit gebürtigen ungarischen Sängern besetzt. Im Mittelpunkt standen die Saffi von Esther Réthy und der Barinkay von Laszlo Szemere. Rosette Anday gab die Czipra mit dunklem Alt. Aber auch die Nichtungarn stellten köstliche Typen auf die Bühne: Alfred Jerger als Zsupan, Walter Höfermayer als Homonay, Rosl Schwaiger als Arsena, Richard Sallaba als Ottokar und Richard Eybner als Conte Carnero.

Es war ein großer Abend am Währinger Gürtel! Bei offener Szene und auch bei Tanzszenen gab es mehrfache Wiederholungen. Das Werk erlebte mit über 200 Aufführungen die höchste Aufführungszahl der Staatsoper in der Volksoper. Als Saffi waren u. a. Maria Cebotari, als Barinkay Karl Friedrich und als Zsupan Endre Koreh erfolgreich eingesetzt.

Am 20. April 1948 wurde der Ende Jänner verstorbene deutsch-italienische Komponist Ermanno Wolf-Ferrari mit einer Neueinstudierung seiner Oper „Die schalkhafte Witwe" geehrt. Der Regisseur Josef Witt fand für den Stil des Komponisten eine optimale Lösung. Es standen ihm hervorragende Buffotalente zur Verfügung. Vier Freier umschwirrten intrigierend die schöne Witwe Rosaura (Sena Jurinac), jeder seiner nationalen Art gemäß, bis sie den selbstlos-treuen Landsmann des Komponisten zum Mann nahm. Die lustige Witwe wurde von Sena Jurinac mit sprühendem Temperament dargestellt. Die vier Freier, der zappelige Franzose Roné (Hugo Meyer-Welfing), der steife Engländer (Walter Höfermayer), der Torero-Spanier (Otto Edelmann) und der Tenor-Italiener (Wenko Wenkoff) waren stilgerecht gezeichnet. Eine Meisterleistung bot Erich Kunz als Gaunerkellner Arlecchino. Die in bunten Farben schillernden Bühnenbilder Meineckes, die sorgsame Personenführung durch Josef Witt und die musikalische Leitung von Otto Ackermann ergänzten einander vortrefflich. Es entstand eine Kammeroper mit einer Fülle geistvoller Bonmots, eher eine Oper für Feinschmecker, sicherlich kein Kassenmagnet.

Am 15. Mai wurde Kienzls „Der Evangelimann" nach längerer Unterbrechung wieder in den Spielplan aufgenommen. Julius Patzak gestaltete die Titelfigur mit ergreifender Einfachheit. Sie stellt neben dem Palestrina eine seiner bedeutendsten Bühnenleistungen dar. Sein im Oratorium und im Liedgesang geschulter lyrischer Tenor, verbunden mit einer durchgeistigten Darstellung der Partie, gewann die Herzen der Zuhörer. Neu war auch der stimmstarke Johannes von Andreas Boehm. Josef Witt, der Mathias der Premiere von 1945, ließ als Regisseur die Darsteller natürlich agieren.

In diesen Jahren war die Staatsoper in der Volksoper in der beneidenswerten Lage, noch zwei weitere prominente Interpreten für die Titelpartie in Kienzls volkstümlicher Oper zur Verfügung zu haben.

Walther Ludwig gefiel mit seiner männlichen Gestaltung und durch den lyrischen Glanz seines in Lied- und Oratoriengesang erprobten Tenors.

Die Partie des Evangelimann war fast drei Jahrzehnte hindurch die Domäne der großen Heldentenöre der Wiener Staatsoper gewesen. Hermann Winkelmann hatte die Partie bei der Wiener Erstaufführung 1890 gesungen, und 1924 verabschiedete sich Erik Schmedes in derselben Rolle von seinem Wiener Publikum. Wagnerianer und vor allem jene Opernbesucher, die Schmedes noch gehört hatten, sahen sich durch den Evangelimann von Günther Treptow angesprochen, der die Figur mehr in Wagner-Nähe rückte und vor allem die große Erzählung aus dem zweiten Akt, „Des Lebens ganzer Leidenskelch", mit seinem metallischen, ausdrucksstarken Tenor zu voller Wirkung brachte.

Für die Neuinszenierung von Charles Gounods „Margarethe" wurde der bekannte ungarische Regisseur Kalman von Nadasdy verpflichtet. Er hatte bereits 1938 eine sehr erfolgreiche Neueinstudierung der „Boheme" in der Wiener Staatsoper geleitet. Hans Knappertsbusch war 1937 während eines Gastspiels in Budapest auf den jungen, talentierten Regisseur aufmerksam geworden. Nadasdy hatte u. a. bei Zoltan Kodaly sechs Jahre studiert und betrachtete es als seine Hauptaufgabe, von den Perspektiven der Musik her und von der Warte des Historikers aus Regie zu führen.

„Der Evangelimann", Szene aus dem 2. Akt mit Julius Patzak in der Titelrolle und Rosette Anday als Magdalena

„Margarethe", Hans Braun als Valentin

So fand Nadasdy bei seiner Arbeit in der Volksoper jenen Stil, der dem Thema und zugleich der historischen Entstehungsgeschichte entsprach. Das Milieu Deutschlands im 16. Jahrhundert mit seinem Kleinstadtbürgertum blieb in der Neuinszenierung der Volksoper erhalten. Auch durfte die Opernromantik der „Großen Oper" nicht fehlen.

Als Margarethe hatte sich Esther Réthy 1937 dem Wiener Publikum vorgestellt. Elf Jahre später wirkte sie genauso anmutig wie einst. Als Faust bot Karl Friedrich eine ansprechende Leistung. Ljubomir Vischegonow sang einen schwungvollen Mephisto. Die Dimensionen der Wiener Volksoper dürften ihm allerdings etwas zu groß gewesen sein. Als Valentin ersang sich Hans Braun die Gunst des Publikums. Otto Ackermann dirigierte mit großer Intensität, und auch die Balletteinstudierung hatte hohes Format.

Nach der Sommerpause folgte am 5. Oktober als Neueinstudierung Otto Nicolais komisch-phantastische Oper „Die lustigen Weiber von Windsor". Dem Regisseur Herbert Waniek war es gelungen, allen Elementen des Werkes gerecht zu werden. Er schuf eine Neufassung voll von bühnenwirksamen Ideen. Eine davon war die Verlegung des Schauplatzes auf eine Bretterbude, wie sie zu Shakespeares Zeiten als Bühne in Verwendung war.

„Die lustigen Weiber von Windsor", Martha Rohs als Frau Reich und Maria Cebotari als Frau Fluth

Aus dem guteinstudierten Ensemble ragte Maria Cebotari als Frau Fluth besonders hervor. Sie beherrschte Koloratur und Rezitative meisterhaft. Ihr Agieren auf der Bühne war von einer Natürlichkeit und Selbstverständlichkeit, die Deutlichkeit des gesungenen und gesprochenen Wortes war vorbildlich. Endre Koreh machte mit seinem voluminösen Baß und seiner trefflichen Komik den Falstaff zu einem Kabinettstück. Auch Martha Rohs (Frau Reich), Magda Gabory (Ännchen) und Walther Ludwig (Fenton), dessen prachtvoll gesungenes Ständchen Beifallsstürme hervorrief, waren in Bestform. Die beiden Ehemänner wurden von Adolf Vogel und Walter Höfermayer, der Dr. Cajus von Marjan Rus sehr ausdrucksvoll dargestellt. Die Bühnenbilder Stefan Hlawas und die Choreographie von Erika Hanka erfreuten eine enthusiasmierte Zuhörerschaft. Otto Ackermann leitete die Aufführung mit großer Sicherheit. Nach der Vorstellung herrschte sowohl auf der Bühne wie auch im Zuschauerraum silvesterähnliche Stimmung.

Feststimmung herrschte in der Volksoper auch am 1. November, als Helge Rosvaenge, der zwischen 1936 und 1939 alternierend mit Koloman von Pataky in der Wiener Staatsoper den Faust gesungen hatte — 1937 war auch Jussi Björling in dieser Rolle in Wien aufgetreten —, erstmals nach dem Krieg die schwierige Rolle übernahm. Nach einem mühelos gesungenen hohen C am Schluß der Cavatine des Faust wollte der Beifall kein Ende nehmen. Einen weiteren Gewinn für das Haus bedeutete die Übernahme der Rolle des Mephisto durch Otto Edelmann.

Endlich erhielt auch Verdis „Maskenball" am 12. November durch die Besetzung der Partie des Grafen Richard mit Helge Rosvaenge Glanz. Die Aufführung mit Hilde Zadek (Amelia), Karl Schmitt-Walter (René) und Rosette Anday (Ulrica) hatte hohes Niveau.

Mit einer Neueinstudierung von Johann Strauß' „Eine

Nacht in Venedig" ging das erfolgreiche Jahr 1948 zur Neige. Es gab prächtige Bühnenbilder von Walter Hoesslin, imposante Kostüme, deren Modelle Erni Kniepert entworfen hatte. Der Regisseur Alfred Jerger nützte den Zauber der Drehbühne vorteilhaft aus, das Ballett unter der Choreographie von Erika Hanka bot entzückende Einlagen, Primaballerina Julia Drapal tanzte hinreißend Tarantella.

Bereits 20 Jahre vorher hatten Erich Wolfgang Korngold und Hubert Marischka eine Säuberung des Textes vorgenommen und Musik aus anderen Werken des Meisters, aus „Ritter Pazman" und „Der lustige Krieg", hinzugefügt. Die Neubearbeitung des Werkes nahmen Alfred Jerger, Rudolf Österreicher und Anton Paulik, der schwungvolle musikalische Leiter der Neueinstudierung, vor. Die Vorstellung wurde mehrmals durch nicht enden wollende Ovationen von seiten des Publikums unterbrochen. Im Mittelpunkt der Begeisterungsstürme standen vor allem die Gesangsdarbietungen von Esther Réthy als Annina mit ihrer unnachahmlichen Schwipsszene und Helge Rosvaenge als verführerischer Herzog, der mit eingelegten Spitzentönen bis hinauf zum hohen C sehr freigiebig war. Auch die übrigen Protagonisten, Erich Kunz als Caramello, Kurt Preger als Makkaronikoch Pappacoda, Hertha Mayen als Ciboletta, Fritz Krenn als Delaqua, Maria Olszewska (einst gefeierte Altistin der Staatsoper) als Agricola sowie Karl Dönch und Hans Habietinek als Senatoren waren mit Hingabe dabei. Nach dieser sensationellen Premiere schrieb Max Graf in der „Weltpresse" u. a.: „Aus der Volksoper wird seit langem in fleißiger künstlerischer Arbeit mit großem Erfolg ein Johann-Strauß-Festspielhaus, ein Wiener Dreivierteltakt-Bayreuth."

Als erste Premiere des Jahres 1949 stellte die Wiener Staatsoper in der Volksoper Puccinis Einakter „Gianni Schicchi" gekoppelt mit der komischen Oper „Der Barbier von Bagdad" von Peter Cornelius seinem Publikum vor. Erich Kunz war in Maske und Spiel ein idealer Gianni Schicchi. Die Charaktergestalten der Verwandten waren mit Lorna Sydney, Erwin Nowaro, Emmy Funk, Adolf Vogel, Marjan Rus, Georg Oeggl und Sieglinde Wagner vortrefflich besetzt. Esther Réthy sang eine warmherzige Lauretta, Wenko Wenkoff offerierte seine schönen Stimmmittel als Rinuccio.

„Eine Nacht in Venedig", Helge Rosvaenge als Herzog und Esther Réthy als Annina

Die Titelrolle im „Barbier von Bagdad", einst eine Glanzrolle von Richard Mayr, bot Otto Edelmann abermals reichlich Gelegenheit, seine stimmlichen und darstellerischen Fähigkeiten unter Beweis zu stellen. Der ungeduldige Liebhaber Nureddin wurde von Anton Dermota mit schönem lyrischen Schmelz gesungen. Sena Jurinac war eine reizende Margiana. Regie (Josef Witt), Bühnenbilder und Kostüme (Meinecke) und musikalische Leitung (Otto Ackermann) vereinigten sich zu einer lebendigen, guteinstudierten Aufführung.

Am 27. März hatte Karl Millöckers „Bettelstudent" Premiere. Das Werk wurde als komische Oper inszeniert und musiziert. An der Spitze der amüsanten Aufführung stand der Symon Rymanowicz von Fred Liewehr. Der beliebte Burgtheaterschauspieler verfügte auch über eine hübsche Stimme. Er hatte in Maria Cebotari als Laura eine unvergleichliche, bildhaft aussehende Partnerin. Niemand

*„Der Bettel-
student",
Maria Cebotari
als Laura und
Fred Liewehr
als Symon*

*„Notre Dame",
Herbert Alsen
als Quasimodo*

konnte damals ahnen, daß es ihre letzte Premiere sein sollte. Walter Höfermayer gab den Verschwörerprinzen Adam, Kurt Preger spielte einen Ollendorf mit operettenhaften Übertreibungen. In seinem Stab fiel die reizende Geraldine Katt als Kornett Richthofen angenehm auf. Mit gekonnter Komik gab Richard Eybner den Gefängniswärter Enterich. Als ganz vortrefflich erwies sich die lebendige Regie von Alfred Rott, der auch von der Drehbühne wirkungsvoll Gebrauch gemacht hatte. Dadurch gelang es ihm, die Inszenierung aufzulockern, wenn die Szene anfing, statuarisch zu wirken — eine zweifellos geniale Erfindung! Walter Hoesslins Bühnenbilder, Elli Rolfs Kostüme und Erika Hankas meisterhafte Choreographie sowie Anton Pauliks souveräne musikalische Leitung verdienten höchstes Lob.

In der zweiten Maihälfte wurde Franz Schmidts „Notre Dame" erstmals nach dem Krieg in Wien aufgeführt. So wie in den beiden vorangegangenen Inszenierungen in der Staatsoper (1938 und 1943) verkörperte Herbert Alsen mit seiner außergewöhnlichen Stimmkraft in vortrefflicher Maske die Gestalt des Quasimodo, eine der bedeutendsten Bühnengestalten des Künstlers. Esther Réthy als pechschwarze, temperamentvolle Zigeunerin Esmeralda, Fred Destal als Archidiakon, Karl Friedrich als Phöbus und Laszlo Szemere als Gringoire trugen wesentlich zur Schmidt-Ehrung bei. Die Regie von Josef Witt zeichnete sich durch Natürlichkeit aus. Auch die geschmackvollen Bühnenbilder Stefan Hlawas gaben der Aufführung Profil. Janos Ferencsik am Pult ließ die Musik in vielen Farben leuchten.

Unmittelbar vor Beginn der Festaufführungen anläßlich des 85. Geburtstages von Richard Strauss im Theater an der Wien, die im Schatten des unerwarteten Todes von Maria Cebotari standen, fand am Währinger Gürtel eine festliche Johann-Strauß-Woche zum 50. Todestag des Komponisten statt. Besonderen Glanz hatte die von Anton Paulik am 8. Juni geleitete Aufführung der „Fledermaus" durch das Staatsoperndebüt von Elfie Mayerhofer als

Adele. Die beliebte Künstlerin, die seit 1939 in zahlreichen Tonfilmen mitgewirkt hatte und zu einem Begriff im gesamten deutschen Sprachraum geworden war, konnte auch in der Volksoper einen triumphalen Erfolg feiern. Ihr gewandtes Spiel, ihre blendende Bühnenerscheinung und ihr schön geführter Koloratursopran prädestinierten sie zur idealen Verkörperung der schwierigen Rolle der Adele. Sie hatte vor allem in Esther Réthy (Rosalinde), Martha Rohs (Orlofsky), Josef Witt (Eisenstein) und Richard Eybner (Frosch) sehr spielfreudige Partner.

Elfie Mayerhofer hätte auch ohne vorherige Karriere beim Tonfilm an erstrangigen Opernhäusern bestehen können. Die 1923 in Marburg an der Drau geborene Künstlerin hatte an den Musikhochschulen von Berlin und Wien studiert und konnte während des Zweiten Weltkriegs u. a. am Metropoltheater in Berlin und am Theater am Gärtnerplatz in München großartige Erfolge feiern. Ihren größten Triumph als Opernsängerin hatte sie zweifellos bei den Salzburger Festspielen 1946 als Cherubin in „Figaros Hochzeit" errungen, wobei sie sich neben arrivierten Sängerstars wie Maria Cebotari, Irmgard Seefried und Erich Kunz behaupten konnte. Nach dem Krieg trat sie in zahlreichen Tourneen im In- und Ausland auf, wobei u. a. Helge Rosvaenge ihr oftmaliger Partner war. Mit Beginn der Spielzeit 1950/51 wurde Elfie Mayerhofer Mitglied der Wiener Staatsoper.

Nach fast dreijähriger Tätigkeit konnte Dr. Hermann Juch mit seinen Erfolgen zufrieden sein, da sein Konzept, die Volksoper zu einer Art Wiener Opera comique zu machen, zum Großteil aufgegangen war. Fast täglich wurden an ihn Anfragen zu Gastspielen im Ausland und im Inland mit den beiden Erfolgsoperetten „Zigeunerbaron" und „Eine Nacht in Venedig" herangetragen, die allerdings an der Kostenfrage scheiterten.

Mit dem Engagement junger vielversprechender Sänger konnte man zufrieden sein. Einen Großteil der Rollen von Maria Cebotari übernahm die junge Schweizer Sopranistin Lisa della Casa. Mit Sieglinde Wagner wurde eine blutjunge Altistin aus Linz geholt. Sie wurde drei Jahre später an die Städtische Oper Berlin engagiert. Als wertvolle Verstärkungen des Ensembles erwiesen sich u. a. der helle ansprechende Spieltenor Rudolf Christ, der hochmusikalische Charaktersänger Karl Dönch sowie Otto Edelmann, der insbesondere in den Baßbufforollen große Erfolge errang.

Die Saison 1949/50 begann mit einigen sensationellen Neubesetzungen. Helge Rosvaenge sang am 10. September erstmals nach dem Krieg in Wien den Canio. In dieser „Bajazzo"-Aufführung wurde veristisches Operntheater in höchster Vollendung geboten. Rosvaenge, der nach der Arie und am Schluß der Vorstellung enthusiastisch gefeiert wurde, hatte in Esther Réthy (Nedda), Georg Oeggl (Tonio) und Hans Braun (Silvio) großartige Partner. Am 10. November bereicherte ein weiteres Operetten-Erfolgsstück, Johann Strauß' „Tausend und eine Nacht" den Spielplan. Das Werk wurde in einer märchenhaften Ausstattung, orientalischen Luxus entfaltend, herausgebracht. Die originellen und geschmackvollen Kostüme stammten von Fred Adlmüller, die sehenswerten Bühnenbilder von Walter Hoesslin. Oscar Fritz Schuh als Regisseur sorgte für sinnvolle Belebung der Bühne. Ein besonderes Lob gebührte dem Staatsopernballett unter der Leitung von Erika Hanka.

Unter den Gesangssolisten nahm Esther Réthy als bildhübsche Leila den ersten Rang ein. Max Lichtegg (Suleiman), Kurt Preger (Dunim), Oskar Karlweis (Eddin) und Hertha Mayen (Wally) beherrschten den Operettenstil vortrefflich. Die musikalische Bearbeitung stammte von Rudolf Kattnigg und von Anton Paulik, der als Dirigent mit seinem musikalischen Instinkt für einen großen Johann-Strauß-Abend sorgte.

Am 17. November dirigierte der bekannte Grazer Dirigent Maximilian Kojetinsky, der Ende der dreißiger Jahre an der Volksoper tätig gewesen war, eine vielbejubelte „Tosca"-Aufführung mit Daniza Jlitsch und Helge Rosvaenge.

Erfreulicherweise entwickelten damals die Direktionen in den beiden Ersatzquartieren der Staatsoper bewundernswerte Aktivitäten. Wenige Tage nach der sensationellen „Meistersinger"-Premiere im Theater an der Wien folgte am Währinger Gürtel ein Theaterabend, der die Wandlungsfähigkeit der Staatsoper zum Ausdruck brachte. Dem Festglanz einer Wagner-Premiere wurde die ätzende Karikatur der „Bettleroper" gegenübergestellt. Die „Bettleroper", die John Gay 1728 als künstlerische und politische Satire schrieb, hatte den Komponisten Benjamin Britten musikalisch inspiriert.

Der Regisseur Adolf Rott hatte es verstanden, die bittere Ironie des Werkes auch szenisch auszubauen. Eine Fülle geistreicher Details machte die Aufführung, zu der Stefan Hlawa charakteristische Kostüme und Bühnenbilder geschaffen hatte, zu einem Erlebnis. Für dieses Stück waren Sänger und Sprecher erforderlich. Immer wieder wurde von den Gesangssolisten auch das gesprochene Wort und von den Schauspielern der Übergang zum Gesang verlangt. Nach diesen Gesichtspunkten mußte das Ensemble zusammengestellt werden, das sich aus Künstlern des Burgtheaters (Maria Eis, Fred Liewehr, Helmut Krauß) und bewährten Kräften des eigenen Hauses (Martha Rohs, Emmy Funk, Ilona Steingruber, Sieglinde Wagner, Polly Batic, Kurt Preger, Walter Höfermayer, Richard Sallaba und August Jaresch) zusammensetzte. Aus dem Zusammenwirken vieler Künstler kam eine sehr eindrucksvolle Aufführung zustande, die von Meinhard Zallinger mit feinem Empfinden geleitet wurde.

Mit größter Sorgfalt wurde auch die Premiere von Offenbachs „Banditen" am 9. März 1950 vorbereitet. Die wie Champagner moussierende Musik stand zwar ein wenig im Widerspruch zu der trockenen textlichen deutschen Fassung durch Gustaf Gründgens. Da jedoch Theo Lingen, einer der bedeutendsten Filmschauspieler, Regie geführt hatte, kam eine sehr wirkungsvolle Aufführung zustande. Auch in den reizvollen Bühnenbildern (Walter Hoesslin) und Kostümen (Elli Rolf) konnte man in der fast vier Stunden dauernden Monsteraufführung Höhepunkte erblicken. Ganz besonders gefiel der Cancan im zweiten und der spanische Tanz im dritten Akt unter der Choreographie von Erika Hanka. Anton Paulik war wieder der ambitionierte musikalische Leiter.

Eine prächtige Figur gab Erich Kunz als Pietro mit seiner unnachahmlichen Komik. Es gab auch eine kleine Sensation, als die Primaballerina Julia Drapal in der kleinen Rolle der Prinzessin von Granada als Sängerin debütierte.

„Die Banditen", Theo Lingen als Antonio und Erich Kunz als Pietro

„Die toten Augen", Maria Reining als Myrtocle und Laszlo Szemere als Galba

Es gefielen ferner Kurt Preger (Räuberhauptmann Falsacapa), Rosl Schwaiger (Fragoletto) und Martha Rohs (Fiorella). In kleineren Rollen bewährten sich Richard Sallaba, Walter Höfermayer, Fritz Krenn und Alfred Jerger. Theo Lingen als Schatzmeister Antonio trat erst im dritten Akt auf und vermochte mit der ihm eigenen Komik die Lacher auf seine Seite zu bringen.

Mit den „Toten Augen" hat Eugen d'Albert die Bühnenwirksamkeit seiner veristischen Oper „Tiefland" nicht ganz erreicht. Die „Toten Augen" wirken vor allem durch eine dankbare Sopranrolle, in der einst Maria Jeritza und Lotte Lehmann geglänzt hatten.

Nach der wirkungsvollsten Szene, in der die blinde Myrtocle von Jesus das Augenlicht erhält, fällt die Handlung leider ab. Die Stärke der Wirkung des Werkes hängt in erster Linie von der Darstellerin der Myrtocle ab. Die Wiener Staatsoper in der Volksoper hatte für die Erstaufführung des Werkes am 10. April für diese bedeutende Frauenrolle eine grandiose Interpretin. Maria Reining war durch ihre engelsreine Stimme, durch ihre frauliche Bühnenerscheinung eine ideale Myrtocle. Karl Kamann gab mit seinem ausdrucksstarken, kräftigen Bariton den düsteren Ehemann der blinden Myrtocle, Arcesius. Laszlo Szemere gefiel als römischer Hauptmann Galba. Kleinere Rollen waren mit Rosette Anday (Maria von Magdala), Friedl Riegler (Arsinoë), Anton Dermota (Hirte), Alfred Poell (Schnitter) und Henny Herze (Hirtenknabe) hervorragend besetzt. Josef Witt (Regie), Walter Hoesslin (Bühnenbilder) und Otto Ackermann (musikalische Leitung) gelang in vorbildlicher Zusammenarbeit eine mustergültige Aufführung, die vom Publikum mit Dankbarkeit aufgenommen wurde.

Am 3. Juni trat Maria Jeritza, die einstige Primadonna der Staatsoper, als Santuzza auf und bot eine bewundernswerte Leistung, wenn es um die naturalistische Darstellung ging. Die damals im sechsten Jahrzehnt ihres Lebens stehende Künstlerin gab der Rolle der Santuzza immer noch Theaterleben. Den Sturz über die Treppe beherrschte sie noch immer virtuos.

Am 5. Juni fand das unbeabsichtigte Debüt einer aus Innsbruck herbeigeholten jungen Sängerin in d'Alberts „Die toten Augen" statt. Leonie Rysanek war im letzten Augenblick für die erkrankte Maria Reining als Myrtocle eingesprungen. Kurz darauf wurde sie von Wieland Wagner für die ersten Bayreuther Festspiele nach dem Krieg engagiert, und vier Jahre später kam sie an die Wiener Staatsoper und wurde eines der prominentesten Mitglieder des Hauses.

Am 18. Juni wurde Johann Strauß' „Fledermaus" zum zweitenmal nach dem Krieg neuinszeniert. Im Gegensatz zur Inszenierung aus dem Jahr 1945 stand diesmal der optische Eindruck im Vordergrund. Die neue „Fledermaus" wurde in den Kostümen und mit dem Inventarium der siebziger Jahre des vergangenen Jahrhunderts gegeben. Die Bühnenbilder Walter Hoesslins, der für den Orlofsky-Akt einen prachtvollen Ballsaal gezaubert hatte, die Kostüme Fred Adlmüllers, die geschickte Personenführung Oscar Fritz Schuhs und Meister Paulik als Leiter eines mit großer Hingabe spielenden Orchesters ließen keinen Wunsch offen.

An der Spitze der Gesangsdarbietungen stand ohne Zweifel Hilde Güdens charmante, bildhübsche und geistreiche Rosalinde. Fred Liewehr war ein temperamentvoller und liebenswürdiger Eisenstein. Hilde Ceska, eine Schülerin von Ljuba Welitsch, wirkte als Adele im Spiel und vor allem im Gesang noch unsicher. Kurt Preger, eher ein Charakterdarsteller, konnte einem Vergleich mit Anton Dermota, dem Alfred der früheren Inszenierung, nicht standhalten. Nach der von Max Reinhardt geschaffenen Fassung wurde der Prinz Orlofsky (Rudolf Christ) als Männerrolle dargestellt. Walter Höfermayer (Falke), Karl Dönch (Blind), Richard Eybner (Frank), Geraldine Katt (Ida) und Karl Skraup (Frosch) ergänzten das fröhlich gestimmte Ensemble. Vor Beginn der Vorstellung wurde Bundespräsident Dr. Karl Renner bei seinem Erscheinen lebhaft akklamiert. In den Reprisen konnte insbesondere die charmante Elfie Mayerhofer als Adele einen großen Publikumserfolg erringen.

Aus dem eleganten Wien um 1870 wurde in der letzten Premiere vor der Sommerpause, am 28. Juni, der Zuschauer in die russische Landschaft und zu den Menschen, wie man sie aus den Novellen Gogols kennt, ver-

„Die Fledermaus“, Josef Witt als Eisenstein

„Die Fledermaus“, Hilde Güden als Rosalinde

setzt. Mussorgskis „Der Jahrmarkt von Sorotschintzi“, eine echte russische Volksoper, hielt Einzug am Währinger Gürtel. Die Aufführung stand unter der zwingenden Dirigentenhand von Janos Ferencsik, die er insbesondere bei der Gestaltung des symphonischen Tonstückes „Die Nacht auf dem kahlen Berge“, welches den zweiten und den dritten Akt verbindet – eine russische Walpurgisnacht –, unter Beweis gestellt hatte.

Auch diese Aufführung war wieder von Josef Witt (Regie) und Walter Hoesslin (Bühnenbilder) sorgfältig und liebevoll vorbereitet worden. In gesanglicher Hinsicht wurden ansprechende Leistungen geboten. Esther Réthy als Parassja, Wenko Wenkoff als Gritzko, Marjan Rus als Tscherewik, Lorna Sydney als Chiwria, Otto Edelmann als Gevatter und Erich Kaufmann als Zigeuner gaben prächtige Typen aus dem Dorfleben in der Ukraine.

Am 30. Juni erlebte Wien mit 37,2° Celsius im Schatten einen der heißesten Tage seit Menschengedenken. Trotz der extrem hohen Temperaturen war eine „Bohème“-Aufführung gut besucht, und es herrschte Hochstimmung auf der Bühne und im Zuschauerraum. Helge Rosvaenge begeisterte als Rudolf, wobei er in Lisa Lienbach, einer talentierten jungen Sängerin aus Graz, Ljuba Welitsch und Alfred Poell ausgezeichnete Partner hatte.

Nach einer langanhaltenden Erfolgsserie mußte man auch mit enttäuschenden Premieren rechnen. Die Erstaufführung der volkstümlichen Oper „Die Kathrin“ von Erich Wolfgang Korngold scheiterte in erster Linie am schwachen Libretto. Das Werk mußte trotz hervorragender Leistungen aller Mitwirkenden unter Rudolf Moralt, an der Spitze Maria Reining in der Titelrolle, Karl Friedrich als Lorand und Otto Edelmann als Malignac, nach acht Aufführungen abgesetzt werden.

Bei der Premiere von Karl Millöckers „Gasparone“ am 21. Dezember 1950 zeigte sich das Publikum wieder von der dankbaren Seite. Esther Réthy sang und spielte eine traumhafte Charlotta. Elfie Mayerhofer machte aus der Nebenfigur der Sora eine Hauptrolle. Für die Partie der Zanobia hatte man die einstige Operettendiva Mizzi Günther aufgeboten. Hermann Uhde brachte für den Conte Erminio eine tadellose Erscheinung und einen wohlklin-

„Gasparone", Szene mit Esther Réthy, Mizzi Günther, Rudolf Christ, Elfie Mayerhofer, Hermann Uhde und Kurt Preger

genden Bariton mit. Die beiden lustigen Gesellen Nasoni und Sindulfo waren bei Kurt Preger und Peter Klein in besten Händen. In kleineren Rollen ergänzten Geraldine Katt, Rudolf Christ, Erich Kaufmann und Peter Minich das Ensemble, das unter der bewährten Leitung von O. F. Schuh (Regie), Walter Hoesslin (Bühnenbilder), Erika Hanka (Choreographie), Erni Kniepert (Kostüme) und Anton Paulik (musikalische Leitung) stand.

Am 21. März 1951 dirigierte Igor Markevitch die Erstaufführung der Oper „Die Liebe zu den drei Orangen" von Serge Prokofjew nach einem Märchen von Gozzi. Das Werk zeigte leider nicht die erwartete Resonanz beim Publikum. Es gab u. a. gute Leistungen von Martha Rohs, Rosl Schwaiger, Gabriella Lupancea, Endre Koreh, Kurt Rehm, Josef Knapp, Karl Dönch und Franz Bierbach. In einer der Reprisen überraschte Waldemar Kmentt mit seinem wohlklingenden lyrischen Tenor in der Rolle des Prinzen.

Der neue „Boccaccio" (Premiere am 17. Juni) war von Adolf Rott als große Show angelegt worden. Es war dies die dritte Inszenierung des Werks innerhalb von 20 Jahren. Die erste war 1932 in der Bearbeitung von Artur Bodanzky mit Maria Jeritza in der Titelrolle entstanden. Damals war u. a. Maria Reining als bezaubernde Beatrice zu hören. Die zweite Inszenierung aus dem Jahr 1940 stammte von Viktor Pruscha, der gemeinsam mit Alexander Steinbrecher die musikalische und textliche Neufassung geschaffen hatte. Damals gab Else Schulz einen verführerischen Boccaccio. Im Mittelpunkt der lebendigen, farbenprächtigen und geschmackvollen Neufassung des Werks in der Volksoper durch Friedrich Schreyvogl und Adolf Rott stand die reizende Fiametta von Esther Réthy. Die Titelrolle wurde von Fred Liewehr mit schauspielerischem Charme sehr wirkungsvoll dargestellt. Durch das kongeniale Zusammenwirken von Regie, Bühnenbildner (Hoesslin), Choreographie (Hanka) und Musik (Paulik) wurden die Florentiner Renaissancefiguren, dargestellt von Gabriella Lupancea, Erika Feichtinger, Martha Rohs, Rudolf Christ, Franz Böheim, Karl Dönch, Laszlo Szemere, Kurt Preger, Alfred Jerger, Stefan Skodler, Walter Berry, Richard Sallaba und Franz Bierbach lebensecht dargestellt. Die Volksoper hatte wieder einen großen Premierenabend.

Direktor Juch, bekannt als Förderer junger Talente, gelang es auch für die Saison 1951/52 das Ensemble durch geeignete Neuengagements sinnvoll zu ergänzen. Den damals 23jährigen Waldemar Kmentt nahm er nach dessen vielversprechendem Auftreten als Prinz in Prokofjews „Die Liebe zu den drei Orangen" sofort unter Vertrag, und so gewann die Wiener Staatsoper eines der prominentesten Mitglieder für die kommenden Jahrzehnte. Mit dem Engagement der jungen Wiener lyrisch-dramatischen Sopranistin Gerda Scheyrer, die vorher u. a. in Salzburg und in München tätig gewesen war, wurde eine Künstlerin verpflichtet, die sowohl in der Oper (Agathe, Santuzza, „Verkaufte Braut"-Marie) als auch in der Operette als Alternativbesetzung für Esther Réthy vielseitig verwendbar war. In Sonja Knittel wurde die gesuchte Soubrette gefunden. Dr. Juch brauchte nicht lange Umschau zu halten, um eine weitere Verstärkung für das Ensemble zu finden, wie etwa in

Graz, wo die aus Königsberg stammende lyrische Sopranistin Dorothea Siebert engagiert war.

Als einziges Bühnenwerk Franz Lehárs wurde seine musikalische Komödie „Giuditta“ 1934 in der Staatsoper unter der Leitung des Komponisten uraufgeführt. Das schwache Libretto störte anscheinend die wenigsten Zuhörer, da Jarmila Novotna und Richard Tauber in den Hauptrollen mit ihrem Vortragsstil den damaligen Geschmack des Publikums getroffen hatten. Nach sieben Kriegsjahren und fast ebenso vielen Nachkriegsjahren reagierte das Publikum eben anders, so daß die „Giuditta“-Premiere am 18. November 1951 nicht den erwarteten Erfolg hatte. Unter den Gesangssolisten hinterließ Karl Friedrich als Octavio mit seinem an Tauber erinnernden Stimmtimbre den besten Eindruck. Unter der etwas schwunglosen musikalischen Leitung von Meinhard Zallinger (Regie: Alfred Jerger, Bühnenbilder: Walter Hoesslin, Kostüme: Fred Adlmüller) gefiel Ljuba Welitsch – in den Reprisen waren auch Gerda Scheyrer und Jarmila Ksirowa zu hören – durch stimmlich eindrucksvolle Momente. Von den übrigen Mitwirkenden verdienen Sonja Knittel als Anita und Peter Klein als Pierrino als spielfreudiges Buffopaar besonders hervorgehoben zu werden.

Der Oberregisseur des Burgtheaters, Alfred Rott, wirkte seit Beginn der fünfziger Jahre in der gleichen Funktion auch an der Volksoper. Am 15. Dezember 1951 wurde unter seiner Regie Smetanas „Die verkaufte Braut“ – die Bühnenbilder schuf Robert Kautsky – als Musical-Show gegeben. Die Hauptpartien waren mit Sena Jurinac, Anton Dermota, Rudolf Christ und Otto Edelmann hervorragend besetzt. Am Pult waltete Otto Ackermann.

Die 25. Vorstellung dieser Produktion erhielt durch die Mitwirkung von Peter Anders als Hans besonderen Glanz. Er fand in dieser Rolle reichlich Gelegenheit, sein charmantes Naturburschen- und Draufgängertum zu beweisen, wobei er seinen leuchtenden Tenor voll zur Entfaltung bringen konnte.

In der volkstümlichen Oper hatten dann vor allem junge, neuengagierte Sänger wie Gerda Scheyrer, Waldemar Kmentt und Oskar Czerwenka reichlich Gelegenheit, das Publikum auf sich aufmerksam zu machen.

„Giuditta“, Karl Friedrich als Octavio

Anläßlich der Wiederaufnahme von Mussorgskis „Der Jahrmarkt von Sorotschintzi“ in den Spielplan im März 1952 schrieb Rudolf Klein im „Wiener Kurier“ u. a.: „Die Besetzung darf sich sehen lassen. Waldemar Kmentt, der zum erstenmal die Partie des Gritzko und damit seine erste größere Rolle an der Oper sang, hat, wie erwartet, voll entsprochen. Sein schönes und technisch überaus sorgfältig geführtes Organ hat mühelos alle Schwierigkeiten überwunden; auch als Schauspieler hat der junge Sänger den besten Eindruck hinterlassen. Rosette Anday stellte die Chiwria mit ihrer saftigen Komik und behaglichen Breite hin. Esther Réthy, Otto Edelmann, Marjan Rus, Erich Kaufmann und nicht zuletzt der unbezahlbare Rudolf Christ sind von der Premiere her als in jeder Beziehung zufriedenstellende Kräfte bekannt.“

Nachhaltigen Erfolg hatte Adolf Rott mit der Inszenierung moderner Opern.

Ende 1953 fand unter seiner Regie die Wiener Erstaufführung von Gian-Carlo Menottis Oper „Das Medium“ –

das Werk enthielt für Rosette Anday die Bombenrolle der Madame Flora, und auch Dorothea Siebert fand als Monica eine sehr dankbare Aufgabe vor – gekoppelt mit Carl Orffs „Die Kluge“ statt. Die Aufführung von Orffs Märchenspiel mit Esther Réthy (Titelrolle), Kurt Preger (König) und Karl Dönch (Bauer) hatte hohes Niveau. Köstliche Typen wurden von Franz Bierbach, Rudolf Christ, Fritz Krenn, August Jaresch, Walter Berry und Erich Kaufmann auf die Bühne gestellt. Beide Werke, für die Robert Kautsky geschmackvolle Bühnenbilder geschaffen hatte, wurden von Meinhard Zallinger sorgfältig einstudiert.

Am 1. Februar 1955 setzte Adolf Rott mit der Inszenierung von Carl Orffs „Die Bernauerin“, einem modernen Werk der Musikliteratur, welches im Jahr 1947 in Stuttgart uraufgeführt worden war, eine große Tat. Heinrich Hollreiser war der musikalische Leiter jener ersten Wiener szenischen Aufführung des Werks. Das Liebespaar wurde von Käthe Gold und Fred Liewehr ideal verkörpert. Von den übrigen Mitwirkenden gefielen vor allem Heinz Moog mit der ihm eigenen Charakterisierungskunst als Mönch und Waldemar Kmentt als im Belcanto schwelgender Welscher Spielmann.

„Die Kluge“, Esther Réthy in der Titelrolle und Kurt Preger als König

Die Staatsoper in der Volksoper bemühte sich um eine Wiederbelebung der klassischen Operette durch lebendige, farbenprächtige Inszenierungen, durch Besetzung der Haupt- und der Nebenpartien mit erstrangigen Kräften, durch die große Orchester- und Chorbesetzung bei den einzelnen Werken, durch die Verpflichtung von erstklassigen Schauspielern vom Theater bzw. vom Tonfilm. Auf diese Weise sowie durch die Mitwirkung des Staatsopernballetts, durch das Zusammenwirken von Regie (Staatstheater- und Filmregisseure) und Bühnenbild (Walter Hoesslin) wurde ein neuer Aufführungsstil geschaffen, der sowohl vom Publikum als auch von der gesamten Presse mit Begeisterung aufgenommen wurde.

Adolf Rott schrieb in einem im Almanach der Staatsoper 1945–1954 veröffentlichten Artikel unter dem Titel „Die Mittel der szenischen Kunst in der klassischen Operette und in der Komischen Oper“ u. a.: „Mit dem Ausgang des zweiten Weltkrieges und dem übermächtigen Einbruch des Films in das Gebiet des Theaters begann auch auf dem Sektor der klassischen Operette und der komischen Oper eine Revolution, die bis heute noch nicht abgeschlossen ist und die, wie ich glaube, das Theater mit einer Fülle neuer Ideen und neuer Aufgaben bereichert hat . . . Es stellte sich nämlich heraus, daß die szenischen Mittel, die man bisher für die Operette angewendet hatte, nicht mehr ausreichten, um entsprechende Besuchermengen in das Theater zu ziehen . . . Was hatte die Operette bisher gelehrt? Man hatte in ihr eine Kunstform gesehen, die lediglich von ein paar Problemen, einem statuarischen Chor und einem mehr oder weniger klischeehaften Bühnenbild bedingt war. In meiner Regie habe ich dem letzten Statisten, ebenso wie jedem Chorsänger, ebenso wie jedem Techniker und ebenso wie jedem Beleuchter und Hauptdarsteller eine bestimmte Funktion zugewiesen und habe versucht, ihn diese Funktion persönlich im Rahmen eines durchgearbeiteten Planes ausführen zu lassen. Ich habe der ‚Masse‘ ihr persönliches Gesicht zurückgegeben. Ich habe versucht, an Stelle von Befehlen und Regieanweisungen den schöpferischen Instinkt des einzelnen anzusprechen und ihn gebeten, mir zu helfen, das über die Rampe zu tragen, was das Wesen der Operette überhaupt ausmacht: Freude!“ Adolf Rott führte weiter aus: „Was bei der klassischen Operette sich in so hervorragender Weise bewährt hat, hat auch seinen Erfolg in der komischen Oper getragen. Nur daß wir vielleicht noch vorsichtiger und verantwortungsbewußter an die Musik herangegangen sind und uns darüber klar waren, daß ein Werk in seiner musikalischen Substanz unangetastet bleiben muß. Unsere Bearbeitungen haben sich niemals gegen den Geist der Musik gerichtet, und die Erfolgsziffern auf diesem Sektor der Musik bewiesen die Richtigkeit unserer Anschauungen.“

So entstanden auch in den Jahren von 1952 bis 1955 Bilderbuchinszenierungen von Operetten, die bis heute nicht vergessen sind. Die musikalische Leitung hatte meist Anton Paulik inne, der als Operettenkenner im deutschen Sprachraum kaum Konkurrenz hatte. Die Bühnenbilder stammten von Walter Hoesslin – mit Ausnahme jener zur „Lustigen Witwe“ und zum „Opernball“, für die Stefan Hlawa verantwortlich war. Die Regisseure kamen von der Oper, vom Schauspiel und vom Film, wie etwa O. F. Schuh, Adolf Rott, Willy Forst, Theo Lingen, Axel von Ambesser, Hans Jaray und Hubert Marischka.

Richard Heubergers „Opernball“ (Premiere am 29. Februar 1952, Regie: O. F. Schuh) wurde durch Elfie Mayerhofer als entzückendes Stubenmädchen Hortense, Karl Dönchs großartige Charakterstudie als Beauboisson, Fred Liewehrs charmanten Georges Dumenil und durch ein gutgelauntes Damenquartett (Esther Réthy, Dorothea Siebert, Friedl Loor und Nadja Tiller) sowie durch die Mitwirkung von Josef Knapp und Franz Böheim ein Bombenerfolg.

Karl Zellers „Vogelhändler“ (Premiere am 7. Juni 1952, Regie: Axel von Ambesser) lebte von Fred Liewehrs natürlich gezeichnetem Adam, von Wilma Lipps entzükkend gesungener und gespielter Christl, von Hilde Zadeks mit großer Operngeste gesungener Kurfürstin sowie von der individuellen treffsicheren Komik von Lotte Lang (Adelaide), Richard Eybner (Schneegans) und Franz Böheim (Würmchen). Kurt Preger (Weps), Rudolf Christ

„Der Opernball“, Elfie Mayerhofer als Hortense und Karl Dönch als Beaubuisson

(Stanislaus) und Erich Majkut ergänzten das Ensemble. In den Reprisen gefielen besonders Dorothea Siebert und Gerda Scheyrer als Kurfürstin, Waldemar Kmentt als Stanislaus, Rudolf Christ als Adam, Sonja Knittel, Henny Herze und Else Liebesberg als Christl sowie Georg Oeggl als Schneck.

Karl Millöckers „Der arme Jonathan“ (Premiere am 21. Dezember 1952, Regie: Peter Stanchina) hatte in Karl Dönch einen grandiosen Interpreten für die Titelpartie. Fred Liewehr wirkte als Vandergold überzeugend, und als Jonathans Gattin Molly wirbelte Elfie Mayerhofer mit ihrem unwiderstehlichen Charme über die Bühne. Ein Massenaufgebot an hervorragenden Sängern und Schauspielern, wie etwa Dorothea Siebert, Martha Rohs, Eva Görner, Richard Eybner, Kurt Preger, Walter Berry,

Laszlo Szemere, Erich Kaufmann und Erwin Nowaro, sorgten für einen beschwingten Abend.

Franz Lehárs „Lustige Witwe" (Premiere am 17. April 1953, Regie: O. F. Schuh) hatte mit Esther Réthy (Hanna) und Fred Liewehr (Danilo) ein Paar, ideal in Erscheinung, Spiel und Gesang. Auch Sonja Knittel (Valencienne), Waldemar Kmentt (Rossillon) fielen durch ihre schöngeführten Stimmen auf. Für die humorvolle Seite sorgten Karl Dönch als Zeta und Franz Böheim als Negus. In den Reprisen waren u. a. Dorothea Siebert und Gerda Scheyrer als Hanna Glawari, Sonja Mottl als Valencienne, Karl Friedrich und Rudolf Christ als Rossillon sowie Ernst Waldbrunn und Erich Dörner als Negus eingesetzt.

Johann Strauß' „Wiener Blut" (Premiere am 25. Juni 1953, Regie: Hans Jaray) wurde mit Schwung, Liebreiz, mit einem Schuß Melancholie und einer Portion Wiener Humor zu einem Kassenmagneten dank der überragenden Darbietungen von Dorothea Siebert (Gabriele), Ruthilde Boesch (Cagliari), Gretl Schörg (Pepa), Karl Dönch (Fürst Ypsheim), Rudolf Christ (Graf Zedlau), Hubert Marischka (Kagler), Erich Kunz (Josef) und Franz Böheim (Fiakerkutscher). In Reprisen wirkten u. a. Gerda Scheyrer (Gabriele), Richard Eybner (Fürst Ypsheim), Fred Liewehr (Graf Zedlau), Walter Berry (Josef) sowie Fritz Imhoff, Fritz Muliar und Erich Dörner als Fiakerkutscher mit.

„Girofle-Girofla" (von Lecocq), eine Operette mit leichtem französischen Esprit, bot für Elfie Mayerhofer in der Titel-Doppelrolle neuerlich eine Glanzpartie, indem sie zwei im Temperament verschiedene Schwestern darzustellen hatte. Auch die übrigen Rollen waren durch Josef Meinrad (Mourzouk), Rudolf Christ (Marasquin), Kurt Preger (Matamoros), Sonja Knittel (Paquita), Fritz Imhoff (Gouverneur) und Franz Böheim (Buccarolia) vortrefflich gezeichnet. In der Partie des Mourzouk alternierten Erich Kunz und Stefan Skodler mit Josef Meinrad.

In Franz Lehárs „Der Graf von Luxenburg" (Premiere am 28. Februar 1954, Regie: Adolf Rott) ging die größte Wirkung von Esther Réthy (Angele) und Fred Liewehr (René) aus. Per Grunden als liebenswürdiger Armand

„Die lustige Witwe", Esther Réthy als Hanna Glawari und Fred Liewehr als Danilo

„Die lustige Witwe", Sonja Knittel als Valencienne und Waldemar Kmentt als Rossillon

„Girofle-Girofla", Szene mit Rudolf Christ, Elfie Mayerhofer und Josef Meinrad

Brissard, Gretl Schörg als temperamentvolle Juliette sowie Rosette Anday als Gräfin Kokorzow und Laszlo Szemere als Fürst Basil gaben ihren Rollen Profil. In den Reprisen konnten vor allem Gerda Scheyrer als Angele, Rudolf Christ als René, Sonja Knittel als Juliette und Luise Kartousch als Gräfin das Publikum begeistern.

Die beiden letzten Operettenpremieren leitete Wilhelm Schönherr. Nedbals „Polenblut" (Premiere am 10. November 1954, Regie: Heinz Haberland) mit Dorothea Siebert als Helene, Sonja Mottl als Wanda, Rudolf Christ als Graf Boleslaw. In weiteren Rollen wirkten u. a. Maria Olszewska, Franz Höbling und Franz Böheim mit. Offenbachs „Schöne Helena" (Premiere am 18. Mai 1955, Regie: Axel von Ambesser) mit Esther Réthy in der Titelrolle, Per Grunden als Paris und Erich Kunz als Menelas. Die Besetzungsliste nannte noch folgende Namen: Lotte Tobisch, Franz Höbling, Kurt Preger, Laszlo Szemere und Franz Böheim. Als Alternativbesetzungen waren Gerda Scheyrer als Helena, Axel von Ambesser und Karl Dönch als Menelas sowie Rudolf Christ als Paris zu hören.

Das Haus am Währinger Gürtel hatte für die Operette in Esther Réthy eine durch Stimme, Spiel und Erscheinung faszinierende Diva, der es gelungen war, die Operette in Opernsphären zu heben. Waren in den ersten Jahren der Operettenrenaissance gefeierte Operntenöre vom Format eines Max Lorenz oder Helge Rosvaenge ihre Partner gewesen, so erwuchs ihr in den fünfziger Jahren in Fred Liewehr, dem erklärten Liebling des Burgtheaters, der auch eine gefällige Tenorstimme besaß, ein charmanter, hochmusikalischer Partner.

Weder vorher noch nachher waren so ideale Voraussetzungen gegeben, Operetten in so vollkommener Weise aufzuführen wie in der Nachkriegszeit. Durch das Zusammenwirken von hervorragenden Sängern und Schauspielern, zum Großteil auch beim Film tätig, waren laufend Spitzenproduktionen möglich gewesen.

Der großartige Bühnenbildner Walter Hoesslin führte in einem Artikel „Die szenische Kultur der klassischen Operette in der Staatsoper in der Volksoper" u. a. aus: „Für den Regisseur und den Bühnenbildner – wir müssen beide als Einheit nehmen – gibt es im Grunde nur zwei Möglichkeiten zu inszenieren: wahrhaftig oder verlogen, richtig oder falsch. Entweder in einer Inszenierung stimmt alles oder es stimmt nicht. Oder die Grundformel des Theaters: ‚Dichtung x Darstellung x Publikum' geht auf, oder es geht nicht auf. Das Richtige zu finden, erfordert viel Wissen, viel Kultur und viel Demut." Bei diesen Aufführungen der Staatsoper im Exil stimmte eben alles!

Durch die Neuinszenierung von Lortzings Lustspieloper „Der Wildschütz" unter der musikalischen Leitung von Meinhard Zallinger wurde das Opernrepertoire sinnvoll ergänzt. An der Spitze der Darbietungen stand der prachtvolle Schulmeister Baculus von Erich Kunz. Er hatte in Esther Réthy (Baronin) und Hans Braun (Graf) kongeniale Partner. Rosette Anday (Gräfin), Rosl Schwaiger (Gretchen), Ruthilde Boesch (Nanette) und Hans Thimig (Pankratius) waren mit großer Spielfreude dabei. In den Zweitbesetzungen waren u. a. Karl Dönch als Schulmeister, Alfred Poell als Graf, Waldemar Kmentt als Baron, Henny Herze als Gretchen und Richard Eybner als Pankratius erfolgreich eingesetzt.

Von 7. bis 12. September 1952 gastierte in der Volksoper eine Truppe amerikanischer Negersänger mit Gershwins Oper „Porgy and Bess“ und errang damit einen sensationellen Erfolg. Damals trat die später weltberühmt gewordene Sopranistin Leontyne Price zum erstenmal auf einer Wiener Bühne auf. Unter der Leitung von Alexander Smallens sang William Warfield die Rolle des verkrüppelten Bettlers Porgy.

Der Erfolg von Puccinis „Das Mädchen aus dem goldenen Westen“ unter der subtilen musikalischen Leitung von Meinhard Zallinger (Regie: Alfred Rott, Bühnenbilder: Walter Hoesslin) rechtfertigte die Aufnahme dieser Wildwest-Oper in den Spielplan der Staatsoper in der Volksoper. Die Partie der Minnie, die auch große schauspielerische Fähigkeiten verlangt, wurde zu einer neuen Erfolgsrolle für Ljuba Welitsch. Josef Gostic glänzte als Dick Johnson durch seinen höhensicheren, kräftigen Tenor. Karl Kamann gelang es, auch die menschliche Seite der Rolle des Sheriffs Rance voll auszuschöpfen. Auch in Episodenrollen waren großartige Sängerdarsteller wie etwa Margarita Kenney, Peter Klein, Waldemar Kmentt, Alois Pernerstorfer, Hans Braun, Georg Oeggl, Oskar Czerwenka, Erich Kaufmann, August Jaresch, Ljubomir Pantscheff, Marjan Rus und Franz Bierbach eingesetzt. Opernbesucher, welche die Vorstellung von Puccinis „Mädchen aus dem goldenen Westen“ am 1. Jänner 1953 in Katerstimmung besucht hatten, wurden durch Helge Rosvaenges intensiv gestalteten Dick Johnson – er sang die Rolle zum erstenmal in seiner Laufbahn – von allen Ermüdungserscheinungen befreit.

Nach längerer Unterbrechung wurde Gounods „Margarethe“ am 11. September 1953 wieder in den Spielplan aufgenommen, wobei Helge Rosvaenge durch die Leuchtkraft seines Tenors faszinierte. George London sang in französischer Sprache den Mephisto mit eleganten Bewegungen und schönem Material. Neu im Ensemble war Josef Metternich, der den Valentin mit effektvollen Spitzentönen sang. In der Titelrolle bot Esther Réthy die gewohnte gute Leistung. Das Publikum war in Scharen gekommen und bereitete den Hauptdarstellern langanhaltende Ovationen.

„Das Mädchen aus dem goldenen Westen“, Ljuba Welitsch als Minnie und Josef Gostic als Dick Johnson

„Das Mädchen aus dem goldenen Westen“, Karl Kamann als Jack Rance

Da d'Alberts „Tiefland“ seit Ende 1951 nicht mehr auf dem Spielplan gestanden war, wurde es begrüßt, als dieses beliebte veristische Werk unter dem bewährten Team Moralt–Witt–Kautsky 1953 neu herausgebracht wurde. Christl Goltz verfügte als Martha über die Ausdruckskraft, um jene unglückliche Frau packend darstellen zu können. Bei der Gestaltung des Naturburschen Pedro kam Max Lorenz die souveräne Beherrschung des Wagnerstils zugute. Dem Künstler dürfte die Naturverbundenheit Siegfrieds als Vorbild für die Gestaltung der Rolle des Pedro gedient haben. Max Lorenz stützte sich auf den leuchtenden Glanz seines Heldentenors und auf seine mustergültige Diktion. Einen brutalen Sebastiano gestaltete Karl Kamann mit Hilfe seines mächtigen Heldenbaritons. Die Schlußszene des Werks (der Kampf auf Leben und Tod und der anschließende Rückweg Pedros in seine Berge mit Martha in den Armen) war ein Musterbeispiel veristischer Operngestaltung durch drei geniale Sängerschauspieler. Atemlose Spannung im Publikum entlud sich in jubelnden Schlußovationen.

Erfreulicherweise wurde in den letzten Jahren der Staatsoper im Exil den Aufführungen von Spielopern großes Augenmerk geschenkt. Eine Produktion, die an allen bedeutenden Opernhäusern der Welt Aufsehen erregt hätte, war die großartige Neuinszenierung von Lortzings „Zar und Zimmermann“ unter Heinrich Hollreiser. Emmy Loose war eine muntere Marie mit leicht beweglicher Stimme, Peter Klein ein heiterer Iwanow, Alfred Poell ein vornehmer Zar, Waldemar Kmentt ein schön singender Chateauneuf. Dank seiner natürlichen Spielbegabung machte der junge vielversprechende Oskar Czerwenka die Figur des van Bett zu einem Kabinettstück.

Etwa ein halbes Jahr später, am 27. April 1954, kamen im Rahmen einer Neuinszenierung von Lortzings „Waffenschmied“ unter Michael Gielen die Qualitäten von Eberhard Wächter als Graf Liebenau voll zur Geltung. Auch die

„Zar und Zimmermann“, Oskar Czerwenka als van Bett

„Der Waffenschmied“, Eberhard Wächter als Graf Liebenau

übrigen Mitwirkenden (Alois Pernerstorfer, Else Liebesberg, Hilde Rössel-Majdan, Murray Dickie und Franz Bierbach) trafen den Singspielstil sehr gut.

Unter der Direktion von Rainer Simons war Wilhelm Kienzls musikalisches Schauspiel „Der Kuhreigen" erstmals in Wien aufgeführt worden. Anläßlich der Wiener Festwochen wurde das Werk am 15. Juni 1954 unter der musikalischen Leitung von Felix Prohaska wiederentdeckt. Über diese Vorstellung berichtete der Schriftsteller Dr. Roland Tenschert: „... Doch wußte die Direktion den richtigen Hebel anzusetzen, indem sie in Alfred Rott und Robert Kautsky zwei Künstler bestellte, die aus eigenem auf dem Theater Revolution zu machen verstehen und Kienzls schüchterne Freiheitsklänge mächtig ins Schlepptau der Regie ihrer bewegten Volksmassen und teilweise auch vom Filmischen herbeigeholten Dekorationstricks nahmen. Felix Prohaskas musikalische Leitung machte sich die von der Bühne her angebahnte Auffassung zunutze, indem er, wo nötig, dynamisch pointiert disponierte, im Blech und im Schlagzeug grellere Lichter zu erzielen.

Solch günstiger Ausgleich zwischen Bühnendarstellung und Orchester bezog auch das tüchtige Solistenensemble mit ein. Die kleine verspielte Rokokodame Blanchefleur, die einer Änderung des Lebensstils mutig und gelassen den Tod auf dem Schafott vorzieht, gab Teresa Stich-Randall in kultiviertem Gesang und delikatem Spiel bezwingendes Abbild. Sie fand in Waldemar Kmentt, der das Schweizer Naturkind mit der Sehnsucht nach der Heimat im Herzen ansprechend verkörperte, einen passenden Gegenspieler. Er gewann hier seinen vorzüglichen tenoralen Qualitäten auch fesselnde Darstellung hinzu. ... "

Am 3. März 1955 hielt Aubers komische Oper „Fra Diavolo", die seit 1948 im Theater an der Wien zu hören gewesen war, Einzug am Währinger Gürtel. Sie wurde in einer flotten Inszenierung von Heinz Haberland – die Bühnenbilder stammten von Robert Kautsky – herausgebracht. Unter Felix Prohaska spielte Per Grunden die Titelrolle mit viel Charme. Der junge Sänger verfügte über eine einschmeichelnde lyrische Tenorstimme und war innerhalb kurzer Zeit zum Publikumsliebling avanciert. Die zweite Tenorpartie, der Offizier Lorenzo, wurde von Waldemar Kmentt bühnenwirksam verkörpert. Die beiden Frauenrollen waren bei Emmy Loose (Zerline) und Sonja Mottl (Pamella) in den besten Händen. Eberhard Wächter empfahl sich als Lord Kookburn für größere Aufgaben. Den größten Erfolg des Abends errang das großartige Banditenpaar, dargestellt von Karl Dönch (Giacomo) und August Jaresch (Beppo). Das Stimmungsbarometer stand nach den einzelnen Aktschlüssen auf stürmisch.

„Fra Diavolo", Szene mit Sonja Mottl, Eberhard Wächter, Waldemar Kmentt und Emmy Loose

Als der Wiederaufbau des Opernhauses an der Ringstraße in die Endphase getreten war, stand die Zukunft der Volksoper öfters zur Diskussion. Ende 1954 wurde über das Weiterbestehen der Volksoper positiv entschieden. Am 13. Mai 1955 nahm Dr. Hermann Juch die Stelle eines Generalintendanten der Rheinoper in Düsseldorf an, und Franz Salmhofer, der bisherige Direktor der Staatsoper im Theater an der Wien, wurde zu seinem Nachfolger bestellt. Er kündigte an, das Haus als echte Volksoper mit „nobler Wiener Note" zu führen. Gleichzeitig wurde Dr. Marcel Prawy als Spezialist für Musicals an seine Seite berufen.

Adolf Rott blieb weiterhin Oberspielleiter des Hauses, das unter der Leitung von Dia Luca sein eigenes Ballett erhielt.

Die Wiener Festwochen 1955 standen im Zeichen der Freude über die Wiedergewinnung der Freiheit durch die Unterzeichnung des österreichischen Staatsvertrages am 15. Mai im Schloß Belvedere. Die Staatsoper in der Volksoper trug mit einer stimmungsvollen Aufführung von Karl Zellers „Vogelhändler" vor Schloß Schönbrunn, einer herrlichen Naturkulisse, zur Verschönerung der Wiener Festwochen im freien Österreich bei.

Am 16. März war in einer „Tannhäuser"-Aufführung der vielversprechende lyrische Bariton Eberhard Wächter erstmals als Wolfram neben dem immer wieder faszinierenden Max Lorenz in der Titelrolle auf der Bühne gestanden. Diese Aufführung hatte noch einmal in besonderer Anschaulichkeit gezeigt, daß es sicher ein großer Vorteil für die jungen Sänger gewesen war, jahraus, jahrein ihre eigenen Leistungen an jenen ihrer älteren und erfahrenen Kollegen messen zu können. Auf diese Weise wurde das künstlerische Erbe an die junge Sängergeneration weitergegeben.

Die Wiener Staatsoper in der Volksoper hat ihre Aufgabe als zweites Ersatzquartier für das zerstörte Opernhaus an der Ringstraße mit dem Hauptziel der Pflege der Spieloper und der klassischen Operette voll erfüllt. Sie hat dazu beigetragen, das Ansehen Wiens als internationale Musikstadt wieder zu erringen und zu festigen. In der Zeit vom 1. Mai 1945 bis zum 30. Juni 1955 wurden insgesamt 58 verschiedene Opern bzw. Operetten neu herausgebracht. Die Wiener Staatsoper in der Volksoper war infolge der Spannweite ihres Repertoires zu einer Wiener Opera comique geworden!

Kapitel XI

Auch das Ballett war im Exil nicht untätig

Ist man in der Gegenwart sehr oft geneigt, künstlerische Ereignisse zu über- oder zu unterschätzen, so spielt uns die Erinnerung nicht selten in anderer Weise einen Streich: Was uns für lange Zeit lieb und teuer war, lebendig und allgegenwärtig vor unserem inneren Auge stand, wird über Nacht bedeutungslos, und unabänderlich Bedeutungsloses erstrahlt plötzlich in rosa Licht. Ist erst genügend Zeit verstrichen und hat die Vergangenheit alles, was einmal war, für immer an sich gerissen, wird menschliches Beurteilungsvermögen klar und objektiv. Aus dieser Erkenntnis heraus muß man – spricht man über das Ballett der Wiener Oper im Exil – zuerst den Namen Erika Hanka erwähnen. Mit ihr, der 1941 als Ballettmeisterin und Choreographin an die Wiener Oper Berufenen, ist diese Zeitspanne in der Geschichte des Wiener Opernballetts untrennbar verbunden.

Als Tochter eines Offiziers am 18. Juni 1905 im zur österreichisch-ungarischen Monarchie gehörigen Kroatien geboren, erhielt Erika Hanka ihre tänzerische Ausbildung zunächst in Wien, ging aber bald nach Deutschland, wo sie sich der berühmten Truppe von Kurt Jooss anschloß. Schon sehr früh, noch am Beginn ihrer Laufbahn als Tänzerin – sie war inzwischen als Solistin nach Düsseldorf engagiert worden –, wurde ihre choreographische Begabung entdeckt. Hamburg sah sie bereits als Ballettmeisterin, und 1941 erfolgte die Berufung an die Wiener Staatsoper.

Der Krieg, der seinem grauenvollen Höhepunkt und dem folgenden katastrophalen Ende für unser Land zustrebte, bot die denkbar schlechtesten Voraussetzungen für die Ideen und die Verwirklichung eines geistigen Konzepts der jungen Künstlerin. Durch Kriegseinsatz, Verwundungen und Gefangenschaft war die Einsatzfähigkeit des männlichen Teils der Balletttruppe auf das empfindlichste geschwächt worden. Die Zerstörung des Opernhauses raubte dem Ballett auch noch die für seine Arbeit so notwendigen speziellen Trainings- und Probenräume. Unter härtesten Bedingungen, frierend und bei schlechten Lichtverhältnissen, wurde nach Kriegsende das Tanztraining in einem Kellerraum des Theaters an der Wien wiederaufgenommen.

Am 12. Juni 1945 hieß es bereits wieder „Vorhang auf" für die erste Ballettvorstellung der Wiener Oper nach dem Zweiten Weltkrieg. In der Volksoper wurden „Les petits riens" von Mozart, „Capriccio espagnol" von Rimski-Korsakow – beide in der Choreographie von Erika Hanka – und „Carnaval" von Robert Schumann in der Choreographie Heinrich Kröllers, die Willy Fränzl neueinstudierte, gegeben. Kostüme und Dekorationen mußten aus dem kärglichen verbliebenen Fundus rasch zusammengestellt werden. Die Wiener Lieblinge der Vorkriegs- und Kriegszeit Willy Fränzl und Toni Birkmeyer waren noch immer mit vollem persönlichen Einsatz zur Stelle. Sie durften die Ballettbühne noch nicht verlassen, der männliche Nachwuchs mußte erst herangebildet werden.

„Colombinens Heirat" (Mozart), Variationen über Renaissancetänze – „Antiche Danze ed Arie" (Respighi), in einem höfischen und einem ländlichen Teil – und „Der Dreispitz" (de Falla) konnten aus den letzten Kriegstagen für einige Repertoire-Vorstellungen in die erste Nachkriegszeit herübergerettet werden. Neueinstudierungen des ebenfalls während des Zweiten Weltkriegs herausge-

Erika Hanka, Ballettmeister

„Don Juan" (Gluck), Erwin Pokorny als Don Juan, Lucia Bräuer als Zerline

brachten, auf Nestroys „Talisman" beruhenden Balletts „Titus Feuerfuchs" – übrigens das erfolgreichste und meistgespielte Hanka-Ballett – bzw. der aus der Vorkriegszeit stammenden „Österreichischen Bauernhochzeit" (Salmhofer), deren Choreographie von Margarete Wallmann Willy Fränzl rekonstruierte, ergaben zusammen mit den vorhin genannten Stücken in relativ kurzer Zeit ein Repertoire, das man abwechselnd in beiden Häusern – wie ihre Sangeskollegen hatten die Tänzer und Tänzerinnen sowohl im Theater an der Wien als auch in der Volksoper aufzutreten – mit beachtlichem und durchaus berechtigtem Erfolg zeigen konnte.

Gar nicht hoch genug eingeschätzt werden kann das Verdienst Erika Hankas, bereits in den ersten Nachkriegsjahren und unter diesen schwierigen Umständen so raschen Anschluß vor allem an das moderne Ballettrepertoire gefunden zu haben. Am 15. November 1947 stellte sie in der Volksoper in eigenen Choreographien so wichtige Werke wie Strawinskys „Petruschka", Mussorgski-Ravels „Bilder einer Ausstellung" und Hindemiths „Nobilissima Visione" (ein Franz-von-Assisi-Sujet) vor, die in Wien entweder noch nie oder nur in einigen wenigen Aufführungen in früherer Zeit gezeigt worden waren. Auch Glucks „Don Juan" mit Erwin und Poldy Pokorny, Lucia Bräuer und Arnold Jandosch sowie Richard Strauss' „Josephslegende" mit Carl Raimund in der Titelrolle, Julia Drapal als Frau des Potiphar und Willy Fränzl als Potiphar wurden – zu einem Abend gekoppelt – in Erika Hankas Choreographie wieder in den Spielplan aufgenommen. „Coppelia" von Léo Délibes mit Julia Drapal als Swanilda war ein erster Schritt ins klassische Repertoire.

Durch Erika Hankas zielbewußte Planung und Spielplanerweiterung, vor allem aber durch ihre ausschließliche Tätigkeitsbeschränkung auf Wien war endlich wieder die Basis für eine kontinuierliche künstlerische Entwicklung der Truppe geschaffen. Erika Hankas Vielseitigkeit und ihr choreographischer Erfindungsreichtum waren unerschöpflich. Denn es mußten ja vom Ballett nicht nur die eigenen Abende und die verschiedenen Operneinlagen im Theater an der Wien, sondern fallweise auch eine eigene Ballettpremiere und sämtliche Opern- und Operettenaufführungen in der Volksoper durch zehn Jahre – bis zur Wiedereröffnung der Staatsoper – tänzerisch betreut werden. Erika Hanka hatte also praktisch seit Kriegsende jede Saison einen vollständigen Abend und durchschnittlich fünf bis sechs Opern- bzw. Operettenaufführungen in zwei verschiedenen Häusern zu choreographieren, das tägliche Training und die Proben zu überwachen und vor allem den Nachwuchs heranzubilden. Außerdem eröffnete sich dem Opernballett seit der Gründung der Bregenzer Festspiele im Jahr 1946 ein zusätzliches sommerliches Betätigungsfeld vor einem vielschichtigen Publikum. Der Erfolg war so groß, daß das Wiener Staatsopernballett für viele Jahre einer der Anziehungspunkte der Sommerspiele am Bodensee blieb.

Unter Erika Hanka wurde der seit dem Abgang Gusti Pichlers im Jahr 1935 unbesetzt gebliebene Posten einer Primaballerina wieder beansprucht. 1949 wurde Julia Drapal mit dieser Würde ausgezeichnet. Mit ihr stand nicht nur eine temperamentvolle, bühnenbeherrschende Tänzerin, sondern auch eine Künstlerin mit einer selten intensiven schauspielerischen Ausdruckskraft an der Spitze des Ensembles. Sie war eine Tänzerin der großen dramatischen Emotionen und Leidenschaften.

Aber auch der Humor war Julia Drapal nicht fremd. Das bewies sie ungezählte Male als Wiener Schusterbub im letzten Akt von Johann Strauß' „Zigeunerbaron", in einer der bezauberndsten Balletteinlagen, die Erika Hanka für die Volksoper schuf, oder als kleiner Teufel, der bei einem Besuch auf unserer Erde die seltsamsten Abenteuer zu bestehen hat, in dem Ballett „Höllische G'schicht", das von Erika Hanka nicht nur choreographiert wurde, sondern zu dem sie auch zu Johann-Strauß-Musik das Libretto schrieb und das am 14. Juni 1949 in der Volksoper im Rahmen der Johann-Strauß-Wochen – den Vorläufern der Wiener Festwochen – seine Uraufführung erlebte. Damit war der Anschluß an das typisch wienerische Ballett im Stile Haßreiters und Josef Bayers gefunden. Ein kleines Kuriosum am Rande: Das vierte Bild von „Höllische G'schicht" spielt

Ballettprobe mit Julia Drapal, Willy Dirtl, Walter Ruess, Walter Hofer, Ewald Vondrak, Anton Paulik, Kurt Hiess, Erika Hanka und Wilfried Fränzl

„Höllische G'schicht", 4. Bild mit I. Seidler, I. Teufelhart, K. Moser, D. Klemisch, E. Zlocha, I. Schenk, Ch. Zimmerl, E. Liebl und M. Graf als Gouvernante

im Ballettsaal der Wiener Oper. Außer dem Ballettmeister (Carl Raimund), zwei feindlichen Ballerinen (Lisl Temple und Lucia Bräuer) und der Lehrerin der Ballettschule (Dely Kautsky) begegnet Mistopherl (Julia Drapal) auch der Ballett-Gouvernante (Maria Graf) mit den Kindern der Ballettschule. Auf dem Besetzungszettel stehen zum ersten Mal die Namen Erika Zlocha, Christl Zimmerl, Dietlinde Klemisch, Ingrid Teufelhart (noch als Klein Macholan), Karl Musil, Paul Vondrak und Herbert Nitsch. Sie alle haben nach 1955 im wiedereröffneten Haus am Ring Karriere gemacht.

Besser als alle Worte aber charakterisiert ihr eigener Spielplan der letzten fünf Jahre vor der Opernwiedereröffnung Erika Hankas Vielseitigkeit und Bedeutung. Am 30. Dezember 1950 brachte sie im Theater an der Wien Strawinskys „Feuervogel“ zusammen mit Theodor Bergers „Homerischer Symphonie“ heraus. Im „Feuervogel“ debütierte neben den Stars Julia Drapal in der Titelrolle und Carl Raimund als Zauberer Katschei in der Rolle des Prinzen ein junger Tänzer, von dem man sich Großes erwarten durfte: Willy Dirtl. Diese Erwartungen erfüllte er, als er am 24. April 1952 in Erika Hankas neuem Abend – diesmal wieder für die Volksoper geschaffen und später ins Theater an der Wien übernommen – gleich zwei Hauptrollen tanzen durfte. In Gottfried von Einems „Rondo vom Goldenen Kalb“ tanzte er neben Lucia Bräuer und Carl Raimund zusammen mit Lisl Temple ein großartiges Pas de deux, und in Rimski-Korsakows „Scheherazade“ war er der kongeniale Partner Julia Drapals. Seine mit unglaublicher Leichtigkeit und kraftvoller Eleganz durchgeführten Sprünge rissen das Publikum zu Begeisterungsstürmen hin. Eingeleitet wurde der Abend mit einem Divertissement aus „Sylvia“ von Léo Délibes.

„Abraxas“, 1. Bild mit Erwin Pokorny, Lucia Bräuer, Lucia Schwab, Edeltraud Brexner und Willy Dirtl

Knapp vor Saisonende 1952/53, am 20. Juni, machte Wien Bekanntschaft mit Werner Egks Faust-Ballett „Abraxas“. Nach der erfolgreichen Uraufführung dieser ersten bedeutenden deutschen Ballettschöpfung der Nachkriegszeit in München kam es einiger Liebesszenen wegen sogar zu politischen Auseinandersetzungen, die in einen Skandal ausarteten. Das Ballett mußte nach nur fünf Vorstellungen vom Spielplan abgesetzt werden. In Wien war man toleranter. Die Aufführung mit Erwin Pokorny als Faust, Lucia Bräuer als Archisposa, Lisl Temple als Margarethe, Willy Dirtl als Tiger und Lucia Schwab als Schlange wurde ein ganz großer Erfolg für das Staatsopernballett und für Edeltraud Brexner, die in der Rolle der Bellastriga, des weiblichen Mephisto, sensationell debütierte und sich nach dieser Leistung vom Corps de ballet weg gleich für allererste Aufgaben prädestinierte. Der „Abraxas“-Erstaufführung war Ravels „Daphnis und Chloe“ mit Willy Dirtl und Margaret Bauer in den Titelrollen vorangegangen. Der talentierte Nachwuchs bekam seine Chancen und ließ sie nicht ungenützt vorübergehen. Überhaupt war es ja ein besonderes Verdienst Erika Hankas, ihr Ensemble stets gleichmäßig zu beschäftigen und jedes einzelne Mitglied mit sicherem Fingerspitzengefühl in seinen Fähigkeiten gemäßen Rollen einzusetzen.

Die letzte Ballettpremiere vor der Wiedereröffnung der Oper brachte am 10. Mai 1954 Prokofjews „Symphonie classique" mit Margaret Bauer, Edeltraud Brexner und Willy Dirtl, Strawinskys „Orpheus" mit Erwin Pokorny, Margaret Bauer und Julia Drapal, Rossinis „Zauberladen" mit der Drapal und Carl Raimund als Cancan-Tänzer und Borodins „Polowetzer Tänze" mit Julia Drapal, Lucia Bräuer, Lisl Temple, Poldy Pokorny und Willy Dirtl.

Eine besondere Ehre — und damit wieder an seine ursprüngliche Repräsentationsbestimmung anknüpfend — wurde dem Staatsopernballett zuteil, als zwei seiner Mitglieder, nämlich Edeltraud Brexner und Willy Dirtl, dazu ausersehen wurden, anläßlich der Staatsvertragsfeierlichkeiten am Abend des 15. Mai 1955 vor der österreichischen Regierung und den Vertretern der vier Großmächte auf einer Freilichtbühne vor dem Schloß Schönbrunn das Pas de deux „Der schwarze Schwan" aus dem dritten Akt des Balletts „Schwanensee" von Tschaikowsky zu tanzen. Die Generalprobe klappte ganz vorzüglich, einfach zu gut, als daß die Vorstellung ohne Zwischenfall abrollen sollte. Der böse Zwischenfall stellte sich auch prompt ein. Die Vorstellung konnte überhaupt nicht stattfinden, denn ein heftiger Regen machte eine Freilichtaufführung unmöglich, und der spiegelblanke Parkettboden im Schloß wäre bei einer so schwierigen Tanznummer für die Ausführenden geradezu lebensgefährlich gewesen. „Der schwarze Schwan" in Petipas Originalchoreographie wurde dann im Rahmen eines Ballettabends am 6. Juni 1955 in den Spielplan der Oper aufgenommen. Die Virtuosität und Brillanz der Brexner, die in der Koda die vorgeschriebenen 32 Pirouetten auf der Spitze in einem atemberaubendem Tempo drehte und die

„Schwanensee", Edeltraud Brexner als Odile

„Der Zigeunerbaron", Balletteinlage aus dem 3. Akt, Julia Drapal als Schusterbub

jegliche menschliche Schwerkraft leugnenden Sprünge ihres Partners Willy Dirtl rissen das Publikum zu orkanartigen Beifallsstürmen hin. Der unverwelkliche, zeitlose Zauber des klassischen Balletts hatte auch die angeblich so nüchternen Menschen unseres Jahrhunderts vollkommen in seinen Bann geschlagen. So etwas hatte man in Wien, vor allem von heimischen Tänzern dargeboten, seit langer Zeit nicht mehr gesehen. Tschaikowskys Ballette waren ja außer bei frühen Gastspielen der Truppe des Marjinskij-Theaters überhaupt noch nie in Wien gezeigt worden. Und auch das übrige klassische Repertoire blieb leider immer höchst schwach vertreten.

Zur Spielplanerweiterung in dieser Richtung und vor allem zur Schulung des Ensembles in der klassischen Ballett-Technik hatte sich Erika Hanka bereits 1954 als Assistenten den in Sydney geborenen und als Solist bei bedeutenden Truppen in London und Paris tätig gewesenen Tänzer und Choreographen Gordon Hamilton geholt.

Am 16. September 1955 gab das Opernballett seinen letzten Abend im Theater an der Wien. Auf dem Programm standen das Divertissement aus Délibes „Sylvia", Tschaikowskys „Schwarzer Schwan" und Rossinis „Zauberladen".

Mit einem in allen Stilrichtungen gut geschulten Ensemble, den bereits erwähnten Solisten, zu denen sich noch für einige Jahre der Amerikaner Richard Adama als Gast gesellte, und sehr viel begabtem Nachwuchs – Erika Zlocha debütierte in einer von Margaret Bauer in Prokofjews „Symphonie classique" übernommenen Hauptrolle am 6. Juni 1955 noch im Theater an der Wien – wechselte man von den kriegsbedingten Notquartieren der Wiener Staatsoper in das wieder aufgebaute Haus am Ring.

Anhang

Ausweichquartiere und Personal der Wiener Staatsoper im Exil

Ausweichquartiere

a) Die im Jahr 1898 als Kaiser-Jubiläums-Stadttheater eröffnete Bühne am Währinger Gürtel. Sie hatte ab 1. 5. 1945 folgende Bezeichnungen:
   1. 5.–31. 5. 1945: Opernhaus der Stadt Wien, Wiener Staatsopernensemble
   1. 6.–10. 7. 1945: Volksoper, Wiener Staatsopernensemble
   11. 7. 1945–1. 9. 1946: Staatsoper im Volksoperngebäude
   2. 9. 1946–15. 7. 1955: Staatsoper in der Volksoper

b) Das von Emanuel Schikaneder im Jahr 1801 eröffnete Theater an der Wien:
   6. 10. 1945–2. 10. 1955: Staatsoper im Theater an der Wien

Direktion und künstlerisches Personal der Wiener Staatsoper in der Saison 1945/46

Direktion: Alfred Jerger (kommissarisch bis 31. 7. 1945), Franz Salmhofer (ab 1. 8. 1945)
Leiter des künstlerischen Betriebsbüros: Ernst August Schneider
Bühnenvorstände: Oscar Fritz Schuh (Oberregisseur), Alfred Jerger, Viktor Pruscha (bis November 1945), Josef Witt, Erich Wymetal
Chef des Ausstattungswesens: Robert Kautsky
Ballettmeister: Erika Hanka
Stellvertreter des Ballettmeisters: Willy Fränzl
Chorleiter: Leopold Emmert, Dr. Hans Gillesberger, Dr. Richard Roßmayer
Musikvorstände: Josef Krips, Wilhelm Loibner, Rudolf Moralt, Anton Paulik, Felix Prohaska
Solosängerinnen: Rosette Anday, Jarmila Barton, Ruthilde Boesch, Dorothea Fraß, Dr. Emmy Funk, Alice Groß, Judith Hellwig, Dagmar Hermann, Henny Herze, Elisabeth Höngen, Daniza Jlitsch, Sena Jurinac, Dora Komar, Anny Konetzni, Hilde Konetzni, Emmy Loose, Gabriella Lupancea, Elsamaria Matheisl, Aenne Michalsky, Elena Nikolaidi, Maria Reining, Esther Réthy, Herma Schramm, Else Schürhoff, Gertrude Schuster, Rosl Schwaiger, Elisabeth Schwarzkopf, Irmgard Seefried, Ilona Steingruber, Lorna Sydney, Ljuba Welitsch, Dora With, Hansi Zimmermann
Solosänger: Herbert Alsen, Peter Baxevanos, Franz Bierbach, Hans Braun, Hans Decker, Anton Dermota, Karl Friedrich, Willy Friedrich, Hermann Gallos, Hans Habietinek, Walter Höfermayer, Hans Hotter, August Jaresch, Alfred Jerger, Karl Kamann, Erich Kaufmann, Peter Klein, Fritz Krenn, Erich Kunz, Max Lorenz, Viktor Madin, Erich Majkut, Todor Mazaroff, Hugo Meyer-Welfing, Alfred Muzzarelli, Tomislav Neralic, Erwin Nowaro, Georg Oeggl, Ljubomir Pantscheff, Julius Patzak, Alois Pernerstorfer, Dr. Alfred Poell, Dr. Julius Pölzer, Harald Pröglhöf, Marjan Rus, Richard Sallaba, Hans Schäfer, Josef Schmidinger, Paul Schöffler, Hans Schweiger, Emil Siegert, Adolf Vogel, Ludwig Weber, Wenko Wenkoff, William Wernigk, Maximilian Willimsky, Josef Witt
Solotänzerinnen: Julia Drapal, Dely Kautsky, Adele Krausenecker, Poldy Pokorny, Maria Schindler, Lisl Temple
Solotänzer: Toni Birkmeyer, Rudi Fränzl, Willy Fränzl, Arnold Jandosch, Zvonimir Pintar, Erwin Pokorny, Carl Raimund
Ab 2. 9. 1946 hatte jedes der beiden Ersatzquartiere eine eigene Direktion und ein eigenes künstlerisches Personal.

Die Direktion und das künstlerische Personal der Staatsoper im Theater an der Wien zu Beginn der Saison 1954/55

Direktor: Franz Salmhofer
Direktorstellvertreter: Dr. Heinrich Reif-Gintl
Leiter des künstlerischen Betriebsbüros: Ernst August Schneider
Bühnenvorstände: Oscar Fritz Schuh (Oberregisseur), Josef Witt, Erich Wymetal
Chef des Ausstattungswesens: Robert Kautsky
Ballettmeister: Erika Hanka
Stellvertreter des Ballettmeisters: Willy Fränzl
Chordirektion: Dr. Richard Roßmayer
Musikvorstände: Dr. Karl Böhm, Heinrich Hollreiser, Rudolf Kempe, Berislav Klobucar, Rudolf Moralt (Chefdirigent)
Ständige Gastdirigenten: Janos Ferencsik (1948–1950), Hans Knappertsbusch (1947–1950), Clemens Krauss (1947–1954)

Solosängerinnen mit Vertrag: Rosette Anday, Polly Batic, Ruthilde Boesch, Lisa della Casa, Anny Felbermayer, Dorothea Fraß, Christl Goltz, Gertrude Grob-Prandl, Elisabeth Grümmer, Hilde Güden, Judith Hellwig, Dagmar Hermann, Ilse Hollweg, Elisabeth Höngen, Sena Jurinac, Mira Kalin, Margarita Kenney, Margarete Klose, Anny Konetzni, Hilde Konetzni, Erika Köth, Wilma Lipp, Emmy Loose, Liselotte Maikl, Carla Martinis, Aenne Michalsky, Georgine von Milinkovic, Martha Mödl, Maria Reining, Martha Rohs, Hilde Rössel-Majdan, Leonie Rysanek, Irmgard Seefried, Berta Seidl, Teresa Stich-Randall, Ljuba Welitsch, Hilde Zadek

Solosänger mit Vertrag: Herbert Alsen, Theo Bayle, Walter Berry, Kurt Böhme, Hans Braun, Oskar Czerwenka, Anton Dermota, Murray Dikkie, Karl Dönch, Deszö Ernster, Gottlob Frick, Karl Friedrich, Hermann Gallos, Josef Gostic, Ludwig Hofmann, Hans Hopf, Hans Hotter, Alfred Jerger, Karl Kamann, Peter Klein, Endre Koreh, Erich Kunz, George London, Max Lorenz, Viktor Madin, Erich Majkut, Josef Metternich, Hugo Meyer-Welfing, Alfred Muzzarelli, Ljubomir Pantscheff, Julius Patzak, Dr. Alfred Poell, Harald Pröglhöf, Helge Rosvaenge, Rudolf Schock, Paul Schöffler, Hans Schweiger, Fritz Sperlbauer, Karl Terkal, Günther Treptow, Adolf Vogel, Ludwig Weber, William Wernigk, Wolfgang Windgassen

Zeitweise gehörten dem Ensemble u. a. an: Erna Berger (1952), Helena Braun (1947–1949), Maria Cebotari (1947–1949), Anneliese Kupper (1950–1952), Elena Nikolaidi (1945–1949), Slavka Prochaskova (1948–1950), Elisabeth Rutgers (1945–1949), Herma Schramm (1945–1949), Else Schürhoff (1946–1953), Elisabeth Schwarzkopf (1945–1949), Ilona Steingruber (1945–1950), Rita Streich (1954); Peter Anders (1951/52), Otto Edelmann (1947–1954), Lorenz Fehenberger (1951/52), Werner Faulhaber (1952/53), Ferdinand Frantz (1947–1949), Georg Hann (1947–1949), Josef Herrmann (1950–1953), Walther Ludwig (1948–1950), Todor Mazaroff (1946–1953), Torsten Ralf (1950–1953), Marko Rothmüller (1947–1949), Karl Schmitt-Walter (1948–1950), Giuseppe Taddei (1946–1948), Set Svanholm (1952–1954)

Solotänzerinnen: Julia Drapal (Primaballerina), Lucia Bräuer, Edeltraud Brexner, Olga Fiedler, Adele Krausenecker, Margaret Bauer, Poldy Pokorny, Lisl Temple

Solotänzer: Willy Dirtl, Arnold Jandosch, Zvonimir Pintar, Erwin Pokorny, Carl Raimund

Die Direktion und das künstlerische Personal der Staatsoper in der Volksoper zu Beginn der Spielzeit 1954/55

Direktor: Dr. Hermann Juch

Vorstand des künstlerischen Betriebsbüros: Charlotte Ketterer

Leiter des administrativen Betriebsbüros: Dr. Otto Fritz

Bühnenvorstände: Dr. Adolf Rott (Oberregisseur), Heinz Haberland

Chef des Ausstattungswesens: Walter Hoesslin

Chordirektion: Walter Holetschek

Musikvorstände: Anton Paulik, Felix Prohaska, Dr. Wilhelm Schönherr, Paul Walter

Zeitweise waren als Dirigenten tätig: Otto Ackermann (1947–1953), Meinhard Zallinger (1948–1953)

Solosängerinnen mit Vertrag: Hedy Fassler, Erika Feichtinger, Dr. Emmy Funk, Henny Herze, Sonja Knittel, Else Liebesberg, Gabriella Lupancea, Elfie Mayerhofer, Sonja Mottl, Esther Réthy, Lotte Rysanek, Gerda Scheyrer, Maria Schober, Dorothea Siebert

Solosänger mit Vertrag: Franz Bierbach, Franz Böheim, Rudolf Christ, Per Grunden, Walter Höfermayer, August Jaresch, Erich Kaufmann, Waldemar Kmentt, Josef Knapp, Fritz Krenn, Fred Liewehr, Erwin Nowaro, Georg Oeggl, Alois Pernerstorfer, Kurt Preger, Marjan Rus, Richard Sallaba, Josef Schmidinger, Emil Siegert, Laszlo Szemere, Eberhard Wächter, Hans Wrana

Burgschauspieler mit Operettenvertrag: Richard Eybner, Franz Höbling, Josef Meinrad, Paul Pranger, Hertha Mayen

Zeitweise gehörten dem Ensemble u. a. an: Hilde Ceska (1950/51), Maud Cunitz (1947–1949), Magda Gabory (1948–1950), Elsamaria Matheisl (1945–1949), Alice Ostrowsky (1947–1949), Lorna Sydney (1945–1954), Rosl Schwaiger (1947–1952), Dinu Badescu (1947/48), Peter Baxevanos (1945–1947), Andreas Boehm (1947–1949), Hans Decker (1945–1947), Willy Friedrich (1945–1949), Hans Habietinek (1945–1951), Horst Taubmann (1947–1951), Hermann Uhde (1950/51)

Die Gastspiele der Wiener Staatsoper im Ausland 1945–1955

1947 Nizza
5. 3.: Don Giovanni, 7. 3.: Cosi fan tutte, 9. 3.: Don Giovanni

Paris, Théâtre des Champs Élysées
12. 3.: Don Giovanni, 14. und 16. 3.: Cosi fan tutte, 17. und 19. 3.: Don Giovanni

Dirigent: Josef Krips
Damen: Cebotari, Cunitz, Güden, Höngen, Loose, Seefried
Herren: Dermota, Kunz, Poell, Schöffler, Weber

London
16., 20., 27. 29. 9. und 3. 10.: Don Giovanni, 18., 23. 9. und 1. 10.: Cosi fan tutte, 25. 9., 2. und 4. 10.: Die Hochzeit des Figaro, 17., 19. und 24. 9.: Fidelio, 22., 26. und 30. 9.: Salome

Dirigenten: Clemens Krauss, Josef Krips
Damen: Cebotari, Güden, Höngen, Jurinac, H. Konetzni, Loose, Schwarzkopf, Seefried, Welitsch
Herren: Alsen, Dermota, Friedrich, Hann, Hotter, Klein, Kunz, Patzak, Poell, Rothmüller, Schöffler, Weber
Am 27. 9. sang Richard Tauber den Ottavio

1948 Antwerpen
19. 5.: Cosi fan tutte, 24. 5.: Die Hochzeit des Figaro

Brüssel, Palais des beaux Arts
20. und 26. 5.: Cosi fan tutte, 21. und 27. 5.: Die Hochzeit des Figaro

Dirigenten: Josef Krips, Karl Böhm
Damen: Anday, Güden, Lipp, Jurinac, Reining, Rohs, Seefried
Herren: Dermota, Dönch, Hotter, Klein, Kunz, Rus, Schöffler, Wernigk

1949 Mailand, Teatro alla Scala
28. und 29. 12. 1948, 1. und 2. 1. 1949: Die Hochzeit des Figaro

Dirigent: Herbert von Karajan
Damen: Cebotari, Höngen, Jurinac, Schwarzkopf, Seefried
Herren: Höfermayer, Pernerstorfer, Taddei

Florenz, Teatro Communale
7. u. 9. 1.: Die Entführung aus dem Serail

Rom, Teatro dell'Opera
13., 16. u. 19. 1.: Die Entführung aus dem Serail

Dirigent: Josef Krips
Damen: Lipp, Loose
Herren: Klein, Koreh, Ludwig, Woester

Paris, Théâtre des Champs Élysées
22., 25. und 27. 3.: Die Entführung aus dem Serail, 23., 26., 28. und 29. 3.: Die Hochzeit des Figaro

Dirigenten: Karl Böhm, Josef Krips
Damen: Anday, Jurinac, Lipp, Loose, Reining, Schwarzkopf
Herren: Dönch, Hotter, Klein, Koreh, Kunz, Ludwig, Rus, Woester

Florenz, Teatro Pergola
31. 5.: Die Entführung aus dem Serail, 1. 6.: Die Hochzeit des Figaro, 3. 6.: Cosi fan tutte, 5. 6.: Don Giovanni, 7. 6.: Die Zauberflöte

Dirigent: Josef Krips
Damen: Anday, Hellwig, Jurinac, Lipp, Loose, Reining, Seefried, Zadek
Herren: Alsen, Dermota, Dönch, Klein, Koreh, Kunz, Ludwig, Poell, Rus, Schöffler, Woester

Brüssel, Palais des beaux Arts
20. 6.: Der Rosenkavalier, 21. 6.: Die Entführung aus dem Serail, 22. 6.: Don Giovanni, 24. 6.: Der Rosenkavalier, 27. 6.: Die Entführung aus dem Serail, 28. 6.: Don Giovanni, 30. 6.: Die Hochzeit des Figaro

Amsterdam
1. 7.: Die Entführung aus dem Serail, 2. 7.: Der Rosenkavalier, 3. 7.: Don Giovanni

Den Haag
4. 7.: Die Hochzeit des Figaro, 5. 7.: Die Entführung aus dem Serail

Dirigenten: Karl Böhm, Josef Krips
Damen: Anday, Barton, Jurinac, Lipp, Loose, Reining, Schwarzkopf, Seefried, Welitsch
Herren: Dermota, Kamann, Klein, Koreh, Kunz, Ludwig, Poell, Pröglhöf, Schöffler, Weber, Woester

1950 Brüssel, Palais des beaux Arts
22. 5.: Don Giovanni, 23. 5.: Die Entführung aus dem Serail, 24. 5.: Die Hochzeit des Figaro, 25. und 26. 5.: Die Zauberflöte

Wiesbaden, im Rahmen der Maifestspiele
29. 5.: Die Entführung aus dem Serail, 30. 5.: Die Hochzeit des Figaro

Dirigent: Josef Krips
Damen: Anday, Güden, Jurinac, H. Konetzni, Lipp, Loose, Reining, Seefried, Zadek
Herren: Dönch, Edelmann, Ernster, Klein, Koreh, Kunz, Ludwig, Patzak, Poell, Schöffler, Woester

1951 Paris, Théâtre des Champs Élysées
3. 3.: Fidelio, 5. und 7. 3.: Die Hochzeit des Figaro

Brüssel, Palais des beaux Arts
9. und 13. 3.: Tristan und Isolde, 10. 3.: Die Hochzeit des Figaro, 12. und 14. 3.: Fidelio

Dirigenten: Karl Böhm, Clemens Krauss
Damen: Anday, Goltz, Güden, Grob-Prandl, Höngen, Jurinac, Reining, Seefried
Herren: Dermota, Edelmann, Herrmann, Kunz, Lorenz, Poell, Ralf, Vogel, Weber

1952 Paris, Théâtre des Champs Élysées
2. und 3. 5.: Wozzeck
Dirigent: Karl Böhm
Damen: Batic, Goltz
Herren: Dickie, Herrmann, Klein, Jerger, Pröglhöf, Rus, Szemere

Brüssel, Palais des beaux Arts
5. 5.: Die Hochzeit des Figaro, 6. 5.: Die Entführung aus dem Serail, 7. 5.: Die Zauberflöte, 9. 5.: Cosi fan tutte, 10. 5.: Don Giovanni

Wiesbaden
13. und 15. 5.: Don Giovanni, 14. 5.: Die Hochzeit des Figaro
Dirigent: Karl Böhm
Damen: Goltz, Hermann, Jurinac, Loose, Reining, Seefried, Wagner
Herren: Berry, Dermota, Klein, Koreh, Kunz, London, Schöffler, Woester

1953 Wiesbaden
2. und 4. 5.: Der Rosenkavalier, 3. 5.: Cosi fan tutte

Brüssel, Palais des beaux Arts
6. 5.: Don Giovanni, 7. 5.: Die Zauberflöte, 8. 5.: Der Rosenkavalier, 9. 5.: Die Hochzeit des Figaro, 11. 5.: Cosi fan tutte

Paris, Grande Opéra
13. 5.: Elektra, 15., 18. und 19. 5.: Die Zauberflöte, 16. 5.: Die Liebe der Danae

Dirigenten: Karl Böhm, Clemens Krauss
Damen: Anday, Batic, della Casa, Felbermayer, Goltz, Hellwig, Hermann, Höngen, Jurinac, Kalin, Lipp, Loose, Milinkovic, Rössel-Majdan, Reining, Réthy, Seidl, Siebert, Seefried, Zadek
Herren: Berry, Dermota, Dickie, Frick, Gostic, Klein, Kunz, Lorenz, Patzak, Poell, Pröglhöf, Schock, Schöffler, Terkal, Weber

1954 Wiesbaden
2. und 5. 5.: Die Hochzeit des Figaro, 3. und 6. 5.: Die Zauberflöte, 4. 5.: Don Giovanni

Brüssel, Palais des beaux Arts
8. 5.: Die Hochzeit des Figaro, 9. 5.: Die Zauberflöte, 10. 5.: Die Entführung aus dem Serail, 11. 5.: Die Zauberflöte, 12. 5.: Der Liebestrank

Dirigenten: Karl Böhm, Berislav Klobucar
Damen: Anday, Boesch, della Casa, Felbermayer, Görner, Grümmer, Güden, Hellwig, Jurinac, Loose, Lipp, Stich-Randall
Herren: Czerwenka, Bayle, Berry, Dermota, Edelmann, Frick, Gallos, Klein, Kunz, Pantscheff, Poell, Schock, Schöffler, Skodler, Weber, Wernigk

London
13., 16., 20., 22. und 24. 9.: Die Hochzeit des Figaro, 14., 18., 23. und 25. 9.: Don Giovanni, 15., 17. und 21. 9.: Cosi fan tutte

Dirigenten: Karl Böhm, Heinrich Hollreiser
Damen: Anday, della Casa, Felbermayer, Grümmer, Hermann, Jurinac, Seefried, Streich
Herren: Berry, Czerwenka, Dickie, Kunz, London, Poell, Pröglhöf, Schöffler, Weber, Wernigk. Für den beurlaubten Anton Dermota sang Leopold Simoneau erstmals als Gast im Verband der Wiener Staatsoper.

Werkestatistik (Oper und Operette) unter Bezugnahme auf die letzte Inszenierung vor der Zerstörung des Staatsoperngebäudes

(Es sind nur die wichtigsten Rollen angegeben)

Abkürzungen: B = Bühnenbild, Ch = Choreographie, I = Inszenierung, K = Kostüme, R = Regie

Aïda — Giuseppe Verdi

23. 12. 1946–28. 4. 1955
157 Aufführungen im Theater an der Wien
I: Wallerstein, B, K: Kautsky

Dirigent: Krips 15, Moralt 42, Etti 8, Sedlak 3, Barbirolli 2, Loibner 23, Ackermann 6, Fricsay 3, Ferencsik 19, Prohaska, Zallinger 4, Solti, Annovazzi 4, Kempe 5, Sebastian, Erede, Hollreiser 8, Pritchard 2, Capuana 5, Klobucar 4
König: Alsen 73, Rus 24, Neralic 8, Felden 4, Pantscheff 15, Vogel 10, Pernerstorfer 3, Czerwenka 18, Faulhaber 2
Amneris: Höngen 49, Nikolaidi 29, Sydney 5, Anday 5, Wysor, Palankay, Cavelti, Milinkovic 48, Prunk, Klose 6, Rankin, Sabo, Syben, Puttar, Kalin, Kenney 4, Lipton, Schuster
Aïda: Welitsch 29, Eftimiades 4, Zadek 63, della Pergola, Prochaskova 10, Jlitsch 8, Stewart 6, Goltz 6, Kupper, Martinis 26, Palludan, Nilsson, Rysanek
Radames: Mazaroff 33, Picchi 9, Liontas, Romano 2, Friedrich 37, Battaglia 3, Badescu 11, Marinesco, Rowton, Hauser, Blachut, Szemere 3, Rosvaenge 19, Svanholm, Patzak 2, Ralf 3, Gostic 20, Fehenberger, Lorenz 5, Hopf 2, Bensing
Ramphis: Weber 72, Alsen 23, Neralic, Frantz 12, Emmerich, Vischegonow, Koreh 6, Ernster 9, Skinas, Felden 2, Frick 6, Hofmann 19, Czerwenka 4
Amonasro: Taddei 37, Rothmüller 11, Kovacs, Hotter 13, Kamann 41, Jambor, Telasko, Biasini, Boehm 2, London 10, Silveri, Herrmann 3, Weltner, Nissen, Janssen 2, Bayle 24, Metternich 3, Piezka, Gligor, Oeggl, Wiener

---

5. 6. 1941–24. 10. 1943
23 Aufführungen in der Staatsoper
I: Schuh, B: Reinking

Dirigent: Gui 5, Ludwig 12, Moralt, Knappertsbusch, Böhm 4
König: Rus 20, Worff, Roth, Vogel
Amneris: Nikolaidi 12, Tutsek 4, Braun, Klose, Höngen 5
Aïda: Jlitsch 22, Ranczak
Radames: Svanholm 12, Rosvaenge 5, Lorenz 4, Friedrich, Mazaroff
Ramphis: Manowarda 4, Alsen 10, Roth 8, Rus
Amonasro: Hotter 4, Monthy 4, Reinmar, Ahlersmeyer 3, Losonczy, Kamann 2, Kronenberg 5, Herrmann 3

Alceste — Christoph Willibald Gluck

10. 1. 1953–5. 1. 1954
8 Aufführungen im Theater an der Wien
I: Schuh, B: Neher, Ch: Hanka

Dirigent: Hollreiser 5, Prohaska 3
Apollo: Terkal 8
Herkules: Alsen 8
Admetos: Dermota 8
Alkeste: Goltz 8
Oberpriester: Poell 8
Evander: Sperlbauer 7, Gallos
Herold: Hotter, Czerwenka 3, Braun 3, Pröglhöf

---

6. 3. 1916–15. 5. 1919
9 Aufführungen in der Staatsoper
I: W. Wymetal, B: Brioschi

Dirigent: Schalk 9
Apollo: Leuer 4, Gallos 2, Maikl 3
Admetos: Schmedes 9
Alkeste: Weidt 9
Oberpriester: Weidemann 7, Groenen, Fischer
Evander: Maikl 5, Gallos 4
Herold: Markhoff 9

André Chénier — Umberto Giordano

26. 2. 1955–20. 5. 1955
8 Aufführungen im Theater an der Wien
R: Bormann, B, K: Kautsky

Dirigent: Moralt 3, Klobucar 5
Chénier: Rosvaenge 6, Gostic 2
Gerard: Bayle 8
Madeleine: Zadek 4, Martinis 3, Scheyrer

---

28. 1. 1926–6. 4. 1937
31 Aufführungen in der Staatsoper
I: Wallerstein, B: Holzmeister/Kautsky

Dirigent: Schalk 4, Heger 13, Reichenberger 7, del Campo, Alwin 5, Krips
Chénier: Grosavescu 9, Pattiera, Piccaver 17, Tokatyan 2, Masini, Ardelli
Gerard: Schipper 23, Renner 6, Hammes, Formichi
Madeleine: Lehmann 18, Born 7, Zika 4, Barta-Casteletti, Flesch

Arabella Richard Strauss

10. 6. 1952–12. 6. 1955
15 Aufführungen im Theater an der Wien
I: Hartmann, B: Kautsky

Dirigent: Moralt 11, Kempe 3, Hollreiser
Waldner: Edelmann 11, Krenn 3, Böhme
Adelaide: Rohs 15
Arabella: della Casa 7, Reining 8
Zdenka: Felbermayer 15
Mandryka: Poell 14, Metternich
Matteo: Dermota 11, Friedrich 4

---

30. 4. 1943–6. 6. 1944
6 Aufführungen in der Staatsoper
I: Jerger, B: Roller

Dirigent: Moralt 6
Waldner: Krenn 6
Adelaide: Rohs 6
Arabella: Reining 5, Söderqvist
Zdenka: Réthy 4, Böttcher 2
Mandryka: Jerger 6
Matteo: Dermota 6

Ariadne auf Naxos Richard Strauss

13. 5. 1947–13. 6. 1954
20 Aufführungen im Theater an der Wien
(1) 13. 5. 1947 Neuinszenierung, I: Wallerstein, B: Kautsky
(2) 26. 10. 1951 Neueinstudierung, R: Witt

Dirigent: Krips (1) 6, Ackermann, Krauss (2) 6, Prohaska, Moralt 6
Komponist: Seefried (1) 10, Jurinac (2) 9, Kupper
Tenor: Lorenz (1), Friedrich 4, Patzak 6, Rosvaenge 3, Ralf (2) 2, Anders, Gostic 3
Tanzmeister: Klein (1) (2) 18, Gallos, Dickie
Musiklehrer: Poell (1) (2) 20
Zerbinetta: Schwarzkopf (1), Loose 5, Lipp (2) 9, Hollweg 5
Ariadne: Reining (1) 5, Cebotari 5, A. Konetzni, Zadek (2) 7, della Casa 2

---

17. 12. 1943–11. 6. 1944
7 Aufführungen in der Staatsoper
I: Arnold, B: Reinking

Dirigent: Böhm 7
Komponist: Seefried 6, Welitsch
Tenor: Lorenz 6, Ralf
Musiklehrer: Schöffler 7
Zerbinetta: Noni 7
Ariadne: Reining 7

Der arme Jonathan (EA) Karl Millöcker

21. 12. 1952–23. 3. 1953
17 Aufführungen in der Volksoper
R: Stanchina, B: Hoesslin, K: Kniepert, Ch: Hanka

Dirigent: Paulik 17
Vandergold: Liewehr 17
Jonathan Tripp: Dönch 17
Tobias Quickly: Preger 17
Catalucci: Szemere 17
Brostolone: Berry 14, Rus 3
Dryander: Höfermayer 17
Harriet: Siebert 17
Graf Kowalsky: Sallaba 17
Arabella: Rohs 17
Mabel: Görner 17
Holmes: Gaugl 17
Molly: Mayerhofer 11, Knittel 6
Billy: Kaufmann 17
Obersteward: Nowaro 17
Shrydaman: Siegert 16, Muzzarelli
Sheriff: Eybner 17

Der Bajazzo Ruggiero Leoncavallo

12. 12. 1945–7. 4. 1955
132 Aufführungen in der Volksoper, 4mal zusammen mit „Gianni Schicchi“, sonst immer mit „Cavalleria rusticana“
I: Witt, B: Hoesslin

Dirigent: Loibner 57, Moralt 3, Etti, Paulik 19, Leschetitzky, Ackermann 17, Prohaska 5, Zallinger 23, Schönherr 2, Kolisko, P. Walter 3
Canio: Baxevanos 26, Friedrich 20, Franter 2, Lechleitner, Szemere 36, Hülgerth, Pölzer 3, Marinesco 3, Decker, Treptow 6, Rosvaenge 25, Mazaroff 2, Ralf 6
Nedda: Schwarzkopf 3, Funk 30, Lupancea 41, Welitsch 9, Zimmermann 2, della Casa 10, Gabory 3, Réthy 32, Jlitsch, Mottl
Tonio: Oeggl 69, Höfermayer 5, Hotter 6, Kamann 5, Taddei 2, Reinmar, Rothmüller 3, Boehm 6, Ahlersmeyer 2, Petroff, Herrmann 6, Sved, Rehm 3, Domgraf-Fassbaender, Gynrod, Bayle 20
Silvio: Poell 36, Braun 31, Schäfer 5, Ferenz 18, Läuter 6, Schmitt-Walter 4, Knapp 18, Paul, Domgraf-Fassbaender, K. Weber 2, Wächter 10
Beppo: Jaresch 17, Nowaro 78, Klein 3, Cordes-Dermota 7, Schmidinger 5, Kmentt 19, Dickie 3

---

21. 3. 1936–15. 5. 1944
71 Aufführungen in der Staatsoper
R: Duhan, B: Brioschi

Dirigent: Krips 3, Alwin 9, Martin, Loibner 30, Reichwein 8, Paulik 20
Canio: Tauber 4, Piccaver 2, Wolf, Vöiker 5, S. Björling 2, Ardelli, Gyn-

rod, Kalenberg 5, Mazaroff 14, Rosvaenge 7, Friedrich 7, Kraayvanger 6, Franter 7, Sattler 5, Werner Müller, Svanholm, Ralf 2
Nedda: Bokor 6, Achsel, Perras 5, Schumann, Michalsky, Schulz 17, Gerhart, Jlitsch 28, Söderqvist 10, Walder
Tonio: Großmann 2, Gynrod 4, Sved 9, Schipper 2, Janssen, Monthy 37, Oeggl 2, Hotter 2, Kronenberg 3, Ahlersmeyer 4, S. Björling, Herrmann 2, Gonszar, Bröcheler
Silvio: Gynrod 3, Monthy 14, Madin, Pierotic 6, Duhan, Jankovic 14, Poell 26, Oeggl 4, Paul, Baier
Beppo: Kurz 3, Gallos 12, Dermota 9, Sallaba 29, Wernigk 2, Klein 16

Die Banditen (EA) — Jacques Offenbach

9. 3. 1950–11. 5. 1951
21 Aufführungen in der Volksoper
I: Lingen, B: Hoesslin, K: Rolf, Ch: Hanka

Dirigent: Paulik 21
Falsacappa: Preger 21
Fiorella: Rohs 17, Ceska 4
Fragoletto: Schwaiger 15, Herze 6
Pietro: Kunz 12, Fuss 3, Eybner 6
Carmagnolo: Jaresch 21
Barbavano: Felden 7, Kaufmann 14
Domino: Sallaba 21
Fürst v. Braganza: Erlandsen 19, Witt 2
Antonio: Lingen 21
Campotasso: Höfermayer 8, Knapp 12, Jerger
Bramarbasso: Krenn 14, Rus 7
Prinzessin: Drapal 21
Graf v. Gloria-Cassi: Jerger 13, Witt 6, Christ 2
Alfons v. Valladolid: Dirtl 20, Juzek

Der Barbier von Bagdad — Peter Cornelius

1. 2. 1949–2. 1. 1950
12 Aufführungen in der Volksoper, zusammen mit „Gianni Schicchi“
I: Witt, B: Meinecke

Dirigent: Ackermann 8, Prohaska 2, Zallinger 2
Margiana: Jurinac 11, Riegler
Nureddin: Dermota 8, Meyer-Welfing, Patzak 3
Abul Hassan: Edelmann 12

---

28. 2. 1925–8. 3. 1932
15 Aufführungen in der Staatsoper
R: Duhan, B: Brioschi

Dirigent: Schalk 8, Heger 4, Reichenberger 3
Margiana: Lehmann 4, Schumann 10, Helletsgruber
Nureddin: Maikl 14, Oestvig
Abul Hassan: Mayr 15

Der Barbier von Sevilla — Gioacchino Rossini

14. 6. 1945–11. 9. 1955
110 Aufführungen; davon 57 Vorstellungen in der Volksoper (14. 6. 1945 bis 11. 5. 1955), 48 Vorstellungen im Theater an der Wien (14. 10. 1945–31. 10. 1952), im Redoutensaal, in Baden und in Wiener Neustadt
R: Wymetal

Dirigent: Krips 14, Loibner 21, Paulik, Tenner 3, Moralt 17, Etti 5, Ferencsik, Ackermann 7, Zallinger 2, Prohaska 38, Klobucar
Almaviva: Dermota 54, Klein, Marion 5, Ludwig 9, Lichtegg 2, Christ 27, Dickie, Kment 11
Bartolo: Jerger 77, Vogel 16, Kunz 9, Dönch 8
Rosina: Nikolaidi 24, Schwaiger 22, Schwarzkopf 11, Rosza, Courtin, Perras, Loose 18, Boesch 3, Lipp 13, Barabas 3, Heusser, Hollweg 6, Streich 6
Basilio: Rus 58, Neralic 9, Alsen 33, Pernerstorfer 10
Figaro: Poell 66, Ferenz 4, Monthy, Oeggl 16, Rothmüller 2, Taddei 9, Schmitt-Walter 3, Domgraf-Fassbaender 7, Günter, Krukowsky

---

29. 9. 1939–2. 5. 1944
37 Aufführungen in der Staatsoper
I: Wymetal, B: Kautsky

Dirigent: Ludwig 30, Winkler, Reichwein 3, Moralt 3
Almaviva: Dermota 34, Maikl, Sallaba, Holm
Bartolo: Jerger 35, Kunz 2
Rosina: Piltti 19, Kern 3, Jacobi 2, Noni 12, Schwarzkopf
Basilio: Rus 29, Alsen 3, Roth 3, Neralic 2
Figaro: Jankovic 17, Poell 14, Monthy 5, Oeggl

Die Bernauerin (EA) — Carl Orff

1. 2. 1955–4. 6. 1955
16 Aufführungen in der Volksoper
I: Rott, B, K: Kautsky

Dirigent: Hollreiser 9, Holetschek 7
Ansager: Neuhauser 16
Albrecht: Liewehr 15, Ecker
1. Adeliger: Erlandsen 16
2. Adeliger: Rueprecht 13, Kepka 3
3. Adeliger: Randers 16
Kaspar Bernauer: Kaufmann 15, Knüpfer
Agnes Bernauer: Gold 16
1. Badegast: Krenn 16
2. Badegast: V. Braun 12, Stumvoll 4
Welscher Spielmann: Kmentt 13, Majkut 2, Dickie
1. Bürger: Mayerhofer 16
2. Bürger: Wawra 16
Eiferer: Volters 16
Kanzler: Dörner 16

Hauptmann: Kerry 16
Richter: Altringen 16
Mönch: Moog 16

Der Bettelstudent — Karl Millöcker

27. 3. 1949–30. 4. 1955
150 Aufführungen in der Volksoper
I: Rott, B: Hoesslin, K: Rolf

Dirigent: Paulik 124, Ackermann 10, Zallinger 2, Schönherr 11, Prohaska, P. Walter 2
Palmatica: Sydney 72, Batic 31, Anday 47
Bronislawa: Herze 139, Liebesberg 11
Laura: Cebotari 3, Lupancea 64, della Casa 22, Feichtinger 24, Bukovic 4, Spletter, Siebert 21, Mottl 11
Ollendorf: Preger 138, Krenn 12
Symon: Liewehr 112, Taubmann 15, Christ 8, Grunden 15
Richthofen: Katt 135, Wolf 15
Enterich: Eybner 98, Dönch 40, Kaufmann 12

17. 6. 1936 (EA) – 27. 11. 1937
13 Aufführungen in der Staatsoper
I: Neudegg, B: Roller/Kautsky

Dirigent: Weingartner 3, Krips 9, Alwin
Bronislawa: Kern 6, Hajmassy 7
Laura: Bokor 13
Ollendorf: Jerger 13
Symon: Kullmann 3, Sallaba 10
Richthofen: Komar 13
Enterich: Bergauer 13

Die Bettleroper (EA) — John Gay – Benjamin Britten

4. 12. 1949–16. 4. 1951
15 Aufführungen in der Volksoper
I: Rott, B, K: Hlawa

Dirigent: Zallinger 15
Bettler: Krauss 11, Reimers 4
Mr. Peachum: Preger 15
Mrs. Peachum: Eis 13, Markus 2
Polly: Rohs 15
Macheath: Liewehr 15
Filch: Sallaba 15
Lockit: Höfermayer 12, Jerger 3
Lucy Lockit: Funk 15
Mrs. Trapes: Batic 15
Mrs. Vixen: Fraß 15
Suky Tawdry: Hawlik 15
Mrs. Coaxer: Feichtinger 15
Dolly Trull: Steingruber 11, Opawsky 2, Boesch 2
Mrs. Slammekin: Schuster 13, Levko-Antosch 2
Molly Brazen: Ceska 15
Jenny Diver: Wagner 14, Dostal
Betty Doxy: Riegler 15

Boccaccio — Franz von Suppé

17. 6. 1951–5. 12. 1953
57 Aufführungen in der Volksoper
I: Rott, B: Hoesslin, K: Kniepert, Ch: Hanka

Dirigent: Paulik 49, Zallinger 8
Boccaccio: Liewehr 57
Pietro: Christ 57
Repoletto: Böheim 28, Eybner 20, Heim 5, Jaresch 4
Scalza: Dönch 40, Knapp 17
Beatrice: Lupancea 57
Lotteringhi: Szemere 41, Preger 16
Isabella: Feichtinger 57
Lambertuccio: Preger 33, Krenn 24
Petronella: Rohs 49, Anday 8
Herzog: Jerger 53, Höbling 4
Kolporteur: Berry 52, Knapp 5
Fiametta: Réthy 31, Knittel 12, Siebert 14

5. 4. 1940–18. 5. 1940
5 Aufführungen in der Staatsoper
I: Pruscha, B: Kautsky

Dirigent: Paulik 5
Boccaccio: Schulz 4, Levko-Antosch
Pietro: Witt 4, Sallaba
Scalza: Rus 4, Ettl
Beatrice: Schober 5
Lotteringhi: Wernigk 5
Isabella: With 5
Lambertuccio: Jerger 5
Petronella: Schürhoff 5
Herzog: Baier 5
Kolporteur: Madin 5
Fiametta: Komar 5

Die Bohème — Giacomo Puccini

15. 5. 1945–10. 6. 1955
190 Aufführungen, davon 97 Vorstellungen vom 15. 5. 1945–21. 5. 1952 in der Volksoper und 93 Vorstellungen vom 5. 1. 1946–10. 6. 1955 im Theater an der Wien
(1) 15. 5. 1945 Volksoper, I: Jerger, B: Kautsky
(2) 25. 10. 1952 Neuinszenierung im Theater an der Wien, I: J. Gielen, B: Hlawa, K: Kniepert

Dirigent: Paulik (1) 48, Loibner 44, Tenner, Moralt 27, Schmidt, Etti 2, Swarowsky, Ackermann 5, Fricsay 10, Zallinger 12, Prohaska 2, Krauss (2) 5, Hollreiser 22, Pritchard 5, M. Gielen, Koslik, Klobucar 3
Rudolf: Dermota (1) 17, Wenkoff 59, Stein 3, Decker 8, Mazaroff 25, Friedrich 2, Patzak 13, Spataru 2, Meyer-Welfing, Stirbey, Badescu 6, Rosvaenge 18, Remec 2, Marinovic, Terkal (2) 28, Hopf, Schock 3
Schaunard: Braun (1) 66, Madin 9, Schweiger 31, Pröglhöf 15, Knapp 16, Hann 6, Zeithammer, Kunz 4, Ferenz 5, Kaufmann 5, Berry (2) 31, Faulhaber
Marcel: Poell (1) 60, Schöffler 10, Braun 18, Oeggl 21, Taddei 5, Höfermayer 34, Knapp 3, Reinmar 2, Ferenz 2, Rothmüller 3, Schmitt-Walter 2, Uhde 3, Domgraf-Fassbaender, Bayle (2) 25, Krukowsky
Collin: Rus (1) 46, Neralic 25, Pantscheff 7, Vogel 16, Koreh 51, Hofmann (2) 20, Czerwenka 21, Kaufmann, Böhme 3
Mimi: Jurinac (1) (2) 61, Eclas-Schurr, Zimmermann 3, Funk 3, Schwarzkopf 13, Barton 4, Réthy 44, Welitsch 2, Reining 4, Wende, Lang, Lupancea 3, Farkas, Cunitz 4, Cebotari 8, Hammond, Gabory, della Casa 10, Hellwig, Eipperle, Lienbach, Siebert 5, Martinis 16, Grümmer
Musette: Seefried (1) 16, Herze 71, Loose 32, Zimmermann 5, Welitsch 31, Eclas-Schurr, Komar, Funk 8, Boesch, Lipp (2) 14, Scheyrer 8, Köth 2

---

16. 11. 1938–18. 6. 1944
62 Aufführungen in der Staatsoper
I: Nadasdy, B: Kautsky

Dirigent: Loibner 27, Reichwein 10, Moralt 24, Quennet
Rudolf: Mazaroff 34, Friedrich 5, Rosvaenge 4, Spataru 3, Sabel 3, Dermota 7, Anders, Behounek, Salvarezza, Wenkoff 3
Schaunard: Monthy 50, Madin 5, Schweiger 2, Kunz 5
Marcel: Sved 3, Schöffler 32, Poell 17, Jankovic 5, Monthy, Ahlersmeyer 4
Collin: Alsen 7, Zec, Manowarda, Vogel 3, Rus 33, Roth 9, Neralic 7, Böhme
Mimi: Réthy 26, Reining 9, Perras, Piltti 2, Böttcher 19, Russart, Schürmann, Teschemacher, Cebotari 2
Musette: Schulz 11, Komar 9, Jlitsch 7, Warneyer, Kern 4, Ebers, Moor, Herze, Böttcher, Noni 15, Loose 9, Schwarzkopf 2

Boris Godunow — Modest Mussorgski

29. 11. 1947–5. 6. 1955
35 Aufführungen im Theater an der Wien. Zuvor am 26. 7. und 2. 8. 1945 im Konzerthaus sowie am 7. 11. und 18. 11. 1945 im Theater an der Wien: konzertante Aufführungen (hier nicht berücksichtigt)
(1) 29. 11. 1947 Neuinszenierung, I: Wallerstein, B: nach Entwürfen von Benois
(2) 9. 4. 1949 Neueinstudierung

Dirigent: Krauss (1) 6, Krips 4, Ackermann 3, Ferencsik (2) 7, Zallinger, Hollreiser 9, Kempe 2, Prohaska, Klobucar 2
Boris: Schöffler (1) 6, Weber (2) 15, London 12, Herrmann 2
Schuiskij: Witt (1) (2) 15, Gallos 9, Szemere 11
Pimen: Alsen (1) 12, Koreh (2) 16, Frantz 2, Frick 5
Dimitrij: Friedrich (1) 13, Patzak 17, Taubmann (2) 4, Hopf
Marina: Höngen (1) 18, Jurinac (2) 10, Kalin 4, Mödl, Kenney 2

---

24. 10. 1925–3. 11. 1933
29 Aufführungen in der Staatsoper
I: Mutzenbecher, B: Kautsky

Dirigent: Schalk 9, Heger 14, Alwin 6
Boris: Schipper 22, Groenen 5, Schaljapin, Bockelmann
Schuiskij: Hofer 11, Gallos 18
Pimen: Mayr 14, Markhoff 15
Dimitrij: Schubert 11, Maikl 10, Graarud 4, Kalenberg 4
Marina: Born 10, Achsel 19

Capriccio — Richard Strauss

2. 6. 1951–1. 6. 1952
6 Aufführungen im Theater an der Wien
I: Hartmann, B: Vargo

Dirigent: Böhm 4, Kempe 2
Gräfin: Goltz 4, della Casa 2
Graf: Uhde 3, Jerger 3
Flamand: Dermota 6
Olivier: Braun 6
La Roche: Schöffler 6
Clairon: Höngen 4, Rohs 2
Taupe: Klein 6
Sänger: Wenkoff 3, Friedrich 3
Sängerin: Lipp 6

---

1. 3. 1944–4. 6. 1944
6 Aufführungen in der Staatsoper
I: Hartmann, B: Kautsky

Dirigent: Böhm 6
Gräfin: Cebotari 6
Graf: Jerger 6
Flamand: Dermota 6
Olivier: Kunz 6
La Roche: Schöffler 6
Clairon: Rohs 6
Taupe: Klein 6
Sänger: Wenkoff 5, Friedrich
Sängerin: Noni 6

Carmen — Georges Bizet

14. 2. 1946–26. 9. 1955
175 Aufführungen, davon in der Volksoper 80 Vorstellungen vom 14. 2. 1946–13. 7. 1948 und im Theater an der Wien 95 Vorstellungen vom 21. 10. 1948–26. 9. 1955

(1) 14. 2. 1946 Neuinszenierung in der Volksoper, R: Hanka, B: Hoesslin
(2) 21. 10. 1948 Neueinstudierung im Theater an der Wien, R: Schuh, B: Neher

Dirigent: Prohaska (1) 39, Loibner 31, Hudez 3, Swarowsky, Sedlak, Leschetitzky, Fricsay 13, Jahoda, Ackermann 6, Moralt 26, Krips (2) 9, Ferencsik 12, Zallinger 10, Solti, Kempe, Annovazzi, Hollreiser 4, Sebastian, Klobucar 14
Carmen: Sydney (1) 44, Kallab, Muser 7, Braun 3, Nikolaidi 13, Anday 14, Enck-Sadeh, Cavelti, Krumpholz, Höngen (2) 29, Mödl 8, Milinkovic 36, Ilosvay 3, Giannini 2, Sabo, Kalin 4, Klose, Radev 2, Rohs 2, Madeira 2
Don José: Friedrich (1) 48, Baxevanos 8, Decker 10, Szemere 18, Picchi 4, Badescu 3, Taubmann 4, Marinesco, Walden, Mazaroff 4, Rosvaenge (2) 37, Beirer, Lichtegg 2, Bensing 4, Gostic 15, Witte, Fehenberger 4, Hopf 4, Anders 2, Schock 3, Windgassen
Escamillo: Schöffler (1), Pernerstorfer 22, Höfermayer 20, Kamann 20, Hotter 9, Braun 2, Läuter, Reinmar 5, Taddei 5, Oeggl, Frantz (2) 15, Rothmüller 3, Ahlersmeyer 3, Habietinek 2, Vischegonow, Rus 10, Welitsch, London 19, Herrmann 8, Uhde 5, Schmitt-Walter, Domgraf-Fassbaender, Bayle 12, Nissen, Wolfram, Gligor 2, Poell 4
Micaëla: Jurinac (1) 24, Barton 18, Gehr, Lienbach 4, Réthy 20, Hellwig 15, Matheisl, Riegler 36, Cunitz 11, Kinasiewicz 2, Seefried (2) 4, Güden 20, Menzel, Tassopoulos, Trötschel 3, Siebert 4, Yeend 2, Grümmer 2, Stich-Randall 3, Loose 2, Lotte Rysanek

---

18. 4. 1944–5. 6. 1944
6 Aufführungen in der Staatsoper
I: Schuh, B: Reinking, Ch: Hanka

Dirigent: Böhm 3, Reichwein 3
Carmen: Höngen 4, Rohs 2
Don José: Lorenz 3, Rosvaenge 3
Escamillo: Ahlersmeyer 2, Bröcheler, Schöffler 2, Herrmann
Micaëla: Seefried 3, Réthy 3

Cavalleria rusticana — Pietro Mascagni

12. 12. 1945–7. 4. 1955
128 Aufführungen in der Volksoper, zusammen mit „Bajazzo"
R: Witt, B: Hoesslin

Dirigent: Loibner 54, Moralt 3, Etti, Paulik 19, Leschetitzky, Ackermann 17, Prohaska 5, Zallinger 22, Schönherr 2, Kolisko, P. Walter 3
Santuzza: A. Konetzni 8, Grob-Prandl 25, Nemeth 10, Lang 8, Athanassowa, Gritsch, Margot, Steingruber 2, Braun 7, Rigo, Zachardowa, Ostrowsky 16, Zadek 15, Jlitsch 3, Jeritza 2, Palludan, Goltz 2, Werth, Scheyrer 13, Lupancea 9, Joesten
Turiddu: Friedrich 25, Decker 8, Meyer-Welfing 8, Mazaroff 15, Patzak 11, Wenkoff 27, Badescu, Taubmann 17, Rosvaenge 4, Gostic 10, Wittrisch, Hauser
Alfio: Krenn 19, Habietinek 34, Jerger 8, Kamann 26, Schwenkreis, Oeggl 25, Boehm 4, Destal 3, Gynrod, Pernerstorfer 7

---

2. 1. 1938–15. 5. 1944
59 Aufführungen in der Staatsoper
R: Wymetal, B: Brioschi

Dirigent: Alwin, Krips, Martin, Loibner 27, Paulik 21, Reichwein 8
Santuzza: A. Konetzni 29, Flesch, Nemeth 17, Merker 2, Braun 6, Rünger 2, Schrader, Grob-Prandl
Turiddu: Pataky 5, Godin 6, Friedrich 16, Rosvaenge 10, Maikl, Treffner, Argyris, Kalenberg 4, Lutz W. Müller, Franter 7, Werner Müller, Mazaroff 6
Alfio: Destal 2, Schipper, Jerger 13, Wiedemann 6, Schöffler 30, Monthy 3, Herrmann 2, Kamann 2

Das Christelflein (EA) — Hans Pfitzner

19. 11. 1952–26. 12. 1953
10 Aufführungen im Theater an der Wien
R: Witt, B: Kautsky, Ch: Hanka

Dirigent: Moralt 10
Elflein: Lipp 3, Loose 7
Tannengreis: Alsen 7, Koreh 3
Christkindchen: Felbermayer 8, Boesch 2
Knecht Ruprecht: Weber 7, Edelmann 3
Herr v. Gumpach: Vogel 7, Pantscheff 3
Frieder: Christ 6, Dickie 4
Trautchen: Berghöfer 10
Dorfarzt: Muzzarelli 3, Madin 7
Franz: Rus 8, Berry 2
Jochen: Wernigk 7, Sperlbauer 3
Frau v. Gumpach: Rassaerts 10

Così fan tutte — Wolfgang A. Mozart

9. 8. 1945–21. 9. 1954
45 Aufführungen: im Redoutensaal, im Theater an der Wien und auf Gastspielen in Nizza, Paris, London, Antwerpen, Brüssel, Wiener Neustadt, Florenz, Wiesbaden

Dirigent: Krips 30, Ackermann 3, Böhm 10, Kempe 2
Fiordiligi: Seefried 45
Dorabella: Höngen 21, Jurinac 5, Rohs 10, Hermann 9
Ferrando: Dermota 42, Simoneau 3
Guglielmo: Kunz 45
Despina: Loose 39, Güden 6
Don Alfonso: Schöffler 45

---

29. 9. 1943–8. 5. 1944
10 Aufführungen im Redoutensaal
I: Schuh, B: Neher

Dirigent: Böhm 10
Fiordiligi: Seefried 10

Dorabella: Rohs 10
Guglielmo: Kunz 10
Ferrando: Dermota 10
Despina: Noni 10
Don Alfonso: Schöffler 10

Dantons Tod (EA) — Gottfried von Einem

7. 11. 1947–20. 1. 1948
4 Aufführungen im Theater an der Wien, Übernahme einer Produktion der Salzburger Festspiele
I: Schuh, B: Neher

Dirigent: Fricsay 4
Danton: Schöffler 4
Camille: Taubmann 2, Patzak 2
Herault: Klein 4
Robespierre: Witt 4
St. Just: Weber 4
Hermann: Alsen 4
Simon: Dönch 4
Julie: Zadek 3, Ostrowsky
Lucille: Cebotari 4

Daphne — Richard Strauss

11. 11. 1950–11. 6. 1954
9 Aufführungen im Theater an der Wien
I: Hartmann, B: Kautsky, Ch: Hanka

Dirigent: Moralt 6, Zallinger 2, Kempe
Peneios: Alsen 5, Weber 2, Czerwenka 2
Gaea: Schürhoff 7, Anday 2
Daphne: Kupper 6, Reining 3
Leukippos: Dermota 9
Apollo: Friedrich 5, Ralf 2, Fehenberger 2

---

26. 5. 1943–15. 6. 1944
7 Aufführungen in der Staatsoper
I: Hartmann, B: Kautsky

Dirigent: Böhm 7
Peneios: Alsen 7
Gaea: Frutschnigg 6, Fichtmüller
Daphne: Reining 5, Cebotari 2
Leukippos: Dermota 7
Apollo: Ralf 4, Taubmann 2, Friedrich

Don Carlos — Giuseppe Verdi

6. 1. 1948–22. 6. 1955
49 Aufführungen, davon 25 Vorstellungen in der Volksoper (6. 1. 1948–29. 5. 1953), 24 Vorstellungen im Theater an der Wien (15. 1. 1954–22. 6. 1955)
(1) 6. 1. 1948 Neueinstudierung (Volksoper), R: Wallerstein, B: Hoesslin, K: Rolf
(2) 15. 1. 1954 Neueinstudierung (Theater an der Wien), R: Witt, B: Hoesslin, K: Rolf

Dirigent: Böhm (1) 7, Loibner 4, Ferencsik 2, Ackermann 3, Zallinger 8, Hollreiser (2) 14, Klobucar 11
Philipp: Koreh (1) 19, Alsen 2, Edelmann 10, Frick (2) 9, Schöffler 6, Ernster, Hofmann 2
Elisabeth: H. Konetzni (1) 15, Zadek 14, Jahoda, Reining 9, Goltz (2) 10
Carlos: Friedrich (1) 20, Mazaroff 10, Bensing, Schock 3, Hopf (2) 7, Rosvaenge 6, Wenkoff 2
Großinquisitor: Jerger (1) (2) 39, Edelmann 2, Herrmann, Hotter 2, Alsen 3, Böhme 2
Mönch (Karl V.): Edelmann (1) 8, Vogel (2) 25, Pantscheff 2, Bierbach 2, Alsen 4, Guthrie 8
Eboli: Höngen (1) (2) 21, Ostrowsky 2, Sydney 3, Milinkovic 3, Klose, A. Konetzni 3, Wild, Kenney 10, Mödl 5
Posa: Braun (1) (2) 32, Ahlersmeyer 2, Oeggl 2, Metternich 2, Bayle 11

---

14. 11. 1941–19. 5. 1944
14 Aufführungen in der Staatsoper
R: Wymetal, B: Kautsky

Dirigent: Ludwig 11, Moralt 3
Philipp: Alsen 6, Roth 2, Manowarda 2, Schöffler 3, Pernerstorfer
Elisabeth: H. Konetzni 8, Reining 6
Carlos: Rosvaenge 4, Mazaroff 8, Bensing 2
Großinquisitor: Jerger 14
Mönch (Karl V.): Kunz 4, Worff 6, Vogel, Neumann 2, Neralic
Eboli: A. Konetzni 4, Nikolaidi 5, Tutsek 2, Bugarinovic, Klose, Höngen
Posa: Ahlersmeyer 7, Monthy 5, Kronenberg 2

Don Giovanni — Wolfgang A. Mozart

13. 10. 1946–13. 5. 1955
155 Aufführungen: im Theater an der Wien sowie auf Gastspielen in London, Nizza, Paris, Brüssel, Amsterdam, Wiesbaden, Wiener Neustadt
I: Schuh, B, K: Kautsky

Dirigent: Krips 40, Moralt 43, Prohaska 20, Jahoda, Etti, Klemperer 2, Ackermann 4, Ferencsik 2, Böhm 16, Kempe 5, Krauss 5, Hollreiser 10, Loibner 5, Koslik
Don Giovanni: Schöffler 71, Hotter 20, Jerger 2, Poell 29, Schmitt-Walter 2, Uhde 3, Rehm, London 25, Wiener 2

Komtur: Weber 76, Alsen 31, Frantz 9, Koreh 12, Edelmann 2, Hofmann 14, Frick 10, Böhme
Donna Anna: Welitsch 36, Hellwig 43, Braun, Cebotari 20, Zadek 21, Matheisl, Werth, Goltz 15, Grümmer 10, Martinis 7
Don Ottavio: Dermota 68, Meyer-Welfing 27, Tauber, Patzak 26, Ludwig 8, Schock 12, Terkal 9, Simoneau 3, Lichtegg
Donna Elvira: H. Konetzni 52, Réthy 27, Schwarzkopf 22, Cunitz 9, Zadek 9, Menzel 3, Riegler 5, Jurinac 23, della Casa 5
Leporello: Kunz 111, Krenn 13, Hann 7, Dönch 2, Pröglhöf, Vogel 4, Czerwenka 13, Faulhaber, Berry 3
Zerline: Seefried 46, Loose 56, Rutgers 3, Güden 39, Schwaiger, Hollweg 7, Streich 3
Masetto: Poell 53, Pröglhöf 66, Schöffler, Oeggl, Berry 32, Pantscheff 2

---

5. 10. 1940–15. 12. 1942
16 Aufführungen in der Staatsoper
I: Schuh, B: Fennecker/Kautsky

Dirigent: Knappertsbusch 7, Moralt 9
Don Giovanni: Schöffler 11, Jerger 5
Komtur: Alsen 4, Rus 10, Roth 2
Donna Anna: Braun 10, A. Konetzni 6
Don Ottavio: Dermota 16
Donna Elvira: Réthy 7, Schulz 6, H. Konetzni 3
Leporello: Krenn 11, Vogel 3, Kunz 2
Zerline: Rutgers 8, Komar 6, Böttcher 2
Masetto: Norman 8, Ettl 6, Kunz 2

Don Pasquale — Gaetano Donizetti

24. 11. 1945–28. 9. 1955
26 Aufführungen; 25mal im Theater an der Wien, 1mal im Rex-Theater
(1) 24. 11. 1945 Wiederaufnahme, R: Jerger, B: Kautsky
(2) 31. 12. 1954 Neueinstudierung, R: Jerger, B: Kautsky

Dirigent: Paulik (1) 10, Moralt 6, M. Gielen (2) 9, Klobucar
Pasquale: Rus (1) 16, Czerwenka (2) 10
Norina: Loose (1) (2) 25, Schwaiger
Malatesta: Kunz (1) (2) 26
Ernesto: Wenkoff (1) 12, Majkut 4, Kmentt (2) 5, Dickie 5

---

19. 6. 1942–16. 5. 1944
34 Aufführungen in der Staatsoper
I: Jerger, B: Kautsky

Dirigent: Moralt 13, Paulik 21
Pasquale: Vogel 14, Rus 20
Norina: Noni 15, Böttcher 19
Malatesta: Kunz 14, Poell 20
Ernesto: Dermota 19, Sallaba 15

Elektra — Richard Strauss

25. 5. 1949–4. 6. 1955
31 Aufführungen: Theater an der Wien und Gastspiel Paris
I: Rott, B: Kautsky

Dirigent: Moralt 16, Ackermann, Böhm 11, Sebastian, Hollreiser 2
Klytämnestra: Höngen 20, Anday 4, Klose 7
Elektra: A. Konetzni 15, Goltz 16
Chrysothemis: Hellwig 11, H. Konetzni 7, Kupper, Sörrensen, Zadek 10, Rysanek
Aegysth: Lorenz 14, Treptow 11, Patzak 2, Szemere 3, Ralf
Orest: Schöffler 12, Rus 2, Hotter 3, Nissen, Braun 7, Janssen, Herrmann 4, Czerwenka

---

9. 4. 1940–16. 10. 1943
14 Aufführungen in der Staatsoper
R: Kerber, B: Roller/Kautsky

Dirigent: Knappertsbusch 8, Moralt 5, Böhm
Elektra: Rünger 14
Klytämnestra: Bugarinovic 7, Klose 2, Schürhoff 4, Höngen
Chrysothemis: H. Konetzni 12, Söderqvist 2
Aegysth: Kraayvanger 5, Witt 9
Orest: Rus 12, Schöffler 2

Die Entführung aus dem Serail — Wolfgang A. Mozart

20. 10. 1946–25. 9. 1955
90 Aufführungen: im Theater an der Wien, im Redoutensaal sowie auf Gastspielen in Florenz, Rom, Paris, Brüssel, Amsterdam, Den Haag, Wiesbaden und Wiener Neustadt
I: Schuh, B: Reinking

Dirigent: Moralt 30, Etti 6, Sedlak, Prohaska 16, Loibner 7, Krips 22, Zallinger 3, Pritchard, Böhm 3, Kempe
Selim Bassa: Jürgens 15, Zeska 11, Skoda 8, Woester 17, Janisch, Jerger 31, Elger 7
Konstanze: Schwarzkopf 16, Perras, Funk 7, Lipp 42, Spoorenberg 2, Hollweg 5, Berger 2, Stich-Randall 12, Köth 3
Blondchen: Loose 73, Lipp 6, Schwaiger 2, Macha, Heusser 2, Boesch 4, Streich 2
Belmonte: Dermota 30, Patzak 12, Meyer-Welfing 13, Marion, Ludwig 22, Rosvaenge, Schock 11
Pedrillo: Klein 75, Wernigk 3, Kuen, Schmidinger 2, Majkut, Dickie 7, Jaresch
Osmin: Weber 14, Alsen 17, Koreh 51, Hofmann 5, Frick 2, Böhme

---

10. 11. 1941–21. 6. 1944
19 Aufführungen in der Staatsoper
I: Schuh, B: Reinking

Dirigent: Böhm 6, Ludwig 6, Moralt 6, Reichwein
Selim Bassa: Jürgens 13, Siegert, Zeska 3, Frank, Jerger

Konstanze: Berger 6, Cebotari, Noni 10, Schwarzkopf 2
Blondchen: Beilke 4, Junker, Schwarzkopf 2, Kern, Loose 11
Belmonte: Dermota 15, Rosvaenge 3, Sabel
Pedrillo: Sallaba 13, Klein 6
Osmin: Alsen 17, Vischegonow, Koreh

Eugen Onegin — Peter I. Tschaikowsky

21. 10. 1950–17. 6. 1955
21 Aufführungen im Theater an der Wien
R: Wymetal, B: Kautsky, Ch: Hanka

Dirigent: Zallinger 15, Annovazzi 3, Kempe, Klobucar 2
Tatjana: Welitsch 16, Rysanek 3, Reining 2
Olga: Rohs 14, Hermann 4, Kalin 3
Onegin: London 19, Rehm 2
Lenski: Dermota 14, Ludwig, Schock 4, Patzak 2
Gremin: Koreh 3, Hofmann 8, Frick 4, Bierbach 2, Ernster 2, Alsen 2
Saretzky: Pantscheff 20, Pröglhöf
Triquet: Klein 18, Schmidinger 3

---

7. 5. 1940–14. 12. 1940
8 Aufführungen in der Staatsoper
R: Kerber, B: Kautsky, Ch: W. Fränzl

Dirigent: Ludwig 8
Tatjana: Reining 8
Lenski: Dermota 8
Olga: Rohs 3, Nikolaidi 5
Onegin: Schöffler 7, Jankovic
Gremin: Alsen 7, Vogel
Saretzky: Muzzarelli 8
Triquet: Maikl 7, Wernigk

Der Evangelimann — Wilhelm Kienzl

15. 9. 1945–2. 5. 1955
47 Aufführungen in der Volksoper
I: Pruscha, B: Hoesslin

Dirigent: Loibner 15, Prohaska 27, P. Walter 5
Martha: Jurinac 15, Grob-Prandl 9, Cunitz 7, Fedorowa 2, Dostal 5, Winkler, Scheyrer 8
Magdalena: Anday 27, Höngen 3, Schuster 3, Sydney 12, Wagner 2
Johannes: Jerger 18, Habietinek 6, Boehm 7, Höfermayer 10, Hölzlin, Pernerstorfer 5
Mathias: Witt 9, Pölzer 2, Decker 5, Patzak 16, Ludwig 7, Treptow 5, Szemere 3

---

20. 6. 1924–4. 1. 1938
27 Aufführungen in der Staatsoper
R: Runge, B: Brioschi

Dirigent: Reichenberger 10, Alwin 10, Kienzl 4, Krips 2, Weingartner
Martha: Achsel 11, Lehmann, Helletsgruber 8, Michalsky 5, Hadrabova, H. Konetzni
Magdalena: Paalen 6, Olszewska, Kittel 2, Szantho 13, Anday 4, Thorborg
Johannes: Jerger 6, Wiedemann 9, Schipper 10, Destal 2
Mathias: Schmedes, Tauber 10, Kalenberg 3, Graarud 11, Slezak 2

Falstaff — Giuseppe Verdi

18. 1. 1951–21. 4. 1955
17 Aufführungen im Theater an der Wien
R: Schuh, B: Hlawa, K: Kniepert, Ch: Hanka

Dirigent: Krauss 7, Moralt 5, Loibner 5
Falstaff: Edelmann 14, Braun 3
Ford: Poell 16, Domgraf-Fassbaender
Fenton: Christ 15, Dickie 2
Alice: Güden 11, Réthy 3, Scheyrer 3
Ännchen: Felbermayer 17
Quickly: Anday 17
Meg: Wagner 12, Hermann 5

---

25. 10. 1941–9. 6. 1943
8 Aufführungen in der Staatsoper
I: Hartmann, B: Sievert/Kautsky, Ch: Swedlund

Dirigent: Krauss 4, Moralt 3, Rossi
Falstaff: Hann 4, Krenn 3, Stabile
Ford: Kronenberg 4, Monthy 3, Meletti
Fenton: Dermota 7, Albanese
Alice: Réthy 7, Fortunati
Ännchen: Kern 4, Rutgers 3, Mazzarelli
Quickly: Bugarinovic 3, Willer, Schürhoff 3, Barbieri
Meg: Nikolaidi 7, Canali

Fidelio — Ludwig van Beethoven

6. 10. 1945–20. 12. 1954
153 Aufführungen: im Theater an der Wien sowie auf Gastspielen in London, Paris, Brüssel, Baden
(1) 6. 10. 1945, I: Schuh, B: Kautsky
(2) 12. 10. 1953 Neuinszenierung, I: Graf, B: Kautsky

Dirigent: Krips (1) 23, Prohaska 8, Moralt 42, Leinsdorf 2, Knappertsbusch 7, Böhm 18, Krauss 14, Ferencsik 4, Ackermann 4, Zallinger 3, Sebastian, Hollreiser 16, Kempe 6, Furtwängler (2) 3, Loibner, Etti
Florestan: Franter (1) 6, Lorenz 40, Pölzer 5, Patzak 16, Friedrich 18, Szemere 3, Treptow 22, Suthaus 2, Ralf 19, Janko, Gostic 2, Anders, Svanholm, Rosvaenge 6, Hopf 5, Windgassen (2) 6
Leonore: A. Konetzni (1) 28, H. Konetzni 46, Schramm, Lang, Reining 9, Braun 5, Grob-Prandl 24, Struckl, Goltz 24, Wegner, Werth 2, Mödl (2) 8, Sörrensen, Rysanek 2

Don Fernando: Krenn (1) 3, Neralic 21, Pantscheff 5, Alsen 32, Hann 5, Koreh 3, Rus, Braun 30, Vischegonow, Schmitt-Walter, Poell (2) 32, Metternich 3, Rothmüller, Janssen 2, Pernerstorfer 2, Uhde 4, Paul, Gschwend, Bayle 5
Don Pizarro: Schöffler (1) 44, Jerger 6, Krenn 7, Kamann 22, Hotter 10, Frantz 8, Hann 3, Edelmann (2) 30, Nissen, Uhde 4, Herrmann 11, Hofmann, Wolfram, Faulhaber, Neidlinger, Metternich 2, London
Rocco: Alsen (1) 39, Pernerstorfer 3, Weber 58, Frantz 2, Vogel 8, Ernster 7, Hofmann 21, Frick (2) 12, Czerwenka 3
Marzelline: Seefried (1) 31, Loose 35, Rutgers 21, Schober, Schwarzkopf 5, Güden 20, della Casa 5, Funk 2, Opawsky, Schaffrian, Réthy 5, Menzel, Lienbach 3, Hollweg 7, Berger 2, Felbermayer 5, Jurinac (2) 8
Jaquino: Dermota (1) 35, Klein 76, Jaresch 4, Majkut 9, Weiser, Dickie 18, Schock (2) 10

7. 1. 1942–25. 5. 1944
14 Aufführungen in der Staatsoper
I: Müthel, B: Neher

Dirigent: Furtwängler 8, Böhm 6
Florestan: Lorenz 11, Svanholm, Franter, Ralf
Leonore: Braun 8, H. Konetzni 6
Don Fernando: Alsen 12, Rus 2
Don Pizarro: Hotter 6, Jerger 3, Schöffler 5
Rocco: Roth 14
Marzelline: Böttcher 12, Seefried 2
Jaquino: Klein 14

Die Fledermaus — Johann Strauß

6. 11. 1945–26. 6. 1955
188 Aufführungen in der Volksoper, 1mal (nur Solisten) in der Hofburg
(1) 6. 11. 1945 R: Jerger, B: Hoesslin
(2) 18. 6. 1950 Neuinszenierung, R: Schuh, B: Hoesslin, K: Adlmüller, Ch: Hanka

Dirigent: Melichar (1) 2, Tenner 46, Macku, Etti 2, Lambrecht 2, Königshofer, Paulik 107, Moralt 2, Ackermann 6, Zallinger 5, Hudez, Prohaska 4, Schönherr 8, P. Walter
Eisenstein: Witt (1) 76, Pichler 16, Sallaba 4, Liewehr (2) 92
Rosalinde: Jurinac (1) 34, Grob-Prandl 33, Schürmann 3, Réthy 10, Feichtinger 9, Güden (2) 28, Siebert 54, Scheyrer 16, Jungwirth
Frank: Poell (1) 49, Pernerstorfer 22, Wernigk 3, Jerger 56, Höfermayer 15, Eybner (2) 43
Alfred: Dermota (1) 17, Decker 31, Jaresch 7, Sallaba 22, Preger (2) 109, Witt, Hülgerth
Adele: Lipp (1) 43, Herze 28, Groß 17, Komar 5, Funk 8, Mayerhofer 31, Schaffrian, Ceska (2) 29, Knittel 16, Steffek, Liebesberg 6, Streich 2, Köhrer
Frosch: Jerger (1) 83, Ohlmühl 2, Eybner 33, Skraup (2) 16, Böheim 49, Imhoff 5

31. 12. 1937–29. 6. 1944
59 Aufführungen in der Staatsoper
I: Jerger, B: Kautsky

Dirigent: Krips 4, Paulik 55
Eisenstein: Witt 52, Sallaba 7
Rosalinde: Bokor 4, Walter, Reining 13, Gasser, Schulz 32, Söderqvist 4, Réthy 4
Frank: Duhan 29, Poell 30
Alfred: Sallaba 38, Dermota 19, Kalenberg 2
Adele: Kern 15, Komar 29, Funk 3, Loose 12
Frosch: Jerger 59

Der fliegende Holländer — Richard Wagner

30. 10. 1947–19. 6. 1955
68 Aufführungen im Theater an der Wien
I: Schuh, B: Kautsky

Dirigent: Knappertsbusch 13, Ackermann 4, Prohaska 4, Moralt 13, Krips 4, Zallinger 7, Ferencsik 2, Kempe 6, Krauss 2, Hollreiser 11, Loibner, Klobucar
Daland: Alsen 9, Weber 21, Frantz 5, Vogel 11, Hann 2, T. Herrmann, Hofmann 9, Frick 7, Czerwenka 3
Senta: H. Konetzni, Hellwig 31, Braun 3, Grob-Prandl 22, Borkh, Sörrensen, Goltz 4, Nilsson, Rysanek 4
Erik: Taubmann 8, Witt, Kalenberg 2, Treptow 25, Lorenz 16, Friedrich 7, Ralf 6, Hopf 2, Windgassen
Steuermann: Dermota 27, Klein 12, Meyer-Welfing 16, Dickie 6, Schock 5, Terkal 2
Holländer: Hotter 15, Boehm 3, Kamann 23, Schwenkreis, Schöffler 8, Destal 2, Herrmann 8, Nissen, Edelmann 5, S. Björling, Gynrod

9. 5. 1934–17. 6. 1944
83 Aufführungen in der Staatsoper
R: Duhan, B: Roller

Dirigent: Szenkar 2, Weingartner 4, Reichenberger, Krips 5, Alwin 4, Kolisko 6, Duhan, Reichwein 31, Overhoff, Knappertsbusch 10, Moralt 13, Ludwig 5
Daland: Norbert 3, Mayr, Zec 3, Bissuti 19, Kipnis, Hofmann 3, Manowarda 9, Alsen 21, Vogel 13, Roth 9, Böhme
Senta: Nemeth 24, Zika, Reich-Dönisch, Garda, Flesch 5, Merker 3, Braun 18, H. Konetzni 18, A. Konetzni 8, Müller, Varena, Hendriks, Helm
Erik: Kalenberg 21, Völker 3, Maikl 6, Franter 13, Witt 12, Kraayvanger, Sattler 12, Lorenz 6, Svanholm 8, Ostertag
Steuermann: Maikl 13, Wernigk 8, Kurz, Dermota 27, Franter 23, Gallos 2, Klein 9
Holländer: Schorr 2, Jerger 8*, Großmann, Höbling, Destal 7, Berglund 4, Schipper 3, Kamann 27, Losonczy 2, Hawel**, Schöffler 18, Herrmann 4, Rode, Hotter 4, Neergaard

* einmal nur 2. und 3. Akt, ** einmal nur 1. Akt

Fra Diavolo — Daniel François Auber

24. 6. 1948–6. 6. 1955
32 Aufführungen; davon 20 Vorstellungen im Theater an der Wien (24. 6. 1948–20. 11. 1950) und 12 Vorstellungen in der Volksoper (3. 3. 1955–6. 6. 1955)
(1) 24. 6. 1948 Neuinszenierung im Theater an der Wien, R: Schuh, B: Kautsky
(2) 3. 3. 1955 Neueinstudierung in der Volksoper, R: Haberland

Dirigent: Krips (1) 12, Ackermann, Loibner 7, Prohaska (2) 8, P. Walter 4
Fra Diavolo: Ludwig (1) 19, Lichtegg, Grunden (2) 12
Lord Kookburn: Poell (1) 18, Jerger 2, Wächter (2) 12
Pamella: Rohs (1) 20, Mottl (2) 12
Lorenzo: Meyer-Welfing (1) 19, Majkut, Kmentt (2) 12
Matteo: Oeggl (1) 18, Dönch, Pröglhöf, Bierbach (2) 12
Zerline: Lipp (1) 11, Loose (2) 16, Liebesberg 5
Beppo: Klein (1) 14, Dönch 4, Jaresch (2) 12
Giacomo: Kunz (1) 18, Dönch (2) 10, Kaufmann 4

---

15. 6. 1923–23. 2. 1924
5 Aufführungen in der Staatsoper
R: Breuer, B: Brioschi

Dirigent: Reichenberger 4, Alwin
Fra Diavolo: Oestvig 2, Schubert, Pattiera 2
Zerline: Schumann 5
Lord Kookburn: Jerger 5
Pamella: Pirchhof 5
Lorenzo: Gallos 5
Beppo: Kuhn 2, Arnold 3
Giacomo: Zec 5

Der Freischütz — Carl Maria von Weber

1. 10. 1947–17. 5. 1955
77 Aufführungen in der Volksoper
I: Witt, B: Hoesslin, K: Rolf

Dirigent: Knappertsbusch 12, Prohaska 59, Ackermann 2, Moralt, Zallinger, Kempe, Hollreiser
Agathe: Reining 8, Cunitz 4, Hellwig 26, Kinasiewicz 6, Schwarzkopf 2, Rysanek, Jahoda, Réthy 17, Scheyrer 11, Grümmer
Ännchen: Herze 25, Schwaiger 13, Loose 5, Schwarzkopf, Liebesberg 27, Rutgers 3, Sommerschuh, Knittel 2
Kaspar: Rus 47, Weber 11, Frantz 3, Jerger, Alsen, Pernerstorfer 6, Hofmann 3, Faulhaber 2, Frick 2, Böhme
Max: Taubmann 33, Treptow 14, Patzak 14, Kalenberg, Feiersinger, Wittrisch, Pölzer 2, Windgassen, Grunden 10
Eremit: Koreh 38, Vogel 15, Edelmann 9, Alsen 14, Hann

---

18. 6. 1941–2. 6. 1944
17 Aufführungen in der Staatsoper
R: Kerber, B, K: Arent

Dirigent: Knappertsbusch 4, Reichwein 11, Perlea 2
Agathe: H. Konetzni 6, Reining 9, Söderqvist, Nettesheim
Ännchen: Loose 6, Komar 2, Rutgers 7, Schwarzkopf 2
Kaspar: Rus 14, Alsen 3
Max: Svanholm 9, Witt 2, Franter 3, Völker, Sattler 2
Eremit: Alsen 5, Roth 12

Fürst Igor — Alexander Borodin

28. 5. 1947–7. 6. 1955
21 Aufführungen im Theater an der Wien
R: Schuh, B: Kautsky

Dirigent: Krips 9, Ackermann 5, Prohaska 4, Klobucar 3
Igor: Schöffler 18, Rothmüller 3
Jaroslawna: H. Konetzni 9, Zadek 11, Welitsch
Wladimir: Dermota 12, Mazaroff 2, Patzak 2, Wenkoff 2, Terkal 3
Galitzky: Boehm 10, Frantz 5, London 3, Kamann 3
Kontschak: Alsen 19, Frantz, Bierbach
Kontschakowna: Nikolaidi 8, Ilosvay, Hermann 8, Kalin 4

---

7. 2. 1941 (EA) – 18. 5. 1941
9 Aufführungen in der Staatsoper
I: Schuh, B: Kautsky

Dirigent: Ludwig 9
Igor: Schöffler 9
Jaroslawna: Braun 9
Wladimir: Dermota 9
Galitzky: Jerger 9
Kontschak: Alsen 8, Frantz
Kontschakowna: Nikolaidi 9

Gasparone (EA) — Karl Millöcker

21. 12. 1950–6. 11. 1951
33 Aufführungen in der Volksoper
I: Schuh, B: Hoesslin, K: Kniepert, Ch: Hanka

Dirigent: Paulik 32, Ackermann
Carlotta: Réthy 31, Scheyrer 2
Nasoni: Preger 33
Sindulfo: Klein 7, Kunz 18, Dönch 3, Sallaba 5
Conte Erminio: Uhde 11, Domgraf-Fassbaender 5, Höfermayer 5, Rehm 12
Luigi: Nowaro 29, Sallaba 4
Benozzo: Christ 33
Sora: Mayerhofer 19, Ceska 5, Herze 9
Zenobia: Günther 32, Leverenz
Massaccio: Kaufmann 33
Penna: Böhm 33
Leutnant: Minich 29, Horinka 4

Gianni Schicchi — Giacomo Puccini

1. 2. 1949–7. 11. 1950
16 Aufführungen in der Volksoper, zusammen mit „Barbier von Bagdad"
I: Witt, B, K: Meinecke

Dirigent: Ackermann 9, Zallinger 3, Moralt, Loibner 3
Gianni Schicchi: Kunz 8, Dönch, Jerger 7
Lauretta: Réthy 7, Gabory 5, Riegler 4
Rinuccio: Wenkoff 13, Meyer-Welfing 2, Handt

---

21. 3. 1936–24. 11. 1939
9 Aufführungen in der Staatsoper
I: Duhan, B: Kautsky

Dirigent: Duhan 5, Loibner 4
Gianni Schicchi: Jerger 9
Lauretta: Helletsgruber 6, Réthy 3
Rinuccio: Godin 9

Girofle-Girofla (EA) — Alexandre Charles Lecocq

8. 1. 1954–14. 5. 1954
17 Aufführungen in der Volksoper
I: Jaray, B: Kniepert und Hoesslin, K: Kniepert, Ch: Hanka

Dirigent: Paulik 12, Schönherr 3, Prohaska 2
Gouverneur: Imhoff 13, Eybner 4
Donna Aurora: Längauer 17
Girofle-Girofla: Mayerhofer 14, Streich 3
Marasquin: Christ 17
Mourzouk: Meinrad 10, Kunz 4, Skodler 3
Matamoros: Preger 17
Buccarolia: Böheim 17
Paquita: Knittel 17
Pedro: Sallaba 15, Majkut 2
Piratenhäuptling: Siegert 17

Giuditta — Franz Lehár

18. 10. 1951–12. 4. 1953
37 Aufführungen in der Volksoper
I: Jerger, B: Hoesslin, K: Adlmüller

Dirigent: Zallinger 30, Hudez 7
Giuditta: Welitsch 19, Ksirowa 2, Scheyrer 16
Octavio: Friedrich 35, Wenkoff 2

---

20. 1. 1934 (EA) – 7. 3. 1938
44 Aufführungen in der Staatsoper
I: Marischka, B: Kautsky, K: A. Kunz

Dirigent: Lehár 36, Alwin 5, Krips 3
Giuditta: Nowotna 43, Ksirowa
Octavio: Tauber 43, Depser

Der Graf von Luxemburg (EA) — Franz Lehár

28. 2. 1954–14. 5. 1955
57 Aufführungen in der Volksoper
I: Rott, B: Hoesslin, K: Rolf, Ch: Hanka

Dirigent: Paulik 21, Schönherr 30, P. Walter 6
René: Liewehr 32, Christ 25
Basil: Szemere 57
Gräfin Kokozow: Anday 29, Kartousch 28
Armand Brissard: Grunden 28, Berry 13, Sallaba 16
Angele Didier: Réthy 35, Scheyrer 16, Weiss 6
Juliette: Schörg 12, Knittel 23, Fassler 22

Hänsel und Gretel — Engelbert Humperdinck

21. 11. 1945–26. 12. 1954
47 Aufführungen in der Volksoper
(1) 21. 11. 1945 R: Wymetal, B: Hoesslin
(2) 17. 12. 1954 Neueinstudierung, R: Witt, B: Hoesslin, K: Lohner

Dirigent: Tenner (1) 7, Moralt, Hudez 3, Prohaska 31, Ackermann, Kolisko (2) 4
Peter: Krenn (1) 3, Madin 12, Kamann 16, Habietinek 4, Oeggl 8, Pernerstorfer (2) 4
Gertrud: Schramm (1) 8, Schürhoff 10, A. Konetzni 13, Grob-Prandl 4, Hellwig (2) 12
Hänsel: Nikolaidi (1) 5, Fraß 6, Herze (2) 15, Hermann 21
Gretel: Funk (1) 9, Herze 4, Rutgers 5, Liebesberg (2) 26, Felbermayer 3
Hexe: Levko-Antosch (1) 14, Willimsky 9, Dönch (2) 8, Ostrowsky 3, Hauschild 2, Klein 11

---

1. 1. 1938–30. 3. 1944
17 Aufführungen in der Staatsoper
R: Duhan, B: Kautsky

Dirigent: Paulik 17
Peter: Wiedemann 4, Madin 11, Kunz 2
Gertrud: Levko-Antosch, With 11, Schürhoff 5
Hänsel: With, Komar 12, Nikolaidi, Rohs 3
Gretel: Komar, Rutgers 11, Michalsky, Loose 4
Hexe: Wernigk, Levko-Antosch 16

Die Hochzeit des Figaro — Wolfgang A. Mozart

1. 5. 1945–18. 6. 1955
221 Aufführungen; in der Volksoper, im Theater an der Wien, im Rex-Theater, im Redoutensaal, in der Hofburg (ohne Chor und Orchester), im Schönbrunner Schloßtheater, vor dem Schloß Schönbrunn sowie auf Gastspielen in London, Brüssel, Antwerpen, Den Haag, Mailand, Paris, Florenz, Wiener Neustadt, Wiesbaden
(1) 1. 5. 1945 Erste Vorstellung der Oper nach dem Krieg in der Volksoper, I: Schuh, B: Kautsky
(2) 14. 4. 1955 Neuinszenierung im Redoutensaal, I: Schuh, B: Neher

Dirigent: Paulik (1) 9, Krips 51, Loibner 18, Prohaska 16, Moralt 47, Hudez, Böhm (2) 50, Ackermann 2, Ferencsik, Karajan 4 (Ensemblegastspiel Mailand), Busch 4, Zallinger, Kempe 4, Hollreiser 13
Graf: Poell (1) 119, Braun 15, Jerger 5, Höfermayer 23, Hotter 19, Schmitt-Walter 2, Schöffler (2) 38
Gräfin: H. Konetzni (1) 68, Holeschofsky 8, Grob-Prandl 6, Reining 63, Hellwig 9, Gehr, Cebotari 15, Cunitz 2, Schwarzkopf 2, Zadek 17, Werth, Kupper, Grümmer 4, della Casa 18, Réthy 2, Welitsch, Stich-Randall, Jurinac (2) 2
Susanne: Seefried (1) (2) 99, Rutgers 35, Zimmermann 3, Boesch 5, Schwarzkopf 7, Perras 2, Réthy 2, Cebotari 2, Güden 25, Loose 24, Schwaiger 2, Streich 11, Felbermayer 4
Figaro: Pernerstorfer (1) 17, Schöffler 22, Kunz (2) 146, Oeggl 2, Braun 7, Taddei 4, Uhde, Domgraf-Fassbaender 9, Faulhaber 4, Berry 9
Cherubin: Jurinac (1) 118, Herze 19, Zimmermann 3, Hermann 38, Güden 9, Rohs 31, Brinton, Ludwig (2) 2
Marzelline: Höngen (1) 43, With 7, Schürhoff 67, Levko-Antosch, Anday 80, Schuster, Wagner 6, Milinkovic 12, Rössel-Majdan (2) 4
Basilio: Gallos (1) 23, Nowaro 3, Willimsky 12, Klein (2) 133, Wernigk 26, Witt 4, Dickie 20
Bartolo: Vogel (1) 74, Siegert 7, Pantscheff 13, Alsen 5, Rus 38, Pröglhöf 2, Koreh 49, Pernerstorfer 11, Czerwenka (2) 22
Antonio: Madin (1) 70, Rus 34, Felden 17, Dönch (2) 55, Pernerstorfer 4, Berry 20, Pantscheff 15, Pröglhöf 6
Barbarina: Schober (1) 55, Gross 3, Seidl 39, Schwaiger 16, Lipp 19, Boesch 15, Gabory 4, Loose 5, Felbermayer (2) 61, Maikl 4

---

27. 10. 1941–16. 5. 1944
19 Aufführungen im Redoutensaal
I: Schuh, B: Neher

Dirigent: Böhm 19
Graf: Ahlersmeyer 19
Gräfin: Reining 19
Susanne: Cebotari 8, Réthy 8, Seefried 3
Figaro: Schöffler 17, Kunz 2
Marzelline: Schürhoff 18, With
Cherubin: Rohs 19
Basilio: Klein 19
Bartolo: Kunz 16, Vogel 3
Antonio: Norman 8, Rus 10, Madin
Barbarina: Schober 18, Loose

Hoffmanns Erzählungen — Jacques Offenbach

24. 10. 1945–27. 9. 1955
182 Aufführungen im Theater an der Wien
R: Schuh, B: Kautsky

Dirigent: Krips 19, Prohaska 33, Moralt 50, Sedlak 6, Etti 7, Fanta, Loibner 34, Ackermann 3, Zallinger 3, Hollreiser 25, Pritchard
Hoffmann: Dermota 59, Meyer-Welfing 52, Patzak 42, Ludwig 8, Bensing, Schock 14, Weikenmeier, Windgassen 4, Konya
Olympia: Seefried 2, Loose 71, Boesch 5, Schwaiger 15, Lipp 43, Maikl 7, Tauberova 2, Heusser 5, Spoorenberg, Hollweg 13, Berger 2, Springer 6, Streich 4, Opawsky 2, Köth 4
Giulietta: Seefried 3, H. Konetzni 62, Jurinac 22, Welitsch 57, Lupancea 17, Jlitsch, Milinkovic 17, Kenney, Werth 2
Antonia und Stella: Seefried 57, Jurinac 48, Funk 5, Barton 6, Hellwig 26, Cunitz, Cebotari 3, Lienbach 7, Trötschel, Siebert 5, Stich-Randall 10, Martinis 13
4 Baritonpartien: Schöffler 35, Neralic 42, Hotter 5, Kamann 36, Hann, Ahlersmeyer, Telasko, Metternich 6, London 29, Bayle 25, Hurshell
4 Diener: Klein 118, Wernigk 58, Schmidinger 6
Niklaus: Anday 57, Nikolaidi 12, Schürhoff 23, Levko-Antosch, Hermann 72, Schuster, Kalin 16
Stimme der Mutter: Höngen 43, Schuster 21, Schürhoff 83, Rosza, Ilosvay, Rössel-Majdan 29, Klose, Anday 2, Hermann
Spalanzani: Kunz 77, Gallos 62, Madin 20, Dönch 8, Berry 15
Crespel: Alsen 96, Pernerstorfer 6, Weber 42, Pantscheff 6, Felden, Kaufmann 2, Hofmann 29

---

23. 1. 1936–8. 5. 1936
5 Aufführungen in der Staatsoper
I: Wallerstein, B: Strnad

Dirigent: Weingartner
Hoffmann: Pataky 5
4 Sopranpartien: Nowotna 5
4 Baritonpartien: Jerger 5
4 Diener: Wernigk 4, Zimmermann
Niklaus: With 5
Stimme der Mutter: Anday, Paalen 2, Thorborg, Szantho
Spalanzani: Madin 5
Crespel: Markhoff 5

Die Insel Tulipatan (EA) — Jacques Offenbach

27. 11. 1947–22. 4. 1949
26 Aufführungen im Redoutensaal und in der Volksoper, zusammen mit „Die kleine Zauberflöte“ und „Verlobung bei Laternenschein“
I: Mordo, B, K: Meinecke

Dirigent: Paulik 26
Cacatois XII.: Eybner 26
Alexis: Rohs 26
Romboidal: Krenn 23, Jerger 3
Hermosa: Kunz 23, Sallaba 3

Intermezzo — Richard Strauss

15. 2. 1954–11. 6. 1955
10 Aufführungen im Theater an der Wien
I: H. Arnold, B: Kautsky

Dirigent: Moralt 10
Christine: Zadek 10
Storch: Poell 10

15. 1. 1927 (EA)–14. 1. 1931
15 Aufführungen in der Staatsoper
I: Wallerstein, B: Roller

Dirigent: Strauss 13, Alwin 2
Christine: Lehmann 12, Achsel 2, Friedrich
Storch: Jerger 12, Hammes 3

Iwan Tarassenko — Franz Salmhofer

28. 11. 1948–25. 10. 1954
18 Aufführungen im Theater an der Wien
I: Rott, B, K: Kautsky, Ch: Hanka

Dirigent: Krips 6, Salmhofer 8, Loibner 4
Iwan Tarassenko: Schöffler 18
Nadja: Welitsch 15, Zadek 3
Fedja: Rosvaenge 18

9. 3. 1938 (EA)–23. 11. 1941
16 Aufführungen in der Staatsoper
I: Wymetal, B: Kautsky

Dirigent: Krips, Loibner 14, Salmhofer
Iwan Tarassenko: Destal, Jerger 15
Nadja: A. Konetzni 16
Fedja: Mazaroff 16

Der Jahrmarkt von Sorotschintzi — Modest Mussorgski

28. 6. 1950–6. 5. 1952
10 Aufführungen in der Volksoper
I: Witt, B: Hlawa, Ch: Hanka

Dirigent: Ferencsik 3, Zallinger 7
Tscherewik: Rus 10
Gritzko: Wenkoff 7, Kmentt 3
Der Gevatter: Edelmann 10
Parassja: Réthy 8, Dostal 2
Chiwria: Sydney 2, Wagner 5, Anday 3

13. 2. 1935 (EA)–8. 4. 1935
4 Aufführungen in der Staatsoper
I: Wallerstein, B: Kautsky

Dirigent: Weingartner 3, Krips
Tscherewik: Manowarda 4
Gritzko: Kullmann 4
Der Gevatter: Jerger 4
Parassja: Hadrabova 4
Chiwria: Anday 2, With 2

Jeanne d'Arc auf dem Scheiterhaufen — Arthur Honegger

13. 5. 1950–7. 10. 1954
15 Aufführungen im Theater an der Wien
I: J. Gielen, B: Kautsky

Dirigent: Krauss 13, M. Gielen 2
Jeanne d'Arc: Seidler 15
Bruder Dominique: Aslan 14, J. Gielen
Porcus: Patzak 15
Schreiber: Klein 13, Meyer-Welfing 2
Baßsolo: Poell 13, Berry 2
die heilige Jungfrau: Zadek 10, Grob-Prandl 5

Jenufa — Leoš Janáček

26. 2. 1948–31. 3. 1948
5 Aufführungen im Theater an der Wien
I: Mandaus, B, K: Svolinsky

Dirigent: Krombholc 5
Laca: Patzak 3, Blachut 2
Stewa: Treptow 2, Wenkoff 3
Küsterin: Braun 2, Sydney 3
Jenufa: Welitsch 4, Hellwig

3. und 6. 5. 1926
2 Aufführungen in der Staatsoper
R: Runge, B: Brioschi

Dirigent: Reichenberger 2
Laca: Maikl 2
Stewa: Hofer 2
Küsterin: Weidt 2
Jenufa: Jeritza 2

Julius Caesar — Georg Friedrich Händel

5. 6. 1954–10. 6. 1954
2 Aufführungen im Theater an der Wien
R: Schuh, B: Neher

Dirigent: Böhm 2
Caesar: Schöffler 2
Cornelia: Höngen 2
Sextus: Dermota 2
Kleopatra: Seefried 2
Ptolemäus: Frick 2

4. 6. 1939
1 Aufführung in der Staatsoper
B: Reinking

Dirigent: Schmidt-Isserstedt
Caesar: Hotter

Cornelia: Hammer
Sextus: Schwer
Cleopatra: Rünger
Ptolemäus: Roth

Die Kathrin (EA) — Erich Wolfgang Korngold

19. 10. 1950–2. 2. 1951
8 Aufführungen in der Volksoper
I: H. Arnold, B: Hoesslin, K: Rolf

Dirigent: Moralt 3, Loibner 5
Kathrin: Reining 4, Lupancea 4
François Lorand: Friedrich 4, Wenkoff 4
Margot: Herze 8
Raoul: Knapp 3, Oeggl 5
Malignac: Edelmann 8
Monique: Sydney 6, Kenney 2
Direktor: Poell 3, Witt 5

Die kleine Zauberflöte (EA) — Jacques Offenbach

27. 11. 1947–22. 4. 1949
26 Aufführungen im Redoutensaal und in der Volksoper, zusammen mit „Die Insel Tulipatan" und „Verlobung bei Laternenschein"
I: Mordo, B, K: Meinecke

Dirigent: Paulik 26
Monsieur Robin: Witt 26
Madame Robin: Réthy 15, Lupancea 11
Coraline: Schwaiger 24, Liebesberg 2
Rigobert: Jurinac 25, Jucker
Popelinet: Poell 12, Jerger 14

Die Kluge (EA) — Carl Orff

27. 2. 1953–30. 11. 1953
14 Aufführungen in der Volksoper, 13mal mit „Medium", 1mal mit „Österreichische Bauernhochzeit"
I: Rott, B: Kautsky

Dirigent: Zallinger 12, Loibner 2
König: Preger 14
Bauer: Dönch 14
Des Bauern Tochter: Réthy 12, Siebert 2
Kerkermeister: Bierbach 14
Eselmann: Christ 14
Mauleselmann: Krenn 14
1. Strolch: Jaresch 14
2. Strolch: Berry 14
3. Strolch: Kaufmann 14

Der Konsul (EA) — Gian-Carlo Menotti

2. 3. 1951–3. 2. 1955
20 Aufführungen im Theater an der Wien
R: Rott, B: Kautsky

Dirigent: Zallinger 16, M. Gielen 4
John Sorel: Braun 20
Magda Sorel: Zadek 20
Mutter: Schürhoff 16, Anday 4
Agent des Geheimdienstes: Jerger 20

Der Kuhreigen — Wilhelm Kienzl

15. 6. 1954–15. 2. 1955
14 Aufführungen in der Volksoper
R: Rott, B: Kautsky

Dirigent: Prohaska 10, Kolisko 4
König: Wächter 13, Höfermayer
Marquis Massimelle: Jerger 14
Blanchefleure: Stich-Randall 7, Siebert 7
Marquis de Chezy: Oeggl 12, Höfermayer 2
Primus Thaller: Kmentt 14

---

12. 1. 1938–28. 1. 1938
3 Aufführungen in der Staatsoper
I: Wymetal, B: Kautsky

Dirigent: Weingartner 2, Martin
Blanchefleur: Bokor 3
Primus Thaller: Tauber 3

Die Liebe der Danae (EA) — Richard Strauss

25. 9. 1952–16. 5. 1953
9 Aufführungen: im Theater an der Wien und auf Gastspiel in Paris, Übernahme der Salzburger Festspielproduktion
I: Hartmann, R: Witt, B: Preetorius

Dirigent: Krauss 9
Jupiter: Schöffler 2, Poell 7
Merkur: Patzak 9
Pollux: Jaresch 6, Szemere 3
Danae: Kupper 9
Xanthe: Felbermayer 9
Midas: Gostic 9
1. König: Dickie 9
2. König Majkut 9
3. König: Pröglhöf 9
4. König: Bierbach 9
Semele: Siebert 9
Europa: Réthy 9
Alkmene: Milinkovic 9
Leda: Rössel-Majdan 9

Die Liebe zu den drei Orangen (EA) Sergej Prokofjew

21. 3. 1951–7. 3. 1955
25 Aufführungen in der Volksoper
I: Schuh, B: Hlawa, K: Kniepert

Dirigent: Markevitch 6, Zallinger 12, Prohaska 7
Treffkönig: Koreh 18, Bierbach 7
Prinz: Platte 9, Kmentt 16
Clarissa: Rohs 25
Leander: Rehm 6, Jerger 19

Der Liebestrank Gaetano Donizetti

10. 4. 1954–15. 6. 1954
4 Aufführungen im Theater an der Wien
I: Bormann, B: Kautsky

Dirigent: Klobucar 4
Nemorino: Dermota 4
Belcore: Bayle 4
Dulcamara: Edelmann 4
Adina: Lipp 4

---

5. 2. 1933–24. 3. 1933
3 Aufführungen in der Staatsoper
I: Wallerstein, B: Kautsky

Dirigent: Panizza, Alwin 2
Nemorino: Pataky 3
Belcore: Wiedemann 3
Dulcamara: Mayr, Madin 2
Adina: Gerhart 3

Lohengrin Richard Wagner

30. 4. 1948–26. 6. 1955
71 Aufführungen im Theater an der Wien
(1) 30. 4. 1948 R: Beinl, B: Kautsky
(2a) 24. 11. 1951 / (2b) 25. 11. 1951 R: Hartmann, B: Preetorius

Dirigent: Knappertsbusch (1), Prohaska 6, Ackermann 2, Zallinger 10, Krips, Ferencsik 12, Kempe 2, Annovazzi 2, Moralt 5, Krauss (2a) (2b) 11, Hollreiser 19
König Heinrich: Alsen (1) 13, Frantz 3, Hann 2, Weber (2a) 19, Rohr, Feichtmayer, Pernerstorfer, Ernster 5, Hofmann (2b) 19, Frick 4, Edelmann, Adam, Böhme
Lohengrin: Patzak (1) 11, Lichtegg 2, Taubmann 4, Suthaus, Friedrich 6, Lechleitner, Svanholm 5, Ralf (2a) 12, Gostic (2b) 16, Aldenhoff, Vincent, Lorenz 3, Fehenberger 4, Windgassen 3, Vandenburg
Elsa: Reining (1) 20, H. Konetzni 15, Hellwig 12, Cunitz, Kupper 2, Holeschofsky, Lienbach 2, Zadek (2a) 8, Goltz (2b) 7, Hopf, Nilsson, Grob-Prandl
Telramund: Kamann (1) 51, Jerger 3, Boehm 2, Nissen 5, Herrmann (2a) 8, S. Björling (2b) 2
Ortrud: A. Konetzni (1) (2b) 32, Thury, Recka, Höngen (2a) 16, Braun, Milinkovic 2, Grob-Prandl 11, Klose 6, Joesten
Heerrufer: Braun (1) 33, Poell (2b) 16, Hotter (2a) 4, Schmitt-Walter, Knapp, Pröglhöf 4, Oeggl, Domgraf-Fassbaender 6, Gester, Metternich 4

---

1. 1. 1929–8. 3. 1944
96 Aufführungen in der Staatsoper
R: Duhan, Wymetal, B: Roller, Preetorius

Dirigent: Schalk 4, Heger 15, Alwin 7, Strauss 2, Reichenberger 11, Pollak 2, Rühlmann, Krips 9, Weingartner 9, Knappertsbusch 15, Duhan, Reichwein 13, Tietjen, Moralt 6
König Heinrich: Manowarda 40, Hofmann 11, Zec 16, Norbert 3, Tappolet, Alsen 14, T. Herrmann, Feichtmayer, Forwerk, Roth 6, Jerger, Pernerstorfer
Lohengrin: Slezak, Schubert, Wolff 9, Piccaver 3, Patzak 2, Kalenberg 28, Fischer-Niemann 2, Lorenz 5, Völker 12, Trevi, Melchior, Ralf 6, Seider 3, Kötter, Seibert, Svanholm 14, Hartmann 2, Sattler 2, Gostic, Taubmann
Elsa: Angerer 20, Lehmann 13, Achsel 2, Jeritza 3, Nezadal, Zika 13, Mansky, Helletsgruber 5, Roselle, Hussa 2, Teschemacher 3, H. Konetzni 12, Reining 11, Rethberg, Müller 2, Eipperle, Kubatzki, Kupper 2, Grob-Prandl 2
Telramund: Nissen 6, Wiedemann 2, Schipper 36, Rode 8, Jerger 12, Destal 8, Janssen 2, Kamann 15, Prohaska, Kronenberg, S. Björling 4, Herrmann
Ortrud: Wildbrunn 11, Paalen 7*, Rünger 31, Ohms, Merker 7**, A. Konetzni 22, Thorborg 4, Karen, Tutsek 6, Ameling, Klose 3, Braun 2, Höngen
Heerrufer: Madin 67, Renner, Hammes 9, Duhan, Gynrod 2, Worff 6, Großmann, Monthy 7, Jelinek, Poell

* einmal nur 1. Akt, ** einmal nur 2. und 3. Akt

Die lustigen Weiber von Windsor Otto Nicolai

5. 10. 1948–28. 1. 1955
58 Aufführungen in der Volksoper
I: Waniek, B, K: Hlawa

Dirigent: Ackermann 13, Prohaska 43, Zallinger, Schönherr
Falstaff: Koreh 48, Alsen 10
Fluth: Höfermayer 42, Poell 10, Knapp 6
Fenton: Ludwig 10, W. Friedrich 17, Wenkoff 6, Christ 9, Kmentt 16
Frau Fluth: Cebotari 18, Funk 12, della Casa 9, Réthy 19
Frau Reich: Rohs 46, Wagner 4, Anday 8
Jungfer Anna: Gabory 20, Liebesberg 35, Maikl 3

---

29. 9. 1935–10. 2. 1940
22 Aufführungen in der Staatsoper
I: Wallerstein, B: Kautsky, K: Czettel

Dirigent: Weingartner 9, Krips 5, Kolisko 2, Winkler 2, Moralt, Reichwein 3
Falstaff: Hofmann 14, Norbert 2, T. Herrmann, Alsen 4, Feichtmayer
Fluth: Jerger 20, Wiedemann 2
Fenton: Kullmann 3, Maikl 5, Kurz 3, Sallaba 9, Dermota 2
Frau Fluth: Bokor 14, Reining 5, Gerhart 2, Piltti
Frau Reich: Anday 10, With 12
Jungfer Anna: Michalsky 8, Komar 9, Schober 5

Die lustige Witwe (EA) Franz Lehár

17. 4. 1953–12. 7. 1955
85 Aufführungen in der Volksoper
I: Schuh, B: Hlawa, K: Kniepert, Ch: Hanka

Dirigent: Paulik 48, Schönherr 25, Prohaska 7, P. Walter 5
Zeta: Dönch 38, Jerger 8, Preger 39
Valencienne: Knittel 56, Maikl 6, Drescher, Mottl 18, Fassler 4
Danilo: Liewehr 61, Laubenthal, Grunden 20, Falvay 3
Hanna Glawari: Réthy 29, Siebert 13, Weiss 7, Scheyrer 32, Jungwirth, Schmidting 3
Rossillon: Kmentt 40, Christ 43, Friedrich 2

Macbeth Giuseppe Verdi

3. 3. 1953–24. 4. 1953
6 Aufführungen im Theater an der Wien
R: Schuh, B: Neher

Dirigent: Böhm 3, Pritchard 3
Macbeth: Metternich 6
Banquo: Frick 4, Czerwenka 2
Lady Macbeth: Höngen 4, Milinkovic, Mödl
Macduff:Szemere 6

---

4. 4. 1943–2. 4. 1944
7 Aufführungen in der Staatsoper
I: Schuh, B: Reinking

Dirigent: Böhm 7
Macbeth: Schöffler, Hotter 2, Ahlersmeyer 4
Banquo: Alsen 7
Lady Macbeth: Höngen 7
Macduff: Witt 7

Die Macht des Schicksals Giuseppe Verdi

15. 1. 1952–6. 5. 1955
33 Aufführungen im Theater an der Wien
R: Gielen, B: Neher

Dirigent: Böhm 3, Pritchard 7, Moralt 10, Erede, Loibner 7, Klobucar 5
Marchese von Calatrava: Czerwenka 13, Vogel 20
Leonore: Martinis 18, Zadek 11, Stoska 2, Rysanek 2
Alvaro: Fehenberger 4, Friedrich 8, Anders 2, Lorenz 4, Rosvaenge 15
Carlos: Braun, Poell 12, Bayle 13, Metternich 7
Pater Guardian: Weber 16, Hofmann 7, Frick 9, Kaufmann
Fra Melitone: Dönch 8, Oeggl 6, Pröglhöf 19
Preziosilla: Rohs 17, Kalin 16

---

27. 11. 1926–23. 2. 1940
50 Aufführungen in der Staatsoper
I: Breuer, B: Roller/Kautsky

Dirigent: Schalk 5, Heger 11, Reichenberger 13, Alwin 4, Duhan 9, Krips 2, Martin, Winkler 4, Moralt
Leonore: Angerer 27, Ursuleac 2, A. Konetzni 11, Schwarz 2, Flesch, Nemeth 6, Rethberg
Alvaro: Piccaver 9, Pataky 23, Fischer, Kalenberg 6, Hauß, Völker, Lorenz 3, Ardelli 3, Friedrich 3
Carlos: Schipper 34, Wildhagen 2, Renner, Hammes, Gynrod 5, Stig, Janssen 3, Monthy 3
Pater Guardian: Mayr 24, Markhoff 8, Kipnis 6, Alsen 5, Bissuti 6, Pinza
Fra Melitone: Madin 44, Wiedemann 6
Preziosilla: Anday 17, Paalen 15, With 16, Brems 2

Madame Butterfly Giacomo Puccini

20. 6. 1945–8. 9. 1955
184 Aufführungen; davon 168 Vorstellungen in der Volksoper (20. 6. 1945–29. 5. 1955) und 16 Vorstellungen im Theater an der Wien (27. 4. 1946–8. 9. 1955)
R: Wymetal

Dirigent: Krips 8, Loibner 69, Tenner 23, Königshofer, Etti 2, Hudez 5, Paulik 4, Moralt 8, Ackermann 15, Singer, Zallinger 21, Prohaska 18, Annovazzi 4, Pritchard 2, Klobucar, P. Walter, L. Kraus
Cho-cho-san: Jlitsch 18, Seefried 8, Spiller, Funk 58, Lupancea 11, Welitsch 8, Barton 9, Hellwig 7, Perras 2, Eftimiades, Cunitz 6, Reining, Cebotari 7, della Casa 12, Prochaskova 3, Kanazawa, Eipperle, Lienbach 2, Martinis 21, Trötschel, Lotte Rysanek 2, Williams 4
Linkerton: Wenkoff 53, Dermota 5, Baxevanos 6, Stein, Decker 10, Friedrich 17, Meyer-Welfing 7, Lechleitner, Patzak 16, Spataru 4, W. Friedrich 4, Badescu 4, Taubmann 11, Ludwig 3, Rosvaenge 18, Remec 2, Manazza, Bensing 2, Schock, Fehenberger 2, Anders 2, Höbarth, Terkal 4, Kmentt 7, Windgassen, Athana
Sharpless: Schöffler 7, Poell 48, Braun 57, Oeggl 21, Läuter 2, Höfermayer 26, Rothmüller 2, Ahlersmeyer, Taddei, Schmitt-Walter 6, Knapp 8, Rehm, Paul, Domgraf-Fassbaender, Jerger, Bell

---

10. 9. 1937–30. 5. 1944
64 Aufführungen in der Staatsoper
R: Wymetal, B: Roller

Dirigent: Alwin 5, Martin 3, Loibner 23, Reichwein 9, Moralt 23, Matacic
Cho-cho-san: Perras 4, Reining 14, Nowotna, Gerhart, Teschemacher 2, Gjungjenac, Jlitsch 34, Cebotari 2, Piltti, Böttcher 4

Linkerton: Godin 2, Ardelli, Pataky 4, Tauber, Dermota 14, Rosvaenge 13, Gerlach, Friedrich 12, Witt 3, Anders, Sallaba 11, Salvarezza
Sharpless: Pierotic 7, Wiedemann 11, Monthy 8, Poell 31, Jankovic 5, Jerger 2

Das Mädchen aus dem goldenen Westen Giacomo Puccini

29. 10. 1952–20. 10. 1953
16 Aufführungen in der Volksoper
R: Rott, B: Hoesslin, K: Rolf

Dirigent: Zallinger 15, Loibner
Minnie: Welitsch 14, Jeritza 2
Jack Rance: Kamann 12, Jerger 4
Dick Johnson: Gostic 8, Wenkoff 3, Rosvaenge 5

18. 5. 1936–19. 1. 1938
7 Aufführungen in der Staatsoper
R: Wallerstein

Dirigent: Duhan 7
Minnie: Schwarz 3, Flesch 4
Jack Rance: Jerger 7
Dick Johnson: Piccaver 4, Preger, J. Björling, Karrisoo

Manon Jules Massenet

2. 5. 1949–18. 1. 1954
23 Aufführungen im Theater an der Wien
I: Rott, B: Judtmann

Dirigent: Ackermann 5, Loibner 15, Zallinger 2, Klobucar
Manon: Welitsch 5, Jurinac 18
Chevalier des Grieux: Dermota 21, Schock 2

30. 9. 1928–3. 3. 1939
45 Aufführungen in der Staatsoper
R: Duhan

Dirigent: Alwin 36, Reichenberger 5, Heger, Duhan, Martin, Loibner
Manon: Lehmann 22, Martyl, Ursuleac 2, Ader 2, Jeritza 2, Angerer 10, Mansinger, Helletsgruber, Reining 4
Chevalier des Grieux: Piccaver 25, Rogatschewsky 2, Gigli, Riavez, Kiepura 3, Tokatyan, Pataky 9, Brégy, Ardelli 2

Margarethe Charles Gounod

20. 6. 1948–13. 12. 1954
47 Aufführungen in der Volksoper
R: Nadasdy, B: Hoesslin, K: Rolf

Dirigent: Ackermann 16, Moralt 2, Prohaska 21, Loibner 8
Faust: Friedrich 16, Wenkoff 11, Rosvaenge 19, Feiersinger
Mephisto: Vischegonow 8, Edelmann 22, Jerger 2, Weber, London 10, Hofmann 4
Valentin: Braun 21, Ferenz, Boehm 3, Poell 6, Schmitt-Walter 3, Oeggl, Metternich 3, Wächter 9
Brander: Habietinek 18, Bierbach 25, Kaufmann 4
Margarethe: Réthy 42, Jirka 3, Cunitz, Grümmer
Siebel: Herze 37, Liebesberg 10
Marthe: Sydney 18, Wagner 18, Anday 8, Schuster 2, Levko-Antosch

3. 5. 1929–23. 6. 1939
48 Aufführungen in der Staatsoper
R: Duhan, B: Brioschi

Dirigent: Alwin 21, Heger, Reichenberger 11, Krips 9, Kolisko, Moralt 4, Reichwein
Faust: Slezak 2, Maikl 2, Kalenberg 6, Rogatschewsky, Pataky 20, Frey, Rosvaenge 8, Hauß, Kullmann 5, Argyris, J. Björling
Mephisto: Norbert, Jerger 13, Kipnis 5, Hofmann 9, Zec 3, Manowarda 11, Autori, Pinza 2, Berglund, Emmerich, Losonczy
Valentin: Duhan 3, Schipper 16, Nissen 3, Wiedemann 5, Domgraf-Fassbaender, Sved 11, Gynrod 3, Pierotic 4, Jelinek 2
Margarethe: Jeritza 2, Angerer 11, Lehmann 4, Helletsgruber 8, Gerhart 6, Zika 4, Roselle, Réthy 11, Teschemacher
Marthe: Kittel 10, Paalen 29, Nikolaidi 7, Levko-Antosch 2

Martha Friedrich von Flotow

27. 9. 1945–23. 6. 1955
66 Aufführungen, davon 41 Vorstellungen in der Volksoper (27. 9. 1945–8. 6. 1947) und 25 Vorstellungen im Theater an der Wien (22. 3. 1950–23. 6. 1955)
(1) 27. 9. 1945 Volksoper, R: Wymetal, B: Hoesslin
(2) 22. 3. 1950 Neuinszenierung im Theater an der Wien, R: Schuh, B: Kautsky

Dirigent: Paulik (1) 24, Tenner 16, Hudez, Krips (2) 4, Loibner 9, Zallinger, M. Gielen 5, Klobucar 6
Martha: Loose (1) 10, Lipp (2) 40, Funk 13, Köth 3
Nancy: Nikolaidi (1) 13, Schürhoff 10, Anday 10, Wagner 8, Rohs (2) 25
Lyonel: Dermota (1) (2) 13, Meyer-Welfing 26, Decker 5, Stein 3, W. Friedrich 5, Nowaro, Rosvaenge 13
Plumkett: Rus (1) 19, Vogel 18, Neralic 4, Pernerstorfer 6, Edelmann (2) 12, Hofmann 2, Böhme 3, Frick 2

19. 6. 1943–9. 5. 1944
10 Aufführungen im Redoutensaal
I: Schuh, B: Neher

Dirigent: Paulik 10
Martha: Noni 4, Loose 6
Nancy: Rohs 7, Nikolaidi 3
Lyonel: Dermota 7, Friedrich 3
Plumkett: Vogel 5, Rus 5

Ein Maskenball — Giuseppe Verdi

13. 12. 1946–12. 9. 1955
73 Aufführungen, davon 48 Vorstellungen in der Volksoper (13. 12. 1946–5. 5. 1953) und 25 Vorstellungen im Theater an der Wien (29. 10. 1953–12. 9. 1955)
(1) 13. 12. 1946 Volksoper, I: Witt, B: Hoesslin, K: Bartsch
(2) 29. 10. 1953 Neueinstudierung im Theater an der Wien, R: Schum, B: Hoesslin

Dirigent: Prohaska (1) 34, Ackermann 13, Annovazzi, Zallinger, Capuana (2) 6, Klobucar 11, Loibner 7
Richard: Wenkoff (1) 27, Patzak 5, Badescu 7, Szemere 3, Rosvaenge (2) 25, Gostic 6
René: Reinmar (1) 4, Oeggl 20, Ahlersmeyer 2, Höfermayer 2, Ferenz 3, Boehm 6, Schmitt-Walter, Rehm 2, Domgraf-Fassbaender, Gynrod, Bayle (2) 26, Cordes, Metternich, Poell 2, Dondi
Amelia: Rigo (1) 6, Grob-Prandl 12, Weber 2, Zadek 20, Pergola 7, Jlitsch 3, Martinis (2) 20, Goltz, Welitsch, Matheisl
Ulrica: Sydney (1) 9, Thury 5, Schuster 9, Nikolaidi 3, Anday 20, Ilosvay 2, Wysor, Schürhoff, Höngen (2) 12, Rössel-Majdan 6, Klose 5
Oscar: Schwaiger (1) 19, Liebesberg 11, Funk 17, Lipp 11, Hollweg (2) 11, Maikl 4

---

27. 9. 1942–12. 4. 1944
10 Aufführungen in der Staatsoper
I: Schuh, B: Reinking

Dirigent: Böhm 10
Richard: Lorenz 10
René: Ahlersmeyer 10
Amelia: H. Konetzni 10
Ulrica: Nikolaidi 10
Oscar: Noni 10

Das Medium (EA) — Gian-Carlo Menotti

27. 2. 1953–30. 11. 1953
13 Aufführungen in der Volksoper, zusammen mit „Die Kluge"
R: Rott, B: Kautsky

Dirigent: Zallinger 11, Loibner 2
Monica: Siebert 13
Madame Flora: Anday 13
Mrs. Gobineau: Herze 13
Mr. Gobineau: Rus 13
Mrs. Nolan: Batic 13

Die Meistersinger von Nürnberg — Richard Wagner

30. 11. 1949–19. 5. 1955
65 Aufführungen im Theater an der Wien
R: Hartmann, B: Kautsky

Dirigent: Krauss 21, Moralt 25, Knappertsbusch 2, Busch 4, Wetzelsberger, Kempe 2, Zallinger, Sebastian 2, Böhm 4, Hollreiser 3
Hans Sachs: Schöffler 16, Kamann 24*, Herrmann 6**, Hotter 2, Nissen 6, Edelmann 12
Pogner: Weber 28, Alsen 5, Edelmann 4, Ernster 6, Hofmann 16, Frick 6
Beckmesser: Kunz 29, Dönch 32, Vogel 2, Jerger, Kusche
Kothner: Hann 3, Braun 22, Poell 25, Krenn 6, Pernerstorfer 4, Madin 2, Rehm, Faulhaber 2
Stolzing: Lorenz, Decker 2, Friedrich 17, Ralf 15, Treptow 10, Aldenhoff, Witte 2, Anders 4, Hopf 7, Fehenberger, Svanholm 2, Windgassen, Lustig, Feiersinger
David: Dermota 25, Majkut 11, Klein 11, Vandero, Kuen, Dickie 16
Eva: Eipperle 3, Hellwig 7, Zadek 21, Jurinac 11, Kupper 2, Seefried 12, Réthy, Trötschel, della Casa 4, Hopf, Grümmer 2,
Magdalena: Anday 30, Milinkovic 19, Höngen 8, Schürhoff 5, Rohs 2, Rössel-Majdan

* einmal nur den 3. Akt, ** einmal nur den 1. und 2. Akt

---

28. 1. 1943–23. 4. 1944
10 Aufführungen in der Staatsoper
I: Arnold, B: Kautsky

Dirigent: Böhm 10
Hans Sachs: Herrmann 3, Schöffler 4*, Kamann 4**
Pogner: Alsen 8, Böhme 2
Beckmesser: Kunz 10
Kothner: Krenn 9, Madin
Stolzing: Lorenz 3, Svanholm 4, Ralf 3
David: Klein 10
Eva: Reining 4, Wasserthal 2, Réthy, Seefried 3
Magdalena: Rohs 8, Schürhoff 2

* einmal nur den 1. Akt, ** einmal nur den 2. und 3. Akt

Eine Nacht in Venedig — Johann Strauß

14. 12. 1948–6. 7. 1955
145 Aufführungen in der Volksoper
I: Jerger, B: Hoesslin

Dirigent: Paulik 123, Schönherr 19, Prohaska, P. Walter 2
Herzog: Rosvaenge 72, Wenkoff 70, Kmentt 3
Barbara: Wengraf 58, Feichtinger 84, Dolezal 3
Annina: Réthy 145
Caramello: Kunz 68, Sallaba 3, Knapp 15, Christ 59
Pappacoda: Preger 139, Jerger 6
Ciboletta: Mayen 30, Längauer 39, Ceska 10, Liebesberg 63, Fassler 3

---

7. 6. 1939–27. 10. 1941
26 Aufführungen in der Staatsoper
I: Kerber, B: Kautsky

Dirigent: Paulik 26
Herzog: Rosvaenge 9, Dermota 17

Barbara: Réthy 13, Rutgers 13
Annina: Reining 4, Schulz 22
Caramello: Witt 14, Sallaba 12
Pappacoda: Imhoff 3, Jerger 23
Ciboletta: Komar 26

Notre Dame — Franz Schmidt

19. 5. 1949–20. 6. 1955
23 Aufführungen in der Volksoper
I: Witt, B, K: Hlawa

Dirigent: Ferencsik 11, Loibner 4, Zallinger 4, Prohaska 4
Archidiakon: Destal 6, Höfermayer 5, Jerger 10, Wiener 2
Quasimodo: Alsen 23
Phoebus: Friedrich 14, Taubmann 8, Feiersinger
Gringoire: Szemere 21, Witt 2
Esmeralda: Réthy 13, Rohs 5, Goltz 5

---

21. 9. 1943–14. 2. 1944
5 Aufführungen in der Staatsoper
R: Witt, B: Kautsky

Dirigent: Moralt 5
Archidiakon: Jerger 5
Quasimodo: Alsen 5
Phoebus: Friedrich 5
Gringoire: Witt 5
Esmeralda: Schulz 5

Der Opernball — Richard Heuberger

29. 2. 1952–17. 2. 1954
37 Aufführungen in der Volksoper
I: Schuh, B: Hlawa, Ch: Hanka

Dirigent: Paulik 31, Zallinger 3, Prohaska 3
Beaubuisson: Dönch 15, Eybner 17, Jerger 5
Madame Beaubuisson: Czepa 23, Mayen 11, Stepanek 3
Henri: Loor 16, Herze 21
Paul Aubier: Knapp 37
Angele: Réthy 37
Georges Dumenil: Liewehr 37
Marguerite: Siebert 37
Hortense: Mayerhofer 30, Knittel 7
Feodora: Tiller 26, Martini 11
Philippe: Böheim 21, Eybner 5, Heim 11

---

24. 1. 1931–3. 3. 1931
6 Aufführungen in der Staatsoper
I: Wallerstein, B: Roller, Ch: T. Birkmeyer sen.

Dirigent: Krauss 6
Beaubuisson: Slezak 6
Madame Beaubuisson: Rosar 6
Henri: Kern 6
Paul Aubier: Hammes 4, Duhan 2
Angele: Lehmann 3, Ursuleac 3
Georges Dumenil: Zimmermann 6
Marguerite: Achsel 6
Hortense: Angerer 6
Feodora: Berka 6
Philippe: Madin 6

Orpheus in der Unterwelt (EA) — Jacques Offenbach

23. 4. 1947–29. 4. 1948
73 Aufführungen in der Volksoper
I: Forst, B: Niedermoser, K: Adlmüller

Dirigent: Schmitt-Gentner 7, Hudez 66
Orpheus: Lorenz 8, Hülgerth 34, Preger 25, Kalenberg 6
Eurydike: Réthy 41, Jurinac 9, Lupancea 23
Zeus: Moser 57, Maierhofer 4, Krenn 12
Hera: Pünkösdy 54, Liese 12, Lozal 7
Hades: Jerger 32, Höfermayer 36, Knapp 5
Aphrodite: Mardayn 73
Styx: Kemp 49, Eybner 24
Eros: Schwaiger 42, Fassler 31
Hermes: Habietinek 37, Bierbach 36
Anaxagoras: Nowaro 55, Meinert 18
Phyllis: Wagner 58, Kramer 12, Wedekind 3
Professor: Knapp 6, Nachmann 46, Sallaba 21

Othello — Giuseppe Verdi

21. 12. 1945–23. 9. 1955
99 Aufführungen im Theater an der Wien
I: Schuh, B: Kautsky

Dirigent: Krips 21, Moralt 34, Böhm 7, Ferencsik 3, Ackermann 3, Zallinger 2, Busch 3, Kempe 9, Hollreiser 5, Loibner 2, Klobucar 10
Othello: Lorenz 54, Szemere, Treptow 3*, Ralf 17, Aldenhoff, Anders 2, Gostic 18, Svanholm**, Lambert 3
Jago: Schöffler 62, Hotter 5, Ahlersmeyer, Herrmann 9, Fenyves, Kamann 15, Metternich 3, Gligor, Neidlinger, Neralic
Cassio: Wenkoff 33, Witt 25, Gallos, Meyer-Welfing 15, Dermota 15, Terkal 10
Desdemona: H. Konetzni 26, Welitsch 9, Wende, Reining 28, Zadek 15, Lienbach, Martinis 14, Grümmer 4, Rysanek
Emilia: Nikolaidi 4, Schürhoff 60, Hermann 13, Anday 18, Rössel-Majdan 4

* einmal nur den 2., 3. und 4. Akt, ** nur den 1. Akt

---

25. 3. 1942–25. 11. 1943
11 Aufführungen in der Staatsoper
I: Schuh, B: Reinking

Dirigent: Böhm 11
Othello: Lorenz 10, Ralf
Jago: Ahlersmeyer 11
Cassio: Witt 9, Sallaba 2
Desdemona: Reining 8, Teschemacher 2, Söderqvist
Emilia: Nikolaidi 10, With

Palestrina Hans Pfitzner

27. 2. 1949–9. 4. 1955
17 Aufführungen im Theater an der Wien
I: Witt, B: Kautsky

Dirigent: Krips 7, Moralt 10
Papst Pius IV: Alsen 8, Koreh 5, Weber 4
Morone: Frantz 5, Schöffler 4, Braun 8
Novagerio: Pölzer 4, Gallos 5, Holm, Szemere 7
Madruscht: Alsen 12, Edelmann 3, Czerwenka 2
Kardinal von Lothringen: Jerger 15, Rus, Kunz
Abdisu: Klein 15, Maikl, Majkut
Brus von Müglitz: Vogel 4, Madin 6, Berry 7
Graf Luna: Poell 17
Budoja: Wernigk 17
Theophilus: Majkut 16, Dickie
Avosmediano: Rus 15, Oeggl 2
Palestrina: Patzak 17
Ighino: Jurinac 12, Réthy 5
Silla: Rohs 9, Hermann 8
Borromeo: Hotter 13, Jerger, Kamann 3
Ercole Severolus: Hann 4, Vogel 13
Feltre: Muzzarelli 17
Dandini: Nowaro 7, Jaresch, Dassler, Kmentt, Sperlbauer 7
Fiesole: Dönch 5, Gallos 4, Schmidinger 8
Lukretia: Schürhoff 11, Schuster, Rössel-Majdan, Anday 4

---

2. 4. 1942–5. 5. 1944
8 Aufführungen in der Staatsoper
R: Kerber, Witt, B: Kautsky

Dirigent: Moralt 8
Papst Pius IV: Alsen 8
Morone: Schöffler 7, Kronenberg
Novagerio: Sallaba 7, Pölzer
Madruscht: Roth 8
Kardinal von Lothringen: Kunz 5, Rus 3
Abdisu: Klein 8
Brus von Müglitz: Madin 2, Norman 3, Neralic 3
Graf Luna: Poell 8
Budoja: Wernigk 8
Theophilus: Arnold 5, Toriff 3
Avosmediano: Rus 5, Monthy 3
Palestrina: Witt 8
Ighino: Réthy 6, Rutgers 2
Silla: Rohs 7, Nikolaidi
Borromeo: Hotter 2, Jerger 6
Ercole Severolus: Vogel 8
Feltre: Muzzarelli 5, Neumann 3
Dandini: Franter 5, Wenkoff 2, Majkut
Fiesole: Tomek 8
Lukretia: Schürhoff 7, Bugarinovic

Penelope (EA) Rolf Liebermann

12. 9. 1954–24. 9. 1954
3 Aufführungen im Theater an der Wien
I: Schuh, B, K: Neher

Dirigent: M. Gielen 3
Penelope: Goltz 3
Telemachos: Boesch 3
Leiokritos: Dönch 3
Eurymachos: Berry 3
Demoptolemos: Klein 3
Ercole: Schock 3
Achille: Bayle 3
Podestá: Lorenz 3
Odysseus: Czerwenka 3

Pique Dame Peter I. Tschaikowsky

22. 3. 1946–24. 3. 1954
33 Aufführungen im Theater an der Wien
R: Schuh, B: Kautsky

Dirigent: Krips 9, Sedlak 11, Ackermann 5, Klobucar 8
Hermann: Lorenz 6, Patzak 18, Baxevanos, Gostic 8
Graf Tomsky: Neralic 11, Braun 15, Wächter 7
Fürst Jeletzky: Schöffler 13, Poell 15, Kamann 5
Gräfin: Höngen 15, Anday 16, Klose 2
Lisa: H. Konetzni 10, Welitsch 15, Hellwig 8

---

10. 12. 1931–20. 2. 1935
22 Aufführungen in der Staatsoper
I: Wallerstein, B: Kautsky

Dirigent: Krauss 20, Krips 2
Hermann: Völker 22
Graf Tomsky: Jerger 17, Wiedemann 5
Fürst Jeletzky: Manowarda 15, Duhan 4, Schipper 3
Gräfin: Rünger 21, Anday
Lisa: Angerer 10, Hadrabova 10, Ursuleac 2

Polenblut (EA) Oskar Nedbal

10. 11. 1954–6. 5. 1955
23 Aufführungen in der Volksoper
I: Haberland, B: Hoesslin, K: Lohner

Dirigent: Schönherr 17, Lambrecht 3, P. Walter 3
Jan Zaremba: Höbling 21, Fabricius 2
Helena: Siebert 22, Knittel
Graf Boleslaw Baranski: Christ 21, Preger 2
Bronio von Popiel: Böheim 23
Wanda Kwasinskaja: Mottl 14, Fassler 9
Jadwiga Pawlowa: Olszewska 23
von Mirski: Kaufmann 21, Fabricius, Preger
von Gurski: Sallaba 23
von Wolenski: Jaresch 23
von Senowicz: Höfermayer 23
Fräulein von Drygalska: Schober 23
Napolska: Lupancea 17, Maikl 3, Feichtinger 3

Der Prozeß (EA) Gottfried von Einem

1. 10. 1953–28. 4. 1954
4 Aufführungen im Theater an der Wien
I: Schuh, R: Witt, B, K: Neher

Dirigent: Hollreiser 4
Josef K: Lorenz 4
Direktorstellvertreter: Klein 4
Albert K: Koreh 4
Bursche: Majkut 4
Frau Grubach: Batic 4
Advokat: Poell 4
Student: Klein 4
Titorelli: Szemere 4
Aufseher, Passant, Fabrikant, Geistlicher: Hofmann 4
Untersuchungsrichter Prügler: Czerwenka 4
Franz, Kanzleidirektor: Pröglhöf 4
Willem, Gerichtsdiener: Pernerstorfer 3, Berry
Fräulein Bürstner, Frau des Gerichtsdieners, Leni: della Casa 3, Réthy
Buckliges Mädchen: Maikl 4

The Rake's Progress (EA) Igor Strawinsky

25. 4. 1952–5. 11. 1952
7 Aufführungen im Theater an der Wien
I: Rennert, B, K: Hlawa

Dirigent: Hollreiser 7
Trulove: Hofmann 7
Ann: Berger 4, Loose 3
Tom Rakewell: Schock 5, Lichtegg 2
Nick Shadow: Jerger 7
Mutter Goose: Schürhoff 6, Kalin
Baba: Höngen 4, Rohs 3
Sellem: Klein 4, Majkut 3
Irrenwärter: Pantscheff 7

Rigoletto Giuseppe Verdi

21. 4. 1946–7. 5. 1955
138 Aufführungen im Theater an der Wien
(1) 21. 4. 1946 R: Witt, B: Neumann-Spallart
(2) 16. 3. 1953 Neueinstudierung, R: Domgraf-Fassbaender

Dirigent: Moralt (1) 17, Loibner 62, Etti 19, Sedlak 8, Fricsay 8, Pahlen, Ackermann 3, Ferencsik 3, Annovazzi, Pritchard (2) 6, Klobucar 7, Kempe 2, Prohaska
Herzog: Dermota (1) (2) 34, Decker 4, Meyer-Welfing 13, Wenkoff 21, Zattoni, Friedrich 18, Spataru 2, Stirbey, Badescu 3, Kristjansson, Ludwig, Patzak 2, Rosvaenge 18, Hauser, Jaray, Bensing, Fehenberger 2, Schock 5, Terkal 8, Windgassen
Rigoletto: Oeggl (1) 34, Höfermayer, Kamann 13, Taddei 26, Rothmüller 7, Kovacs, Ahlersmeyer 4, Boehm 2, Schmitt-Walter 4, Welitsch, Metternich (2) 4, Silveri 2, Petroff 2, Uhde 4, Domgraf-Fassbaender 2, Bayle 24, Wolfram, Gligor 3, Krukowsky, Ferenz, Colombo
Gilda: Loose (1) 32*, Schwarzkopf 22, Schwaiger 3, Courtin 5, Funk 6, Sari**, Gyurkovic 2, Noni, della Casa 5, Cebotari, Handl 2, Tauberova 4, Hutter 2, Lipp (2) 15, Tassopoulos, Güden 9, Heusser 3, Hollweg 8, Berger 2, Bardi, Streich 2, Stich-Randall 10, Köth 2
Monterone: Rus (1) 66, Habietinek 14, Hann 7, Felden, Frantz 3, Jerger 18, Czerwenka (2) 24, Hotter 4, Pernerstorfer
Sparafucile: Vogel (1) 9, Alsen 33, Neralic 8, Pantscheff 16, Weber 31, Frantz 4, Ernster 8, Hofmann 24, Frick (2) 3, Adam, Böhme
Maddalena: Sydney (1) 24, Schuster 6, Hermann 37, Nikolaidi 10, Muser, Schürhoff 3, Ilosvay 2, Milinkovic 36, Mödl, Rohs 5, Wagner 3, Rössel-Majdan 4, Kalin (2) 4, Anday, Klose

* einmal nur den 3. Akt, ** nur den 1. und 2. Akt

---

26. 6. 1932–3. 3. 1944
75 Aufführungen in der Staatsoper
R: Duhan

Dirigent: Lucon, Alwin 20, Reichenberger 8, Krips 3, Duhan 2, Kolisko, Loibner 14, Reichwein 3, Moralt 4, Ludwig 6, Paulik 13
Herzog: Kiepura 5, Tokatyan 3, Rosvaenge 11, Pataky 5, Piccaver 6, Kullmann 4, Gigli, Lauri-Volpi, Godin 8, J. Björling, Ardelli, Ludwig, Friedrich 14, Weikenmeier, Popovic, Decker 3, Spataru 4, Dermota 5
Rigoletto: Schipper 5, Domgraf-Fassbaender 5, Nissen 2, Ahlersmeyer 5, de Lucca, Sved 12, Bitterauf, Pierotic 2, Basiola, Gynrod 8, Tibbett, Monthy 20, Oeggl 3, Jankovic 3, Gonszar, Kronenberg 4, Schmitt-Walter
Gilda: Gerhart 18, Kern 12, Book, Handler, Nowotna 3, Boila, Perras 8, Halban-Kurz, Moor, Piltti 15, Berger, Cebotari 3, Reichelt, Noni 6, Loose 3

Monterone: Madin 17, Norbert 11, Tschurtschentaler, Bissuti 2, Worff 30, Rus 10, Neralic 4
Sparafucile: Zec 25, Manowarda, Norbert 4, Alsen 14, Ettl, Alvari 2, Vogel 23, Roth 5
Maddalena: Paalen 3, With 27, Anday, Levko-Antosch 36, Nikolaidi 8

Der Rosenkavalier — Richard Strauss

13. 9. 1946–16. 4. 1955
99 Aufführungen: im Theater an der Wien und auf Gastspielen in Brüssel, Amsterdam, Wiesbaden
I: Jerger, B: nach Roller von Kautsky

Dirigent: Moralt 49, Ackermann 4, Knappertsbusch 9, Prohaska, Krips 6, Böhm 10, Krauss 6, Kleiber 3, Sebastian, Hollreiser 9, Loibner
Marschallin: A. Konetzni 33, H. Konetzni 20, Reining 36, Hussa, Recka, Ursuleac 6, Joesten, Zadek
Ochs: Weber 49, Krenn 39, List, Pernerstorfer 2, Koreh 4, Edelmann, Böhme 2, Czerwenka
Oktavian: Höngen 19, Hermann 8, Jurinac 42, Cunitz, Stanley, Cavelti, Rohs 20, Mödl, Sten, Kupper, Grümmer 3, della Casa
Faninal: Kamann 63, Hann 6, Jerger 7, Madin 2, Poell 21
Sophie: Loose 27, Rutgers 12, Réthy 4, Güden 25, della Casa 14, Schwarzkopf 4, Schaffrian, Lipp 5, Berger 2, Stich-Randall 5
Sänger: Friedrich 12, Dermota 39, Meyer-Welfing 2, Mazaroff 8, Wenkoff 6, Marion, Kristjansson, Patzak 3, Ludwig 2, Rosvaenge 12, Anders, Schock 3, Terkal 4, Hopf, Dickie 4

---

27. 5. 1944–24. 6. 1944
4 Aufführungen in der Staatsoper
I: Jerger, B: Roller

Dirigent: Moralt 4
Marschallin: A. Konetzni 2, H. Konetzni 2
Ochs: Krenn 4
Oktavian: Rohs 2, Höngen, Milinkovic
Faninal: Kamann 4
Sophie: Loose 3, Réthy
Sänger: Friedrich 2, Mazaroff 2

Salome — Richard Strauss

9. 6. 1946–27. 6. 1955
86 Aufführungen: im Theater an der Wien und auf Gastspiel in London
I: Witt

Dirigent: Moralt 45, Knappertsbusch 8, Krauss 9, Böhm 7, Ackermann, Zallinger 7, Sebastian, Kempe 3, Prohaska, Loibner 4
Herodes: Witt 10, Pölzer 17, Szemere 30, Kalenberg 2, Patzak 5, Lorenz 15, Depser 3, Svanholm 3, Suthaus
Herodias: Höngen 37, Schürhoff 21, Milinkovic 22, Klose 3, Kenney 3
Salome: Welitsch 49, Cebotari 15, Enck-Sadeh, Borkh, Schulz, Goltz 16, Jeritza, Brivkalne, Linko
Jochanaan: Schöffler 18, Jerger 5, Hotter 5, Kamann 40, Rothmüller 7, Welitsch, Janssen, Herrmann 4, Gynrod 2, S. Björling, Metternich 2
Narraboth: Dermota 48, Witt 4, Patzak 14, Friedrich 11, Meyer-Welfing 7, Schock 2
1. Nazarener: Alsen 27, Rus 7, Hann 10, Weber 13, Ernster 4, Hofmann 16, Faulhaber 2, Frick 2, Pernerstorfer 3, Böhme 2

---

11. 10. 1938–9. 6. 1944
36 Aufführungen in der Staatsoper
R: Wymetal

Dirigent: Knappertsbusch 20, Moralt 12, Strauss 4
Herodes: Witt 24, Kalenberg, Pölzer, Sattler 10
Herodias: Bugarinovic 17, Schürhoff 11, Pense 2, Höngen 6
Salome: Schulz 34, Goltz 2
Jochanaan: Schöffler 22, Jerger 9, Hotter 4, Herrmann
Narraboth: Dermota 20, Sallaba 13, Friedrich 3
1. Nazarener: Alsen 28, Zec, Worff 2, Roth 5

Die schalkhafte Witwe (EA) — Ermanno Wolf-Ferrari

20. 4. 1948–14. 11. 1949
8 Aufführungen in der Volksoper
I: Witt, B, K: Meinecke

Dirigent: Ackermann 7, Loibner
Rosaura: Jurinac 8
Mylord Runebif: Höfermayer 8
Le Bleau: Meyer-Welfing 4, Christ 4
Alvaro von Kastilien: Edelmann 8
Graf von Bosco: Wenkoff 8
Marionette: Schwaiger 8
Arlecchino: Kunz 4, Knapp 4

Die schöne Helena (EA) — Jacques Offenbach

18. 5. 1955–8. 7. 1955
21 Aufführungen in der Volksoper
I: Ambesser, B: Hoesslin, K: Kniepert

Dirigent: Schönherr 17, P. Walter 4
Paris: Grunden 9, Christ 12
Menelaus: Kunz 11, Ambesser 4, Dönch 6
Helena: Réthy 13, Scheyrer 8
Agamemnon: Höbling 21
Orest: Fassler 21
Kalchas: Preger 21
Achilles: Szemere 21
Ajax I: Sallaba 21
Ajax II: Erlandsen 21
Bacchis: Hubert 21
Venus: Tobisch 21
Zentaur: Böheim 21

Schwanda, der Dudelsackpfeifer — Jaromir Weinberger

17. 1. 1947–6. 11. 1948
18 Aufführungen in der Volksoper
I: Wallerstein, B: Kautsky

Dirigent: Leinsdorf 9, Paulik 9
Schwanda: Höfermayer 16, Oeggl 2
Dorota: Réthy 13, Lupancea 5
Babinsky: Patzak 13, Pölzer 3, Taubmann 2
Königin: Sydney 9, Schuster 9

---

16. 10. 1930 (EA)–8. 1. 1935
34 Aufführungen in der Staatsoper
I: Wallerstein, B: Strnad/Kautsky

Dirigent: Krauss 12, Alwin 21, Heger
Schwanda: Hammes 33, Domgraf-Fassbaender
Babinsky: Piccaver 20, Kalenberg 13, Kullmann
Dorota: Angerer 15, Hadrabova 16, Ursuleac 3
Königin: Rünger 29, With 5

Simone Boccanegra — Giuseppe Verdi

10. 10. 1951–6. 12. 1951
4 Aufführungen im Theater an der Wien
I: Gielen, B: Kautsky

Dirigent: Kempe 2, Loibner 2
Simone Boccanegra: Schöffler 2, Braun 2
Fiesco: Weber 4
Paolo: Poell 4
Amelia: Zadek 4
Gabriele Adorno: Dermota 4

---

25. 6. 1933–19. 12. 1934
4 Aufführungen in der Staatsoper
I: Wallerstein, B: Roller

Dirigent: Panizza 2, Krauss, Krips
Simone: Schipper 4
Fiesco: Manowarda 4
Paolo: Wiedemann 4
Amelia: Nemeth 3, Hadrabova
Gabriele Adorno: Pataky 4

Tannhäuser — Richard Wagner

20. 9. 1946–2. 6. 1955
65 Aufführungen in der Volksoper
I: Wallerstein, B: Hoesslin, K: Bartsch

Dirigent: Prohaska 34, Jahoda, Knappertsbusch 6, Ackermann 3, Ferencsik, Böhm 3, Moralt 4, Zallinger 10, Sebastian, Heger, Kolisko
Landgraf: Alsen 13, Koreh 18, Weber 13, Ernster 3, Edelmann 7, Hofmann 3, Frick 5, Engen 2, Böhme
Tannhäuser: Lorenz 26, Pölzer 7, Treptow 9, Janko 5, Ralf 12, Söderström, Svanholm 3, Windgassen, Lustig
Wolfram: Schöffler 10, Reinmar 4, Poell 16, Oeggl 2, Braun 24, Schmitt-Walter 3, Nissen, Paul, Domgraf-Fassbaender, Metternich, Wächter 2
Elisabeth: H. Konetzni 18, Cunitz 3, Reining 31, Grob-Prandl 9, Hellwig 2, Werth, Nilsson
Venus: A. Konetzni 37, Braun 2, Ostrowsky 3, Grob-Prandl 3, Recka 2, Kenney 17, Mödl
Walther von der Vogelweide: W. Friedrich 27, Christ 28, Dermota 7, Kmentt 3
Biterolf: Vogel 46, Madin 3, Pernerstorfer 12, Kaufmann 3, Faulhaber

---

13. 10. 1935–28. 3. 1944
43 Aufführungen in der Staatsoper
I: Graf, R: Wymetal, B: Kautsky

Dirigent: Furtwängler 6, Alwin, Knappertsbusch 19, Krips, Winkler, Reichwein 7, Moralt 4, Ludwig 3, Böhm
Landgraf: Hofmann 10, Jerger 4, Kipnis 3, Alsen 18, Schirp, Weber, Manowarda 2, Greindl, Roth 3
Tannhäuser: Pistor 3, Kalenberg 4, Lorenz 15, Wolf, Seibert 3, Sattler 3, Suthaus, Svanholm 13
Wolfram: Sved 14, Schorr, Kamann 3, Falzar, Schellenberg, Janssen, Ahlersmeyer, Schmitt-Walter, Poell 9, Gynrod, Schöffler 8, Monthy 2
Elisabeth: Bathy 2, H. Konetzni 26, Müller, Lehmann 2, Mansinger, Reining 8, Oehme-Förster, Balasus, Reich
Venus: Thorborg 5, Zika 3, A. Konetzni 21, Pauly, Tutsek 7, Rünger 6
Walther von der Vogelweide: Maikl 23, Dermota 5, Franter 14, Gallos
Biterolf: Markhoff 7, Madin 21, Vogel 15

Tausend und eine Nacht (EA) — Johann Strauß

10. 11. 1949–10. 6. 1955
87 Aufführungen in der Volksoper
I: Schuh, B: Hoesslin, Ch: Hanka

Dirigent: Paulik 79, Zallinger, Lambrecht 7
Suleiman: Lichtegg 6, Christ 81
Eddin: Karlweis 9, Eybner 72, Müller 6
Dunim: Preger 87
Ormuz: Jerger 58, Krenn 29
Leila: Réthy 17, Menzel 16, Lupancea 37, Feichtinger 9, Dostal 4, Siebert 4
Wally: Mayen 63, Knittel 19, Fassler 5
Großwesir: Rus 77, Kaufmann 10
Kaimakan: Bierbach 85, Kaufmann 2
Ali: Jaresch 85, Schmidinger 2
Neruda: Matheisl 28, Ceska 7, Seidl 32, Matzinger 8, Pach 3, Schober, Fraß 8
Zaraide: Schober 84, Matheisl, Matzinger 2
Fatme: Dostal 43, Seidl 3, Stadtler 39, Pach 2

Tiefland — Eugen d'Albert

20. 2. 1947–24. 5. 1955
51 Aufführungen in der Volksoper
(1) 20. 2. 1947 R: Witt, B: Kautsky
(2) 19. 12. 1953 Neueinstudierung, R: Witt
Dirigent: Moralt (1) (2) 15, Fanta, Prohaska 4, Loibner 19, Hudez, Ackermann 3, Zallinger 6, Hollreiser 2
Sebastiano: Kamann (1) (2) 38, Jerger 4, Monthy, Boehm 4, Höfermayer, Herrmann, Hofmann 2
Tommaso: Vogel (1) (2) 24, Bierbach 2, Koreh 25
Martha: Braun (1) 9, Ostrowsky 21, Grob-Prandl 3, Holeschofsky, Lupancea 6, Goltz (2) 11
Nuri: Herze (1) 26, Schwaiger 16, Liebesberg (2) 9
Pedro: Friedrich (1) 5, Decker 3, Witt 7, Szemere 22, Treptow 4, Kalenberg, Pölzer 2, Ralf 2, Lorenz (2) 5

---

24. 1. 1936–7. 6. 1944
76 Aufführungen in der Staatsoper
R: Duhan, B: Roller
Dirigent: Krips 10, Kolisko 2, Knappertsbusch, Loibner 20, Moralt 19, Reichwein 23, Bild
Sebastiano: Destal 5, Jerger 51, Gynrod 3, Monthy 5, Rode, Reinmar 2, Kamann 6, Herrmann 3
Tommaso: Bissuti 38, Manowarda 4, Kaufmann, Vogel 21, Roth 9, Jerger, Neralic 2
Martha: A. Konetzni 33, Flesch 3, Nemeth 14, Rünger 8, Braun 6, Rhein-Scheler, Schulz 9, Recka, M. Slezak
Nuri: Helletsgruber 10, Hajmassy 4, Kern 8, Komar 20, Michalsky 3, Funk, Schober 8, Rutgers 14, Loose 7, Noni
Pedro: Tauber 9, Wolf, Kalenberg 9, Witt 19, Pölzer, Kraayvanger 11, Völker 2, Lorenz 3, Sattler 17, Ralf 4

Titus — Wolfgang A. Mozart

30. 10. 1949–7. 11. 1949
3 Aufführungen im Theater an der Wien
I: Curjel, B: Erni
Dirigent: Krips, Prohaska 2
Titus: Patzak 3
Vitellia: Zadek 3
Sextus: Rohs 3
Servilia: Lipp 3
Annius: Holm 3
Publius: Edelmann 3

---

27. 1. 1880–16. 12. 1891
5 Aufführungen in der Staatsoper
Premierenbesetzung: Walter (Titus), Ehnn (Vitellia), Materna (Sextus), Kraus (Servilia), Stahl (Annius), Mayerhofer (Publius). Dirigent war Hans Richter.

Tosca — Giacomo Puccini

31. 7. 1945–29. 9. 1955
154 Aufführungen, davon 80 Vorstellungen in der Volksoper (31. 7. 1945–17. 9. 1949) und 74 Vorstellungen im Theater an der Wien (23. 12. 1949–29. 9. 1955)
(1) 31. 7. 1945 Volksoper, R: Jerger, B: Kautsky
(2) 23. 12. 1949 Theater an der Wien, I: Rott, B, K: Kautsky
Dirigent: Loibner (1) 72, P. Walter, Etti, Hudez 12, Kaufmann, Ackermann 15, Moralt 14, Kojetinsky, Krips (2) 5, Ferencsik, Kempe 8, Zallinger 2, Annovazzi 5, Erede, Hollreiser, Pritchard 2, Klobucar 12
Tosca: Jlitsch (1) 17, Grob-Prandl 16, Lupancea 2, Dobay, Nemeth 8, Holeschofsky, Margot, Turkano, Cordy 2, Rigo 3, Kunter, Braun 5, Hammond 3, Pergola 2, Prohaska, Ksirowa 2, Prochaskova 15, Welitsch (2) 20, Zadek 12, Jeritza 3, Goltz 10, Martinis 22, Werth 2, Matheisl 3, Rysanek
Cavaradossi: Wenkoff (1) 21, Decker 7, Baxevanos 9, Frey, Friedrich 24, Mazaroff 7, W. Friedrich 2, Meyer-Welfing, Szemere 15, Djordjevic, Patzak 2, Spataru, Battaglia 3, Badescu, Marinesco, Rosvaenge (2) 27, Gostic 17, Ralf 6, Anders 4, Fehenberger 2, Schock, Hopf
Scarpia: Schöffler (1) (2) 12, Iwanow, Jerger 51, Kamann 28, Reinmar 3, Hotter 3, Hann 2, Taddei 2, Pernerstorfer 4, Boehm 5, Ahlersmeyer 2, Biasini, Destal, Rothmüller, Herrmann 11, Sved, Oeggl, Uhde 6, Domgraf-Fassbaender 3, Hofmann 3, Bayle 4, Metternich 2, London 4, Gligor 2, Gynrod

---

21. 1. 1930–25. 6. 1944
143 Aufführungen in der Staatsoper
R: Duhan
Dirigent: Reichenberger 41, Alwin 25, Heger, Duhan 5, Krips, Martin 2, Wille, Loibner 23, Ludwig, Moralt 17, Reichwein 26
Tosca: Pauly 8, Jeritza 15, Nemeth 65, Hussa, Schwarz 3, Giannini 2, Lehmann 3, Barta-Castelletti 2, Roselle, Zika 2, Cigna, Kunc-Milanov, Recka, Flesch, Schulz 7, Braun 11, Reining 8, Dobay, Teschemacher, Söderqvist 9
Cavaradossi: Fidesser 2, Piccaver 22, Kalenberg 5, Kiepura 6, Pataky 15, Tokatyan 7, Trevy, Granda, Rosvaenge 13, Masini 2, Cavara 2, Lauri-Volpi, Godin 6, Ardelli 3, Mazaroff 34, Gerlach, Friedrich 17, Liontas, Patzak, Salvarezza, Ralf 2
Scarpia: Rode 14, Hammes, Schipper 10, Jerger 33, Wiedemann 7, Duhan, Schorr 5, de Lucca, Höbling, Formichi 2, Sved 14, Hofmann 2, Destal 2, Stabile, Janssen 2, Schöffler 21, Lorenzi, Kamann 11, Welitsch, Hotter 6, Reinmar, Berglund, Kronenberg 2, Herrmann 3

Die toten Augen (EA) — Eugen d'Albert

10. 4. 1950–2. 10. 1950
8 Aufführungen in der Volksoper
I: Witt, B: Hoesslin, K: Rolf
Dirigent: Ackermann 2, Zallinger 6

Hirt: Dermota 4, Cordes-Dermota, Meyer-Welfing 3
Schnitter: Poell 7, Knapp
Hirtenknabe: Herze 6, Schwaiger 2
Arnesius: Kamann 8
Myrtocle: Reining 7, Rysanek
Galba: Szemere 6, Taubmann 2
Arsinoe: Riegler 6, Menzel 2
Maria von Magdala: Anday 7, Wagner

La Traviata — Giuseppe Verdi

27. 2. 1947–14. 9. 1955
96 Aufführungen im Theater an der Wien
R: Schuh, B: Kautsky

Dirigent: Krips, Etti 16, Loibner 39, Fricsay 6, Ferencsik 6, Moralt 5, Zallinger 3, Ackermann 3, Prohaska 4, Pritchard, Capuana 2, Klobucar 10
Violetta: Schwarzkopf 21, Perras 2, Hammond 3, Cebotari 20, Noni, Tauberova 7, Funk 2, Harvey 2, Courtin 6, Lorand, Mandl 4, Berger 3, Bardi, Stich-Randall 22, Yeend
Alfred: Dermota 20, Wenkoff 34, Spataru 3, Stirbey, Meyer-Welfing 2, Marion, Friedrich 5, Rosvaenge 14, Lichtegg, Schock 5, Terkal 10
Georges Germont: Taddei 27, Weltner, Braun 31, Rothmüller 3, Biasini, Schmitt-Walter 4, Srubar 2, Oeggl 4, Metternich 4, Poell 5, Bayle 10, Gester 2, Wächter 2

---

19. 12. 1940–26. 5. 1944
41 Aufführungen in der Staatsoper
I: Schuh, B: Neher/Kautsky

Dirigent: Ludwig 30, Moralt, Loibner, Reichwein 2, Paulik 7
Violetta: Réthy 8, Piltti 4, Cebotari 6, Böttcher 22, Berger
Alfred: Mazaroff 14, Dermota 16, Friedrich 6, Rosvaenge 5
Georges Germont: Monthy 19, Stankovic, Poell 15, Kronenberg 3, Oeggl 2, Ahlersmeyer

Tristan und Isolde — Richard Wagner

29. 5. 1946–9. 5. 1955
39 Aufführungen: im Theater an der Wien und auf Gastspiel in Brüssel
R: Witt, B: Kautsky

Dirigent: Krips 3, Moralt 17, Knappertsbusch 3, Ackermann, Böhm 3, Solti, Jochum, Sebastian 2, Furtwängler, Krauss 2, Hollreiser 4, Kempe
Tristan: Lorenz 14, Pölzer 2, Treptow 14, Kalenberg, Suthaus 2, Svanholm 2, Windgassen 3, Lustig
Isolde: A. Konetzni 24, Braun 5, Grob-Prandl 6, Mödl 3, Nilsson
König Marke: Alsen 5, Frantz 6, Weber 14, Koreh, Czerwenka 4, Frick 5, Hofmann 4
Kurwenal: Schöffler 12, Kamann 14, Boehm, Hotter 5, Nissen, Janssen, Herrmann 4, Metternich
Melot: Braun 19, Witt 10, Pröglhöf 4, Jerger, Schmitt-Walter 2, Kunz 3
Brangäne: Höngen 18, Anday 5, Schürhoff 2, Milinkovic 7, Klose 6, Kenney
Hirt: Klein 8, Gallos 31
Stimme des Seemanns: Meyer-Welfing 27, Klein 2, Ludwig 2, Dermota 5, Ralf, Schock 2

---

2. 1. 1943–20. 2. 1944
7 Aufführungen in der Staatsoper
I: Furtwängler, B: Roller

Dirigent: Furtwängler 7
Tristan: Lorenz 4, Pölzer 3
Marke: Alsen 5, Roth 2
Isolde: A. Konetzni 6, Braun
Kurwenal: Schöffler 7
Melot: Monthy 7
Brangäne: Klose 3, Schürhoff, Höngen 2, Zimmer
Hirt: Gallos 7
Stimme des Seemanns: Franter 6, Klein

Der Troubadour — Giuseppe Verdi

30. 4. 1951–16. 5. 1955
52 Aufführungen im Theater an der Wien
R: Schuh, B: Hlawa

Dirigent: Rossi 3, Annovazzi 9, Loibner 17, Ackermann 2, Kempe, Erede 2, Pritchard 3, Klobucar 15
Graf Luna: Bayle 39, Tuttner, Gynrod 2, Oeggl 3, Metternich, Domgraf-Fassbaender, Krukowsky, Gligor 2, Colombo 2
Leonore: Welitsch 26, Zadek 14, Jahoda, Hopf, Martinis 6, Scheyrer 4
Azucena: Höngen 27, Anday 3, Schürhoff 6, Klose 7, Kenney 6, Milinkovic 2, Roholm
Manrico: Rosvaenge 17, Friedrich 11, Gostic 18, Weikenmeier, Wenkoff, Schock 4
Ferrando: Vogel 48, Bierbach 4

---

27. 2. 1943–28. 6. 1944
15 Aufführungen in der Staatsoper
I: Scheel, B: Fennecker

Dirigent: Moralt 13, Reichwein, Paulik
Graf Luna: Kronenberg 12, Enaceanu 2, Ahlersmeyer
Leonore: H. Konetzni 11, Jlitsch 4
Azucena: Nikolaidi 8, Schürhoff 4, Höngen 3
Manrico: Rosvaenge 8, Svanholm 3, Mazaroff 3, Bensing
Ferrando: Vogel 6, Rus 7, Neralic

Turandot — Giacomo Puccini

23. 12. 1948–25. 5. 1955
63 Aufführungen im Theater an der Wien
I: Wallerstein, B, K: Kautsky

Dirigent: Böhm 12, Ackermann 11, Ferencsik 6, Loibner 23, Annovazzi 2, Erede, Zallinger 4, Koslik, Klobucar 3
Turandot: Cebotari 9, Prochaskova 11, Grob-Prandl 16, Jlitsch 3, Martinis 22, Sörrensen, Rysanek
Timur: Weber 31, Hann, Alsen 18, Vogel 5, Czerwenka 8
Kalaf: Rosvaenge 32, Friedrich 20, Mazaroff 4, Bensing, Terkal 4, Wenkoff 2
Liu: Seefried 10, Riegler 23, Güden 7, Schwarzkopf 2, Lienbach 6, Courtin 2, Stich-Randall 8, Felbermayer 5

---

29. 4. 1941–23. 6. 1944
16 Aufführungen in der Staatsoper
R: Kerber, B: Roller

Dirigent: Moralt 14, Loibner 2
Turandot: Nemeth 13, Jlitsch 2, Helm
Timur: Vogel 14, Worff 2
Kalaf: Mazaroff 7, Kraayvanger, Friedrich 5, Kalenberg, Miltschinoff, Rosvaenge
Liu: Böttcher 8, Helletsgruber, Noni 5, Schober 2

Die verkaufte Braut — Friedrich Smetana

10. 7. 1945–1. 3. 1955
124 Aufführungen in der Volksoper, einmal nur Ouvertüre und 2. Akt (29. 6. 1948), einmal als Ensemblegastspiel tschechischer Solisten
(1) 10. 7. 1945 I: Schuh, B: Hoesslin, Ch: Hanka
(2) 15. 12. 1951 Neuinszenierung I: Rott, B: Kautsky, Ch: Hanka

Dirigent: Krips (1) 3, Paulik 27, Loibner 11, Prohaska 54, Etti, Zuna, Ackermann (2) 10, Moralt, Zallinger 16
Marie: H. Konetzni (1) 12, Jurinac (2) 27, Jlitsch, Barton 18, Gehr, Schürmann, Hellwig 11, Michalsky, Scholz 3, Cunitz 5, Cebotari 6, Prochaskova, della Casa 2, Scheyrer 19, Funk 7, Siebert 9
Wenzel: Willimsky (1) 9, Jaresch 37, Klein 26, Wernigk 15, Schmidinger, Kovar, Christ (2) 35
Hans: Dermota (1) (2) 18, Baxevanos 3, Decker 20, Franter 4, Patzak 21, Friedrich 5, Treffner 3, Meyer-Welfing 5, Preger, Taubmann 7, Kristjansson, Ludwig, Blachut, Lichtegg, Wenkoff 17, Anders 4, Kmentt 12
Kezal: Krenn (1) 42, Vogel 9, Rus 2, Pernerstorfer 8, Weber 8, Hann 3, Koreh 4, Haken, Edelmann (2) 24, Dönch 12, Hofmann 7, Czerwenka 2, Kaufmann, Zeithammer

---

19. 11. 1940–26. 6. 1944
39 Aufführungen in der Staatsoper
R: Kerber, B: Kautsky, Ch: Swedlund

Dirigent: Moralt 17, Loibner 4, Ludwig 4, Paulik 14
Marie: Reining 9, H. Konetzni 16, Söderqvist 3, Jlitsch 10, Barton
Wenzel: Wernigk 25, Klein 14
Hans: Dermota 13, Bensing 2, Friedrich 17, Sallaba 7
Kezal: Jerger 33, Krenn 5, Rus

Verlobung bei Laternenschein (EA) — Jacques Offenbach

27. 11. 1947–22. 4. 1949
26 Aufführungen im Redoutensaal und in der Volksoper, zusammen mit „Die Insel Tulipatan“ und „Die kleine Zauberflöte“
I: Mordo, B, K: Meinecke

Dirigent: Paulik 26
Peter: Klein 17, Meyer-Welfing 9
Liese: Schwaiger 24, Herze 2
Annemarie: H. Konetzni 18, Matheisl 8
Catherine: Anday 18, Wagner 7, Ostrowsky
Ein Herr: Pranger 24, Witt 2

Die vier Grobiane — Ermanno Wolf-Ferrari

13. 2. 1948–23. 4. 1948
4 Aufführungen im Redoutensaal unter dem Titel „Studio der Staatsoper“
R: Jerger, B: Pohl

Dirigent: Loibner 4
Lunardo: Pantscheff 4
Margarita: Wagner 4
Lucieta: Boesch 4
Maurizio: Felden 4
Filipeto: Majkut 4
Marina: Fraß 4
Simon: Habietinek 4
Felice: Lupancea 4

---

24. 2. 1940–18. 2. 1944
31 Aufführungen in der Staatsoper
R: Kerber, B: Kautsky

Dirigent: Loibner 23, Moralt 8
Lunardo: Jerger 31
Margarita: Levko-Antosch 12, Schürhoff 19
Lucieta: Komar 31
Maurizio: Rus 30, Wiedemann
Filipeto: Wernigk 9, Sallaba 22
Marina: Helletsgruber 6, Achsel, Jlitsch 24
Simon: Vogel 10, Alsen 11, Kunz 10
Felice: Schulz 31

Der Vogelhändler (EA) — Karl Zeller

7. 6. 1952–29. 6. 1955
76 Aufführungen in der Volksoper. Eine Aufführung vor dem Schloß Schönbrunn mußte aus Witterungsgründen abgebrochen werden.
I: Ambesser, B: Hoesslin, K: Kniepert, Ch: Hanka

Dirigent: Paulik 56, Zallinger 7, Schönherr 13
Kurfürstin: Zadek 16, Siebert 27, Feichtinger 7, Menzel 2, Scheyrer 24
Adelaide: Lang 70, Längauer 6

Weps: Preger 72, Laforet 4
Stanislaus: Christ 25, Kmentt 51
Schneegans: Eybner 59, Jerger 4, Krenn 11, Kaufmann, Imhoff
Würmchen: Böheim 59, Jaresch 6, Schmidinger 11
Adam: Liewehr 39, Christ 35, Schypek-Hechner 2
Christl: Lipp 23, Knittel 33, Herze 2, Liebesberg 18
Schneck: Majkut 26, Jaresch 21, Oeggl 29

Der Waffenschmied — Albert Lortzing

2. 6. 1945–10. 5. 1955
47 Aufführungen in der Volksoper
(1) 2. 6. 1945 I: Zilken, R: Pruscha, B: Hoesslin
(2) 27. 4. 1954 Neuinszenierung, I: Haberland, B: Schwarz, K: Lohner

Dirigent: Paulik (1) 6, Loibner 11, Färber 14, Gielen (2) 12, Prohaska, Lambrecht 3
Stadinger: Alsen (1) 12, Vogel 6, Pernerstorfer (2) 29
Marie: Schober (1) 14, Rutgers 2, Herze 7, Loose 2, Rain, Liebesberg (2) 21
Graf von Liebenau: Poell (1) 9, Braun 15, Monthy 3, Wächter (2) 19, K. Weber
Georg: Nowaro (1) 21, Klein 3, Wernigk 3, Dickie (2) 19, Klaus
Ritter Adelhof: Günther (1) 13, Kunz 9, Vogel 5, Bierbach (2) 20
Irmentraut: With (1) 18, Levko-Antosch 4, Schürhoff 8, Rössel-Majdan (2) 17

---

9. 12. 1939–14. 6. 1944
39 Aufführungen in der Staatsoper
R: Duhan, B: Kautsky

Dirigent: Paulik 29, Winkler 6, Reichwein 4
Stadinger: Alsen 21, Vogel 17, Böhme
Marie: Rutgers 17, Schober 19, Cornelius, Loose 2
Graf von Liebenau: Monthy 25, Poell 13, Gonszar
Georg: Wernigk 25, Witte, Klein 13
Irmentraut: Schürhoff 30, Levko-Antosch 5, Röpell 2, With 2

Die Walküre — Richard Wagner

2. 12. 1946–30. 5. 1955
46 Aufführungen im Theater an der Wien
I: Wymetal, B: Kautsky

Dirigent: Moralt 20, Knappertsbusch 7, Prohaska, Zallinger 3, Krauss 5, Ackermann, Sebastian 3, Furtwängler, Loibner 2, Hollreiser 3
Siegmund: Lorenz 21, Treptow 21, Suthaus, Ralf 2, Windgassen
Hunding: Alsen 14, Weber 16, List, Jerger, Ernster 5, Hofmann 6, Koreh 2, Frick
Wotan: Hotter 7, Kamann 24, Frantz 7, Boehm, Hofmann 3, S. Björling 2, Herrmann 2
Sieglinde: H. Konetzni 27, Hellwig 8, Werth, Ursuleac 3, Reining 2, Nilsson 2, Rysanek 3
Brünnhilde: A. Konetzni 16, Braun 7, Grob-Prandl 16, Werth, Mödl 6
Fricka: Höngen 13, Anday 14, Cavelti, Schürhoff, Milinkovic 11, Klose 5, Kenney

---

20. 4. 1930–20. 6. 1944
67 Aufführungen in der Staatsoper
I: Wallerstein, R: Wymetal, B: Kautsky

Dirigent: Krauss 21, Reichenberger 2, Weingartner 6, Furtwängler 4, Walter 2, Martin 2, Knappertsbusch 18, Reichwein 5, Moralt 7
Siegmund: Graarud 9, Völker 17, Sattler 7, Kalenberg 9, Schubert, Lorenz 11, Pölzer 6, Svanholm 5, Kraayvanger, Hartmann
Hunding: Mayr 20, Jerger 10, Markhoff 2, Kipnis 4, Bissuti, Alsen 24, Hofmann, Manowarda 5
Wotan: Rode 7, Manowarda 4, Jerger 3, Schorr 9, Bockelmann, Großmann 5, Prohaska 2, Tschurtschentaler, Hofmann 7, Destal 2, Kamann 23, Fenyves, Hotter 2
Sieglinde: Lehmann 13, Ursuleac 12, Hüni-Mihacsek, Reining, Nezadal, Achsel, Müller 4, H. Konetzni 32, Reich, Kupper
Brünnhilde: Jeritza 6, Wildbrunn 3, Trundt 5, Helm, Ohms, A. Konetzni 32, Flagstad, Merker 4, Rünger 3, Braun 11
Fricka: Willer 4, Anday 19, Rünger 7, Szantho 2, Thorborg 8, Kallab, Tutsek 13, Petrikowski, Bugarinovic, Schürhoff 9, Höngen 2

Das Werbekleid (EA) — Franz Salmhofer

25. 6. 1946–28. 6. 1955
20 Aufführungen, davon 8 Vorstellungen in der Volksoper (25. 6. 1946 bis 6. 6. 1947) und 12 Vorstellungen im Theater an der Wien (29. 10. 1954–28. 6. 1955)
(1) 25. 6. 1946 Volksoper, I: Jerger, B: Hoesslin, K: Kniepert
(2) 29. 10. 1954 Neueinstudierung, Theater an der Wien
I: Jerger, B: Hoesslin, K: Kniepert

Dirigent: Salmhofer (1) 7, Loibner (2) 13
Veitinger: Weber (1) 4, Vogel 4, Czerwenka (2) 12
Florian: Friedrich (1) 7, W. Friedrich, Kmentt (2) 4, Terkal 8
Kordula: Jurinac (1) (2) 13, Felbermayer 7
Mahm: Anday (1) (2) 12, Schuster 2, Rössel-Majdan 2, Batic 4
Doris: Réthy (1) 7, Lupancea, Boesch (2) 9, Scheyrer 3
Kurt: Braun (1) (2) 16, Ferenz 2, Wächter 2
Loisl: Bierbach (1) (2) 18, Jerger 2

Wiener Blut — Johann Strauß

5. 6. 1945–14. 7. 1955
211 Aufführungen, davon 62 Vorstellungen im Redoutensaal (5. 6. 1945–7. 5. 1948) und 151 Vorstellungen in der Volksoper (10. 11. 1946–14. 7. 1955)
(1) 5. 6. 1945 Redoutensaal, I: Schuh, B, K: Reinking
(2) 25. 6. 1955 Neuinszenierung in der Volksoper, R: Jaray, B: Hoesslin, K: Rolf

Dirigent: Paulik (1) (2) 145, Färber 15, Hudez 15, Ackermann 3, Strauß, Zallinger, Prohaska 17, Schönherr 12, P. Walter 2
Fürst Ypsheim: Jerger (1) 125, Gisela 3, Witt 23, Ohlmühl 5, Dönch (2) 22, Eybner 21, Preger 12
Graf Zedlau: Sallaba (1) 54, Junk 35, Hülgerth 6, Treffner 17, Preger 15, Christ (2) 67, Liewehr 17
Gabriele: Jurinac (1) 38, Michalsky 16, Funk 19, Réthy 62, Kobierska 2, Feichtinger 24, Siebert (2) 35, Scheyrer 15
Cagliari: Rutgers (1) 36, Loose 11, Groß 14, Pöltinger 17, Funk 82, Siebert 10, Bauer-Kühlmayer, Boesch (2) 40
Kagler: Krenn (1) 159, Eybner 8, Kaufmann 8, Habietinek 27, Preger, Marischka (2) 8
Pepi: König (1) 10, Längauer 19, de la Porte 7, Zimmermann 19, Groß 8, Komar 9, Liebesberg 82, Knittel 24, Schörg (2) 16, Fassler 17
Josef: Niessner (1) 13, Fassler 5, Kunz (2) 118, Kurt, Nowaro 39, Sallaba 7, Müller 2, Kepplinger, Berry 25

---

10. 1. 1943 (EA)–5. 2. 1944
21 Aufführungen im Redoutensaal
I: Schuh, B, K: Reinking

Dirigent: Paulik 21
Fürst Ypsheim: Jerger 21
Graf Zedlau: Sallaba 21
Gabriele: Réthy 14, Böttcher 7
Cagliari: Loose 21
Kagler: Krenn 16, Eybner 5
Pepi: Komar 21
Josef: Kunz 20, Müller

Der Wildschütz — Albert Lortzing

8. 5. 1951–19. 11. 1952
21 Aufführungen in der Volksoper
I: Walleck, B: Kautsky

Dirigent: Zallinger 17, Prohaska 4
Graf: Braun 16, Poell 4, Domgraf-Fassbaender
Gräfin: Anday 10, Rohs 11
Baron: Christ 17, Kmentt 4
Baronin: Réthy 16, Dostal, Feichtinger 2, Siebert 2
Nanette: Boesch 6, Dostal 8, Görner 7
Baculus: Kunz 11, Dönch 10
Gretchen: Schwaiger 7, Herze 9, Liebesberg 5
Pancratius: Thimig 11, Schmidt 6, Eybner 4

---

9. 4. 1931–6. 10. 1931
4 Aufführungen im Redoutensaal
I: Duhan, B: Roller

Dirigent: Heger 3, Alwin
Graf: Hammes 4
Gräfin: Paalen 4
Baron: Zimmermann 4
Baronin: Kern 4
Nanette: Michalsky 4
Baculus: Norbert 4
Gretchen: Reining 4
Pancratius: Wernigk 4

Wozzeck — Alban Berg

9. 2. 1952–16. 6. 1953
8 Aufführungen: im Theater an der Wien und auf Gastspiel in Paris
I: Schuh, B: Neher

Dirigent: Hollreiser 5, Böhm 3
Wozzeck: Herrmann 8
Tambourmajor: Szemere 8
Andres: Dickie 7, Majkut
Hauptmann: Klein 8
Doktor: Dönch 5, Jerger 3
Marie: Goltz 8

---

30. 3. 1930 (EA)–25. 11. 1932
14 Aufführungen in der Staatsoper
I: Wallerstein, B: Strnad/Kautsky

Dirigent: Krauss 14
Wozzeck: Manowarda 14
Tambourmajor: Graarud 11, Kalenberg 3
Andreas: Gallos 14
Hauptmann: Maikl 13, Hattemer
Doktor: Wiedemann 14
Marie: Pauly 10, Achsel 4

Zar und Zimmermann — Albert Lortzing

5. 11. 1953–19. 1. 1955
35 Aufführungen in der Volksoper
I: Rott, B: Judtmann, K: Rolf, Ch: Hanka

Dirigent: Hollreiser 15, Prohaska 20
Peter I.: Poell 25, Braun 10
Peter Iwanow: Klein 31, Dickie 4
van Bett: Czerwenka 35
Marie: Loose 27, Knittel 6, Liebesberg 2
Chateauneuf: Kmentt 27, Christ 8

---

14. 9. 1935–15. 3. 1936
9 Aufführungen in der Staatsoper
I: Duhan, B: Brioschi, Ch: Wallmann

Dirigent: Weingartner 5, Krips 4
Peter I.: Gynrod 9
Peter Iwanow: Kurz 9
van Bett: Guttmann 2, Zec 2, Norbert 5

Marie: Schumann 4, Michalsky 4, Komar
Chateauneuf: Maikl 8, Ardelli

Die Zauberflöte — Wolfgang A. Mozart

13. 1. 1948–2. 10. 1955
201 Aufführungen: im Theater an der Wien und auf Gastspielen in Florenz, Brüssel, Wiesbaden, Paris
I: Schuh, B: Kautsky

Dirigent: Krips 27, Prohaska 45, Moralt 74, Zallinger 7, Böhm 23, Loibner 3, Kempe 13, Hollreiser 9
Sarastro: Weber 37, Alsen 55, Hann, Frantz, Vischegonow 4, Koreh 23, Ernster 21, Hofmann 29, Frick 26, Adam, Etterer, Böhme 2
Königin der Nacht: Lipp 124, Stader, Topitz-Feiler, della Casa 3, Handl 6, Tauberova, Heusser 16, I. Friedrich, Lorand, Spoorenberg, Hollweg 23, Roon 3, Opawsky 5, Mandl, Köth 11, Köhrer 3
Pamina: Seefried 44, Schwarzkopf 4, Hellwig 37, Cebotari 11, Cunitz 2, Karrer, Böttcher, Réthy 5, della Casa 14, Lienbach 4, Güden 29, Reining, Courtin, Spoorenberg 3, Trötschel, Felbermayer 9, Kupper, Grümmer 6, Stich-Randall 19, Jurinac 8
1. Dame: Welitsch 34, Zadek 81, A. Konetzni 8, H. Konetzni 9, Grob-Prandl 5, Jurinac 6, Werth 2, Hellwig 49, Goltz 5, Sörrensen, Kupper
2. Dame: Jurinac 21, Rohs 88, Braun 8, Barton 5, Fraß 2, Wagner 4, Hermann 16, Riegler 11, Kenney 38, Hellwig 8
3. Dame: Höngen 37, Schürhoff 57, Milinkovic 44, Ilosvay 3, Anday 26, Klose 11, Wagner 5, Rössel-Majdan 16, Kalin 2
Tamino: Dermota 65, Meyer-Welfing 11, Patzak 46, Ludwig 30, Friedrich 8, Lichtegg 4, Rosvaenge 12, Schock 16, Anders 2, Kmentt 3, Hopf 3, Windgassen
Papageno: Kunz 81, Poell 68, Schmitt-Walter 12, Rothmüller, Knapp 2, Gschwendt 2, Pröglhöf 3, Berry 24, Domgraf-Fassbaender 6, Günter, K. Weber
Papagena: Loose 158, Lipp, Boesch 12, Rutgers 6, Schwaiger 11, Heusser 3, Springer 3, Streich 3, Maikl 4
Sprecher: Schöffler 50, Jerger 9, Vogel, Frantz 15, Ahlersmeyer 2, Hann 5, Boehm, Kamann 23, Hotter 9, Rothmüller 2, Herrmann 14, Braun 11, Edelmann 14, Janssen, London 13, Uhde 6, Nissen, Pernerstorfer, Bayle 8, Poell 11, Metternich 3, Gligor
Monostatos: Klein 109, Wernigk 80, Jaresch 5, Schmidinger 2, Gallos 3, Weiser 2
1. Priester: Gallos 137, Majkut 10, Schmidinger, Witt 53
2. Priester: Dönch 43, Muzzarelli 93, Schweiger 31, Vogel 3, Höbling 14, Berry 2, Bierbach 11, Pantscheff 4
1. Geharnischter: Treptow 63, Taubmann 23, Majkut 42, Gallos 13, Suthaus, Dermota, Jaresch 2, Gostic 34, Sperlbauer 5, Szemere 17
2. Geharnischter: Vogel 62, Pantscheff 127, Rus 4, Edelmann 2, Berry 2, Bierbach 4

---

30. 9. 1941–16. 6. 1944
19 Aufführungen in der Staatsoper
I: Gründgens, R: Wymetal, B: T. Müller

Dirigent: Knappertsbusch 6, Moralt 12, Reichwein
Sarastro: Manowarda 3, Alsen 11, Roth 3, Koreh, Böhme
Königin der Nacht: Berger 4, Piltti 8, Courtin 3, Konstantinowa, Ebers 2, Noni
Pamina: Reining 7, Réthy 11, Böttcher
1. Dame: Braun 9, Söderqvist 4, A. Konetzni 6
2. Dame: Tutsek 5, Michalsky 8, Barton 6
3. Dame: Schürhoff 16, Nikolaidi 3
Tamino: Rosvaenge 7, Dermota 8, Sabel 2, Friedrich, Bensing
Papageno: Krenn 13, Poell 6
Papagena: Komar 9, Rutgers 9, Schober
Sprecher: Schöffler 7, Kamann 7, Vogel 5
Monostatos: Klein 14, Wernigk 5
1. Priester: Gallos 18, Sallaba
2. Priester: Muzzarelli 17, Schweiger 2
1. Geharnischter: Franter 13, Gallos 6
2. Geharnischter: Norman 7, Ettl 7, Neumann 5

Der Zigeunerbaron — Johann Strauß

14. 3. 1948–15. 7. 1955
213 Aufführungen in der Volksoper
I: Marischka, B: Hoesslin, Ch: Hanka

Dirigent: Paulik 166, Moralt 6, Ackermann 9, Zallinger 6, Prohaska 6, Schönherr 16, P. Walter 4
Homonay: Höfermayer 48, Boehm 27, Habietinek 17, Jerger 26, Krenn 56, Gschwendt, Pernerstorfer 38
Sandor Barinkay: Szemere 127, Taubmann 36, Preger 12, Friedrich 18, Hülgerth 2, Lichtegg, Wittrisch 2, Stracke, Christ 9, Grunden 5
Zsupan: Jerger 34, Koreh 55, Krenn 6, Preger 116, Kaufmann, Zeithammer
Arsena: Schwaiger 56, Liebesberg 112, Pöltinger 9, Gabory 11, Funk, Schober, Knittel 7, Mayerhofer 16
Czipra: Anday 86, Sydney 64, Wagner 24, Levko-Antosch 2, Schürhoff 3, Görner 14, Milinkovic 9, Rössel-Majdan 10, Schubert
Saffi: Réthy 85, Lupancea 62, Cebotari 29, Gabory 4, Hopf, Palludan 7, Jungwirth 5, H. Konetzni, Weiss 4, Bauer-Kühlmayer, Scheyrer 7, Mottl 7

---

18. 6. 1938–20. 2. 1940
15 Aufführungen in der Staatsoper
I: Jerger, B: Kautsky

Dirigent: Böhm, Paulik 14
Homonay: Krenn 7, Duhan 7, Jelinek
Sandor Barinkay: Friedrich 8, Sallaba 7
Zsupan: Jerger 15
Arsena: Komar 12, Schober 3
Czipra: Levko-Antosch 9, Tutsek 6
Saffi: Réthy 13, Schulz, H. Konetzni

Vollständige Statistik der Ballettabende der Wiener Staatsoper im Exil

zusammengestellt von Dr. Robert Kittler
(Chronologisch geordnet zunächst die Aufführungen im Theater an der Wien, anschließend die in der Volksoper.)

Les petits riens — Wolfgang A. Mozart

19. 10. 1945
1 Aufführung im Theater an der Wien
Ch: Hanka

Dirigent: Loibner
Amor: Drapal
Der Page: Raimund
Die Gräfin: Schindler
Die Tochter: Temple
Die Zofe: Fiedler
Töchter: Klotz – Kopp
Zofen: Greger – Opek
Pagen: Vondrak – Wilfr. Fränzl

Capriccio espagnol — Nicolai Rimski-Korsakow

19. 10. 1945
1 Aufführung im Theater an der Wien
Ch: Hanka

Dirigent: Loibner
Bäuerinnen: P. Pokorny – Fiedler – Temple
Mädchen aus der Stadt: D. Kautsky
Zigeunerinnen: Graf – Bräuer – Kopp

Carnaval — Robert Schumann

19. 10. 1945–17. 2. 1946
2 Aufführungen im Theater an der Wien
Ch: Kröller, einstudiert von W. Fränzl

Dirigent: Loibner 1, Sedlak 1
Prinz Carnaval: T. Birkmeyer 2
Prinzessin: Drapal 1, P. Pokorny 1
Pierrot: D. Kautsky 2
Pierette: Bräuer 2
Arlequin: Raimund 1, W. Fränzl 1
Colombine: Krausenecker 2
Pantalon: Pichler 2
Pantalons Frau: Graf 2
Eusebius: W. Fränzl 1, Pintar 1
Eusebia: Schindler 2
Florestan: Vondrak 2
Florestine: Klotz 2
Philister: F. Birkmeyer 2
Narren: Wilfr. Fränzl 1, Ruess 1 – Kovar 2 – Nemetz 2

Titus Feuerfuchs — Johann Strauß zusammengestellt von Wilhelm Brückner-Rüggeberg

31. 10. 1945–30. 4. 1949
29 Aufführungen im Theater an der Wien
Ch: Hanka

Dirigent: Paulik 25, Sedlak 4
Titus Feuerfuchs: Raimund 29
Pockerl, Gänsehirtin: E. Pokorny 28, Fiedler 1
Flora, Gärtnerin: Opek 12, Fiedler 17
Constantia, Jägerin: D. Kautsky 28, Drapal 1
Herr von Diabolo: W. Fränzl 28, E. Pokorny 1
Frau von Cypressenburg, Dichterin: Schindler 26, Kopp 2, D. Kautsky 1
Die gute Fee Capillaria: Krausenecker 26, Bräuer 2, Temple 1
Ihr Friseur Diogenes: Pintar 29

Coppelia — Léo Délibes

31. 10. 1945–5. 10. 1949
35 Aufführungen im Theater an der Wien
Ch: Hanka, B, K: R. Kautsky

Dirigent: Paulik 28, Sedlak 5, Loibner 2
Swanilda: Drapal 32, P. Pokorny 3
Franz: Raimund 31, Pintar 4
Coppelius: T. Birkmeyer 34, E. Pokorny 1
Coppelia: Brexner 34, Ziegler 1
Mazurka 1. Akt: Fiedler 35 – W. Fränzl 35
Csardas 1. Akt: D. Kautsky 35 – Pintar 31, Vondrak 4
Gigue 3. Akt: Graf 33, Schindler 2

Antiche Dance ed Arie — Ottorino Respighi

24. 10. 1946–28. 10. 1946
2 Aufführungen im Theater an der Wien
Ch: Hanka, B, K: R. Kautsky

Dirigent: Paulik 2
Suite I: D. Kautsky 2 – Bräuer 2
Suite II: P. Pokorny 2 – Temple 2 – Kopp 2 – T. Birkmeyer 2 – E. Pokorny 2 – Raimund 2

Colombinens Heirat

Wolfgang A. Mozart bearbeitet von Bernhard Paumgartner

24. 10. 1946–28. 10. 1946
2 Aufführungen im Theater an der Wien
Ch: Hanka, B, K: R. Kautsky

Dirigent: Paulik 2
Colombine: P. Pokorny 2
Pierrot: Raimund 2
Esmeralda: Drapal 2
Harlekin: W. Fränzl 2
Dottore: T. Birkmeyer 2
Pantalone: Vondrak 2
Türke: Wilfr. Fränzl 2
Notar: Kovar 2
Seine Gehilfen: Nowotny 2 – Ruess 2

Der Dreispitz

Manuel de Falla

24. 10. 1946–14. 12. 1946
3 Aufführungen im Theater an der Wien
Ch: Hanka, B, K: R. Kautsky

Dirigent: Paulik 3
Der Müller: E. Pokorny 3
Die Müllerin: Drapal 3
Der Corregidor: Pintar 3
Die Corregidora: Lurz 3
Ein Polizist: Kres 3
Ein junger Geck: Hofer 3
Das Mädchen mit Krug: Fiedler 3
Eine Tänzerin: Graf 3
Singstimme: Rosza 3
Zwei Polizisten: Pichler 3 – Dirtl 3

Der Taugenichts von Wien

Franz Salmhofer

29. 3. 1947–11. 5. 1947
2 Aufführungen im Theater an der Wien
Ch: G. Wiesenthal, B, K: Kniepert

Dirigent: Paulik 2
Der Taugenichts: Raimund 2
Anna: Drapal 2
Graf: W. Fränzl 2
Gräfin: Temple 2
Gräfinmutter: Graf 2
Fanny: Bräuer 1, Opek 1
Anton: T. Birkmeyer 2
Ballerine: P. Pokorny 2
Briefträger: Wilfr. Fränzl 2
Haushofmeister: F. Birkmeyer 2
Bürgermeister: Verlik 2
Bürgermeisterin: Lurz 2
Apotheker: Pichler 2
Apothekerin: Barth 2
Lehrer: Sidl 2
Lehrerin: Wagner 2

Tanz in den Frühling

Festliche Ballettakademie

17. 4. 1949
1 Aufführung im Theater an der Wien
Ch: Hanka

Einleitende Worte: Salmhofer
Dirigent: Sedlak

Suite aus „Les petits riens“

Wolfgang A. Mozart

Bräuer – Temple
Raimund – E. Pokorny
und Brunlechner – Coronica – T. Fränzl – Hlinak – Ruziczka – Schwab – Zamponi – Ziegler

Tanz mit dem Tamburin

Josef Starzer

Drapal
und Fiala – Kouba – Kose – Lurz

Deutsche Tänze

Franz Schubert

Damen: Barteis – Bach – Bauer – Bernhofer – U. Böhm – Brexner – Hauk – Hiltscher – Kos – Nordegg – Schenk – Wiedermann
Herren: Hiess – Dirtl – Wilfr. Fränzl – Hofer – Juzek – Kovar – Nemetz – Meister – Ruess – Sidl – Weitz – Zajetz

Tanz der Jägerinnen aus dem Ballett „Titus Feuerfuchs“

Johann Strauß

Drapal
und Kopp – Barth – U. Böhm – Coronica – T. Fränzl – Glaser – Hlinak – Kouba – Krämer – Ruziczka – Schwab – Zamponi

Kaiserwalzer

Johann Strauß

P. Pokorny – Temple – Bräuer – Kopp – Brexner – Bauer – Hiltscher
Raimund – E. Pokorny – Jandosch – Pintar – Wilfr. Fränzl – Ruess – Sidl – Zajetz
und Barteis – Brunlechner – Coronica – Hlinak – Kose – Ruziczka – Schwab – Zamponi

Divertissement

26. 6. 1949
1 Aufführung im Theater an der Wien
Ch: Hanka

Dirigent: Loibner

Suite aus „Les petits riens" — Wolfgang A. Mozart

Bräuer – Temple
Raimund – E. Pokorny
und Brunlechner – Brexner – Coronica – T. Fränzl – Ruziczka – Schwab – Zamponi – Ziegler

Tanz mit dem Tamburin — Josef Starzer

P. Pokorny
und Fiala – Kouba – Kose – Lurz

Deutsche Tänze — Franz Schubert

Damen: Barteis – Bach – Bauer – Gara – U. Böhm – Brexner – Hauk – Hiltscher – Kos – Nordegg – Schenk – Wiedermann
Herren: Hiess – Dirtl – Vondrak – Hofer – Juzek – Kovar – Kres – Meister – Ruess – Sidl – Weitz – Nowotny

Polowetzer Tänze aus der Oper „Fürst Igor" — Alexander Borodin

Sklavinnen: D. Kautsky – Fiedler – Kopp
Polowetzer Männer: Raimund – E. Pokorny – Jandosch – Pintar – Juzek – Dirtl – Kovar – Ruess – Meister
Bogentänzerinnen: P. Pokorny – Bräuer – Temple

Don Juan — Christoph Willibald Gluck

17. 9. 1949–5. 1. 1953
27 Aufführungen im Theater an der Wien
Ch: Hanka, B, K: Kniepert

Dirigent: Moralt 20, Loibner 7
Don Juan: E. Pokorny 27
Der Komtur: T. Birkmeyer 27
Donna Elvira, seine Tochter: P. Pokorny 27
Sganarelle, Don Juans Diener: Jandosch 27
Seine beiden Gehilfen: Hofer 27 – Nowotny 25, Wilfr. Fränzl 2
Zerline, ein Bauernmädchen: Bräuer 25, Temple 2
Masetto, ihr Verlobter: Vondrak 27
Aurora: Temple 23, Bauer 4
Kephalos: Juzek 16, Ruess 11
Satyr: Hiess 27

Josephslegende — Richard Strauss

17. 9. 1949–5. 1. 1953
27 Aufführungen im Theater an der Wien
Ch: Hanka, B, K: R. Kautsky

Dirigent: Moralt 20, Loibner 4, Knappertsbusch 3
Potiphar: W. Fränzl 25, Pintar 2
Potiphars Weib: Drapal 27
Deren Lieblingssklavin: Fiedler 27
Joseph, ein Hirtenknabe: Raimund 27
Sulamith, eine Tänzerin: Temple 25, Bräuer 2
Potiphars Haushofmeister: Vondrak 27
Ein Sheik: Pintar 25, Juzek 2
Erzengel: Juzek 17, Hiess 8, Dirtl 2
Folterknecht: Wilfr. Fränzl 26, Dirtl 1
Unverschleierte Tänzerinnen: P. Pokorny 27 – Bräuer 22, Klotz 5 – Kopp 27
Verschleierte Tänzerinnen: Barth 26, Coronica 1 – Böhm 25, Coronica 2 – Ruziczka 26, Coronica 1
Dienerinnen der Verschleierten: Brunlechner 27 – Glaser 27 – Lurz 2, Krämer 2, Weiss 23
Begleiterinnen der Sulamith: Bauer 25, Schwab 2 – Brexner 27 – Fiala 27 – Hiltscher 27

Österreichische Bauernhochzeit — Franz Salmhofer

29. 3. 1947–25. 2. 1955
10 Aufführungen im Theater an der Wien
Ch: W. Fränzl nach Wallmann, B, K: A. Kunz

Dirigent: Paulik 3, Sedlak 1, Salmhofer 6
Der Bräutigam: W. Fränzl 6, Raimund 4
Die Braut: P. Pokorny 10
Der Brautführer: Raimund 6, Vondrak 4
Der Brautvater: F. Birkmeyer 4, Verlik 2, Hiess 4
Die Brautmutter: Graf 5, Kopp 5
Der Magere: T. Birkmeyer 9, Pintar 1
Der Bucklige: Vondrak 4, Jandosch 5, Hofer 1
Der Dicke: Pintar 9, Hofer 1
Die falsche Braut: Verlik 4, Meister 6
Dicke Köchin: Barth 9, Klotz 1
Der Nachtwächter: Pröglhöf 8, Siegert 2
Pfarrer: Buchbauer 9, H. Temple 1
Ein Ansänger: Nowaro 3, Majkut 7
Hexen:
Ohneheil: Vondrak 4, Jandosch 5, Hofer 1
Keppelzahn: T. Birkmeyer 9, Pintar 1
Blinkaug: Pintar 9, Hofer 1
Hinkefuß: Kovar 10
Donnermutsch: Ruess 10
Immerspät: Wilfr. Fränzl 9, Hiess 1

Der Feuervogel — Igor Strawinsky

30. 12. 1950–9. 9. 1952
10 Aufführungen im Theater an der Wien
Ch: Hanka, B: Hlawa, K: Kniepert

Dirigent: Moralt 8, Zallinger 2
Der Feuervogel: Drapal 10
Der Prinz: Dirtl 6, Juzek 4
Die Prinzessin: Bauer 10
Der Zauberer Katschei: Raimund 10

Homerische Symphonie — Theodor Berger

30. 12. 1950–25. 2. 1955
15 Aufführungen im Theater an der Wien
Ch: Hanka, B: Hlawa, K: Kniepert

Dirigent: Moralt 8, Zallinger 4, M. Gielen 3
Odysseus: E. Pokorny 15
Die Nymphe Kalypso: P. Pokorny 15
Nausikaa: Temple 14, Bauer 1
Gespielin der Nausikaa: Brexner 15
Alkinoos, Vater der Nausikaa: Pintar 15
Arete, Mutter der Nausikaa: D. Kautsky 8, Glaser 1, Coronica 6
Herold des Alkinoos: Wilfr. Fränzl 15
Eine Altstimme: Hermann 14, Rohs 1
Kirke: Drapal 15
Der Seher Theiresias: Meister 15
Antiklea, Mutter des Odysseus: Kopp 15
Gefährten des Odysseus: Kovar 12, Weitz 3 – Ruess 15
Der Hirte Eumaios: Jandosch 14, Dirtl 1
Telemach, Sohn des Odysseus: Nowotny 14, Dirtl 1
Penelopeia, Gattin des Odysseus: Bräuer 14, Klotz 1
Der Freier Antinoos: Vondrak 14, Meister 1
Der Sänger Phemios: Hiess 15
Der Bettler Iros: Zajetz 14, Wilfr. Fränzl 1
Euryklea, Magd der Penelopeia: Fiedler 15
Eurynome, Magd der Penelopeia: Klotz 13, Greger 2
Ungetreue Magd der Penelopeia: Fiala 15
Eine Baritonstimme: Berry 14, Pröglhöf 1

Ballettsuite Sylvia — Léo Délibes

16. 2. 1953–16. 9. 1955
8 Aufführungen im Theater an der Wien
Ch: Hanka, B: Hlawa, K: Kniepert

Dirigent: Zallinger 1, M. Gielen 4, Klobučar 3
Tänzer: Bauer 8 – Bräuer 7, Brexner 1 – Temple 8 – Raimund 3, Adama 5 – Brexner 5, Dill 3 – Fiala 7, Bach 1 – Dill 1, Schwab 7

Daphnis und Chloe — Maurice Ravel

20. 6. 1953–8. 3. 1955
12 Aufführungen im Theater an der Wien
Ch: Hanka, B: Hlawa, K: Kniepert

Dirigent: Hollreiser 5, M. Gielen 7
Daphnis: Dirtl 12
Chloe: Bauer 12
Bryaxis: Raimund 12
Dorkon: Jandosch 10, Hiess 2
Lisinion: Fiala 12
Lamon: Pintar 12
Nymphen: Schwab 11, Philipp 1 – Hiltscher 10, Philipp 2 – Schenk 12

Abraxas — Werner Egk

20. 6. 1953–21. 6. 1955
15 Aufführungen im Theater an der Wien
Ch: Hanka, B: Hlawa, K: Kniepert

Dirigent: Hollreiser 6, M. Gielen 8, Egk a. G. 1
Faust: E. Pokorny 14, Dirtl 1
Bellastriga: Brexner 15
Archisposa: Bräuer 15
Tiger: Dirtl 14, Jandosch 1
Schlange: Schwab 15
Satanas: Raimund 15
Helena: P. Pokorny 15
Margarethe: Temple 15
Der König von Spanien: Vondrak 15
Marbuel: Nowotny 15
Muhme: Fiedler 15
Spiegelbild des Faust und der Archisposa: Meister 12, Ruess 3 – Kopp 14, Dill 1
Jupiter als Stier: Hiess 15
Europa: Fiala 15
Hektor: Wilfr. Fränzl 13, Weitz 1, Hofer 1
Achill: Zajetz 15

Symphonie classique — Sergej Prokofjew

10. 5. 1954–21. 6. 1955
13 Aufführungen im Theater an der Wien
Ch: Hanka, B: Hlawa, K: Kniepert

Dirigent: M. Gielen 11, Klobučar 2
Allegro: Bauer 11, Zlocha 2 – Brexner 8, Bräuer 3, Hilarides 2 – Dirtl 10, Meister 1, Adama 2
Larghetto: Bauer 11, Zlocha 2 – Dirtl 10, Hiess 1, Adama 2
Gavotta: Dirtl 10, Nowotny 1, Adama 2
Molto vivace: Brexner 8, Bräuer 3, Hilarides 2
Finale: Corps de ballet

Orpheus — Igor Strawinsky

10. 5. 1954–29. 12. 1954
11 Aufführungen im Theater an der Wien
Ch: Hanka, B: Hlawa, K: Kniepert

Dirigent: M. Gielen 11
Orpheus: E. Pokorny 11
Eurydike: Bauer 11
Furie: Drapal 11
Engel des Todes: Meister 9, Hiess 2
Apollo: Hiess 11

Der Zauberladen — Gioacchino Rossini/Ottorino Respighi

10. 5. 1954–16. 9. 1955
12 Aufführungen im Theater an der Wien
Ch: Hanka, B: Hlawa, K: Kniepert

Dirigent: M. Gielen 12
Der Ladenbesitzer: Pintar 12
Sein Gehilfe: Nowotny 12
Zwei Jungfern: Greger 12 – Klotz 12
Ein Amerikaner: Mikura 12
Seine Frau: Kopp 11, Schwab 1
Ihre Kinder: Kozna 12 – Kirnbauer 12 – H. Dill 11, Minder 1
Deren Gouvernante: Opek 11, E. Bernhofer 1
Ein russischer Kaufmann: Kovar 12
Seine Frau: Glaser 12
Ihre Kinder: Cech 11, Gerber 1 – Maar 12 – Pawlik 12 – Vitovec 11, Schubert 1 – Preglej 12 – Tschörch 6, Minder 5, G. Dirtl 1
Ladendiener: Kres 12 – Musil 12 – P. Vondrak 11, Wülfrath 1
Puppen:
Tarantellatänzer: Bräuer 11, Fiala 1 – Meister 10, Dirtl 2
Herzdame und Buben: Temple 10, Brexner 2 – Vondrak 8 (in den Vorstellungen am 22. 10., 26. 10., 10. 12. und 29. 12. 1954 wurde diese Rolle ausgelassen) – Ruess 12 – Weitz 11, Hofer 1
Kreisel: Brexner 6, Schwab 4, Fiala 2 – Dirtl 10, Zajetz 2
Kosakentruppe: Fiedler 12 – Hiess 12 – Wilfr. Fränzl 11 (in der Vorstellung am 10. 12. 1954 wurde diese Rolle ausgelassen) – Nitsch 12 – Sidl 12 – Zajetz 1 (nach der Premiere wurde diese Rolle gestrichen)
Tanzende Pudel: P. Pokorny 12 – Jandosch 12
Cancantänzerpaar: Drapal 12 – Raimund 12

Polowetzer Tänze aus der Oper „Fürst Igor“ — Alexander Borodin

10. 5. 1954–29. 12. 1954
11 Aufführungen im Theater an der Wien
Ch: Hanka, B: Hlawa, K: Kniepert

Dirigent: M. Gielen 11
Sklavinnen: Bräuer 8, Brexner 3 – Fiedler 11 – Kopp 10, Klotz 1
Bogentänzerinnen: Drapal 11 – P. Pokorny 11 – Temple 9, Bräuer 2
Polowetzer Männer: Dirtl 10, E. Pokorny 1 – Jandosch 11 – Pintar 11 – Hiess 11 – Meister 9 (in den Vorstellungen am 22. 10. und 26. 10. 1954 wurde diese Rolle ausgelassen)

Das Rondo vom Goldenen Kalb — Gottfried von Einem

21. 3. 1955–16. 9. 1955
6 Aufführungen im Theater an der Wien
Ch: Hanka, B: Hlawa, K: Kniepert

Dirigent: M. Gielen 2, Klobučar 4

1. Bild – Hochzeit
Die Braut: Temple 6
Der Jüngling: Dirtl 6
Der reiche Bräutigam: Hofer 5, Nowotny 1
Der Vater: Meister 6
Die Mutter: Opek 6

2. Bild – Schwarzer Tag
Anführer des Volkes: Zajetz 6

3. Bild – Roulette
Der Offizier: Hiess 6
Die Courtisane: Kopp 6
Der Falschspieler: Nowotny 6
Die Greisin: Fiala 6
Der Dandy: Wilfr. Fränzl 5, Meister 1
Die Geliebte: Bräuer 6
Der junge Mann: Borall 6

Scheherazade — Nicolai Rimski-Korsakow

21. 3. 1955–6. 6. 1955
5 Aufführungen im Theater an der Wien
Ch: Hanka, B: Hlawa, K: Kniepert

Dirigent: M. Gielen 1, Klobučar 4
Schahryar: Pintar 5
Schah Zeman, sein Bruder: Vondrak 5
Zobeide, Schahryars Lieblingsfrau: Drapal 5
Fatima: P. Pokorny 5
Eunuch: Jandosch 5
Die ergebene Dienerin: Fiedler 5
Der goldene Sklave: Dirtl 5
Bogenschütze: Brexner 4, Fiala 1

Der schwarze Schwan, Pas de deux aus dem 3. Akt des Balletts „Schwanensee“ — Peter I. Tschaikowsky

6. 6. 1955–16. 9. 1955
3 Aufführungen im Theater an der Wien
Ch: Petipa, einstudiert von Hamilton

Dirigent: Klobučar 2, M. Gielen 1
Odile: Brexner 3
Prinz Siegfried: Dirtl 3

Les petits riens — Wolfgang A. Mozart

12. 6. 1945–20. 10. 1945
18 Aufführungen in der Volksoper
Ch: Hanka

Dirigent: Loibner 16, Sedlak 2
Amor: Drapal 18
Der Page: Raimund 18
Die Gräfin: Schindler 18
Die Tochter: Temple 18
Die Zofe: Fiedler 18
Töchter: Klotz 15, Dellus 2, Krämer 1 – Kopp 18
Zofen: Greger 18 – Opek 14, Fiala 4
Pagen: Vondrak 18 – Kovar 1, Wilfr. Fränzl 17

Capriccio espagnol — Nicolai Rimski-Korsakow

12. 6. 1945–20. 10. 1945
16 Aufführungen in der Volksoper
Ch: Hanka

Dirigent: Loibner 16
Bäuerinnen: P. Pokorny 16 – Fiedler 16 – Temple 16
Mädchen aus der Stadt: D. Kautsky 16
Zigeunerinnen: Graf 16 – Bräuer 16 – Kopp 16

Carnaval — Robert Schumann

12. 6. 1945–20. 10. 1945
18 Aufführungen in der Volksoper
Ch: Kröller, einstudiert von W. Fränzl

Dirigent: Loibner 16, Sedlak 2
Prinz Carnaval: T. Birkmeyer 18
Prinzessin: Drapal 18
Pierrot: Pfundmayr 14, D. Kautsky 4
Pierette: Bräuer 18
Arlequin: Raimund 18
Colombine: Krausenecker 18
Pantalon: R. Fränzl 14, Pichler 4
Pantalons Frau: Graf 18
Eusebius: W. Fränzl 18
Eusebia: Schindler 18
Florestan: Vondrak 18
Florestine: D. Kautsky 14, Klotz 4
Philister: F. Birkmeyer 18
Narren: Wilfr. Fränzl 18 – Kovar 16, Ruess 2 – Nemetz 18

Colombinens Heirat — Wolfgang A. Mozart bearbeitet von Bernhard Paumgartner

17. 8. 1945–21. 8. 1945
2 Aufführungen in der Volksoper
Ch: Hanka, B, K: R. Kautsky

Dirigent: Paulik 2
Colombine: P. Pokorny 2
Pierrot: Raimund 2
Esmeralda: Drapal 2
Harlekin: W. Fränzl 2
Dottore: T. Birkmeyer 2
Pantalone: Vondrak 2
Türke: Wilfr. Fränzl 2
Notar: Kovar 2
Seine Gehilfen: Nemetz 2 – Ruess 2

Der Taugenichts von Wien — Franz Salmhofer

15. 1. 1946–25. 6. 1947
27 Aufführungen in der Volksoper
Ch: G. Wiesenthal, B, K: Kniepert

Dirigent: Salmhofer 8, Paulik 19
Der Taugenichts: Raimund 27
Anna: Drapal 25, Klotz 2
Graf: W. Fränzl 27
Gräfin: Temple 27
Gräfinmutter: Graf 27
Fanny: Bräuer 27
Anton: T. Birkmeyer 25, Pintar 2
Ballerine: P. Pokorny 27
Briefträger: Wilfr. Fränzl 25, Zajetz 2
Haushofmeister: F. Birkmeyer 27
Bürgermeister: Verlik 27
Bürgermeisterin: T. Fränzl 24, Lurz 3
Apotheker: Pichler 26, Kres 1
Apothekerin: Barth 26, Lurz 1
Lehrer: Sidl 27
Lehrerin: Wagner 27

Österreichische Bauernhochzeit — Franz Salmhofer

15. 1. 1946–10. 7. 1953
43 Aufführungen in der Volksoper
Ch: W. Fränzl nach Wallmann, B, K: A. Kunz

Dirigent: Salmhofer 17, Paulik 25, Zallinger 1
Der Bräutigam: W. Fränzl 32, Raimund 11
Die Braut: P. Pokorny 43
Der Brautführer: Raimund 30, Wilfr. Fränzl 2, Vondrak 11
Der Brautvater: F. Birkmeyer 31, Verlik 6, Hiess 6
Die Brautmutter: Graf 30, Kopp 13
Der Magere: T. Birkmeyer 41, E. Pokorny 2
Der Bucklige: Vondrak 30, Juzek 7, Jandosch 6
Der Dicke: Pintar 43
Die falsche Braut: Verlik 31, Meister 11, Mikura 1
Dicke Köchin: Barth 42, Lurz 1
Der Nachtwächter: Pröglhöf 27, Siegert 12, Kaufmann 4
Pfarrer: Buchbauer 39, H. Temple 4
Ein Ansänger: Majkut 4, Nowak 17, Nowaro 22
Hexen:
Ohneheil: Vondrak 30, Juzek 6, Jandosch 7
Keppelzahn: T. Birkmeyer 41, E. Pokorny 2
Blinkaug: Pintar 43
Hinkefuß: Kovar 41, Nemetz 2
Donnermutsch: Ruess 43
Immerspät: Wilfr. Fränzl 42, Juzek 1

Bilder einer Ausstellung — Modest Mussorgski und Maurice Ravel

15. 11. 1947–14. 9. 1948
12 Aufführungen in der Volksoper
Ch: Hanka, B, K: R. Kautsky

Dirigent: Prohaska 10, Ackermann 2
Gnomus: Raimund 12
Das alte Schloß: D. Kautsky 12
Spielende Kinder: Brexner 11, Ziegler 1 – Hiltscher 11, Hauk 1 – Kos 12 – Matzner 12 – Dirtl 12
Bydlo (Ochsenkarren): Kopp 12 – T. Birkmeyer 12
Tanz der Küchlein: P. Pokorny 12 und Corps de ballet
Goldenberg und Schmuyle: Raimund 12 – Klotz 11, Ruziczka 1 – Fiala 12
Streitende Marktfrauen: Schindler 12 und Corps de ballet
Catacombae: Temple 12
Baba Jaga: E. Pokorny 12
Das große Tor von Kiew: Pintar 12

Nobilissima Visione — Paul Hindemith

15. 11. 1947–14. 9. 1948
12 Aufführungen in der Volksoper
Ch: Hanka, B, K: R. Kautsky

Dirigent: Prohaska 10, Ackermann 2
Franziskus: Raimund 12
Sein Vater: T. Birkmeyer 12
Seine drei Gefährten: E. Pokorny 12 – Jandosch 12 – Vondrak 10, Wilfr. Fränzl 2
Armut: Temple 12
Keuschheit: P. Pokorny 12
Gehorsam: D. Kautsky 12
Ritter: Pintar 12
Bettler: Sidl 12
Wolf: Nowotny 12
Tuchkäufer: Fiedler 12 – Opek 11, Fiala 1 – Kose 10, Fiala 2 – Ruess 12
Anführer der Soldaten: Juzek 11, Ruess 1
Dienerin: Bauer 12

Petruschka — Igor Strawinsky

15. 11. 1947–21. 2. 1952
26 Aufführungen in der Volksoper
Ch: Hanka, B, K: R. Kautsky

Dirigent: Ackermann 8, Prohaska 18
Die Ballerina: Drapal 26
Petruschka: E. Pokorny 26
Der Mohr: Raimund 26
Der Magier: T. Birkmeyer 26
Spaßmacher: Jandosch 25, Wilfr. Fränzl 1
Straßentänzerinnen: Fiala 23, Brexner 3 – Bauer 26
Drehorgelspieler: Sidl 24, Wilfr. Fränzl 1, Nemetz 1 – Kres 26
Akrobatengruppe: L. Böhm 25, Hauk 1 – Schwab 26 – Juzek 21, Meister 5 – Hofer 23, Wilfr. Fränzl 3 – Nowotny 26
Straßensängerin: Lurz 22, Barth 4
Ein reicher Kaufmann: Pintar 26
Zwei Zigeunerinnen: Kopp 25, Opek 1 – Klotz 21, Opek 4, Fiedler 1
Erste Amme: Schindler 18, Bräuer 8
Erster Kutscher: Jandosch 24, Wilfr. Fränzl 2
Bärenführer mit Bär: Weitz 15, Pichler 8, Klos 1, Nemetz 2 – Dirtl 10, Weitz 5, Marchart 1, Mikura 8, Klos 1, Wilfr. Fränzl 1

Titus Feuerfuchs — Johann Strauß zusammengestellt von Wilhelm Brückner-Rüggeberg

23. 12. 1948–23. 12. 1954
43 Aufführungen in der Volksoper
Ch: Hanka

Dirigent: Hudez 33, Paulik 3, Strauß a. G. 4, Prohaska 1, Lambrecht 2
Titus Feuerfuchs: Raimund 43
Pockerl, Gänsehirtin: P. Pokorny 35, Brexner 8
Flora, Gärtnerin: Bräuer 14, Fiedler 29
Constantia, Jägerin: Drapal 43
Herr von Diabolo: E. Pokorny 42, Jandosch 1
Frau von Cypressenburg, Dichterin: D. Kautsky 27, Kopp 11, Schindler 4, Fiala 1
Die gute Fee Capillaria: Temple 26, Bräuer 17
Ihr Friseur Diogenes: Pintar 43

Höllische G'schicht (UA) — Johann Strauß zusammengestellt von Rudolf Kattnigg und Anton Paulik

14. 6. 1949–21. 2. 1950
30 Aufführungen in der Volksoper
Ch: Hanka, B, K: Meinecke

Dirigent: Paulik 13, Ackermann 3, Hudez 14
von Beelzewitz: E. Pokorny 29, Hiess 1
Madame Lu Ziferl: P. Pokorny 30
Mistopherl: Drapal 30
Sandor, ein Zigeuner: Jandosch 30
Zwei Zigeunerinnen: Klotz 25, Fiala 5 – Kopp 29, Fiala 1
Herr Swoboda: Pintar 30
Zenzi, Zahlkellnerin: Fiedler 30
Ein Photograph: Kres 30
Professor Pichlmeier, Ballettmeister: Raimund 30
Signora Chicherini: D. Kautsky 22, Graf 4, Kopp 4
Signorina Mirabella: Temple 30
Signorina Arancini: Bräuer 30
Gouvernante in der Ballettschule: Graf 15, Schindler 6, Klotz 9
Ballettansager: Pichler 30
Pianist: Klos 22, Kres 8

Ballettsuite Sylvia — Léo Délibes

24. 4. 1952–7. 12. 1953
22 Aufführungen in der Volksoper
Ch: Hanka, B: Hlawa, K: Kniepert

Dirigent: Zallinger 21, M. Gielen 1
Tänzer: Bauer 22 – Bräuer 19, Brexner 3 – Temple 22 – Raimund 22 – Brexner 19, Dill 3 – Fiala 21, Dill 1 – Schwab 21, Dill 1

Das Rondo vom Goldenen Kalb — Gottfried von Einem

24. 4. 1952–7. 12. 1953
21 Aufführungen in der Volksoper
Ch: Hanka, B: Hlawa, K: Kniepert

Dirigent: Zallinger 20, M. Gielen 1

1. Bild – Hochzeit
Die Braut: Temple 21
Der Jüngling: Dirtl 21
Der reiche Bräutigam: Hofer 20, Nowotny 1
Der Vater: Meister 21
Die Mutter: Opek 21

2. Bild – Schwarzer Tag
Anführer des Volkes: Zajetz 21

3. Bild – Roulette
Der Offizier: Hiess 21
Die Courtisane: Kopp 21
Der Falschspieler: Nowotny 21
Die Greisin: Fiala 21
Der Dandy: Wilfr. Fränzl 21
Die Geliebte: Bräuer 18, Bauer 3
Der junge Mann: Raimund 21

Scheherazade — Nicolai Rimski-Korsakow

24. 4. 1952–7. 12. 1953
21 Aufführungen in der Volksoper
Ch: Hanka, B: Hlawa, K: Kniepert

Dirigent: Zallinger 20, M. Gielen 1
Schahryar: Pintar 21
Schah Zeman, sein Bruder: Vondrak 19, Hiess 2
Zobeide, Schahryars Lieblingsfrau: Drapal 21
Fatima: P. Pokorny 21
Eunuch: Jandosch 21
Die ergebene Dienerin: Fiedler 21
Der goldene Sklave: Dirtl 21
Bogenschütze: Brexner 21

Künstler der Wiener Staatsoper im Exil in Aufnahmen von vollständigen Opern bzw. Opernquerschnitten auf Schallplatten

Zeichenerklärung:			
	Sz = Szenen		
	Ac = Bellaphon Record/Acanta	Mel = Melodram	BWS = Bruno Walter Society
	Dec = Teldec GmbH, Hamburg	Ph = Phonogram GmbH	EMI = EMI Electrola GmbH
	DG = Deutsche Grammophon Gesellschaft	Cet = Cetra	Ar = Ariola-Eurodisc GmbH

Aïda		
Chor und Orchester Radio Stuttgart/ Keilberth – Rosvaenge, Weber, Hann; Teschemacher, Karen	1938	Ac BB 23057
Chor und Orchester Staatsoper Berlin/Rother – Klose, Rosvaenge, Hotter; Scheppan (Sz)	1943	Ac BB 22025
Andre Chenier		
Chor und Orchester Staatsoper Berlin/ Rother – Rosvaenge, Domgraf-Fassbaender; Heidersbach (Sz)	1942	Ac DE 21361
Arabella		
Wiener Staatsopernchor, Wiener Philh./Böhm – Reining, della Casa, Anday, Hotter, Taubmann, Patzak, Witt, Poell	1947	Mel S 101
Wiener Staatsopernchor, Wiener Philh./Solti – della Casa, Güden, London, Dermota, Kmentt, Wächter	1957	Dec 6.35104 EK
Ariadne auf Naxos		
Orchester des Senders Stuttgart/Krauss – Berger, Rosvaenge; Ursuleac (ohne Vorspiel)	1935	Ac BB 21806
Orchester der Wiener Staatsoper/ Böhm – Reining, Noni, Seefried, Lorenz, Schöffler	1944	Ac DE 23309/10
Der Bajazzo		
Rundfunkchor, Rundfunk-Symphonieorchester Berlin/Rother – Rosvaenge, Hann, Schmitt-Walter; Scheppan	1943	DG LPEM 19247-9
Die Bohème		
Rundfunkchor, Rundfunk-Symphonieorchester/Steinkopf – Eipperle, Güden, Anders, Domgraf-Fassbaender (Sz)	1944	Ac BB 21496
Chor und Orchester des Bayerischen Rundfunks/Krauss – Eipperle, Lipp, Terkal, Poell	1954	Alte Meister AM 3
Carmen		
Chor und Orchester Dresdner Staatsoper/Böhm – Höngen, Ralf, Herrmann (Sz)	1940	Ac BB 21362
Cosi fan tutte		
Wiener Staatsopernchor, Wiener Philh./Böhm – della Casa, Ch. Ludwig, Loose, Dermota, Kunz, Schöffler	1955	Dec GOS 543-5
Don Giovanni		
Chor und Orchester des NDR Hamburg/Ludwig – Martinis, Schöffler, Dermota, Kunz, Hofmann	1951	Mel 015
Wiener Kammerchor, Wiener Symph./Moralt – Zadek, Jurinac, London, Berry, Weber, Wächter	1955	Ph GL 5753-5
Wiener Staatsopernchor, Wiener Symph./Swarowsky – Grob-Prandl, H. Konetzni, Pernerstorfer, Czerwenka, Poell; Stabile, Handt	1951	Haydn society HSLP 2030
Wiener Staatsopernchor, Wiener Philh./Furtwängler – Welitsch, Schwarzkopf, Seefried, Dermota, Kunz; Gobbi	1950	Tournabout THS 65154/56
Wiener Staatsopernchor, Wiener Philh./Furtwängler – Grümmer, Schwarzkopf, Berger, Dermota, Edelmann, Berry; Siepi, Greindl	1953	Morgan 003
Wiener Staatsopernchor, Wiener Philh./Furtwängler – Grümmer, Schwarzkopf, Berger, Dermota, Edelmann, Berry, Ernster; Siepi	1954	Cet LO 7/4
Wiener Staatsopernchor, Wiener Philh./Krips – della Casa, Güden, Dermota, Berry, Böhme; Siepi, Danco, Corena	1955	Dec GOS 6046
Elektra		
Bayerisches Staatsorchester/Solti – Goltz, Höngen, Frantz (Sz)	1953	DG LPEM 19038
Chor und Orchester Maggio Musicale Fiorentino/Mitropoulus – A. Konetzni, Mödl, Jlitsch, Hans Braun	1950	Cet 1209
Royal Philh. Orch./BBC Theatre Chorus/Beecham – Höngen, Welitsch, Schöffler; Schlüter	1947	Mel 041

Die Entführung aus dem Serail		
Rundfunkchor, Rundfunkorchester Wien/Moralt – Schwarzkopf, Loose, Dermota, Alsen, Klein	1945	Mel 047
Wiener Staatsopernchor, Wiener Philh./Krips – Lipp, Loose, Ludwig, Koreh, Klein	1950	Dec LXT 2020/21
Fidelio		
Wiener Staatsopernchor, Wiener Philh./Böhm – H. Konetzni, Seefried, Ralf, Schöffler, Alsen, Klein, Neralic	1943	Ac DE 23116/17
Wiener Staatsopernchor, Wiener Philh./Furtwängler – della Casa, Patzak, Frantz, Alsen, Schock, Edelmann; Schlüter	1948	Rococo 1012
Wiener Staatsopernchor, Wiener Philh./Furtwängler – Schwarzkopf, Patzak, Schöffler, Dermota, Hans Braun; Flagstad, Greindl	1950	BWS 161 378
Chor und Orchester der Met New York/Walter – Svanholm, Schöffler, Ernster, Klein; Flagstad	1951	BWS 804
Wiener Staatsopernchor, Wiener Philh./Furtwängler – Mödl, Jurinac, Windgassen, Edelmann, Frick, Schock, Poell	1953	EMI 147-01105/7
Chor und Orchester des WDR Köln/Erich Kleiber – Nilsson, Hopf, Schöffler, Frick, Hans Braun	1955	Cet LO 68/3
Die Fledermaus		
Chor und Orchester der Staatsoper Wien/Krauss – Güden, Lipp, Wagner, Dermota, Poell, Preger	1950	Dec APA 585-6
Philh. Chor, Philh. Orch. London/Karajan – Schwarzkopf, Streich, Christ, Kunz, Dönch, Böheim; Gedda, Krebs	1955	EMI 149-00427/28
Der Freischütz		
Wiener Staatsopernchor, Wiener Philh./Ackermann – Cunitz, Loose, Hopf, Rus, Poell, Edelmann	1951	Dec LXT 2597/98
Wiener Staatsopernchor, Wiener Philh./Furtwängler – Grümmer, Streich, Hopf, Böhme, Edelmann	1953	Cet LO 21/3
Chor und Orchester des WDR Köln/Erich Kleiber – Grümmer, Streich, Hopf, Poell, Böhme; Proebstl	1955	Cet LO 42/3
Die Hochzeit des Figaro		
Chor und Orchester des Stuttgarter Rundfunks/Böhm – Cebotari, Ahlersmeyer, Schöffler; Teschemacher	1938	Preiser HF 1-3
Wiener Staatsopernchor, Wiener Philh./Karajan – Schwarzkopf, Seefried, Jurinac, London, Kunz	1950	EMI 1C14701751-3M
Wiener Staatsopernchor, Wiener Philh./Furtwängler – Schwarzkopf, Seefried, Güden, Schöffler, Kunz, Klein	1953	Cet LO 8/3
Wiener Staatsopernchor, Wiener Philh./Erich Kleiber – della Casa, Güden, Poell, Dickie; Danco, Siepi	1955	Dec GOS 585-7
Wiener Staatsopernchor, Wiener Symph./Böhm – Jurinac, Streich, Ch. Ludwig, Schöffler, Berry, Majkut, Czerwenka	1956	Ph 6707 006
Der fliegende Holländer		
Chor und Orchester der Covent Garden Opera London/Reiner – Lorenz, Weber; Flagstad, Janssen (Sz)	1937	Golden Age EJS 515
Chor und Orchester der Bayerischen Staatsoper München/Krauss – Hotter, Hann; Ursuleac, Ostertag, Klarwein	1944	Ac HA 23137
Chor und Orchester der Met New York/Reiner – Hotter, Svanholm; Varnay, S. Nilsson	1950	Raritas live OPL 5
Die Liebe der Danae		
Wiener Staatsopernchor, Wiener Philh./Krauss – Kupper, Schöffler, Gostic, Szemere	1952	Mel S 111
Die lustige Witwe		
Chor und Orchester der Wiener Staatsoper/Stolz – Güden, Loose, Grunden, Kmentt, Dönch	1958	Dec JXL 2022/23
Macbeth		
Chor und Orchester der Wiener Staatsoper/Böhm – Höngen, Ahlersmeyer, Alsen, Witt	1943	Ac DE 23278
Die Macht des Schicksals		
Chor und Orchester des Rundfunks Berlin/Rother – Rosvaenge, Hofmann; Scheppan, Schlusnus (Sz)	1942	Ac BB 22026
Chor und Orchester des NDR Hamburg/Schmidt-Isserstedt – Martinis, Mödl, Schock, Metternich, Frick	1952	Ar 300724-435
Margarethe		
Chor und Orchester des Senders Stuttgart/Keilberth – Rosvaenge, Hann, Nissen; Teschemacher	1937	Preiser FST 3
Chor und Orchester der Staatsoper Berlin/Rother – Eipperle, Rosvaenge, Hann (Sz)	1943	Ac BB 22138
Ein Maskenball		
Chor des Deutschen Opernhauses, Rundfunk-Symphonieorchester Berlin/Rother – Rosvaenge, Schmitt-Walter; Scheppan (Sz)	1944	Ac BB 22124
Chor und Orchester der Wiener Volksoper/Loibner – Martinis, Rosvaenge, Bayle (Sz)	1953	Dec PLX 3126

Die Meistersinger von Nürnberg

Chor und Orchester der Bayreuther Festspiele/Furtwängler – Lorenz, Krenn; Müller, Prohaska, Greindl	1943	EMI 181 01797/801
Chor und Orchester der Bayerischen Staatsoper München/Jochum – Kupper, Hotter, Treptow; Kusche	1949	Mel 428
Wiener Staatsopernchor, Wiener Philh./Knappertsbusch – Güden, Schöffler, Treptow, Edelmann, Dönch, Poell, Dermota	1950/51	Dec GOM 535-9
Chor und Orchester der Bayreuther Festspiele/Karajan – Schwarzkopf, Edelmann, Hopf, Kunz	1951	EMI C 90275-9
Chor und Orchester der Bayreuther Festspiele/Knappertsbusch – della Casa, Edelmann, Hopf, Böhme	1952	Mel 522

Eine Nacht in Venedig

Chor der Bregenzer Festspiele, Wiener Symph./Paulik – Réthy, Boesch, Friedrich, Preger, Meyer-Welfing, Jerger	vor 1953	Columbia (USA) S 119

Othello

Chor und Orchester der Staatsoper Berlin/Elmendorff – Reining, Rosvaenge, Reinmar (Sz)	1943	Ac BB 21360
Chor und Orchester der Wiener Staatsoper/Böhm – H. Konetzni, Nikolaidi, Ralf, Schöffler (Sz)	1944	Ac BB 23058

Palestrina

Chor und Orchester der Bayerischen Staatsoper München/Heger – Patzak, Hotter, Frantz	1952	Mel 429

Der Rosenkavalier

Chor und Orchester der Bayerischen Staatsoper München/Krauss – Milinkovic, Weber, Hann; Ursuleac, Kern	1944	VOX OPBX 140
Wiener Staatsopernchor, Wiener Philh./Szell – Reining, Güden, Rosvaenge, Hann; Novotna, Prohaska	1949	Cet LO 69/3
Wiener Staatsopernchor, Wiener Philh./Erich Kleiber – Reining, Jurinac, Güden, Weber, Poell, Dermota	1955	Dec 4BB 115-8
Chor und Orchester der Bayerischen Staatsoper München/Knappertsbusch – Köth, Edelmann; Schech, Töpper	1957	Mel 104

Salome

Orchester der Met New York/Reiner – Welitsch; Jagel, Janssen	1949	Mel 039
Orchester der Bayerischen Staatsoper München/Keilberth – Lorenz, Hotter, Borkh	1951	Mel 106
Orchester der Met New York/Reiner – Welitsch, Höngen, Svanholm, Hotter	1953	BWS IGI-293
Wiener Philh./Krauss – Goltz, Kenney, Patzak, Hans Braun, Dermota	1954	Dec LXT 2863/64
Wiener Symph./Moralt – Milinkovic, Szemere, Metternich, Kmentt; Wegner	1954	Ph 6747 406

Tannhäuser

Chor des Deutschen Opernhauses Berlin, Rundfunk-Symphonieorchester Berlin/Rother – Reining, Lorenz, Schmitt-Walter, Hofmann (Sz)	1943	Ac DE 22119
Chor und Orchester des Hessischen Rundfunks/Schröder – Eipperle, Treptow; Schlusnus, v. Rohr	1949	DG 89633-7
Chor und Orchester Teatro Communale Firenze/Rodzinsky – Kenney, Svanholm; Wilfert, van Mill	1953	Mel 423

Tosca

Radio-Symphonieorchester Berlin/Steinkopf – Rosvaenge, Hann; Ranczak (Sz)	1943	Ac BB 21497
Chor und Symphonieorchester des NDR Hamburg/Schüchter – Martinis, Schock, Metternich	1953	Ar 300727-420

La Traviata

Chor und Orchester der Staatsoper Berlin/Steinkopf – Cebotari, Rosvaenge, Schlusnus (Sz)	1944	Ac BB 21498

Tristan und Isolde

Chor und Orchester der Staatsoper Berlin/Heger – Klose, Lorenz, Hofmann; Buchner, Prohaska (Sz)	1943	Ac DE 22316
Chor und Orchester der Bayerischen Staatsoper München/Knappertsbusch – Helena Braun, Klose, Treptow, Frantz, Schöffler	1950	Movimento Musica 05.001 BWS IGI 345
Chor und Orchester NDR Hamburg/Schmidt-Isserstedt – Klose, Lorenz; Baumann, T. Herrmann, Kronenberg	1949	Mel 444
Chor und Orchester der Bayerischen Staatsoper München/Erich Kleiber – Helena Braun, Klose, Treptow, Frantz; Großmann	1952	Mel 014

Der Troubadour			
Chor und Orchester des Deutschen Opernhauses Berlin/Rother – Rosvaenge, Schmitt-Walter; Scheppan, Schilp (Sz)	1944	Ac	BB 21449
Chor und Orchester des Teatro La Fenice Venezia/Capuana – Grob-Prandl, Spruzzola-Zola	1953	Mel	426
Der Waffenschmied			
Wiener Staatsopernchor, Orchester der Wiener Volksoper/Ronnefeld – Güden, Czerwenka, Kmentt (Sz)	1955	Dec	SXL 20532-B
Die Walküre			
Staatskapelle Dresden/Elmendorff – Lorenz, Böhme; Teschemacher (nur 1. Akt)		Preiser	0120015/16
Orchester der Mailänder Scala/Furtwängler – H. Konetzni, Höngen, Treptow, Frantz, Weber; Flagstad	1950	Cet	LO 86
Bayreuther Festspiele/Keilberth – Treptow, Hotter; Varnay, Borkh, Greindl	1952	Mel	527
Bayreuther Festspiele/Keilberth – Mödl, Milinkovic, Lorenz, Hotter; Varnay, Greindl	1954	Mel	547
Wiener Philh./Furtwängler – Mödl, Rysanek, Klose, Suthaus, Frantz, Frick	1954	EMI	14900675/79 M
Zar und Zimmermann			
Wiener Staatsopernchor, Orchester der Wiener Volksoper/Ronnefeld – Güden, Wächter, Czerwenka	1955	Dec	SXL 20532-B
Die Zauberflöte			
Chor und Orchester der Staatsoper Wien/Toscanini – Novotna, Komar, Kipnis, Rosvaenge, Domgraf-Fassbaender	1937	Cet	LO 44/3
Berliner Philharmoniker, Chor der Berliner Staatsoper/Beecham – Berger, Rosvaenge; Lemnitz, Strienz, Hüsch	1937	EMI	ALP 1273/75
Wiener Staatsopernchor, Wiener Philh./Furtwängler – Seefried, Lipp, Ludwig, Schmitt-Walter, Schöffler, Klein; Oravec, Greindl	1949	BWS	IGI 337
Singverein der Musikfreunde, Wiener Philh./Karajan – Seefried, Lipp, Loose, Weber, Dermota, Kunz, London, Klein	1950	EMI	SIS 5052
Wiener Staatsopernchor, Wiener Philh./Furtwängler – Seefried, Lipp, Dermota, Kunz, Schöffler, Klein; Oravec, Greindl	1951	Cet	LO 9/3
Der Zigeunerbaron			
Wiener Staatsopernchor, Wiener Philh./Krauss – Zadek, Loose, Patzak, Poell, Preger	1951	Dec	ACL 166/67
Chor und Orchester der Wiener Volksoper/Paulik – Scheyrer, Loose, Kmentt, Kunz, Preger	1957	Vanguard	PVL 7033/34
Der Ring des Nibelungen			
Chor und Orchester der Mailänder Scala/Furtwängler Rheingold: Höngen, Frantz, Treptow, Pernerstorfer, Weber; Sattler, Markworth Die Walküre: H. Konetzni, Höngen, Treptow, Frantz, Weber; Flagstad Siegfried: Höngen, Svanholm, Herrmann, Weber, Pernerstorfer; Flagstad, Markworth Götterdämmerung: H. Konetzni, Höngen, Lorenz, Herrmann, Weber, Pernerstorfer; Flagstad	1950	Fonit	Cet 37-40
Götterdämmerung			
Bayreuther Festspiele/Keilberth – Mödl (Gutr.), Lorenz, Uhde; Varnay, Bugarinovic, Greindl, Neidlinger	1952	Mel	529
Parsifal			
Chor der Wiener Staatsoper, Wiener Philh./Knappertsbusch – Treptow (Sz)	1950	Dec	LX 3036
Bayreuther Festspiele/Knappertsbusch – Mödl, Windgassen, London, Weber, Uhde	1951	Dec	GOM 504-8

Anläßlich des 100. Todestages von Richard Wagner brachte ACANTA (Ac 40 23509) eine Kassette mit 19 Langspielplatten heraus. Sie enthält u. a. Aufnahmen von Margarete Klose, Max Lorenz und Günther Treptow aus „Rienzi", von Hans Hotter und Set Svanholm aus „Der fliegende Holländer", von Maria Reining, Max Lorenz, Karl Schmitt-Walter und Ludwig Hofmann aus „Tannhäuser", von Maria Reining und Torsten Ralf aus „Lohengrin", von Max Lorenz, Paul Schöffler, Ferdinand Frantz, Georg Hann und Erich Kunz aus „Die Meistersinger von Nürnberg", von Margarete Klose und Max Lorenz aus „Tristan und Isolde", von Maria Reining, Max Lorenz und Josef Herrmann aus „Die Walküre", von Günther Treptow und Josef Herrmann aus „Siegfried", von Max Lorenz aus „Götterdämmerung" sowie von Ludwig Weber, Max Lorenz und Günther Treptow aus „Parsifal".

Quellen

Almanach der Staatsoper 1945–1954, Wien 1954
80 Jahre Wiener Staatsoper 1869–1949, Wien o. J.
Barth, Henrik – Käthe Neupert, Internationale Wagner-Bibliographie, Die Besetzung der Bayreuther Festspiele, Bayreuth 1961
Blyth, Alan, Opera on Record, London 1979
Böhm, Karl, Ich erinnere mich ganz genau, Wien – München – Zürich 1974
Bontinck-Küffel, Irmgard, Opern auf Schallplatten 1900–1962, Wien 1974
Busch, Fritz, Aus dem Leben eines Musikers, Zürich 1948
Caamono, Roberto, La historie de Teatro Colon, Buenos Aires 1969
Christian, Hans – Harald Hoyer, Wiener Staatsoper 1945–1980, Werkestatistik
Christian, Hans, Paul Schöffler, Wien 1967
Dermota, Anton, Tausend und ein Abend – Mein Sängererlebnis, Wien 1978
Gatti, C., Il Teatro alla Scala, Mailand 1964
Gregor-Dellin, Martin, Wagner-Chronik, München und Wien 1972
Grasberger, Franz, Richard Strauss und die Wiener Oper, Tutzing 1969
Hadamowsky, Franz, Die Wiener Hoftheater (Staatstheater) Teil 2, Wien 1975
Haus-, Hof- und Staatsarchiv, Bestand Oper 1935–1943
Herrmann, Walter, Max Lorenz, Wien 1981
Höslinger, Clemens, Wiener Volksoper 1938–1945, Statistik, Österreichischer Bundestheaterverband, Bericht 1981/82
Hoyer, Harald, Karl Böhm an der Staatsoper, Österreichischer Bundestheaterverband, Wien 1981
Kaut, Josef, Festspiele in Salzburg, Salzburg 1969
Kende, Götz Klaus, Höchste Leistung aus begeisterten Herzen – Clemens Krauss als Direktor der Wiener Staatsoper, Salzburg 1971
Kleindel, Walter, Österreichische Chronik, Wien 1978
Krause, Ernst, Richard Strauss, Leipzig 1963
Kutsch, J. K. – Leo Riemens, Unvergeßliche Stimmen, Bern 1975
Kutsch, J. K. – Leo Riemens, Unvergeßliche Stimmen, Ergänzungsband, Bern 1979
Luther, Einhard, Die Zoppoter Waldoper, Traditionsgemeinschaft Zoppot-Travemünde und Nord-Ostdeutsches Kulturwerk e. V. in Lüneburg, 1966
Panofsky, Walter, Musik, Mimen und Merkwürdigkeiten im Hof- und Nationaltheater, München 1963
Prawy, Marcel, Die Wiener Oper, Wien 1969
Prawy, Marcel, „Nun sei bedankt ...", Mein Richard-Wagner-Buch, München 1982
Rosenthal, Harald, Two Centuries of Opera at Covent Garden, London 1958
Rosvaenge, Helge, Lache Bajazzo, Wien 1953
Seefehlner, Egon, Die Musik meines Lebens, Wien 1983
Seltsam, William, Metropolitan Opera Annals, New York 1947
Seltsam, William, Metropolitan Opera Annals, First Supplement, New York 1957
Schumann, Karl, Das kleine Richard-Strauss-Buch, Salzburg 1970
Strasser, Otto, Und dafür wird man noch bezahlt, Wien 1974
Tamussino, Ursula, Sena Jurinac, Augsburg 1971
Thomas, Walter, Bis der Vorhang fiel, Dortmund 1947
Wiener Stadt- und Landesbibliothek, Programmzettel der Wiener Staatsoper, der Wiener Staatsoper im Theater an der Wien, der Wiener Staatsoper in der Volksoper, Wiener Tages- und Wochenzeitungen von 1929 bis 1955
Witeschnik, Alexander, Wiener Opernhaus, Wien 1959
Witeschnik, Alexander, Warten aufs hohe C, Wien 1969
Wurm, Ernst, Elisabeth Höngen, Wien 1966

Opern- und Ballettregister

Die kursiven Ziffern beziehen sich auf die Legenden der Abbildungen.

Personenregister

Die kursiven Ziffern beziehen sich auf die Legenden der Abbildungen.

Bildnachweis

Foto Fayer, Wien: Seite 21 u.; Privatarchiv Dr. Robert Kittler: Seiten 153 o., 156 l. u. r.; Privatarchiv der Autoren: Seiten 54, 63, 81 o. u. u., 92 l., 95 r., 119; W. Saeger, Berlin-Schöneberg: Seite 88 l.; Sabine Toepffer, München: Seite 88 r.; Jacques Weiss, Basel: Seite 95 l. Alle übrigen Abbildungen stammen aus dem Bildarchiv der Österreichischen Nationalbibliothek, Wien.